苦情はいつも聴かれない

COMPLAINT!

Sara Ahmed

サラ・アーメッド
竹内要江・飯田麻結 訳

筑摩書房

苦情はいつも聴かれない　目次

※凡例　訳注は〔　〕で示した。

謝辞

苦情のなかを進んで行く経験は、苦情を訴えた当人のみならず、その人と人生を共にする人たちにとっても困難なものになりうる。私が苦情のワークをやり遂げるのを支え、そのワーク自体の研究に手を貸してくださったすべての人に愛と感謝を捧げる。パートナーのサラ・フランクリン、私たちの仲間のポピーとブルーベル、友人、同僚、一緒に苦情を訴えた仲間、とくにルマナ・ビガム、シルマ・ビルジェ、フィオナ・ニコール、ハイディ・ミルザ、エレイン・スワンに。オードリ・ロードの著作から多くのインスピレーションを受けたおかげで困難に立ち向かうことができた。仕事場を与えたり、耳を傾けたり、私の言葉に居場所を与えてくれたりして（それは、デューク大学出版局のみなさんのこと）、当研究を支援してくださったすべての人に心からの感謝を。

私たちの苦情コレクティブの仲間たち、アリス・コーブル、ハイディ・ハスブロック、クリッサ・エスディィロリア、ティファニー・ペイジ、レイラ・ウィットリー、それ以外の人たちに。あなたたちが着手し、可能にしたワークに感謝を捧げる。たび重なる対話が本書のもとになり、共に経験した困難が本書を形づくった。さらに、あなたたちの手になる、感動的で深い内容の「共同体の結論」にも感謝を。

苦情の経験をシェアしてくださったすべての人にお礼申し上げる。口頭のものでも、書き言葉によるものでも、非公式のやりとりを介したものでも、それがどんな証言であれ。あなた方がわれわれに提供してくださった逸話、知見、知恵はすべてかけがえのないものだ。あなた方の言葉を世界に届けることができて私は光栄に思う。

本書の執筆を終えたのはコロナ禍の最中だった。これは、不平等の完膚なきまでの残酷さと厳しさをまざまざと思い知らされた時代だと言える。一方で、必要に応じて世界を別の方法で組織できるということに気づかされた時代でもある。そのような学びを得るのに世界的パンデミックという形は適切ではないが。大学の風通しを良くし、既存の構造を解体し、別の未来を構築するにはどうしたらいいかについての議論に本書が貢献することを願ってやまない。

私が本書で論じたのは、権力の濫用を暴き、名づけ、ヒエラルキーや不平等に立ち向かうたぐいの苦情だ。そのような苦情の訴えには相当のリスクを伴う。それほどまでのリスクを冒して、より公正で平等な世界を実現するために苦情を訴えたすべての人たちに感謝を捧げる。本書はあなた方に捧げる。

苦情はいつも聴かれない

はじめに　苦情を聴き取る　HEARING COMPLAINT

苦情を訴えていると聴き取られると、まともに聴いてもらえない。相手が苦情を訴えていると聴き取るということは、その人物に取りあわないでいる格好の手段だから。彼女がただ文句を言ったり、しょっちゅう不満を訴えたりしていれば、その内容に耳を傾けるまでもない。文句を言わないようにしようだとか、不満を訴えるのはやめようと指南する自己啓発書がいかに多いことか。タイトルがわかりやすい。「文句ゼロ――人生のよろこびを台無しにしないために」、「文句のない世界――文句をやめて望んでいた人生を手に入れよう」、「不満は口に出さない――心を整えて幸せな人生を送ろう」。文句は控えようという教えは文句そのものに対するメッセージだ。それは次のようなことを伝えている。文句を口にするのは、ネガティブだということにとどまらず、ネガティブな状態のなかで身動きがとれなくなるということ。苦情を訴えると、自分がしあわせになれないばかりか、他人のしあわせも邪魔することになる。苦情というのは水を差す《キルジョイ》営みなのだ。

苦情を訴えていると思われるのは誰なのか。聴き取りは判断《ジャッジ》につながる。聴き取ったことのひとつひとつが歴史《ヒストリー》になりうる。その判断には歴史があると聴き取るのにブラック・フェミニズムの記録の蓄積《アーカイヴ》が参照できる。ひとつの事例として、労働者階級出身のアフリカ系アメリカ人女性、ロレーヌ・ケリー（1991）が自分の母親について書いた文章を挙げよう。「私はいつもお見通しだった。白人の百貨店マネジャーは母を見て、地味な身なりの若い黒人女性がうんざりする苦情を訴えているだけだと思う。そして、別の場所で大事な仕事がありますからと、いつもの口調を使う。あいにくですが。それから目つきで母を追い払う。私は隣で母の身体がこわばるのを感じ、怒っているのがわかる」(p. 58)。ケリーは「いつでもお見通し」だった。彼女は母親の反応に通じていた。そういう事態になりそうだと察知できた。それ以前の箇所では、雇い主である「裕福な白人」を、その昔彼女の母親もそうしていたように母親が「観察」していたと、そしてケリー自身も母親を「観察」していたと述べている (p. 57)。母親の観察が怒りの原因の理解につながる。それは彼女が「うんざりする苦情を訴える、地味な身なりの黒人女性」だから相手にしない人たちである「裕福な白人」、百貨店マネジャー、雇い主だ。ケリー自身もそれを聴き、見る。「いつもの口調」を耳にし、「目つきだけで追い払う」のを目の当たりにする。母親もまた同じものを聴き、見ていることを彼女は知っている。ケリーはさらに、ブラック・フェミニストの知識の伝達が身体反応と密接な関わりがあるということも示している。

うんざりする苦情が耳に入るということは、その相手が「別の場所で大事な仕事」をするのを邪魔だてする、うんざりする存在だと認識するということだ。その瞬間、私たちが聴き取るのは歴史だ。それは、黒人女性は文句ばかり言うと思われてきた歴史、現在進行形の歴史であり、そういう状況について多くを語る歴史だ。ケリーの物語《ストーリー》は、黒人女性である彼女の母親が「うんざりする苦情を訴える」と思われたということだけにとどまらない。それは母親がどのように反応したか、身をこわばらせたか、怒りを感じたかの物語でもある。母親は相手のメッセージを拒絶する。それは大切ではない、あなたは大切ではない、大切なことは別の場所にあるというメッセージ。うんざりする苦情を訴えていると思われる人たちから私たちが学べるのは、苦情について、特定の人びとが認識されるポリティクスについて、どんな人やものが大切なのかを伝えるメッセージを拒絶するために必要なものごとについてだ。

何が必要なのか、誰が必要なのか。私がケリーの回想録を知ったのは、パトリシア・ヒル・コリンズの古典的テクスト、『ブラック・フェミニズムの思想（*Black Feminist Thought*）』（［1990］2000）で言及されていたからだ。コリンズはケリーの文章を引いて、黒人女性が「イメージのコントロールを伴う無礼とあからさまな攻撃に日常的に対峙している」状況がいかに差し迫ったものなのかを示している（p. 96）。引用もまた、聴き取るということだ。私たちは他人が聴き取ったことに頼っている。ケリーの母親が聴き取ったことをコリンズが聴き取れたのは、母親が聴き取ったことをケリーが聴き取ったからだ。コリンズはそのようにして聴き取ったことをもとにして、黒人女性たちが生き延びるための戦略を練るなかで「イメージのコントロール」についてどんなことに気づいていたかを説明する。

苦情というのは、自分が気づいていると知らせる手段なのだ。コリンズは同書でのちに苦情を訴える者の姿を描写している。色覚異常を引き合いに出し、見られないことによって人種差別が再生産されるとするコリンズは、「差別されていると主張し、政策や手続きが見かけほど公正なものではないと訴える黒人女性は、楽をして特別な便宜をはかってもらいたいがために苦情を訴えているのだと軽んじられがちだ」（2000, p. 279）と述べている。そのような人種差別は単なる苦情として片づけられる。同様の軽視には歴史がある。ひとつの歴史は多くの事例から成り立つものだ。別の例を挙げよう。

一九七六年にフェミニスト誌『スペアリブ』にハマダ・カシが寄せたリポートについて、アムリット・ウィルソン（［1976］2000）が論じている。[★1] それは、夫から暴力を振るわれるアジア人女性の物語だ。そのような物語がいかにメディアによって枠にはめられ、大衆に届けられるかをウィルソンは巧みに解説する。彼女はこう書いている。「そのような物語が報じられるとき、〝野蛮な〟アジア人はまず自分たちのコミュニティを秩序だったものにすべきで、人種差別を受けていると不満を言っている場合ではない、ということを示すために利用される」（p. 188）。ここでの「不満を言って」という言葉の使われ方があまりに軽いので、重要な言葉だと気づかずに読み飛ばすかもしれない。重い言葉なのに軽く扱われることがあるのだ。不満を言う、不満、不満を訴える人。判断だけでなく、言葉も私たちの気を重くする。この一文が伝えるのは、人種差別に対して声を上げると、不満を訴えているだけでなく、的外れな文句を言っていると思われるということ、自分たちの社会問題に取り組まないでいると人種差別は文句になるということだ。人種差別はうんざりする文句なのだ。それは、自分や他人をうんざりさせるもの。すべきこと（「自分たちのコミュニティを秩序だったものにする」）ができなくなるもの。

　不満だとする判断は命令にもなる。不満を訴えるより先に問題を解決すべき、というわけだ。人種差別の目的で利用される物語（アジア人が〝野蛮だ〟という証拠になるような）というのは、人種差別を不満だとして軽んじる物語にもなりうるとウィルソンは示している。人種差別というのは往々にして人種差別を不満として片付けることで成立する。アジア人女性に向けられた暴力の物語は、国家プロジェクトへの忠誠を求めるための手段として利用される。忠誠というのは、暴力の問題が国家ではなく、自分たちのコミュニティのなかにあると進んで認めることによって成立するのだろう。私たちは国家のなかの暴力をしばしば人種差別として要約する。問題をどこに置くかによって、あなたは不満を訴える者になる。不満を訴える者になるということは、問題の所在そのものになるということ。アジア人女性活動家の「反論の声」を聴きとったウィルソンは、彼女の論文のタイトルに言及しながら、進んで不満を訴え、問題の所在を明らかにし、問題の所在そのものになる人たちがいるのだと教えてくれる。

フェミニストの耳

苦情を訴えていると思われると苦情が聴き取られず、訴えに耳を傾けてもらえないというところから本書を書き始めるのは、私にとっては重要なことだった。本書の狙いは、苦情を聴き取り、苦情に場所を与え、その訴えに耳を貸してこの歴史に対抗することだ。ひとつの歴史は日常《ルーティン》になりうる。歴史とは、苦情を訴える者がいかに退けられ、胡散臭く思われるようになるかということ。このプロジェクトで用いる手法は、聴き取りに関わるもので、耳を貸すこと、「フェミニストの耳」になることだと私は捉えている。私がこの「フェミニストの耳」という概念をはじめて用いたのは、『フェミニスト・キルジョイ――フェミニズムを生きるということ』(2017：邦訳二〇二二)においてだ。同書ではフェミニスト映画『沈黙の謎(A Question of Silence)』(マルレーン・ゴリス監督、一九八二)の一シーンを取り上げた。秘書がテーブルに着いているシーンだ。彼女はある提案をする。ところが、同席の男たちは何も言わない。まるで彼女が何も言わなかったかのように。それから、そこにいる別の男が同じ提案をする。すると、彼らは一斉にいい提案だとほめそやす。

彼女は黙ったままそこに座っている。「沈黙の謎」とは、自分がいかに耳を傾けられないかを彼女が聴き取っているということ、自分が黙殺される理由やそのやり方をよく知っているということだ。彼女はただの秘書にすぎない。男性ばかりが席につくなかで唯一の女性。彼女には自分の考えを持つことは求められていない。求められているのは、彼らの考えを書き留めること。★2 フェミニストの耳は、誰が聴き取られないのか、それがどのようにおこなわれるのかを聴き取る。一部の人には耳を傾けなくてもいいと教えられる状況では、フェミニストの耳は達成《アチーブメント》となる。耳を傾けられない人たちの声を聴き取ることで、その人たちと一体化できるのだ。すると、自分たち自身の声を聴き取ることもまた達成になる。ロレーヌ・ケリーが示した、ブラック・フェミニストの鋭い洞察に立ち戻ると、耳を傾けられないのは誰かということから伝わるのは、誰が大切なのか、「大切な仕事」をしているとみなされるのかということだ。そこから、適切な人物の口から出たものでなければ意見は聴き取られないということを私たちは知ることになる。「適切な」とはつまり、「白人の」ということ。自分が無視されているとき、何かを言ったり、行動を起こしたりするだろうか。自分の考えを述べているのに、それがもともとは別の人の考えだったと受け止められたら、何かを言ったり、したりするだろうか。文句を言うだろうか。何かを言ったり、表現したりするだろうか。苦情の問いは、聴き取ること自体の問いや、何が、誰が無視されるのかを前提として自分をどう表現するかという問いと深く関わっている。

苦情を聴き取るとは、さまざまな苦情の表現に耳を傾けるということだ。ここでちょっと立ち止まって、苦情の持つさまざまな意味について考えてみよう。苦情は悲しみ、苦痛、不満などを表すことができ、抵抗や抗議、身体症状、正式な申し立てのきっかけとなる。[★3] 苦情について調査をおこなうに当たり、私は後者の苦情から調べ始めた。だが、この先本書で示すように、後者の、正式な申し立てとしての苦情は、より感情的で身体的な別の意味にもつながる。私はフェミニストの耳に導かれてここまでたどり着いた。苦情の渦中で苦情から聴き取ったことが、私をこのプロジェクトへ導いた。学生たちが集団で苦情の申し立てをおこなったことがきっかけとなって始まった、セクシュアル・ハラスメントと性的不適切行為に関する一連の調査に関わったことで、私はこのプロジェクトへ駆り立てられた。つまり、こういうことだ。このプロジェクトは学生たちの姿に刺激されて始まった。本書における私の役割《タスク》が、苦情を聴き取り、訴えに耳を傾け、問題と向き合って研究対象にすることなら、本書は私が学生と共に着手した仕事《タスク》の延長線上にある。

苦情をいつ、どこで聴き取るかは重要だ。集団で苦情の申し立てを提出した学生たちにはじめて話を聞いた日のことを私はまだ覚えている。学生たちから面会《ミーティング》を求められたのだ。他学科のフェミニスト研究者として協力を求められた。学生たちが面会を求めたのは、その年の夏のあいだにおこなわれたセクシュアル・ハラスメントの調査では、彼／女たちの苦情申し立てを前進させるために必要な、充分な証拠や適切な形式の証拠が見つからなかったからだ。その日私が面会した学生たちは、苦情を文章にまとめる共同体《コレクティブ》をすでに結成していた。私は彼女たちからコレクティブ結成の理由や経緯を聞いた。そのコレクティブについては本書の第七章でくわしく知ることができる。過去の苦情の訴えがもとになってそれまでに調査が多数おこなわれていたことも私ははじめて知った。以降、それがいかにありふれているのかを目の当たりにすることになる。苦情と関わりを持てば、過去の苦情が耳に入ってくる。それまでまったく知らなかった事実を耳にすることになる。

私は別の研究者と一緒に学生とのミーティングに臨んだ。その前に、私は彼女にこう書き送っていた。これまで私に「念押し」されてきたのは、「正式に文書で訴えられた苦情に対してすぐに対処するというのが大学側の意向だ」と。そう念を押されていると面会前に伝えると、学生たちからは、それは疑わしいという答えが返ってきた。学生が個人として正式な文書での苦情申し立てをすべきだとする大学側は、匿名での訴えを認めず、すでに脆弱《ヴァルネラブル》な立場にある彼/女たちをさらに追い詰めていた。翌日、私は面会に同席した同僚に、こう書き送った。調査の再開には正式な文書での申し立てが必要というのが大学側の姿勢なら、私たちは「戦略的」に「その証拠を得る」ようにしなければならないと。だが、私たちはまた、大学側の姿勢を変えるよう促す必要があると同意した。しなければならないのは、学生たちに正式な文書での苦情訴えをおこなうよう促すことではなく、すでにおこなわれた苦情の申し立てに耳を傾けるよう大学側を説得することなのだと気づいた。

学生たちから伝えられた一部始終をまとめた報告書を私たちは作成した。法律が唯一求めるのは、ハラスメントが「どの程度ありえるのか」の立証だが、正式な文書なしでもそれができるとする法律の専門家の言葉をそこに引用した。ハラスメントを受けた側が、「誤りを正すための責任を負わされるべきではない」と私たちは報告書を結論づけた。学生たちの訴えに耳を傾けるうちに、その問題を特定し、文書化するのにどれだけ多くの労力、時間、エネルギーが費やされているのかに気づいた。

これから本書で追及するように、苦情の訴えはひとつの行動《アクション》だけでは終わらない。次から次へとしなければならないことが出てくる。それは、消耗させられる行為だ。そもそも訴える内容自体が消耗させるものなのだから。

ミーティング後に私たちが作成した報告書によって教員や大学事務職員間のやりとりが促進された結果、調査の再開が決まり、さらに調べられることになった。この一連の経緯から問題が見えてくる。学生側の苦情や苦情自体が、行動を起こす決意《コミットメント》を持って耳を傾けられるためには研究者による報告書が不可欠だった。どうやら苦情というのは、組織内で上位にある者が説明し、支援を表明すれば対処してもらえるものらしい。苦情がたどる経緯、その方向性、どこまで対処されるのかといったことから、組織がどのように動くものなのかがよくわかる。本書の第一章で私はそれを「組織の力学」と呼ぶ。地位の高い者の援助がなければ苦情に耳が傾けられないと言うことであってはならない。だが、そんな状況下では、苦情を申し立てるプロセスが阻害されるのを防ぐためにそのような支援が欠かせない。

苦情の申し立てに取り組むと、そのうち阻害されることが多いという現実をしばしば目の当たりにする。苦情のプロセスが阻害されやすいとわかっているので、私たちは妥協案を受け入れた。それにより、学生たちは匿名で訴えられるようになった。苦情申し立てに関する条件が緩和され、調査の過程で証言する学生が増えた。このプロセスは自動的なものではなかった。開いた蛇口から水がほとばしるようには前進しなかった。それでも、学生たちの言葉を借りれば、苦情を「大学側にも判読できる」ものにするためには、さらなる意識的な集団の努力が必要だった。★4 苦情はアクションをひとつ起こしただけでは終わりにならないというだけではない。苦情が聞き入れられるまで、あるいは苦情を聞き入れられるようにするために手を替え品を替え同じ苦情を訴え続けなければならないのだ。調査で証言をおこなった学生の多くが、自分たちの物語を私に教《シェア》えてくれた。それらの物語は彼／女たちの物語のままだ。本書に収めてはいない。とはいえ、本書は彼／女たちの物語を念頭に置いて書いたものだ。本書のために集めた物語の向こうに彼女たちの物語も聴き取っていた。フェミニストの耳になるということは、さまざまな苦情を同時に聴き取るということなのだ。

　フェミニストの耳は組織向けの戦略として理解できる。苦情を聴き取るためには、苦情を聴き取る妨げとなる障壁《バリア》を取り壊さなければならない。この障壁とは、言われたこと、おこなわれたこととの大部分を見えず、聞こえないものにする組織特有の障壁や壁、ドアのことだ。苦情を聴き取るために障壁を取り壊さないといけないのであれば、苦情を聴き取るうちにそのような障壁に気づきやすくなる。言い換えると、苦情を聴き取ることによって、いかに苦情が聴き取られないかを知るということなのだ。

　苦情の聴き取りには労力を要する。他者に気づいてもらうには労力を要するから。フェミニストの耳になるということは、ただ学生たちの苦情に耳を傾けるということにとどまらなかった。その仕事を彼女たちと共有《シェア》することを意味した。それは、学生たちのコレクティブの一員になるということだった。彼／女たちのコレクティブが私たちのものとなった。私たちのものとは、フェミニズムの約束なのだと私は考える。それは所有を表すのではなく、誘い、開口部であり、力を合わせること。ハラスメント文化の存続と再生産に関して組織が果たす役割をめぐって、組織と正面切って立ち向かうために、私たちは共に活動した。困難な活動であるほど、すべきことは増える。組織の問題としてセクシュアル・ハラスメントに向き合おうとするほど、今後の対策についての大学側の煮え切らない説明は受け入れがたくなり、大学の方針《ポリシー》を変更しなければならない理由について誰にも話を聞かずにどうやってポリシーを変更するのかと私たちが問い詰めると（第一章）、さらなる抵抗に遭うことになった。

苦情の行く手にはさらなる抵抗が待ち受けている。組織そのものに行く手を阻まれることになる。身動きがとれないと感じることもたびたびあった。壁が立ちはだかって、どれだけ前進しても充分ではない気がした。過去に調査がおこなわれたと、大学運営側に公式に認めさせることすらできなかった。まるで、そんなことはなかったかのようだった。苦情を聴き取るというのは、そのような沈黙を聴き取るということ。言われないこと、なされないこと、相手にされないことを。またしても壁が立ちはだかり、沈黙の音とは壁が立ちはだかることなのだと思い知らされたそのとき、他の人たちが苦情を訴えた体験を調べようと私は決意した。学生たちと共に大学側に調査を求める活動に携わった私自身の体験がこのプロジェクトにつながった。あなたの行動、労力、苦闘のほとんどは人目につかない場所でおこなわれ、誰にも知られることがない。それについて誰も知る必要がない。これだけ多くのことをしても、たいして前に進めないという苛立ちが私をこの研究へ向かわせた。苛立ちはフェミニストの記録になりうる。さらに、苦情を訴えた体験について苦情を訴える人たちに話を聞けば、組織と権力について多くを知ることになると確信したことも、私をこの研究へ向かわせるきっかけとなった。苦情はフェミニストの教育法《ペダゴジー》なのだ。[★5] そう、苛立ちはフェミニストの記録になりうる。別の言葉にしてみよう。ご用心を。データはこちらに揃っている。

ある状況に身を置いて何かに気づいたせいで、その場を去るよう促されることがある。学生たちの苦情申し立ての支援をおこない、組織の実態を知ったせいで私はそこを去ることになった。当時はそれが選択だとは思えず、とにかくそうしなければならないという気持ちだった。学生たちの声にはじめて耳を傾けたあの部屋に戻ろう。苦情に関わっていても、あなたはまだ仕事を抱えている。自分の仕事を。学生たちと面会したその部屋に私は何度も足を踏み入れた。それは、私が所属する学科の会議室であり、いつも使っている部屋だったから。その部屋でアカデミックな会議《ミーティング》がおこなわれ、書類が配布され、書類と人が入れ替わり立ち替わりする。その同じ部屋で。だが、それは別の部屋になったも同然だった。おそらく、まったく別の部屋になったのだろう。その部屋には記憶が充満していて、壁のように確かに存在するものとして感じられる歴史に占拠《オキュパイ》されていた。その同じ場で耳にしたことが部屋を満たすことになる。私はただ、それまでと同じようにいつもの会議に出席して、同じことができなくなった。

苦情を収集する

この調査は辞職前から予定していたものだったが、実際に着手したのは辞職一年後だった。[★6] 私が大学を辞めたことで、研究の性質と使える手法が変わった。二〇一六年五月三十日のブログ投稿で私は大学を去ったことをシェアした。それから二週間足らずのうちに私の辞職は全国規模のメディアで大きく報じられた。そのため人目につく場所に出づらくなったが、多くの人が私に連絡をくれ、連帯、怒り、思いやりを伝えてくれたので感動し、励まされた。自分が苦情を訴えたときに何が起きたのか、体験を語るメッセージを送ってくれた人もたくさんいた。苦情を訴えた結果、それまでのポストと仕事をあきらめなければならなかった人たちからも話を聞いた。物語がひとつ姿を現すと、また別の物語が姿を現した。そこから私は気づきを得た。辞職したことで、フェミニストの耳としての私は以前よりも格段とアクセスしやすくなったようだ。組織のなかでフェミニストの耳になった経験から、私は耳を外に向け、別の組織で働く人たちの声を聴き取れるようになった。苦情に耳を貸そうとしない大学側に抗議しての辞職だったため、私は信頼され、苦情の体験談を打ち明けてもらえた。寄せられた信頼に対して、私はずっと責任を感じている。

辞職によって他者の苦情の物語を収集しやすくなったという事実を考えると、私はただ物語を伝えているだけではない。私自身も物語の一部なのだ。『フェミニスト・キルジョイ』(2017：二〇二二)の中で、辞職は「スナップ（ぷつんと切れること）」であり、フェミニストのスナップだったと述べた。「スナップ」とは、同じつながりを見つけたときに使う言葉。それはまた、何かが壊れるときの音でもある。苦情とは、大学との、学科との、プロジェクトとの、同僚との絆を断ち切ること、関係性やつながりを壊すと思われることがあまりに多い。一部の人が苦情に耳を傾けず、傾けようともしないのは、そうすることで彼／女らが大学、学科、プロジェクト、同僚との間に保つ関係が危うくなりかねないから。スナップ。破壊がつながりになる。

もう少しスナップについて。それは、互いが聴き取れることにいかに耳を傾けるかということ。このため、フェミニストの耳は研究手法でありながら、組織向けの戦略でもある。多くの人が苦情を訴えた体験をシェアしてくれたおかげで本書を執筆できた。本書を執筆できたのは、私が耳を傾けた人たちのおかげだ。私の役目《タスク》は、苦情を訴えた人たちから苦情について聴き取ること。データは主に、不平等で不公正な労働条件やハラスメントやいじめのような権力の濫用について、大学（もしくはそれに類する教育機関）に対して正式に苦情を訴えるか、検討したことのある研究者や学生たちから集めたものだ。[★7]本書は彼／女らの苦情のコレクションなのだ。当然、別種の苦情は存在するし、それらを伝える別の物語がある。だが、ここに集めた苦情を聴き取ろうとすれば、すべての物語を聴き取ることはできない。

これらの物語はどのように集められたのだろう。研究に参加した人の大半は私のウェブサイトやブログ経由で連絡をくれた。[★8]連絡してきた人すべてが物語を打ち明けるところまで進んだわけではない。連絡を取っただけで、すでに多くのことを語っている場合もあるのだ。連絡するに当たり、人びとはさまざまな理由を挙げた。力になりたいだとか、支援したいからと説明する者がいた。ある学生はEメールで、「あなたのプロジェクトがまだ体験談を収集する段階にあって研究に役立つのなら、私がシェアしたいと思っている、一年続いた苦情申し立ての手続きについて書きます」と送ってきた。また別の人は、こう書いてきた。「この研究をしてくださっていることに感謝しています。お役に立てばと思い、他の学生からセクシュアル・ハラスメントを受けて、大学の苦情受付部署で正式な苦情申し立てをおこなったときの体験をシェアしたいと思います」。私なら話を聞いてくれそうだからと連絡をしてきた人もいた。ある学生は、「そういうわけで、私が伝えるこの話にお付き合い願いたいのです。きっとわかっていただけると思います。私についてや、起きたこと、これからどうすればいいのかといったことを」と書いた。また別の学生は、「私にはフェミニストの耳が必要なので、書きます。苦情を訴えた私の体験がお役に立つかもしれません」と言ってきた。フェミニストの耳になるということは、苦情を積極的に受け取ると表明すること。ある研究者はこう書いた。「この物語にどこかに向かってほしいのです（私の頭の中で堂々巡りをするのではなく）。だからあなたに連絡しました」。苦情の物語が頭の中で堂々巡りをするとは、つらい状況ではないか。多くの手を打ったのに、たいして進展がないように感じるだろう。苦情を訴えた体験を人に打ち明けることで物語をどこかに向かわせることができる。フェミニストの耳になるというのは、苦情をどこかに向かわせるということ。

ブログの投稿、講義、セミナーで私が苦情の物語をシェアしだすと、プロジェクトに弾みがついた。シェアするたびにさらに多くの物語を耳にすることになる。私に物語を伝えようと申し出てくれた人のなかには、私がそれまでにシェアした物語と自分の体験をつなげられるからそうした人もいるだろう。苦情の物語をシェアすることでつながり《コネクション》ができる。苦情の物語をシェアするのはコレクションに加えるということなのだ。あるポスドク（博士研究員）は、「まだ物語《ナラティヴ》を集めていらっしゃるのなら、あなたの研究のためによろこんで私の体験をシェアします」と書いてきた。集める《コレクト》とは、ある場所に出向いて何か、あるいは誰かを連れて帰ること。さらに、別の場所や別の時代のものどうしを引き合わせるということでもある。そのため、苦情を受け取る、耳を傾けるとは、それらを集めることでもある。どこかに出向くとは、戻ってくること。何かを持ち帰るとは、私たちを引き合わせるということなのだ。

本書で私がシェアした体験の持ち主の多くが私に連絡をしてきたことで、研究のトーンと方向性が定まった。連絡をくれた人の多くは、苦情を訴えたせいで高い代償を支払っていた。実は、だからこそ私に連絡をした人もいる。ある元大学教員はこう書いた。「十五年にわたって、性差別的な（障害者差別的でもある）いじめを受け、内々の慰謝料（たいした金額ではありません）と、かなり減額された年金を手に大学を去ることになりました。守秘義務を遵守してくださるのなら、ぜひこの研究に参加したいと思います。慰謝料を受け取る際に守秘義務条項にサインさせられました。（おそらくお気づきでしょうが）これは学内にはびこる性差別を隠蔽しようとする大学の常套手段です」。守秘義務条項やNDA（秘密保持契約）によって大学側が隠蔽したことのせいで、苦情の訴えを公表しないよう私に申し入れなければならなくなった。苦情を隠蔽するとは、苦情の内容を隠蔽すること。この場合隠蔽されたのは、性差別的で障害者差別的ないじめ、大学内に「はびこる性差別」だ。

苦情の物語を口外《シェア》しないように言われると、物語を誰かにシェアすることになりやすい。別の研究者は、「NDAの締結を余儀なくされた体験をよろこんでお伝えします」と書いてきた。ある状況に追い込まれたり、ある状況から締め出されたりした経験をしたために、多くの人が私に連絡を取った。つまり、本書のデータの大半は、組織との直接対決につながった苦情から出てきたものだ（そして、この「組織」に私が含むのは、大学事務職員や運営側にとどまらず、組織によって雇われた人たち、仲間や同僚たちだ）。不平等な労働条件や権力の濫用に対する苦情を訴えたからと言って、必ずしも組織との直接対決につながるだとか、それを実行した人たちから学ぶところがあると考える必要はない。

これらの物語には向き合うべき点がたくさんある。私がインタビューをおこなったのは、何らかの形で正式な苦情申し立てのプロセスに関わった学生、教員、研究者、事務職員四十名であり、そのなかには、プロセスを先に進めることができなかった者、苦情を訴えたが途中で取り下げた者も含まれる。[9] インタビューの期間は、二〇一七年六月から二〇一九年一月までの二十か月間だ。当初の予想を超えて、たくさんの人に話を聞くことになった。もっと大勢の人から話を聞けただろう。話したいという申し出を断るのはしのびなかったが、私が集めた資料《マテリアル》を正当に議論する機会とするのであればどこかで止めなければならなかった。[10] インタビュー以外にも、書面での説明を十八件受け取った。ここ数年は、この他にも多くの人とEメール、電話、対面で非公式にやりとりしてきた。その一部も本書に入っている。[11] さらに本書では、正式な苦情申し立てのプロセスに関わった私自身の体験にも言及している。三年の月日をかけてシステムから苦情を引きだそうとすれば、その結果手元に多くのデータが集まっているものだ。

　インタビューの大半はスカイプを通じておこなった。この決定には現実的な事情も関わっていた。このプロジェクトは研究費の助成を受けていないので、私は国内各地に出向けなかった。そもそも助成には応募していない。私の主な関心が苦情の申し立てをおこなうこと、苦情の発生した組織との対立が生まれる経緯を解き明かすことにあったので、可能なかぎり組織からの影響を排除してプロジェクトを進めるのが妥当だと考えたのだ。[12] さらに、組織のリソースにアクセスできない独立研究者として調査をおこなったが、私はそんな状況をマイナスだとか、マイナス面ばかりだとは思わずに、私自身の言葉で、私自身の方法でプロジェクトをおこなう好機と捉えた。空間や資金、あるいはリソースが利用できないという現実的な理由で下された決定だったが、結局は研究の観点からも倫理面でも適切だった。一例を挙げよう。私はインタビューをすべて録音してもいいかと相手に確認し、許可を得ていた[★13]。人を雇う余裕はなかったので、文字起こしは自分でおこなった。それは時間のかかる作業だった。だが、ひとりひとりの言葉にゆっくりと注意深く耳を傾けるうちに、いろいろなことに気づけたのがうれしかった。時間をかける必要があったのだ。そこからの学びがたくさんあった。資料に没頭する必要があったのだ。

　インタビューの多くはスカイプでおこなったが、一部は対面でおこなった。対面の場合は相手が所属する大学のオフィスや部屋を利用するか、友人や同僚のオフィスを借りた。だがあるとき、知り合いが誰もいない街で、すでに大学に籍を置いていない二人の女性にインタビューをおこなうことになった。私たちは結局大きなカフェで会うことになった。比較的静かな席を見つけたが、皿がカチャカチャ立てる音や笑い声、ざわめきなどの騒音は届いた。そんな場所で話を聞くのは新鮮だった。人生が進む音に耳を傾ければ、人生は続いていくのだと気づかされる。かなり緊迫した、困難な話を聞いている最中にテントウムシが一匹私たちのテーブルに舞い降りた。そのとき、同席した女性のひとりが、「ほら見て、テントウムシがいる」と言った。録音された音声から「なんてかわいい」だとか「きれいだね」とひそひそ声でほめそやす声が聞こえる。それから、私が「あ、ひっくり返った」と言った。すると、インタビューの相手が、「私の知人が最近テントウムシに噛まれたんですって」と言ったので、私は「テントウムシって噛むの？　噛むような生き物には見えないけど」と返した。私たち全員が笑った。そのテントウムシはそれから何度かテーブルに舞い戻ったので、そのたびに私たちは愛情を込めて話題にした。彼女たちの証言の録音に耳を傾けていて、そのとき私たちには気分転換が必要で、大切なことだったと気づいた。それで、このエピソードをここにシェアしている。その場の雰囲気が和《なご》めば重荷は軽くなる。さらに、対面でのインタビューをするうちに、インタビューをおこなう部屋そのものが話題に上りやすいことにも気づいた。ある研究者にインタビューをおこなった際、同僚にオフィスを借りた。何年も前のできごとである。ある講師に彼のオフィスで暴行を受けたときのことを話しながら、彼女は私たちがいたオフィスの窓やドアを、現場の窓やドアになぞらえていた。[★14] 現在身を置く場所が基準点となって過去のできごとを説明しやすくなる場合がある。過去が戻ってくるということについてはこの先本書のなかで論じる。

私がスカイプで話した相手は自宅《ホーム》にいることが多かった。私も自宅で耳を傾けた。それも大切なことだった。例えば、私の飼い犬のポピーが何度か画面に入ってきて、あのテントウムシの一件のように会話が親密なものとなり、切迫した話の最中の良い気晴らしとなった。それでも、私の心から疑問が離れることはなかった――自宅にいながら話を打ち明けることにどんな意味があるのだろう。自宅との関係性は人それぞれだ。それはわかっていたし、感じ取ってもいた。自宅にいる利点はある。あるとき、インタビューを中断して休憩をとった人がいた。私たちが同じ空間にいないので、彼女は会話から簡単にさっと離れることができた。それが彼女には役立った。休憩を入れることがどう役立ったかは、後ほどまた論じる。だが一方で、苦情を訴える困難さとまったく無関係ではない自宅では物語を伝えにくい場合もある。どれだけ多くの苦情が密室で発生しても、苦情を訴える者が苦情につながるドアを閉めたままにしておくのは難しいということを本書で掘り下げる。苦情は自宅までつきまとうのだ。[★15]

レアケースではあるが、相手が仕事中にスカイプで話したこともあった。あるとき、相手の女性がバスに乗車中にインタビューを始めた。バスの騒音のせいで互いの声が少々聴き取りにくかったので一旦中断して、彼女が職場に着いてから再開した。セミナールームに入って彼女は私に電話をかけた。そして、彼女曰く「まさにこの部屋で」起こった、非常につらい体験について話し出した。「まさにこの部屋」、つまり同じ部屋にいるというのも、重要だ。苦情の訴えをおこなったまさにその場所で、結局は自分の物語を語ることになる。

証言としての苦情

苦情の物語にどのように耳を傾けるのかは、重要だ。聴き取ったことをどう言葉にまとめるのか。このプロジェクトを構想した当初は、以前多様性《ダイバーシティ》の研究をおこなったときに用意したものと同じような質問を使った半構造化インタビュー〔大まかな質問事項をあらかじめ用意した上でおこなうインタビュー〕にしようと思っていた。最初に連絡をくれた人にインタビューするために出向いたときのことを覚えている。質問は事前にきれいにタイプして準備してあった。それは対面インタビューで、彼女が当時勤めていた大学内でおこなわれた。はじめてのインタビューが始まって数分もしないうちに、準備してきた質問が役立たずだと気づいた。大まかな質問を用意していても、それだけでは苦情を捉え切れなかったのだ。それで、二度目のインタビューからは最初に一般的な質問を投げかけるにとどめた。苦情の申し立てをするきっかけになった体験や、申し立てる体験そのものについて、この先も苦情を訴え続けるつもりであれば、シェアしてくれるよう相手に頼んだ。どんな順番でもかまわないから、物語が飛び出し、こぼれ落ちてほしかった。それが済むと、インタビュー相手と話をする時間をとった。私自身も苦情を訴えた経験があるので、それは相互的な会話となった。

時が経つにつれ、相手が語る言葉がインタビューというよりも証言ではないかと思えてきた。★16 証言とは、法廷でなされる口頭か書面による陳述《ステートメント》だ。その場合の証言の目的は、証拠の提出だ。起きたこと、事実、あるいは真実を立証するために証言は使われる。また、不正、被害、悪意をあばく際に証言は欠かせない。ショシャナ・フェルマン（1992, p.3）は、「証言のプロセス」とは、「危機《クライシス》やトラウマを証言する」ものだとしている。私の元に寄せられた話は危機やトラウマを重々しく語っており、証言らしい雰囲気をまとっている。多くの場合、危機やトラウマがあるからこそ苦情を訴えざるをえない。苦情は危機やトラウマの一部となっていることも多い。証言としての苦情が教えてくれるのは、苦情はその的となるものの外側に在存しているわけではないということ。苦情を申し立てた段階ですでに、あなたは証言をおこない証拠を提出するよう求められる。苦情の証言をおこなうというのは、証言のために証言すること、フェルマンが「証言のプロセス」と呼ぶもののために証言すること。つまり、苦情に対して証言をおこなうと二重の証言になる。★17 あなたは証言するという経験に対して証言している。その経験以上のことも証言しているにもかかわらず。

このため、証言とはそのような説明に含まれるものであり、その説明がどんな形を取るかということとなのだ。これらの語り《ステートメント》を証言として受容するプロセスのなかで非常に重要となるのが、それらをまとめて受容するということだ。そのような説明を証言として聴き取るということは、苦情が内密のものにされやすいという状況にあって、それらをまとめて受け止めることで聞き手がその経験の証人となることができ、説明から浮かび上がることを指摘でき、隠蔽されたものを明らかにできるということだ。私もまた証人になるよう求められていた。それは、苦情のリサーチをおこなう上での多くの倫理的ジレンマにもつながった。苦情について、苦情を訴える原因となったできごとについて、また、苦情を訴えた際に起こったできごとについて証言するのは、ほぼ間違いなくトラウマティックな体験を証言するということだ。私はこれを意識しないではいられなかった。苦痛を伴う体験を人にシェアしてもらうのは、リスクを伴う困難なことだという認識を終始持っていた。それが証言する人にどのような影響を及ぼすだろう。物語をシェアすることで彼／女たちはどんな状態になるのだろう。さらに、苦情を訴えた私自身の経験が、職を辞さなければならなかったほどトラウマに満ちたものだったということを考えると、それは私にどんな影響を及ぼすのだろう。[★18] そして、苦情を訴えた体験をシェアしてくれた相手に対して、研究者としてだけでなく同じ人間として、私にはどんな責任があるのだろう。倫理とは、倫理的な問いをつねにおこない続けるよう要求する。

　私が話を聞いた人の多くが過去の体験を語った。過去のトラウマについて語れば、そのトラウマが現在に持ち込まれかねない。あるポスドクは、「私が覚えているのは、それがどんな感じだったかということです」と証言を始めた。感覚は記憶になりうる。記憶とは感覚的なものでもある。思い出すことによって、私たちは過去を現在へと呼び戻す。そんなふうに現在をつくっている。[★19] 過去が感覚を伴いインタビューの場に侵入する。話を聞いた人たちひとりひとりが安全だと感じられる時と場を用意する重大な責任を私は負っていたし、それは今でも変わらない。つねに上手くできたと感じられたわけではなかった。いつも上手く整えられたわけではなかった。それでも、努力することが大切であり、努力は相手ともシェアできた。証言をしてもらったあとに相手と話すことで、苦情を経験するとはどんなことなのか、どんなふうに感じるものなのかということをシェアし合い、そんな努力を共有《シェア》できたらと思う。苦情を経験すると責任感が高まる一方で自分の脆さに気づきやすくもなる。粉々に打ち砕かれる体験をシェアするのがいかに困難であり、重要なのか（困難さと重要であることは紙一重だ）に気づくようになる。

打ちひしがれていたら話ができないこともある。話を聞いてほしいと言ってきた人全員から、私は話を聞いたわけではなかった。苦情の申し立てをおこなっている最中の人が話を聞いてほしいと言ってくることがたまにあった。たいてい、私はそれが良い考えとはいえない理由を相手に説明して、非公式に連絡を取り合うのはどうかと提案した。またあるケースでは、私が与えられない支援を求められていると感じたので証言を受け取らないことにした。自分が提供できないものを私は心得ていた。それは、セラピーや実際的な助言だ。自分にできることの限界ははっきり見えていた。私は耳だった。それが私の役割。ただ受け取ることがポイントだ。だが、もちろん、受容がポイントであっても、それは終点《エンドポイント》ではなかった。私に求められていたのは、ただ物語を受容するだけでなく、それらをシェアすること。となると、相手から託された苦情にたいして、それをもとの形とは別のものにして、それでもその状況の真実を伝える形で送り返すということが重要になる。いろいろな人が打ち明けてくれた苦情についてただ調査するだけでは不満だった。私はファイリング・キャビネットにはなりたくなかった。そんなものはすでにありふれているのだから[★20]。

証言が私に託されたのは、私がそれをあなたに、読者に、聴衆に、苦情を訴える人たちに伝えるため。満を持して伝える方法を模索しなければならなかった。本書でシェアする資料《マテリアル》の多くは内密のものだ――秘密保持契約やNDAにサインした、しないにかかわらず、私に連絡を取った人の多くは、データから個人が特定されたら人生やキャリアに悪影響があるのではないかと不安になるだろう。本書が伝えるのは、数多くの証言から集めた断片だ。断片とは鋭利な破片。★21 引用された言葉のひとつひとつが、輝きを放つ鋭利な破片なのだ。苦情は粉々に打ち砕かれる体験だ。私たちは割れた花瓶のように、ばらばらになった断片のなかに取り残される。本書で私は、傷ひとつない幻影をつくるのではなく、ひとつひとつの断片の鋭さから、それらがぴったり合わさる様子から学べるようにして、それらの破片を拾い集めている。

物語の断片、物語としての断片。そのような物語をどのようにして伝えるのか。私と話した人の多くが物語のシェアにどんな意味があるかを説明した。どこから話しはじめたらいいかよくわからない。どこからが苦情なのか判然としないので、物語をどこから始めたらいいのかわからない。嫌がらせとハラスメントに対して苦情を申し立てた、あるベテラン研究者の証言の冒頭をシェアしよう。

それは決まって複雑で困難で、今でも動揺します。どこから話したらいいか考えるだけでも。おかしいですけど、話し始めただけで感情が高ぶって泣き出したい気持ちになるんです。一方で、プロとしてふさわしい態度を取るつもりなので、そんなことに影響されるわけにはいきませんし、距離を取ってお話しするつもりです。でも、すっかり私の一部になっているものをお伝えするのにどうしてこんなに必死にならないといけないのかと考えます。

物語を語る際に感情があふれる。その感情のせいで物語を語るのが難しくなる。何かを伝えるために必死になる。なぜなら、それはあなたの一部になったから、それはあなたにとって、あなたが何ができるかにとって、あなたが誰であるかにとって重要だから。だが、重要だからこそ、表現しがたいものになるのだ。

ばらばらになった体験をシェアするために、自分をどのように整えたらいいだろう。なぜ自分を整えなければならないかを語る。それをどうやってするのかを語る。それでも、何かに心をかき乱されてばらばらになってしまうこともある。そのベテラン研究者は独立調査の結果を受け取ったときのことを話してくれた。

私が対立に積極的に関わって、その仕事を独占したと彼らの報告書は結論づけていました。この独占したという言葉を目にして怒りが湧き、憤慨しました。彼らは私を見捨てただけでなく、仕事を独占した私がよくなかったのだと決めつけました。そして、この言葉、まさにこの言葉なのです。私の頭からずっと離れないのは。私が独占した、独占した、独占した。この言葉のせいで何も手につきません。何かを書くこと、文章を書くこと、論文を書くことすら。私はまたしても、ものごとを独占しているのでしょうね。いったいどうしたら自分が今していることを楽しめるでしょう。私は自分をどんな存在だと思っているのでしょう。私は無です。価値がない。私の仕事はすぐれていても、私は違うのでしょう。そして、非常に、非常に、非常に痛ましい方法で、私はその考えをすっかり内面化したのです。

ある状況下で感じることから、その状況がどんなものか知ることができる。自分を苛立たせるものから学ぶのだ。「独占した」という言葉が彼女を苛立たせた。その言葉がまとわりついたので彼女は身動きがとれなくなり、書くことも、仕事をすることもままならなくなった。それらの言葉から非難されているのがわかる。結局は自分が問題なのだと、問題は自分なのだと思い込むようになる。

言葉には、自意識を、自分に価値があるという感覚を削り取る力がある。言葉は不正義の重さを伝達する。言葉は歴史を伝えることができる。そのような歴史の内面化は「非常に、非常に、非常に痛ましい」。この「独占した」のように、苦情の物語が語られるときの言葉に苛立つことがある。あるブラック・フェミニストの学生は、理性的ではないという言葉は我慢ならないと私に打ち明けた。身動きをとれなくする言葉はたくさんあるのだ。周囲から怒れる黒人女性として見られていると彼女はわかっていたが、その言葉は彼女を苛立たせ、疑問を抱かせた。「自分は理性的なのかとつねに問いかけています」。適切ではない言葉にも、自分は適切なのかと疑問に思わせる力がある。

そんな力を持ったまた別の言葉に困惑させられた経験を私たちはシェアできる。白人入植者の同僚から人種差別を向けられたことを語っていた、ある先住民の研究者は彼女の所属する学科長が使ったある言葉について語った。「学科長がいつも使う言葉がありました。彼女はことあるごとにその言葉を口にするのですが、とりわけ年次評価面談や他の面談で私とやりとりするときに、この「不適切な(inappropriate)」という修飾語を多用します。そのせいで、私は大きなレンズで自分をのぞき、私のどこが不適切なのか、それはどんな意味なのか、彼女には何が見えているのか、その定義はどんなものなのかを考えることになります」。繰り返し使われる「不適切」という言葉のなかに、自分がどう受け取られているのかを聴き取ることができる。そうやって聴き取ることが自らを眺めるレンズになる。そして、自分が不適切だと感じたり、「私は不適切なのか？」と自問したり、「不適切であるということにはどんな意味があるのか？」と問うことになる。学科長は私をどんな人間だと思っているのだろう。苦情を訴える者の言葉に耳を傾けていると、私たちを困惑させるさまざまな言葉が耳に入ってくる。独占した。理性的ではない。不適切な。

フェミニストの耳を獲得するというのは、そのような言葉の鋭さに、それがどのように誰に向けられるのかということに耳を澄ませるということ。苦情として聴き取られるということは音に耳を澄ますこと——私たちがどんな音を立てるのか、どんな音を立てている者として聴き取られるのか、そして、言葉や物語がどんな音を立てるのかに耳を澄ますことだ。私が話を聞いた人の多くは、物語を語る時間が長すぎないかと心配した。話が長くなって申し訳ないとしょっちゅう謝られたから、よくわかった。私は決まってこう返した。「時間をかけてください。あなたが私に伝えなければならないことを伝えるのに必要な時間を」。多くの人が、それまでずっと話をかいつまんで短くしていたと打ち明けた。実際にその話をすべて語る時間を考えると、与えられた時間よりもかかるのが普通だったと。[★22]ある人など、「かいつまんで話すと（to cut a long story short）」という言葉を説明のなかで七回も繰り返した。多くのことがカットされ、省略され、話の長さやかかる時間、費やすエネルギーまでもが意識される。

また別の人は、私と一緒に苦情を振り返るなかで複数の苦情を体験することになったと説明した。苦情を訴えなければならない状況にいくつも遭遇すれば、いくつもの苦情を抱えたり訴えたりすることになる。だが、そのような複数性が、自分が対峙しているものの指標になると理解していても、それがどんなふうに聞こえるものなのか、あなた自身がどんなふうに聞かれるのかを意識することはできる。「初回と今回のあいだに私は随分変わりました。きっと交通事故に十五回も遭った人みたいに聞こえるでしょうね。これが起こって、次はこれが起こって。それもそのはずです。私はこの物語全体をこれまで語ったことはありませんから。だって、そういう人みたいに聞こえるだろうなということはわかってますし、そういう人みたいに聞こえる場を私は信頼しませんから」。物語全体が衝突を起こしている場合がある。つまり、物語の内部で衝突が発生して、次から次へとそれを聴き取ることになる。衝突が何かを伝えていると、困難で、痛々しくて、トラウマに満ちた何かを伝えていると聴き取ることになる。そんな物語を、物語全体を、苦情の物語を伝えるスペースが必要なのかもしれない。それがどんなふうに聞こえるのか、私たちがどんなふうに聴かれるのかわかっていて安心できる場が。自分は自動車事故なのだと、苦情とは人生においていかに衝突するかということなのだと感じることがある。「苦情（complaint）」という言葉もまた、事故（crash）や衝突（collision）と似ていて、何かが粉々に壊れる大きな音のように聞こえる。「complaint」という言葉は、失意や悲しみを表し、「嘆く（lament）」という意味のある古フランス語の「complaindre」に由来する。「lament」の語源はラテン語の「lamentum」で、「泣き叫ぶ、うめく、泣く」という意味がある。「complaint」という言葉は、権力に挑む者が否定的に位置づけられるさまを表しているようだ。苦情を訴えるということは、否定的情動の容れ物になること。その容れ物は漏れやすい。声を上げるとあふれ出す。[23] この激しさがあるからこそ、私たちにも聴き取れる。本書の〔原著〕タイトル、*Complaint!* に感嘆符を付けたのは、苦情がいかに激しいものとして、強調として、鋭利な切っ先として、痛いところを突くものとして、声を張り上げ、金切り声を上げ、粉々にするものとして聴き取られるのを私が聴き取っていることを示すためだ。[24]

否定は過剰な感覚《センセーション》だ。「complaint」は「plague（災難、疫病）」という言葉と語源を同じくしていて、「殴打する、胸を叩きながら嘆く」という意味があった。[25] 苦情はうんざりさせる話にもなる。そこで殴打されるのは身体だ。本書では口頭と書面でシェアされたやりとりを証言として扱うが、それとはまた別の方法でも苦情を証言として扱う。それは、何かを表現する手段としての苦情だ。「表現する（express）」という言葉は「press（押す）」から来ている。「表現する（express）」とは、「押し出す（press out）」ということなのだ。「表現（expression）」という言葉の意味の変遷から私は学んだ。粘土が「圧力を加えられてあるイメージの形を取る」という中途の意味を経由して、「言葉にする」だとか、「胸の内を話す」という意味が生まれた。[26] つまり表現とは、何かが押し出されてできた形なのだ。本書で集めた資料《マテリアル》に対して私はその形に注意を払い、そこから何が押し出され、まき散らされ、滲みだし、したたっているのかを聴き取るアプローチを取る。本書において、私はこぼれ落ちるものも語り《スピーチ》として聴き取る。

こぼれ落ちるものに注意を払うことが手法になるのなら、こぼれ落ちるものが仕事《ワーク》のあいだをつなげる。私が思い浮かべるのはアレクシス・ポーリーン・ガムスの『こぼれる――ブラック・フェミニストの逃散性のシーン（*Spill: Scenes of Black Feminist Fugitivity*）』（2016）であり、そのなかでホーテンス・スピラーズの業績と知恵に賛歌が捧げられていることだ。ガムスはスピラーの愛と思いやり《ケア》の言葉に、こぼれ落ちるものに、こぼれ落ちる言葉に、容器からしたたる液体に、何かをこぼす人になることを聴き取る。こぼすということは破壊に、容れ物に、語り《ナラティヴ》に、言い回しになって、「ドアが開いて、誰もが入って来られる」(p. xii) ようにする。となると、こぼすとは、ゆっくりと働きかけて何かを取り出すこと。物語もこぼれ落ちるものになりうる。つまり、物語とは特定の物語を取り出す仕事になるということだ。

苦情の来歴

私がこれまでに集めた断片から、苦情の物語を伝えるということは、それを語ることにどんな意味があるのか、語ることでどんな気持ちになるのかということを考えることであり、粉々に打ち砕かれる体験を現在に持ち込むということだと、この先理解することになるだろう。データは経験にもとづいている。そして、理論にもとづいている。相手は私に語りながら自らの体験を振り返り、理論化をおこなう。私が示さなければと深くコミットしているのは、こういうことだ。組織内で苦情を訴えると、しばしばそれについて振り返るよう要求される。そして、振り返ることは同じ時と場所で行動として起こる。苦情を訴えると、自分が置かれた状況がすっかり変わる経験をするものだ。苦情を訴えると、そうしなければ経験しなかった多くのことを経験することになる。

苦情は通常、分離したもの、分離できるものとしては体験されない。私たちは苦情の物語から、苦情が周囲の状況を理解する方法になるということを学ぶ。あなたが苦情を訴えるか、訴えようとすれば、そうでなければ現れない多くのことが現れてくる。そのため、第一章で私は苦情を「組織の現象学」だとする。ある大学講師は、苦情を訴えた体験を何かが見えるようになったことになぞらえた。「それは眼鏡をかけて、見えるようになったということに似ています」。ひとたび苦情のレンズから世界を眺めたら、その世界が見えなくなることはないと彼女は強調した。「苦情を訴えると視力が向上するようなものです。突然紫外線が見えるようになるとか。それで、もう元には戻れません」。苦情を訴える前の自分には戻れないのだ。苦情を訴えるなかで見えるようになったものが見えなくなることはない。眼鏡をかけて、何が起きているのか多くのことが見えるようになったというのは、以前は見えていなかったものが見えるようになったということ。苦情を訴えることで、何が起きているのか説明する力が身につく。彼女が語るように、「自分に起きていることに名前をつけられるんだと思うと、力が湧いてきます」。起きていることに対して苦情を訴えるうちに、起きていることを説明できるようになる。苦情を訴えることで、名づけや説明ができる能力を獲得すると、それは「力が湧いてくる」ものなのだ。

苦情を訴えることで、自己認識や自分に何ができるのか、自分は誰なのかという感覚が変化する。苦情を訴える人になるのは「問題児」になることだと彼女は説明した。「苦情を訴える人はずけずけとものを言う態度を改めることはありません。問題児みたいに。そうなったら、もう後戻りはできません」。苦情があなたの一部に、あなたがそうなる問題児の一部になって、それはもう除去できない。ひとたび苦情に関わり、苦情を訴えれば、問題児を追い出せなくなる。「後戻りはできません」。もしかすると、それは約束なのかもしれない。ひとたび苦情を訴える人になれば、もうやめられない。約束とは、必ずしも将来を約束するものではない。苦情があなたの人生を乗っ取り、人生そのものになって、挙句の果てにあなた自身になる。このように苦情とは非常に消耗させられるものなのだ。[★27] 苦情を訴えることで自己認識が変わるとき、世界に対するあなたの認識も変わっている。

苦情の物語を伝えるうちに、人生の来し方《ライフ・ストーリー》を語っているかのような気になる。この研究に着手してほどなく、五回目のインタビューの最中に、正式な苦情申し立てはもっと長くて複雑な物語の一部ではないかと思うようになった。それは、個人の物語であり、組織の物語であり、個人と組織のあいだの関係性の物語なのだ。そのとき私は有色人種の女性研究者に話を聞いていた。彼女はまず、所属していた学科で人種差別と性差別に対する非公式の苦情を訴えたことを話し始めた。だが、その後彼女はさらに多くのことを語った。白人中心の家父長的組織で有色人種の女性が経験するであろう、ずっと起こり続けているあらゆるできごとを。インタビューの途中で、彼女は一旦休憩しようと提案した。私は録音テープをそのまま回し続け、それに向かって話しはじめた。彼女のそれまでの語りの中に私が聴き取ったことを吹き込んだのだ。そのときはじめて私は「苦情の来歴（complaint biography）」という言葉を使った。この言葉を考案したのは私だが、アイデアのもととなったのは彼女だ。苦情には独自の来歴があるという認識のもと、私はこのプロジェクトを始めた。以前ダイバーシティの追跡をおこなったように（Ahmed, 2012）今回もまた苦情を追跡することになると考えていた。苦情が書類やファイルにまとめられ、どこに送られ、最後にどこにたどり着くのかに興味があった。

それらの問いには今でも関心を寄せている。この先本書で、苦情のファイルは苦情を訴える人にとっては自分がおこなったことや足跡をたどる記録として重要なものだと示す。だが、「苦情の来歴」という言葉で私が意味するのは、もっと別のことだ。「苦情の来歴」という言葉で、苦情の生《ライフ》を個人や集団の生《ライフ》との関係から考えやすくなる。苦情の来歴とは、ただ苦情の経緯を述べるものではない。苦情がどのように発生して、どこに向かい、何をして、最後はどうなったかということだけではない。つまり、苦情の組織的な生（と死）だけではないということだ。苦情の来歴を考えるということは、どこかに置かれた苦情は別の場所で始まったのだと認識するということ。苦情は何かの始まりかもしれない——苦情が置かれたのちに多くのことが起こるのは、それがそこに置かれたものだから——が、それは起点ではないのだ。その後、苦情を正式に訴えたときに（もしくは訴えないときに）起こることは、その後の行動に影響を及ぼす。過去に苦情を訴えてどうにもならなかった経験から、苦情を訴えないでおく人もいる。過去に苦情を訴えずに後悔したので、今度は苦情を訴えることにする人もいる。苦情がどこに向かうのか、苦情に何が起きるのかといったことは、苦情を訴えるかどうかの判断に影響を及ぼす。

決断は、重要だ。苦情を訴えるかどうか決める必要性はしばしば危機《クライシス》として経験される。何をすればいいのか、何をしたら正解なのかは判然としない。起こったできごとが苦情として訴えるに足るものなのか確信が持てないかもしれない。その不確かさも物語の一部なのだ。あるいは、起こったできごとが苦情に訴えるのに値すると確信していても、果たして苦情が適切な措置なのか自信が持てないかもしれない。苦情の来歴には、経験にもかかわらず、また経験があるからこそ、苦情を訴えない決断を下したり、何かを言ったり、したりしないことにするそのような時《とき》が含まれる。苦情が意味するのは苦痛を伴う困難な経験について——たいていは繰り返し——話す準備が整っているということで、それを訴える相手は、関係性や信頼が築けておらず、苦情の内容に何らかの形で関わっている組織を代表する人たちなのだ。苦情を訴えるかどうかの判断はたいてい誰かに相談した上で下される。それが歓迎するものであれ、そうでないものであれ、仲間や友人からアドバイス、提案、助言を受け取ることになるだろう。[★28]警告されて、苦情を訴えたらどうなるかに気付き、そんな結果は引き受けられないから苦情を訴えるのを断念することもあるだろう。深刻に受け止められなかった苦情が果たして深刻に受け止めてもらえるのか、自信が持てないかもしれない。

フェミニスト・ワークやダイバーシティ・ワークに関わる者は、独自の苦情の来歴を持つことになる。その苦情の来歴をどんなふうに伝えるだろう。あなたたちのそれぞれに、この問いを念頭に本書に集めた物語を読んでほしい。苦情の来歴にアプローチするということは、誰が苦情を訴えていると思われるのかということに加え、苦情を訴えていると思われるときその人たちはどんなふうに聴き取られているのかという問いに気づくことでもある。自分では苦情を訴えているつもりはないのに、そのように受け止められることもある。もっとインクルーシブなシラバスや、アクセスしやすい場所を求めているだけにもかかわらず。あるいは、自分は苦情を訴えているつもりでも——人種差別的、性差別的ジョークに対して抗議していても——そんなふうに思ってもらえず、笑って受け流されるかもしれない。さらに、正式な苦情の申し立てをおこなうときでさえ、それが苦情を訴える行動だとみなされないかもしれない。適切な書類《フォーム》を使っておらず、それを適切な人に送っていないから、正式な苦情のプロセスが開始されていないとみなされる。苦情がジャンルに限定され、特定の書類を特定のやり方でしかるべきタイミングで記入せよという要求になると、多くの問題が記録されないままになると、私はすぐに気づいた。このプロジェクトの焦点を正式な苦情だけに合わせていたら、非常に限定的になり、多くを見逃していただろう。[★29]

書類のレベルにまで限定されたものですら、つねに維持されるとは限らない。実際に正式に苦情を訴えた人の話に耳を傾ければ、苦情の維持がいかに難しいかがわかる。苦情はあなたがそのなかに身を置くゾーンに、スペースに、環境になる。正式なプロセスやその一連の動き（苦情は動きの連続だと感じることがある）にはかなりの時間がかかる。だが、苦情のなかに身を置くということはまた、正式なプロセスに必要となる動き以上のものに対処するということでもある。苦情を維持する困難さには、その苦情から離れられない困難さも含まれる。ある学生は苦情の体験が「決して自分から離れない」と語った。本書は苦情から生まれた。離れないものから生まれた。正式なものでも、そうでなくても、抱えることになったり、訴えることになった苦情と人生が切り離せなくなった人たちと話すことによって生まれた。

対話のなかで

これまで私は本書の物語《ストーリー》をお伝えしてきた。本書に収められた物語について語ってきた。加えて、本書がさらに広範な物語の共有に参画するものだという認識をシェアしておかなければならない。#MeToo 運動、少なくともツイッターのハッシュタグがきっかけとなったものは、私がこの研究に着手してから始まった。政治運動としてのMe Tooが始まったのはそれよりも早い二〇〇六年で、ブラック・フェミニスト活動家のタラナ・バークが「性的虐待、性的暴行、性的搾取のサバイバーの声を増幅し、支援するスペースとして」組織した。[★30] #MeTooの拡散以降に話を聞いた人の多くがそれに言及した。例えば、Me Tooがきっかけで私に話すことにした人がいれば、苦情を訴える苦痛やトラウマを思い出して傷つきやすさが高まったように感じる人もいた。あるベテラン研究者は自らの証言についての認識を新たにした。「これはもうひとつの物語です。もうひとつの#MeTooではないでしょうか」と。#MeTooがよりどころになるだけでなく、苦情の物語を語ることで何ができるのかという問いになるのも、もっともなことだ。

本書は苦情について取り上げているが、一方で大学についてのものでもある。本書が大学についてのものだと言うとき、大学が私のリサーチフィールドや拠点であるという以上の何かを意味している。[★31]本書はまた、大学に対して訴えるものでもある。本書の執筆動機は大学改革プロジェクトへのコミットメントだった。というのも、学びを得る場である大学はただの場所ではなく、重要な場所であり、多くの学びの歴史があるのだから、できるかぎりたくさんの人がアクセスできるオープンなものであるべきだと私は考えている。大学に対して訴えを起こすに当たり、大学内での権力の働きについての重要な批判を提供した以下のブラック・フェミニストと有色人種のフェミニストたちの仕事が大いに参考になった。M・ジャッキー・アレクサンダー、スルマ・ビルゲ、フィロメナ・エッセド、ロザリンド・ハンプトン、サンシャイン・カマローニ、ハイディ・ミルザ、チャンドラー・タルパデー・モーハンティー、ケイティ・シアン、マリンダ・スミス、シャーリー・アン・テート、グロリア・ウェッカー。これらの研究を合わせて生まれたのが、大学がどのように、誰に対して力を及ぼすのかということに関する、私が考えるところの「反-組織的な知」だ。[★32] これらの研究者の多くは、差異と敵意に対処する手段として大学がダイバーシティのレトリックを利用している状況に対して、辛辣な批判を展開している。本書がこれらの批判を参考にする理由のひとつは、苦情申し立ての手続きもまたダイバーシティのように機能するからだ。問題を解決する方法として提供されると、それらの手順は新たな形の問題となる。組織内の問題に対して訴えられた苦情のうち、問題を再生産する形で解決されるものがかなりの数にのぼる。最終的には苦情の扱われ方への苦情となるケースがあまりにも多い。つまり、組織内で訴えられた苦情が最終的には組織に対する苦情となるケースがあまりにも多い。

ブラック・フェミニストや有色人種のフェミニストたちの反-組織的仕事は多くの場合、家事《ハウスワーク》でもあり、その言葉が示唆する単調さと反復を伴う。痛みを伴う仕事であり、運営に関わる仕事であり、ケアワークであり、そして、そう、ダイバーシティ・ワークなのだ。[★33] 組織が私たちに充分に対応できないために組織に対して訴えることになる。そのため、有色人種女性の研究者としておこなったこの仕事の経験は、苦情について研究し執筆する上での重要なリソースとなった。これまでに、本書は私が以前勤めていた大学で学生たちと活動した（その活動は大学に対するものでもあった。間違いなく私たちは大学に訴えかけていた）経験から生まれたものだと述べた。だから、本書は学生たちとの対話から生まれたものだと思っている。学生たちのうち、ティファニー・ペイジとレイラ・ウィッティーの二名は現在研究者になっており、私がこの研究を始めたばかりの頃に出会ったその他の学生活動家たちは、大学におけるセクシュアル・ハラスメントと性暴力という昔からある問題に対処する新しい方法を見つけようとしていた。アン・マクリントック（2017）も述べるように、「学生の権利ではなく、大学の評判ばかりを守ろうとする運営職員に怒り心頭に発したサバイバーたちは、妨害をしてくる学科長と関わるのは避け、新たな協働の戦略を練り、タイトル・ナイン〔米国の高等教育機関における性差別の禁止を定めた教育改正法第九編のこと〕について学び、二百もの大学に連邦政府による調査が入るという前代未聞の影響力を及ぼすまでになった」[★34]。学生たちのアクティビズムにおける創意工夫の大部分が、いかに組織が保身に走るかというおなじみの知識から、手続きであれ人であれ、何かに妨害された経験から生まれる。

　私は学生たちに多くの借りがある。大学警備や大学警察の動員が続いていることに異議を唱え、「なぜ自分のカリキュラムは白いのか？」だとか、「どうして私の教授は黒人ではないのか？」といった問いを投げかけ、奴隷商人の像の撤去や優生思想の持主の名前を掲げる建物の名称変更を求めることによって、奴隷制や植民地主義との共犯関係を是正するよう大学に迫っている黒人学生や有色人種の学生の活動は大いに参考になった[★35]。性暴力に対して苦情を訴えている学生たちのなかには、奴隷制や帝国の美化に対して反対運動をおこなっている者もいる。私は、英国や海外の新しい世代のブラック・フェミニストや有色人種フェミニストから刺激を受けている。とりわけ、ロラ・オルフェミ、オデリア・ヤン、ウェイセラ・セバティンディラ、スヘイマ・メンゾーア＝カーンの仕事が頭に浮かぶ[★36]。フェミニストの耳は世代をつなぐものでなければならない。私たちは互いの耳になる必要がある。互いから学ぶことがたくさんある。

　数々の歴史に占拠《オキュパイ》された大学で私たちはたびたび闘争する。組織内で苦情を訴えることがその組織との闘いであれば、アンジェラ・デイヴィス（2016, p. 19）の言葉を借りれば、それは「闘争のインターセクショナリティ」[★37]だ。苦情を共通のテーマとしながら、本研究は苦情の対象を可視化する。先ほど、苦情によって世界に焦点が合うようになると述べた。多くのことが見えてくる。このため、苦情を訴える行為に焦点を合わせることで、苦情が何についてのものなのかに焦点が合うようになる。苦情はレンズをもたらす。それは、問題を是正しようと努力するなかで、見たり、気づいたり、問題に対処したりする手段となる。

苦情がもたらすレンズはインターセクショナルなレンズと呼べるだろう。苦情を訴える体験を説明するいくつかの言葉はインターセクショナリティを表すが、なかでも「ぐちゃぐちゃ（messy）」という言葉はそうだ。先ほど苦情が衝突事故のようなものだとした私の説明まで立ち戻ろう。キンバリー・クレンショー（1989, p. 139）は、インターセクショナリティをさまざまな方向から流れ込む交通の衝突になぞらえた。「四方すべての方向に出入りがある交通の流れを考えてみよう。交差点《インターセクション》での往来のように、差別は一方向に流れることもあれば別方向に流れることもある。交差点で事故が起きたとすると、どの方向からの車どうしで起きてもおかしくないが、すべての方向から来た車によって引き起こされることもあるのだ」[★38]。事故の原因が誰なのか、何なのかということは必ずしも特定できるわけではない。黒人女性にとって、それは人種か性差別のどちらかかもしれないし、人種と性差別の両方かもしれない。インターセクショナリティが構造に関わるものだとすると、苦情というのはその同じ構造における経験なのだ。苦情を訴えると、私たちが前進するのを、どこかへ向い、到達するのを阻むものの正体にしばしば気づくことになる。

権力はただ、苦情が訴える対象というだけにとどまらない。苦情を訴えたときに起きることを形づくるのもまた権力なのだ。[★39] 苦情は、不平等や力関係に対処するひとつの方法を、それらに異議を唱える者の視点から提供する。この研究では、人びとがいかに苦情を利用して権力に挑んでいるかに注目しているが、権力について言わなければならないのはそれだけではない。本書は苦情のレンズを通して、権力の複雑さ、矛盾、関係性を提示するものだ。一例を挙げると、いじめやハラスメントを是正するためのツールとして使われる、苦情を訴える手続きそのものが、いじめやハラスメントのツールにもなることを知るだろう。そのようなことが起こるのは、フェミニストの読者であれば意外ではないだろう。権力関係を是正するために導入されたツールが、その力関係から利益を得ている人たちに利用されるということを私たちはよく知っている。問題は、苦情申し立ての手続きが権力を持つ者に利用される可能性があるということだけでなく、権力を握る人物が苦情を訴えた場合、その苦情が受理されやすいということなのだ。複雑さにすら複雑さがある。さまざまな事例において誰が「より権力を持っている」のかは見極めにくい。それらに対して苦情を訴える人の多くは規律・訓練装置の犠牲者を装う《パス・オフ》。この通過《パッシング》が上手く行けば権力は反転する。

権力が見極めにくい《トリッキー》一方で、苦情はまとわりつく《スティッキー》。苦情を訴え、苦情を訴えていると聴き取られる者たち自身が苦情の対象になりやすい。これは、私が第四章で「苦情マグネット」と呼ぶ現象だ。苦情を訴えたことが理由で、あるいは苦情を訴えたときに、たくさんのことがあなたにまとわりつく。本書を読み進めるうちに、そんなふうにまとわりつく数々の状況について知るだろう。私がこれからシェアするのは、セクシュアル・ハラスメント、レイシャル・ハラスメント、いじめ、障害者差別

（エイブリズム）、ホモフォビア、トランスフォビア、性差別、人種差別に対して苦情を訴えた人たちの物語だ。苦情を訴える人の構造上の立ち位置、制度の不安定さ、貧困、心身の健康、年齢、市民権の状態などによって、苦情がいかに左右されるのかをそれらの物語のなかに聴き取ることになるだろう（そして、この「左右される」という言葉で、私は苦情の方向性のみならず、苦情を訴えるのかどうか、どのように訴えるのかということも表している）。これらの現象をしっかり説明する学術文献は揃っている。本書の本論ではそのような文献を多くは取り上げないが、注が関連文献を見つける指針となるようにした。本書における私は、話を聞いた相手と共に考える存在だ。苦情を訴えた人たちが私のガイドであり、フェミニスト哲学者であり、理論家であり、コレクティブなのだ。

　私が集めた言葉は仕事をするだけではない。仕事《ワーク》そのものなのだ。本書の第一部では、苦情を訴えることで組織の働き、「組織の力学」を知るということを掘り下げる。そこで私がシェアする資料の大半は、正式な苦情申し立てのプロセスを経験した人たちの体験から引用されたもので、特にプロセスの初期に何が起きるかに注目している。この部分で私が関心を向けるのは、ポリシーや手順に従えば起こるとされていることと、実際に起こることとのあいだの落差《ギャップ》だ。苦情に対処するために用意されたシステムそのものによって、いかに苦情が停滞させられ阻害されるのかということを考える。本書の第二部では、苦情を訴えるきっかけとなった体験のいくつかを見ていく。そして、内在性の持つ意味について考える。それは、苦情が、それが訴える対象である状況の内部に存在するということだ。本書の第三部では、多くの証言のなかでドアがどのように現れるか、なぜ現れるのかを考える。苦情がドアについて教えてくれるとすれば、ドアは権力について教えてくれる。それは、組織のなかで誰が権限を持つのか、誰が出入りを妨害されるのかということだ。このパートの前提はいたってシンプルだ。つまり、権力の濫用に対して苦情を訴えれば、権力について知ることになる。

本書の結論部では、苦情コレクティブの仕事を振り返る。私が、学生たちが始めたコレクティブの一員になったことはすでに述べた。第一の結論である第七章は、コレクティブのメンバーであるレイラ・ウィットリー、ティファニー・ペイジ、アリス・コーブルがハイディ・ハスブロック、クリッサ・エスディロリアその他の助けを借りて執筆した。苦情を前進させ解消させるために作られた、流動的でありながら目的を持ったコレクティブ結成の経緯が説明されている。最終章では、苦情が集団性（collectivity）について教えてくれること、ときに同じ時間や場所にいなくても、どうやって結集できるのかについて考える。そこには希望がある。私たちの声をひとつにまとめたら、大きな声が聴こえるだろう。苦情は粉々に打ち砕かれるようなもの——そう、私は数多くの鋭利な破片を拾い集めている——そして、苦情を訴えるということは、多くの場合、何かを得るための闘いなのだ。存在するようになったものを拒絶するということは、存在するために闘うこと。この作業《ワーク》を通じて、そんな闘いに対する私の感覚はより鋭敏に、より鮮明に、より強靭になった。

第1部
組織の力学
INSTITUTIONAL MECHANICS

第一部では苦情を正式に申し立てるか申し立てようとすると何が起こるかについて考察する。苦情を訴えると組織の修理工《メカニック》になるよう求められる。システム内で苦情を動かすにはどうすればいいか、あなたは知恵を絞らなければならない。苦情が最終的にシステムに対するものになることが多いのは、システム内で苦情を動かす困難さが理由になっている。

苦情を訴えた経験を語る人たちと話しながらいつも思い浮かべていたのは、過去に私がおこなったダイバーシティ研究だった。そのプロジェクトでは、ダイバーシティと平等に関する大学のコミットメントを制度化するために大学によって任命された担当者にインタビューをおこなった。過去のプロジェクトをそんなふうに、そこまで思い出すとは意外だった。何しろそのダイバーシティのプロジェクトで私が話を聞いた大学事務職員の組織内の立場《ポジション》は、苦情を訴える人や原告とはまったく違うのだから。

苦情を正式に訴えるか、訴えようとしている人たちの話に耳を傾けることで得られたデータは、ダイバーシティ推進担当者の話を聞いたときのデータと不思議なほどの関連を見せた。私は今でもその関連から学んでいる。一筋縄では行かないプロセスを処理しなければならなかったり(第一章)、何かを前進させるために組織と戦わなければならなかったり(第二章)するなど、苦情を訴える人が最終的に到達するのは、ダイバーシティ推進担当者のそれとよく似ている。苦情を訴える人はダイバーシティ推進担当者と同じように、阻害や停滞がどこで起きるのか、いつ起きるのか、どんなふうに起きるのかを熟知している。前著『包摂されることについて（*On Being Included*）』において、私はダイバーシティの専門家は組織の配管工だとした。ものごとがどこで、どんなふうに滞るのか、彼／女たちは知り尽くしている（2012, p. 32）。当時、私はこう書いた。「ダイバーシティ・ワークの力学的側面がもっとも顕著になるのは組織が機能しているときだ。ダイバーシティが滞ると、組織的な対話によってダイバーシティがその対話の一部になることが〝阻止〟される」（p. 32）。『それが何になる？（*What's the Use?*）』では、同じプロジェクトに言及しながら表現を少し変えた。そして、「システムを変えようとする人たちを阻止することによってシステムは機能している」と示唆した（2019, p. 212）。苦情を組織の力学《メカニクス》として考えるのは（そして、苦情を訴える人を組織のメカニックだと考えるのは）、苦情を訴える人は、組織がどのように機能するのか知ることになると示すひとつの方法なのだ。

　このパートではダイバーシティ研究で導入した概念のいくつかを発展させる。それは例えば、組織の発話行為、ポリシー、手続き、コミットメントの「ノンパフォーマティビティ」だ。ポリシーや手続きのことから話を始めるが、私がより関心を寄せるのは、苦情プロセスの経験の記述だ。ポリシーや手続きは書類上は存在するだろう——それらに言及し、指示することができるのだから。だが、それらに従うか、それらを使って何かをしようとするとどうなるか。第一章で追及するように、ポリシーや手続きに従うと起こるとされていることと実際に起こることのあいだにはしばしば落差《ギャップ》が存在する。苦情を訴えるに当たってはその隙間に注意《マインド・ザット・ギャップ》しなければならない（〝Mind the gap〟とは、ロンドンの地下鉄などの公共交通機関でホームと電車のあいだの隙間に注意を促すために流れるアナウンス）。第二章では苦情を停止させるために使われるいくつかの手法について考える。それらの手法は、警告、うなずき、抹消、そして私が戦略的非効率と呼ぶものだ。どれも公式な手法ではない。通常は組織がそんなことをする気はないと装うたぐいのものだ。

非公式なもののなかに秩序が認められるのは、それ自体が組織について何がしかを伝えている。私たちは組織に立ち向かってぼろぼろになりながら組織について学ぶ。そして、苦情の仕事《ワーク》の身体化された性質から学ぶ。苦情プロセスを進めるときにすべきことをおこなうと、疲れ果て、消耗することになる。

第1章　隙間にご注意を！　MIND THE GAP!
ポリシー、手続き、その他のノンパフォーマティブ

苦情を訴えなければならないとしたら、どうするだろう。どこに出向き、誰に相談する？　多くの組織には、そんなときに従う手順を定めた苦情申し立て手続きが用意されている。苦情の訴え方を理解するとは、手続きを発見することであり、手続きについて知ることだ。手続きがどこにあるのか、苦情を訴える者が何を要求されるのかを理解するということ。さらに、苦情を訴えるに当たり充分な根拠があるか判断したり、苦情を立証したりするために必要となる関連ポリシーについても知ることになるだろう。ポリシーは、組織が従わなければならない一連の行動指針や価値を提供する。私の研究では、苦情申し立てを検討した人たちは、職場における尊厳、ダイバーシティと平等、ハラスメントといじめ、利害の衝突、勤怠管理まで多岐にわたるポリシーを参照していた。

苦情を訴えるとポリシーへの理解が深まるのなら、苦情を訴える行為は、数々の書類に当たるうちに組織について理解したり、組織を一連の書類そのものとして理解し直したりするということでもある。苦情を訴える人の多くはただ書類に目を通すだけでは終わらない。テンプレートに従って既存の書類に記入するか、既存のポリシーにはっきり言及するかして、それらの書類を活用する。ある研究者は、「大学によって与えられたポリシーを苦情にひとつひとつ適用した」と語る。苦情を訴える際

1-1　起こるとされていることと実際に起こることのあいだのギャップ。
写真：ラインハルト・ディートリヒ

にポリシーを活用したら、ポリシーが遵守されない実態が浮かび上がることが多々ある。この章では一見シンプルな以下の点が意味するところを考える。それは、何がなされないかの証拠を提供するという意味でポリシーがいかに重要なものであるかということ。また、組織の機能不全の証明としての役割を果たすポリシーについて考えながら、過去のダイバーシティ研究（Ahmed, 2012）で導入した「ノンパフォーマティビティ」の概念を発展させる。「ノンパフォーマティブ」という言葉で私が表現するのは、名前を挙げたにもかかわらず、それを実行に移さない組織の発話行為だ。[★1] 苦情についての調査をおこなうことで、新たな視点からノンパフォーマティビティの概念を再考し、何かを実行しないことが組織の生《ライフ》に及ぼす奇妙な影響を追求することになった。この先に示すが、正式に苦情を申し立てる人はこのような奇妙な影響を立証することになる。苦情を訴えると、しばしば隙間《ギャップ》が見えてくる。それは、ポリシーや手続きに従えば起こるとされていることと、実際に起こることのあいだの差《ギャップ》だ。そのギャップのなかに大勢がひしめく実態を私たちは知ることになる。私の役割はギャップに気をつけること。苦情を訴えるプロセスを経験した人たちの声を聞き、そこから学ぶことだ。

手続きをたどる

苦情申し立ての手続きとは、苦情を訴えるにはどうすればいいのか、どこに出向けばいいのかを知ることだ。ポリシーが行動指針を示すとしたら、手続きからは道筋が与えられる。苦情申し立て手続きはフローチャートで表されることが多い。そこに書き込まれた直線や矢印が、苦情を訴えようとする人にはっきりとしたルートを示す。

となると、苦情を訴えるということは、苦情申し立て手続きに従うこと、つまり前もって用意された道をたどることに当然なるはずだ。ところが、文章に書いてある通りにものごとが進むとはかぎらない。そもそも、そのような文章自体が見つけにくい場合もある。ある大学院生からこんな話を聞いた。「苦情申し立て手続きのPDFをデータベース内に見つけるまでに途方もない時間がかかりました。そこにあるとわかっていましたが、伝説の金の卵みたいに探しても探しても見つからなかったんです。ようやく見つけたと思ったら情報量が多すぎて、博士課程の院生二人がかりで細かい文字を読み込み、苦情申し立ての手続きがどんなものなのか理解するのに数週間を要しました」。手続きの所在がわからなければ、どちらに進めばいいのかわからない。苦情申し立ての手続きがユ、、、ー、ザ、ー、ア、ン、フ、レ、ン、ド、リ、ー、になっている状況は何を意味するのだろう。『それが何になる？——利用の利用法について（*What's the Use?: On the Uses of Use*）』（2019）で私は利用とは技術《テクニック》だというテーマを追求した。何かを利用しづらくすれば、それが使われるのを阻止できる。あまり利用されないものは使いづらいものとなる。

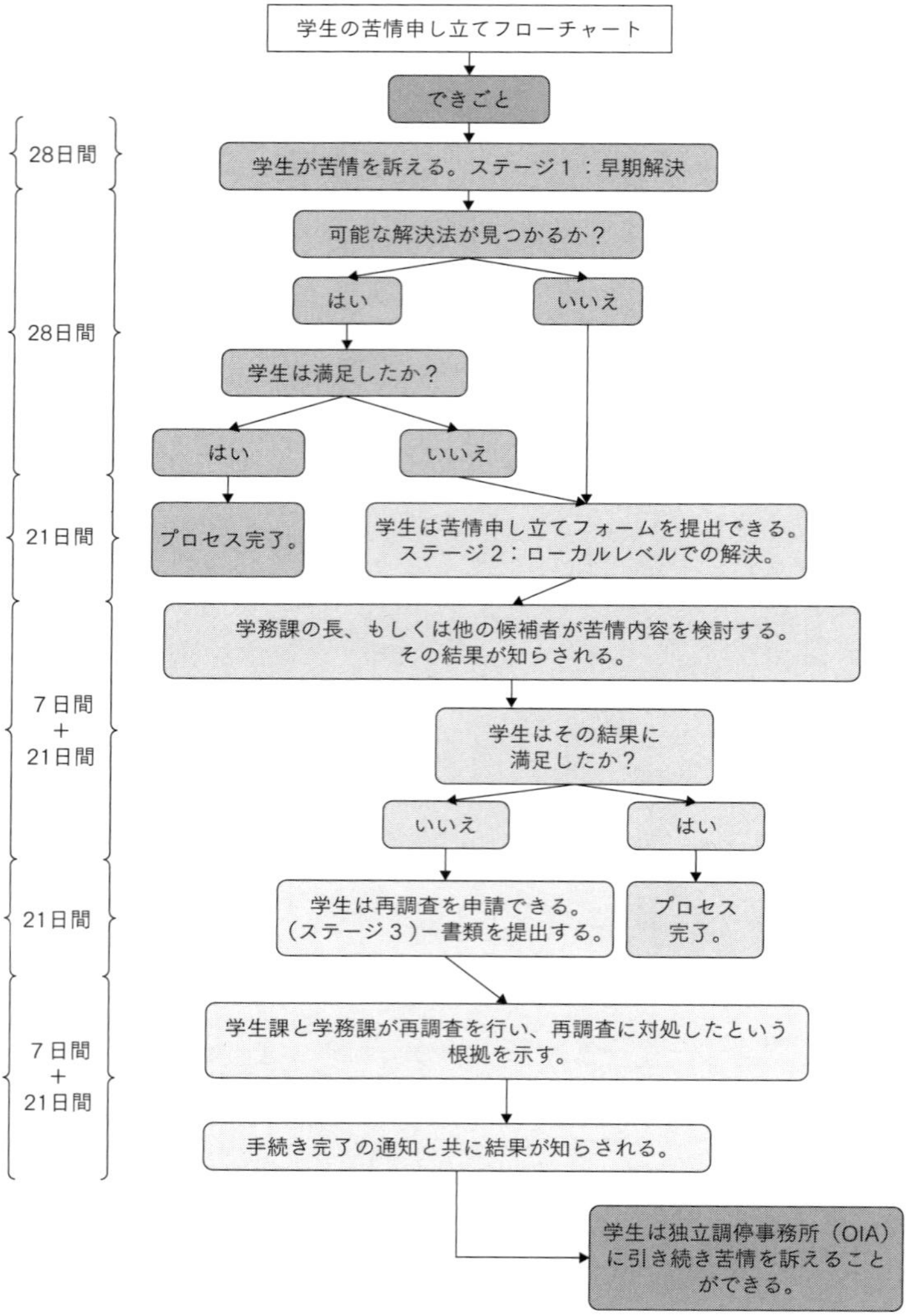

1-2　はっきりとしたルート

一例として、人通りのない道を考えてみよう。誰も通らない道は見つけづらい。道の存在を示す標識《サイン》も木の葉に埋もれてわかりにくい。苦情申し立ての手続きは人通りのない道のようなもの。それは見つけにくく、たどりにくい道なのだ。

苦情申し立ての手続き自体がどこにあるのかわかりにくい場合がある。そんな手続きは存在しないと言われることがある。あるポスドクは、プロジェクトチームの責任者から受けたトランス嫌悪と嫌がらせに対して苦情を申し立てようと思った。そして、人材担当部署（Human Resources, HR）に相談した。「そこに苦情申し立ての手続きはありませんでした。私はＨＲの適切な担当者に連絡を取り、プロジェクト内で嫌がらせとトランス嫌悪があったので辞職すると書き送ったんです。すると、前例がないのでそんなことはできないという返事が彼女から届きました。私にわかる限りでは可能なルートは存在しません」。このように、苦情申し立ての手続きがないから「できない」と言われることがある。あるいは、たとえ手続きが存在しても、そんな手続きはないとさえ伝えれば、相手はその道をたどるのをあきらめる（「可能なルートは存在しません」）。手続きというのは、ただ単にそこにあって利用できるものではない。適切な方法で伝えられなければ利用されない。

1-3　見つけにくいのでその道をたどることができない。

利用されるには伝えられる必要がある。

行動するうちに道が現れる。どこかにたどり着くために通らなければならない道。それはまた、組織のなかを通る道でもある。正式に苦情を申し立てるとは、事務的プロセスに進むということ。それはときに郵便制度と呼ばれる、組織内の別の関係者のあいだで資料《マテリアル》をやり取りするルートと手順《ルーティン》である、情報の通い路を開通させられるかにかかっている。「事務的プロセス」という言葉で私たちが間違いなく意図するのはそれが「書類仕事《ペーパーワーク》」だということ。書類が増えればそれだけ仕事も増える。苦情申し立ての仕事は平等に分配されない。障害者差別に対して苦情申し立てをおこなったある学生はこう語った。「書類がぐちゃぐちゃになる、堂々巡りのやりとりばかりです。とにかくペーパーワークが大変で、大学側の不手際について七ページ、十七ページにわたって指摘したら、あちらからは同じ内容の手紙が戻ってきます」。彼女の話が伝えるのは、組織がつくった基準は労力を減らす（「同じ内容の手紙が戻ってきます」）が、事務が仕事をしない穴埋めを苦情を訴える側がしなければならないという状況だ（「大学側に不手際を指摘したら」）。この学生は自分の苦情申し立てファイルを開いて私に見せてくれた。そして、「これが、苦情を正式に申し立てた私の経験がまとめられたフォルダです。ここに収められた書類を読んでいるうちに……書類を通して苦情の歴史を書いていたことに気づきました」と説明した。苦情の訴えが苦情の歴史を書くことであるのなら、苦情フォルダには歴史が保存されている。

事務仕事とはコミュニケーションの労働でもある。自分が訴えるケースについて書き、裏付けとなる文書資料（ポリシーや送付された通知《レター》などが含まれるかもしれない）を集め、学科の関係者だけでなく、H

R、平等性とダイバーシティ担当部署、職員保健サービス、職員組合や学生組合など、さまざまな人たちと話さなければならない。起こったできごとについて話したり書いたり、苦情のもととなった状況について話すためにコミュニケーションが欠かせない。苦情の申し立てをするためには苦情を訴え続けなければならない。苦情に声や表現を与えなければならない。苦情を訴えるなかで表現力を高めざるをえない。

「はじめに」で指摘したように、表現とは何かを押し出すことでもある。体験がつらいものであれば、それだけ苦情の表現には困難が伴う。苦情が「ぐちゃぐちゃになる書類」であれば、「ぐちゃぐちゃ」とは困難さなのだ。

コミュニケーションとは聴き取ることでもある。それは、組織内で誰が苦情を受け取る役割を担うのかということに関わる。学生が苦情を訴えるプロセスを支援したある事務職員に話を聞いた。彼女はプロセスを追って説明した。

> それで、最初の段階では苦情を非公式に解決するよう求められますが、状況によってはかなり困難ですし、学科内で行きづまるかもしれません……だから学生はとても粘り強く訴えていかなければならないのです。いや、いま停滞しているのだと……もしあなたの身に何か悪いことが起こって、その状況が背を向けたいものなら、わかりますよね？　なぜ学生がものごとを確実に進め、主張する粘り強さに欠けるのか。学生組合に出向いても進展はありません。それで、文章を読む限りでは直線だと思えても、実際はぐるぐる円を描いていることが多いのだと気づくのです。私

はそこが問題だと思います。学生は失望して自信をなくし、何をしてもつらい気持ちを味わい、何も解決されない。泥沼にはまって抜け出せなくなる。

苦情を訴えるプロセスは書類上は直線的でストレートなものに見える。だが実際は、円を描いていることが多い（出入りがあるものではなくて堂々巡り）。そのように円を描くのは通行止めのせいだ。道筋をわかりやすくするための手続きが存在しても、その道はいつ通行止めになってもおかしくない。それは対話のなかで起こる。相談した相手が行きづまれば、あなたも行きづまる。対話は別の壁になる。苦情を訴えると、「壁に向かって話している（talking to a wall）」（「聞く耳を持たない相手に向かって話す」という意味）気分になる。このことからも、苦情はコミュニケーションの労働だと言える。苦情を進めるのに欠かせないもの（彼女の言葉では「自信」と「粘り強さ」）は、苦情を訴えるきっかけとなった経験によって蝕《むしば》まれるのかもしれない（「何か悪いことが起こって」、「背を向けたい」）。苦情を訴えるきっかけになったできごとのせいで苦情の訴えが困難になる。言い換えると、苦情を訴えざるをえない体験とは、苦情を訴えづらくする体験と同一だということだ。

苦情はただ単に「ノー」の結果ではない。苦情は「ノー」と言い続けることを求める。そのため、苦情が一連の流れ《フロー》として経験されることはほとんどない。各段階で「押し《プッシュ》」が必要だ。ある研究者はそれをこう表現した。「相手の行動を促すために、私はプッシュし続けなければなりませんでした。そうせざるをえなかったのは、彼らのポリシーに従うと、苦情の申し立てを提出してから調査が始まるまでに時間がかかりすぎたからです……申し立てを提出して一か月半が経ってもまったくありませんでした。だからプッシュし続けなければならなかったのです」。「相手の行動を促すために」プッシュし続けなければならない。組織の手続きに当の組織を従わせるためにプッシュしなければならない。さもないと、手続きにのっとって訴えが取り下げられるおそれがある。

手続きを進めているときですら流れに逆らって押しているような気になることがある。手続きとは、組織によって示された進行方向だと考えると、これは不可解だ。そのうえ、遅々として進まない経路を取るように指示される。そのため実際に起こることと、手続きに従えば起こるとされていることとのあいだで激しい活動が展開される。組織が定めた期日を組織に守らせるためにプッシュして働きかけなければならない。いちどプッシュしたらそれで仕事は終わりではない。プッシュし続けなければならない。なぜなら、各段階に進むたびに無関心と抵抗という奇妙な組み合わせでできているように思える壁と遭遇するから。書類上は手続きが一本道であるかのように表されていても、苦情というのはやっかいなもので、ぐるぐると円を描く。図1－4の線描のように、ぐちゃぐちゃに絡まり合う。苦情のプロセスに進んでも、そこからどうやって抜け出せるのかわからない（「泥沼にはまってそこから抜け出せなくなる」）。

1-4　苦情の線描

組織内のさまざまな関係者と話をしなければならない。だが、関係者同士は連絡を取り合っていない。指導教員からトランス嫌悪的なハラスメントを受けた別の学生は、苦情プロセスの処理に自ら当たる羽目になった経験を語った。

> 全ての情報を整理して、個々の担当者に送るのは私の仕事でした。担当者同士で連絡を取り合っていませんでしたから。ＨＲの記録を取得するために書類を提出しなければなりませんでした。情報公開請求も全部やりました。なぜあらゆる仕事をこなすのが私で、ＨＲの担当者は何もしないのか疑問でした。事実上私は彼らの仕事を肩代わりしていましたから。私は苦情を訴えた当事者で、手当をしなければならない心の傷を抱えていたというのに。

苦情を訴えている本人はたいてい、苦情を訴えるきっかけとなった状況からトラウマやストレスを受けているにもかかわらず、一筋縄では行かないプロセスを進めなければならない羽目に陥る。苦情手続きを進める人は結局、導管となる。情報を循環させるために、あらゆる情報を整えなければならない。ものごとがよどみなく進むよう配慮しなければならない。そのプロセス自体が手に負えないものであり、苦情を訴えるきっかけとなった体験のせいで自分を整える困難さを多くの人が抱えている状況を考えると、それがいかに難しいことなのか想像できる。

いろいろな人に同じ点を繰り返し説明し続けなければならない。ある駆け出しの研究者はこう語る。「四つの経路で同時に苦情を訴えているようなものです。でも、興味深いことに担当者同士は連絡を取り合っていないようです。だから、その都度苦情の経緯を説明します。Ｅメールで、電話で、職員保健サービスで、組合で。全ては記録されます。そこからあらゆる資料、あらゆるペーパーワークが生まれますが、実際には何も動いていません。ただのファイルに過ぎないのです」。つまり、同じ点を複数の関係者に繰り返し説明することになるのは、関係者同士のあいだに明確なコミュニケーションの経路が存在しないから。苦情は、同じ点に対して何度も作業することを求められる経験になりうる。その点はもともと痛みを伴うものだが、繰り返し訴えなければならないことでさらに痛みが増す場合もある。それでは、苦情は最後にどこにたどり着くのだろう。別の書類の複製《コピー》が大半を占める関連書類は、最後には全て同一ファイル内に収められる（「ただのファイルに過ぎないのです」）。あなたが達成したものが一冊のファイルとなり、そのファイルが放置されるのなら、せっかく何かを達成しても放置の憂き目にあうという気分になるだろう。

　苦情を訴えるに当たり、たどった別々の道が同じ目的地に至るものであっても、自分で作成したり集めたりした全ての資料が同じファイルに収められても、最後にあなたが収まる場所は四方八方、さまざまだ。私は苦情を訴えた別の学生に話を聞いた。彼女は以前、苦情の申し立てを支援する事務アシスタントとして働いていたので、苦情申し立てのプロセスを別の視点から経験していた。「それは混乱であり循環です。苦情を申し立てるとプロセスが開始されますが、それがまた別の苦情へとつながるのです」。苦情の扱われ方が原因となり苦情からさらなる苦情が生まれる。実際に私が話を聞いた人のなかには、自分の苦情の扱われ方に対して苦情を訴える人が大勢いた。別の学生はこう語った。「私は正式な苦情申し立ての手続きを経験しました。それは学科レベルから独立調停事務所への申し立てまで進みました。そのプロセスを目の当たりにしました」。苦情申し立てのプロセスを一通り経験することで、彼女は「そのプロセスの問題に気づきました」。それ以降は、彼女の言葉を借りると、苦情は「苦情申し立て手続きそのものに対する苦情」になった。また、別の学生からセクシュアル・ハラスメントを受けた学生はHRにこう言われた。「これは断っておかなければなりません。この訴えを進めたければ、学生に対する苦情としては訴えられません……唯一できるのは大学を訴えることです。その訴えの扱われ方に対してなら苦情を申し立てられます」。苦情の申し立てに対して苦情を申し立てるよう誘導されるということは、もとの苦情がないがしろにされるということ。結局たどることになる別のルートはぐるぐると堂々巡りをするようなもの。苦情はやがて苦情に対するものとなる。対処されないものへの対処を続けなければならない。そう、いちどプロセスを開始したら、そこから抜け出すのは難しい。

では、苦情が最後にたどり着く場所はどこだろう。苦情を申し立てる過程で作成された数々の資料が最後には同じファイルに収められると先ほど述べた。そして、それらのファイルは同じファイリング・キャビネットに収められるのだと。申し立て（filing）とは、しまい込まれること（filing away）なのだ。ある学生は、自分の苦情が「箱にしまい込まれたままになっています」と説明した。別の学生は、「私の苦情は苦情の墓場に葬られた気がします」と語った。手続きをたどった末に葬られることがある。博士課程の院生が正式な苦情の申し立てをおこなうのを助けたある研究者に話を聞いた。「ものごとを適切に進めても、必ずしもうまく行くわけではありません。いろいろなことがただ葬られるだけになる場合もあります。関係者全員のプライバシーを守りながら個々にものごとを進めても。立派な手続きがあっても、その手続きによって葬られるべきではないものが葬られる場合があるのです」。

ものごとを適切に進め、すべきことをした結果が埋葬につながる場合がある。そんなことはあってはならないが、実際に何かが葬り去られても、葬られてなどいないように見えるだけなのかもしれない。埋葬は葬り去られたものと一緒に見えなくなるのだ。

だが、苦情を訴えた本人は葬り去られたことがわかる。苦情がしまい込まれたり、廃棄されたり、葬り去られれば、苦情を訴えた人自身がしまい込まれたり、廃棄されたり、葬り去られたような気になる。苦情というのは、組織のなかで起こったことであるとともに、誰かに起こったことの記録だということを忘れてはならない。苦情は組織的なものだが、個人的なものでもある。個人的なことは組織的なことなのだ〔フェミニズムの有名なスローガン、The personal is political.「個人的なことは政治的なこと」のもじり〕。ある研究者は自分の苦情ファイルをシェアしてくれた。

1-5　苦情がたどり着く場所。

「包み隠さずに言うと、激しいストレスとトラウマのせいで生理が止まったということまで書類に書いたんですよ。身体の生理機能のようなきわめてプライベートな内容も記載したんです」。身体が機能を停止することがある。身体が苦情を訴えることがある。その身体が書類に記載される。その書類はファイルに収められる。そして、ファイルはキャビネットにしまい込まれる。苦情の申し立ては、苦情を訴えるに至った歴史からの疎外を意味することがある。それは、申し立てた本人が身体の存在のなかに感じる、きわめてプライベートな疎外だ。

苦情はもちろん、ファイリング・キャビネットだけに保管されるのではない。私が話を聞いた人の多くが自分の苦情ファイルを手元に置いていた。★2 ある学生がファイルを開きながら話し始めたことはすでに述べた。インタビューをおこなったある研究者は、インタビュー後に私と直接会う段取りをつけた。それはファイルを手渡すためで、彼女は郵便制度をあまり信頼していなかった。そして、彼女が手にするはずではなかった、廃棄するよう指示された書類を私に委ねた。私が苦情の研究をおこなえるのは、指示に従わなかった人がたくさんいるおかげなのかもしれない。いくら重要な書類とはいえ、彼女はただそれを手渡しただけではなかった。彼女が私に委ねたのは彼女の人生の一部であり、困難や痛みを伴うものだ。送られてきたEメールや報告書のなかで自分がどのように説明されているかにショックを受けた彼女はそれらを全て私に託した。私が資料を読んで、その記述を疑わしく思うはずだと信頼を寄せたのだ。私はそのファイルを受け取った。そして、その記述がどんなものであるか見抜いた。私には、彼女のファイルに対する責任がある。それを丁寧に扱う責任が。自宅で仕事をする私の書斎には、何冊ものファイルが一箇所に保管してある。私の手に渡ったのでそこに集まっているが、そうでなければ散逸していただろう。ファイルが集まればそれだけ情報量は増える。そして、互いのケースにヒントを与える。「はじめに」で、こぼれ落ちる言葉を聴き取るということについて書いた。私の役割は、それらのファイルを開き、その内容をできるだけ丁寧にこぼしていくことなのだ。

身体が書類に記載され、その書類がファイルに収められるのなら、身体はファイルであり、複数のファイルを保管するファイリング・キャビネットでもある。組織によってしまい込まれたものは私たちの身体に蓄積するので、しばしば身をもってその重さを知ることになる。苦情を訴える人の身体は苦情に対する作業についての証言となる。あるベテラン研究者はこう言った。「緊張と精神的ダメージはさまざまな方法で表に出てきます。私の場合は腰（back）でした。あれ以来ひどい腰痛を抱えています」。受けられる支援（backing）が少なければ、その分多くの負荷に耐えなくてはならない。苦情の重みを腰が引き受けることがある。その作業をおこなう際に要求されるものの物語《ストーリー》を腰が語ることがあるのだ。

機能不全の証拠

苦情の申し立て手続きが、これから苦情を訴える人に道筋を示しても、その道はいつ通行止めになってもおかしくない。その手続きに進めるから、あるいは進めないからという理由で、手続き自体に問題があるかどうかは判然としない。例えば、組織が自ら定めた手続きを進めないのなら働きかけ《プッシュ》なくてはならない。その一方で、手続きが進んでも苦情が葬り去られることがあるようだ。何をして、どこに出向かなければならないのかなどの、苦情を訴えた人たちの経験を振り返ることで手続きがどのように問題の一部となるのかを考察できる。

苦情を訴える経験は、あいまいにされ暗部に隠されたものを浮かび上がらせる。「あらゆる資料、あらゆるペーパーワーク」が「ただのファイル」になると語った、あの駆け出しの研究者の話に戻ろう。彼女の苦情のきっかけは何だったのか。それは、彼女が長期療養休暇から復帰した際に大学側が仕事量の適切な調整を怠ったことに端を発していた[★3]。仕事をこなすのに必要な時間と余裕《ルーム》を確保するために彼女は苦情を申し立てた。そして、その経験をこう語る。

それは、一羽の小鳥が何かをついばむようなもので、実際にはほとんど何も影響を及ぼしませんでした。すごく、すごく小さなものでしたし、全ては密室でおこなわれました。人がそんなふうに小さくなったように感じるのは、苦情の性質のせいかもしれませんし、仕事から離れているのだから自分は控えめな態度を取らなければと思うのかもしれません。そんな態度を取るのは、何も話したくないからなのかもしれません。それに、組織に属していることや建物の様子とも関係があるのではないでしょうか。長い廊下、鍵のかかったドア、ブラインドが下がった窓などの。どこにいても隔絶された感じがします。空気が足りなくて息ができません。

「それは、小鳥が何かをついばむようなもの」――この「それ（it）」という言葉に注目しよう。苦情の申し立てという行為は形を獲得して、世界に存在する何かになる。例えば、ついばむ小鳥に。どうやら、自分の能力や人間性にとって重要な意味を持つ活動にエネルギーを費やしたところで、たいした痕跡は残せないようだ。努力をすればするほど、「それ」は小さくなる。つまり、あなた自身がすごく、すごく小さくなる。苦情は申し立てられた途端に部外秘扱いになるため、全ては閉ざされたドアの向こう側で処理される。苦情は秘密であり、恥の源泉であり、あなたと他人とのあいだに一線を画すもの。苦情は虫眼鏡のようなもの。いろいろなことがはっきりと見えるようになり、目を向ければ数多くの細部《ディティール》が浮かび上がる。その場所の地理、建物、長い廊下。鍵のかかったドア、ブラインドが下ろされた窓――私たちの建物環境ではおなじみの特徴ばかりだ。

長い廊下、鍵のかかったドア、ブラインドが下ろされた窓。これらが建物環境ではおなじみのものであるとすると、そんなおなじみのものが息苦しさを覚えるものになりうる。空気が足りなくて息ができないと感じる。時間と余裕《ルーム》を確保するために苦情を申し立てても、苦情そのものに時間が奪われて余裕がなくなる。時間が奪われると余裕もなくなり、余裕や時間とは誰に与えられるものなのかに気づく。このように、苦情を訴えると組織というものをよりいっそう強く意識せざるをえない。阻止される経験から組織とはどういうものなのかがわかる。苦情は組織の現象学を提供する。苦情を訴えた人は組織の環境によく気づくようになり、風景のなかに埋もれていたものが気になり始める。

1-6

組織を強く意識すると、多くの人が見かけと実体験とのあいだのギャップに気づくようになる。言い換えると、あなたが経験するのは、見かけどおりの組織ではない。苦情を訴える作業《ワーク》を「つい

1-7　写真：キム・オルブライト /Phrenzee

1-8

ばむ」と表現した、この駆け出しの講師は、大学が設定したポリシーやコミットメントに対して理解を深めた経緯も話してくれた。彼女が詳細《ディテイール》をどのように利用したかを詳細に説明してくれた。自分の雇用契約だけでなく、職場での尊厳と勤怠管理に関する大学のポリシー、大学憲章に至るまで「しらみつぶしに」調べた。このプロセスを経て、彼女が学部によって割り当てられた仕事は、どれも大学のポリシーと一致しないと示せた。ところが、指示された仕事は大学のポリシーに反すると示せたにもかかわらず、苦情申し立て手続きに進展は見られなかった。

苦情を裏づける証拠としてポリシーが利用できる場合でも、かならずしもことが上手く運ぶわけではないのだ。剽窃行為に関する苦情を訴えようと、複数のポリシーを活用した別の研究者にも話を聞いた。彼女に言わせれば、ポリシーは「罠」だ。「苦情を訴えるプロセスをそのように経験しました。大学の教育の質を守るために、大学で働く者としてポリシーは遵守しなければならないと採用時に念を押されたにもかかわらず、実のところそれは罠で、実際にポリシーに頼ろうとした途端に自分のほうが調査対象になったのです。ポリシーに意味はありません」。ポリシーが目指すところを実現するために活用しようとすると、あなたの行動自体が警告や警報を発することになる。苦情を訴えると、ポリシーは無意味だとわかる。侵入者が建物に入るのを阻止されるように、何かが目的でポリシーを利用しようとしても止められる。もしポリシーの利用が警告になるのなら、それはすべきことではないし、そこにいてはいけないと言われているも同然だ。あなたは「調査対象」になって阻止される。

苦情を訴えると調査対象にされるということは第四章でまた触れる。ポリシーの機能不全から組織への理解が深まるという点は掘り下げる価値がある。彼女はさらにこう続けた。「今はそれが正式なプロセスなのだと言われました。私は全てのポリシーに当たらなければなりませんでした。そして、霧で覆われていると気づいたんです。いつもそうでした。何かを明らかにするたびに――例えば、〝ポリシーよると、こうなるはずじゃないですか〟と説明するたびに――このポリシーは十年前からあって、こうなるはずですよねと訊くと、相手は〝いいえ《ノー》〟と答えるのです」。「ノー」という答えが返ってくるのは、何年も前から存在するポリシーには物事を決める力がないからだ。ポリシーによって何かが明らかになっても（「何かを明らかにするたびに」）、結局は霧が全てを覆い隠す。「ノー」とは霧なのだ。

　制止される経験から組織への理解がさらに深まるとしても、それによって何かが明らかになるわけではない。苦情が原因で組織との関係が奇妙《クィア》なものになる場合がある。私はこの「クィア（queer）」という言葉をもともとの意味である、「不可解な」だとか「奇妙な」という意味で使っている。クィアな現象学としての苦情。私が集めた言葉のデータは奇妙で、風変わりで、おかしくて、不可解で、方向感覚を狂わせる。事務的手続きに進むということは、興味深いことに、そして意外かもしれないが、クィアな経験の始まりにもなる。適切な方法で書類を集めようとすると、不思議なできごとに遭遇するかもしれない。昇進における差別に対して苦情を訴えたある講師は何が起きたかを語った。以前は存在しなかった書類が突然ファイルに現れたのだという。「私のファイルには、あまりよくない年次評価が入っていたと弁護士に言われました。そんな評価は受けたことがなかったので、おかしいと思いました」。私の手元には、不思議なことに現れたり消えたりする書類の話が数多く集まっているので、この先本書内でシェアする。何かを説明する際に使う言葉からわかることがある。彼は自分の経験をこんなふうに説明した。「私は現実離れした世界に足を踏み入れたんです。すごく奇妙な状況です。とにかく不思議なことばかりなので、調べる価値があると思いたいですね」。

私も同意見だ。奇妙なこと、不思議なことの記録には調べる価値がある。苦情を訴えるプロセスの不可解さはさまざまな形で現れる。秩序に欠けた、あいまいな点が数多く存在する。こうなるはずだという予想が裏切られると、人は不可解さに気づく。私自身の経験を振り返っても、苦情の訴えに関わったことで方向感覚を失った。次元の切り替えをしょっちゅうしなくてはならない。対話やミーティングをとにかくたくさんこなすことになる。次々とミーティングが設定されるが、共に活動する人の多くは何が起きているのかすら理解できていない。さらに、別の仕事に、普段の仕事に、また別のミーティングへと戻って行かなくてはならない。そちらのほうが現実だとされる世界に。直立していて、まばゆく照らされた現実世界のほうが、さかさまで、ひっくり返っていて、現実離れしているという思いがだんだん強くなる。

起こるとされていることと、実際に起こることとのあいだのギャップだけが、苦情を訴える経験の不条理さの原因ではない。苦情を訴えることで、慣れ親しんだものや普段の行動から隔離されるという状況も関係してくる。正式に苦情を申し立てると案内されるのは、会議室や廊下であり、組織のなかの薄暗がりだ。以前は赴く理由などなかった建物に赴くことになる。結局は苦情を訴えることにするのなら、それが目的地になるのであれば、プロセスにおける明快さの欠如が、あなたが棲まう世界になる。それは、明快さやわかりやすさの欠けた世界、わけのわからない世界だ。同じ学科の教授からハラスメントを受けて苦情を訴えたある駆け出しの講師はこう説明する。「あらすじをつかめないまま、ある場面《セクション》から別の場面に飛んでいるとわかる、奇妙な夢のなかに閉じ込められたみたいです。それが、組織があなたに対して振るう権力なのでしょう」。苦情を訴えると、他人の物語の登場人物になったかのような気分を味わうことがある。自分の身に起こることは、自分の知らないところで同意もなしに下された決定に左右される。ハラスメントに対して苦情を訴えると、またしても他人の意思に服従させられて、ふたたびハラスメントを受けている気持ちになることが多いのはこれが原因だ。自分の身に起きていることが起きてはいけないことだとわかっている。それにもかかわらず、何が起きているのか把握できない。裏で糸を引く物や人の存在に気づいていても、その正体はつかめない。

そして、自分でどれだけ多くのことをしても、それ以上のことが閉ざされたドアの向こう側で進行しているとわかる。それは、「引きこもり」という事態だ。一見すると、表面上は、外側から眺めると、組織は苦情をありがたいフィードバックとして受け取り、前向きに耳を傾けているように見えるかもしれない。ところが、閉ざされたドアの向こう側で雰囲気は一変する。苦情申し立ての手続きがスムーズに運ぶように新たな手続きを導入した教育機関で苦情を訴えた学生二人と話をした。手続きやポリシーを変更する意義については次のセクションでも論じる。学生たちはこう語った。「Eメールの文面《トーン》からよく伝わります。それは恐ろしいものでした。つまり、〝チッ〟、そんなことするな［ここで手ぶりが入る］、というような雰囲気でした。こんな場面で〝チッ〟と言われるなんて」。苦情を訴えると、「チッ」という舌打ちが耳に入るようになる。自分がうるさいハエで、追い払われているように感じる。苦情とは遠ざけられるもの、どこかにうせろと言われるもの。

苦情を訴えると取られる密室内での反応は、学生たちの言葉を借りると「恐ろしい」ものになる。

そして、苦情が密室で発生するときですら、苦情につながるドアを閉ざしたままにしておくのは難しい。学科長から嫌がらせを受けて苦情を申し立てたある研究者は次のように語る。

ドアから何が入ってくるのか、今度は何に打ちのめされるのかわかりません……頭から離れません……ポストに届くものを待っているときの、あの気持ちと似ています。以前、お金がなくて、支払いの心配をしていた時期がありました。まだ紙の請求書の時代だったので、それがドアから入ってくると考えただけで心底恐ろしくなって。無一文で請求書が届くとひどいパニックに陥っていました。当時のことを思い出します。何かがやって来るといつも考えていました。Eメールを開封するのは気が進みませんでした。ドアから何かが入ってくるのがいやだったのです。大学のロゴが印刷されたものが届いたら、それだけで当然パニックになるでしょう。

苦情を訴えるプロセスによって消耗させられるだけではない。多くの人にとって、それは、次に何がドアから入ってくるか予想がつかない、おぞましいものだ。手に負えないものがやって来て、参ってしまうかもしれない。組織が苦情を阻止するためにドアを利用すれば（第五章を参照のこと）、苦情を訴える人は苦情につながるドアを閉ざせなくなる。資料《マテリアル》が次から次へと届く。あなたの人生の全て、あなたのものは全てが切り離したり分けておくことができなくなる。苦情が人生を乗っ取るのなら、組織によって人生を乗っ取られるということ。自分の元に届く全てのものを、潜在的には大学のロゴが記された手紙《レター》として経験するようになるということ。

あなたに届けられるものは、他人からは見えない。言い換えると、苦情のプロセスのなかで最も有害で暴力的なものの多くは外からは見えない。別の例を挙げよう。大学運営に関わる、ある幹部職員《シニア・マネジャー》は周囲と意見が対立した。試験委員会での学位認定の際に運営職員のあいだで意見が分かれたのだ。それは、今なお人生に影響するレベルの意見の相違なのだということは忘れてはならない。しかるべき学位認定について研究者のあいだで意見が割れれば、それによって学生の受ける評価は左右される。そして、その評価は学生たちに大きな影響を及ぼす。彼女も言うように、「学生たちの人生のチャンスについての話し合い」だった。運営職員のあいだの意見の相違によって、学生のその後の人生が左右されかねない。つけ加えておかねばならないが、この意見の相違から直《ストレート》に不服や苦情が申し立てられたわけではない（「ストレートに苦情が申し立てられる」というのは矛盾語法であるが）。ところが、この一件で彼女に懲戒処分が下され（「スキャンダル」を起こし、大学の信用を落としたとして）、彼女は失職した。その経緯に耳を傾けると、教育機関における権力の働きがよく理解できる。[★4]

　このケースで特筆すべきは、彼女が自分の主張を裏付け、本来ならそうなるべきだという自らの見解を提示したことだ。彼女は大学が定めたポリシーや手続きなどの証拠を集めた。「私たちは大学の手続きを調べたんです。ポリシーに関するある文書にはXと書いてありました。はっきりと書いてある文書が存在したのです。それを指摘しても、あちらから返答はありませんでした。私たちはできる限りこの件に対処しようとしていて、大学側の文書にはこう書いてありますと主張しても、受け入れられませんでした」。ポリシーという証拠があっても事態はどうにもならなかった——はっきりと文章で示されていたにもかかわらず。とにかく、彼女は時間をかけて大学のポリシーや手続きに当たり、自分の意見の裏付けとなる証拠を集めていった。「その決定が公表された直後に、学位認定に関する別の文書を発見しました……つまり、それぐらいはっきりしていたのです」。彼女は「はっきりしていた」という言葉を繰り返す。「自分たちが定めた手続きに従っていないのはあちらのほうだと、はっきりしていました」。はっきりしたポリシーや手続きが存在するだけでなく、そのポリシーが彼女の立場《ポジション》を支持するものだということも、はっきりしている。

それなのに、何が起きたのか？　明快な手続きが存在しても、それで結果が決まるわけではない。彼女は大学長に直訴した。「この件に注目していただきたかったのです。指針《ガイダンス》に従っていないのは大学のほうで、私たちではないと訴えました」。ところが、それでもどうにもならなかった――学長は、ポリシーではなく試験委員会の決定のほうが「優先すべきもの」だと答えた。彼女は苦情の申し立てには進まず、手続きについての自分の考えを裏付ける証拠を見つけることで食い下がった。「私は苦情を訴えているとは考えていませんでした。私が勤める大学に悪影響を及ぼす問題を指摘しているのであって、それに対処できる立場にあり実行力も備えていると思っていましたし、実際に対処していました。それでも、大学側には反抗的だと思われたのでしょうね。あるときを境に、運営に関わる幹部職員ではなく、反乱分子になったのでしょう」。大学側の手続きの解釈に疑問を呈する証拠を集めれば集めるほど、彼女は反抗的な存在だとみなされるようになった。言い換えると、何かが間違っている証拠を握っていると、あなたの行いのほうが間違っている証拠として利用されかねないということ。

彼女が引き下がらなかったので、意見の相違が懲戒問題にまで発展した。「こう言われているようでした。〝この件から手を引け。こんなことをしても得るものは何もないのだから、手を引け〟、と。きっと、もし何かを得たいのであれば、それはまた別の種類の話し合い《ディスコース》でなければならないと言われていたのでしょうね。そのディスコースとやらがどんなものになっていたのか、私にはよくわかりません。でも、これがあなたたちのポリシーで、ポリシーに従う義務がありますという話とは別物でしょう」。組織が自らのポリシーや手続きを遵守していない証拠を握っていると、そのこと自体が不服従の証《あかし》になる。なぜなら、その証拠は、大学を運営する地位《ポジション》にある人たちが、自分たち以外のものに拘束されるべきだと示すものだからだ。当然、教育機関の管理運営に当たる人たちは法律、ポリシー、手続きを遵守すべきだというのが私たちの答えになるだろう。だが、そうあってしかるべきことが、いつもそうなるとは限らない。苦情を訴えたり、「優先すべきもの」の決定に歯向かえば、「すべき（should）」の空疎さに遭遇することになる。「すべき」――例えば、「拘束されるべき」のような――には意味がないだけではないどころか、それを提案する人たちにとっては、従う必要のないものもあるという意味なのだ。ポリシーとは、他人が従うものとなる。彼女が説明するように、「彼／女らは自分たちのポリシーに縛られないどころか、気に入らなければ改訂することだってできるのです」。のちに、彼女はこれを言い直した。「気に入らないポリシーを改定しなければならないということすら考えないでしょうね」。これが意味するのは、従属的な立場《ポジション》にある者だけがポリシーに拘束されるか、拘束されるべきだということだ。彼女は、彼／女たちの立場《ポジション》を次のように端的に表す。「立場というのは、他人のこと。ポリシーも、他人が従うべきものなのです」。権力の働きに異議を唱える者は、その働きを思い知らされる。ポリシーを何かがなされないことの証拠として利用しようとすると、ポリシーがノンパフォーマティブなのだとわかる。ポリシーの空疎さに気づくことと、権力の働きとは密接なかかわりがある。

ひょっとすると、私たちが学んでいるのは、良き市民であるために何が求められるかということなのかもしれない。それは、ノンパフォーマティブなものを受け容れ、それと同様の空疎な言葉や言い回しを口にして、うまくやって行くということ。彼女は指摘する。「大学の手続きについて思うところがあっても、普通はそんなふうに異議を唱えたりしません。ただそれを鵜呑みにします。大学が関わる領域では、優先すべき存在が主張することはどんなことであれ、優先すべきだからという理由で正当化されます。それに異を唱えると反撃されます。私は大学側の間違いをはっきりと示す証拠を他にも見つけたのですが、風当たりが強まっただけでした」。相手が間違っている証拠を集めれば集めるほど、あなたのほうが間違っているとされ、非難される。その非難がどんな形を取るのか知っておかなくてはならない。そのような物語は共有《シェア》しておかなければならない。現状を鵜呑みにすることが組織に属する者の義務であれば、言葉として吐き出すために苦情が必要となるのだろう。だが、その一方で、それを鵜呑みにできない多くの人は、彼女のようにそこから追い出されることになる。このように、手続きがいとも簡単に無視される実態から権力《パワー》の性質の一面が垣間見える。権力とは、他者に対して拘束力を持つものを自らには猶予できる権利だと考えられる。ところが、その権利が言葉で表されることはない。あくまでも、手続きやポリシーは万人に対して拘束力があるかのように装う。

手続きの猶予が安易におこなわれる実態から、組織の再生産の仕組みが理解できる。所属する学科でひどい女性嫌悪《ミソジニー》と人種差別が常態化していると詳しく語ってくれた、ある駆け出しの研究者はなぜそんなふうになったのかを考えていた。特定の条件に当てはまる白人男性の採用や昇進に関して、人事ガイドラインが頻繁に無視されるのだという。

学科には人事ガイドラインがあります。私は昇進委員会に五年ほど関わっていて、その活動を目の当たりにしてきました。委員会には人事の担当者がいて、ガイドラインがあるにもかかわらず、このような発言が出るのです。「まあ、そうですね。でも、彼は素晴らしい人物じゃないですか。今度一緒に酒を飲んでみたいものです。ぴったりじゃありませんか。上級講師にふさわしい。これで決まりですね」……私は最終選考や面接委員会にも関わりましたが、そこでも状況は同じでした。あの女性のプレゼンは素晴らしかったという発言が出ても、本心では今度一緒に酒を飲みたいと思うのは彼のほうなのです。それで、得点調整がおこなわれます。彼が一点高いだけでも、さらに高い得点になるように数字に手を加えるのです。

このような、一緒に酒を飲みたいかどうかで判断する採用基準は公《おおやけ》にならない。機会均等の方針《コミットメント》に反するからだ。だからと言って、手続きの全てが無視されるわけではない。適切な書類への記入はおこなわれるが、それは調整され、ゆがめられたものになる。当該男性の得点が足りなければ、数字に手を加えて調整すればいい。その人物がふさわしいと判断されたのなら、得点もふさわしいものに調整される。ぜひ彼を採用したいという思惑の邪魔になる、公式な合意にもとづいたポリシーは無視される。

組織の再生産を防ぐダイバーシティ・ポリシーについては、次のセクションで触れる。ここで私たちが理解することになるのは、権力の温存はしばしば非公式な手段でなされるということ。差別に関する苦情に耳を傾けるうちに、私は「非公式のポリシー」への理解を深めた。例えば、ある有色人種の女性研究者に話を聞いたときのことだ。彼女によると、研究助成金を受け取っている有色人種の研究者は多いが、授業免除に関しては白人の同僚には及ばないという。仕事量の分配を決定する際は平等原則が適応されることになっているにもかかわらず、どういうわけか（そのわけを私たちは知っているはずだ）仕事量の分配には昔から踏襲されるパターンがあって、偏りがちになる。白人男性の教授は、高評価が得られ、昇進にも有利な仕事をする時間を多く確保する。昇進と速度については、第六章でまた触れる。

仕事量の分配が公式なポリシーにもとづいてなされないのなら、その決定はどのように下されるのだろう。他のスタッフが得ている授業免除を受けられなかった経緯を、彼女は「影のポリシー」という言葉を使って説明した。

> 他の人たちは授業免除を受けているとわかりました。彼には影のポリシーがあって、それは特定の人にダイレクトに適応されるのですが、学科の全員に適応されるわけではありません。彼／女らには取り決めがあるのです。センター設立に関わる人たちがセンター関連の仕事ができるように、彼が仕事量の分配に関するポリシーを書きます。それで、センターが発足したら、その人たちはそのままセンターのディレクターに収まって、さらに授業の免除を受けることになるんです。

影のポリシーは公式なポリシーではないというだけにとどまらない。「影」とは、それがどこで、だけでなくどのようにおこなわれるかを表す。取り決めは密室でおこなわれる。[★5]そして、その取り決めには裏がある。ひとつの目的（新センターの設立）を掲げる一方で、別のこと（授業免除）も実現している。後者の実現が取引の真の狙いであるにもかかわらず、その実現の内実について語られることは一切ないままに、それは達成される。

あまり評価されない仕事の免除は、裏口を通じて確約される。影のポリシーから、誰が、どのように決定を下すのかがわかる。苦情を訴えると、手続きやポリシーが回避されている実態に気づくだけではない。手続きやポリシーの回避がまかり通れば、苦情が発生する土壌がつくられるということだ。

ポリシーを変更する

苦情を訴えることで組織のポリシーや手続きに詳しくなることが求められるのであれば、ポリシーの力不足や、望ましい結果を実現するために手続きがわざと回避され、遵守されない実態についてたいてい理解を深めることになる。このセクションでは、ポリシーや手続きを変更しようとする努力から学べることを掘り下げてみたい。苦情を訴えることで、ポリシーや手続きの回避が横行している実態を知ることになるのなら、ポリシーや手続きの変更になぜこだわるのかと不思議に思われるかもしれない。だが、苦情を訴えたことのある者ならわかるだろうが、手続きやポリシーが回避される状況があっても、苦情が最終的にどうにもならなくなるのは手続きに従った場合が多いのだ。

苦情を訴えると手続きに従うよう求められるということは、苦情を訴えるのに「組織内《インハウス》」でつくられた道具《ツール》を使うよう求められるということ。つまり、苦情申し立ての手続きとは、オードリ・ロード(1984)が言うところの、「主人の道具」なのだ。[★6] 手続きが組織内《ハウス》で用意されたものであれば、その組織の秩序を保つために利用されることが多いのも不思議ではない。そして、正式な苦情申し立ての手続きを利用する者が結局はその道具の修正を目指すようになるのも意外ではない。あるトランスジェンダーの講師は、自分が昇進しないことに異議を申し立てた際に、英国の平等法(UK Equality Act, 2010)を引き合いに出し、性別移行がキャリアの妨げになっていると認識されるべきだと訴えた。[★7] その後、彼は自分の大学のトランスジェンダーの職員と学生のためのポリシーを作成することになった。彼が苦情を訴えたので、そのようなポリシーがないことが判明したのだ。彼はこう語った。「今、トランスジェンダーに対する平等ポリシーのためのガイドラインを作成中です。このまま新たな展開につながるよう願っています」。苦情を訴えたことでダイバーシティ・ワーカーとなった彼の軌跡から学ぶことは多い。システム内で苦情を進めようとするうちにシステムそのものを修正する役を引き受けることがある。

ポリシーの機能不全(ポリシーの欠如もそこに含まれる場合がある)を指摘する苦情がきっかけとなって、新たにポリシーをつくったり、古いポリシーを修正したりする必要性が認識される場合も多い。そこから、苦情を訴えた結果、仕事が増える理由がよくわかる。苦情を訴える作業《ワーク》は、苦情を訴えた組織を変える作業になる。組織の問題に対応する新たなポリシーや手続きの用意に手を貸せば、問題に対処している証拠として利用されかねない道具を組織側に渡すことになるのではないかという懸念を私に伝える人は多い。だが、何かをしている証拠を用意することと、何かをすることは別だ。とはいえ、そのような懸念も理解できる。ここで、以前おこなったダイバーシティ研究を参照させてほしい。平等ポリシーや手続きを新たに用意するためにどんな努力をしたのか、私は専門家に話を聞いた。当時も今も私のタスクは、その作業に従事している人たち、すなわち組織に変化をもたらすためにポリシー変更に労力を費やす人たちから学ぶことだ。そのなかで、あるダイバーシティ推進担当者は、アカデミック・ポストの任用パネルのメンバー全員がダイバーシティ・トレーニングを受けられるようにする新ポリシーの合意を目指していた。

私がここに来た当初は、ダイバーシティ・トレーニングを受けた人を各パネルに三名配置しなければならないというポリシーがあったんです。ところがほどなく、パネルのメンバー全員がトレーニングを受けなければならず、少なくとも内部メンバーは必須だとする決定が下されました。幹部職員が出席していた、平等とダイバーシティ委員会でそう決まりました。ところが、それを知ったHRのディレクターが、それを実現する財源がないと判断して、その決定を外して評議会に回され、トレーニングを受ける人は三人だけにするのが望ましいと伝えられました。すると、評議会のメンバーで、外部委員としてダイバーシティ委員会に入っている人だけが唯一激怒して――この激怒というのは誇張ではありません――議事録の内容が実際に決定されたことと食い違っており、ミーティングでの話し合いを記録したものになっていないと言ったのです（ちなみに私が議事録をとっていたわけではありません）。それで、見直しがおこなわれ、仕切り直すことになりました。最終的に評議会は全ての人がトレーニングを受けるべきだと判断しました。それにもかかわらず、私はそのとき、トレーニングを受けるのは各パネル三名で大丈夫だと言い続けているミーティングに出席していました。だから、違いますと言ったんです。評議会は考えを改めました、議事録もお見せできます、と。すると、ひどく馬鹿げたことを口にしたかのような感じで見られました。そういうことがずっと続きました。評議会は、全員がトレーニングを受けるべきだと間違いなく言っていたのに。そして正直なところ、もうどうでもよくなるときがあります。

ポリシーへの合意を取りつけるのに多大な作業《ワーク》が必要になるのは、ポリシーへの抵抗があるからだ。この場合は、ひとつの行為《アクション》内に別の二つの抵抗が連続していることがはっきりと読み取れる。まず個人の妨害行為（議事録からそのポリシーを削除する）があり、その後、組織レベルの行為として無関心が広がる（そのポリシーが存在しないかのように振る舞う）。もし最初のアクションが上手くおこなわれていたら、二つ目は必要なかっただろう。議事録からその決定が削除されていることに誰かが気づかなかったら、そのＨＲのトップはポリシーの阻止に成功していたかもしれない。結局ポリシーの活用が阻まれる状況になったのは、単純に、ポリシーの存在を認めない拒絶が共有されたせいだ。

活用されなかったポリシーの内容は、重要だ。そのポリシーは、アカデミック・ポストの任用に関する手続きを変えるためのものだった。任用パネルのメンバー全員にダイバーシティ・トレーニングを求めるものだった。新ポリシーが活用されないということは、旧ポリシーが——それは、現行の実践であり、ものごとの進め方だ——そのままになるということを意味する。現実的には、ノンパフォーマティビティが意味するのは変わらない実践なのだ。ポリシーが存在しないかのように扱われれば、それが活用されることはない。だが、活用されなくてもそのポリシーは存在する。システム内でポリシーを動かそうと尽力した彼女が存在するように。それどころか、何をするでもないポリシーに彼女がエネルギーを注いだことは、この物語の要《かなめ》だ。だからこそ、私は彼女の物語を伝え続ける。消滅するのはポリシーだけではない。ポリシーをつくろうとするワークもまた、消滅する。

さまざまなケースでポリシーや手続きが回避されていても、それらはどこかに存在する。これまでに述べたように、苦情を訴える者はしばしば苦労してそれらを探し当てなければならない。ポリシーですら埋葬される。あるいは、ヴァーチャルな生《ライフ》を持つことがある。ある研究者は、「ポリシーはウェブサイト上に居座ることができる」と言う。ポリシーはただ「そこに居座る」だけでも何らかの役割を果たしている。居座るというのが、その役割だ。存在するものと、活用されるものとのあいだのギャップは、苦情を訴える人が陥りかねないギャップのひとつだ。ノンパフォーマティブの世界とは、「あたかも」の世界だと私は考える。たとえそうではなくても、あたかもそれが特定の方法で重要であるかのように、書類は出回り続ける。ところが、後になってその書類はまた別の方法で重要になるかもしれない。苦情を訴える者が占拠《オキュパイ》するのは、このような不可思議で奇妙《クィア》なノンパフォーマティブの世界なのだ。

活用されなくてもポリシーが存在するということは、重要だ。一例を挙げると、だからこそ、ハラスメントや嫌がらせに対する苦情が公的領域に現れるとそれに反応して多くの組織が、何かに対するポリシーが既に用意されていることが、あたかもその何かが存在しない証拠だと言わんばかりに自分たちのポリシーを指す。[8] つまり、活用されないポリシーは、何かが存在しないことの証拠として利用されかねない。以前の著書『包摂されることについて』で、人種差別への意識を高めるための「苦情申し立ての適切なルートがない」と訴えた留学生に対する、ある大学の対応を一例として紹介した(2012, p. 144)。その学生に対して、大学の広報担当者は次のように返答した。「どうやら誤解があるようです。当大学は手厚い心のケアを大切にしております」(p. 144)。コミットメントが反論システムとして利用されることがある。それは、「苦情申し立ての適切なルート」がないことに対する苦情を含めたさまざまな苦情の根拠をあたかも直接否定するものとして利用される。

反論はつねにはっきりとなされるものではない。問題が公《おおやけ》になると、大学側はその対応として、明らかになったことには言及しないまま自らのコミットメントを喧伝する場合がある。それは、私の辞職がメディアで報道されたときにまさに起こったことだ。報道に対して大学が出した声明文は次のように始まっていた。

弊学はセクシュアル・ハラスメントを非常に深刻な問題としてとらえており、平等性、多様性、包摂に関わる確固とした価値観に反する行為に及んだと判明した者には措置を講じております。学内の職員や学生に対してなされた不適切な行為を容認や看過することなく、そのような行為のない環境づくりに向けて邁進しております。苦情や懸念が寄せられれば、かならず徹底した調査をおこない、最善の対応をおこなっていると確認するために、法的義務、秘密保持の問題、国の関係諸機関のガイダンスを参照しながら調査を進めております。さらに、このような措置から、包摂的で多様性のある環境をつくるための多岐にわたる実践とポリシーがあるとおわかりいただけるでしょう。

ここに書いてあることの一部がわずかでも真実であれば、私は辞職していない。となると、苦情を訴える経験が現実離れした、不安定なものになっても意外ではない。組織が自らのポリシーに従っていないという証拠をあなたが握っていても、組織はその「多岐にわたる実践とポリシー」でもってその証拠を否定できるし、そうするだろう。

ポリシーや手続きがただ存在するからという理由で、何かが存在しないことの証拠として利用されうるのなら、組織が苦情をポリシーが成功している証拠として利用することがあるのもうなずける。ある大学は、苦情が「学内の問題や傾向のあぶり出しに役立つ」と説明する。続けて、苦情は「あぶり出された問題が解決したという格好の宣伝になる」と書いている。苦情が問題の記録になると、ただちに解決に取り込まれ、大学が何かを解決した記録となる。解消することで解決するのだ。ポリシーや苦情申し立ての手続きを新たに用意すると、「格好の宣伝」に利用されかねない。あるキャンペーンの立ち上げ後に、一人の副学長が次のように発言した。「[大学は] 研究と教育両面においてアカデミック・リーダーであることを誇りにしている。それに加え、セクシュアル・ハラスメントなどの難題に取り組む社会的リーダーであるべきだ」。この発言では、セクシュアル・ハラスメントの問題でリーダーシップを発揮するとはされていないが（「社会的リーダーだ」ではなく「社会的リーダーであるべき」とされている）、大学を「アカデミック・リーダー」と位置付けることで、新ポリシーを組織のプライドの表現へと変えている。★9

苦情の訴えが解決の言葉に取り込まれやすいという話に耳を傾けながら、私はダイバーシティにまつわる言葉の使われ方を思い出していた。★10 ある担当者は、ダイバーシティが「ぴかぴかの大きなリンゴ」だとした。「見かけは立派でも、不平等に対して何も手が打たれていません」。苦情申し立て手続きと同様、ダイバーシティも問題に対処している見せかけとして利用されることがある。彼女はさらに、ダイバーシティを進めようとすると、それ以上進むのが困難になりやすいとして、ダイバーシティ・ワークとは「レンガの壁に頭を打ちつけるような仕事《ワーク》」だとした。壁に頭を打ちつけると痛みを覚えるのはあなた自身だ。壁はどうなる？ 表面にかすり傷しか残せていないとわかるだろう。ダイバーシティ・ワークをしていると陥りやすい気持ちとは、まさにそういうことだ。表面をこする《スクラッチ》、そこにかすり傷を残す。

1-9　表面をこする。

苦情を訴えていても、表面をこすっているような気になることがある。「何かをついばむ《スクラッチ》小鳥」という苦情のイメージに戻ってみよう。「ついばむ」という言葉は程度を表す。壁に打ちつける頭のような、小さな（そして、壊れやすい）ものが、大きな（そして頑丈な）ものに対してほとんど影響を及ぼせないことのたとえとして使われる。

こする／ついばむ《スクラッチ》とは、何かが別のものに接触して生じる、いらいらさせる小さな音でもある。あのダイバーシティ専門家も、小さな小鳥がついばんでいると思われているのだろう。彼女の立てる音が聴き取られることがあるのなら、ミーティングの流れを乱すものとしてだろう（「ひどく馬鹿げたことを口にしたかのような感じで見られました」）。

　表面をこするとは、ほとんど何も達成していないと気づくこと。新たなポリシーや手続きを用意する仕事に従事する人は、そのポリシーや手続きに何かをさせるのがいかに難しいかを思い知らされる。ポリシーや手続きが何かをしないために利用されるとしても、だからといって新しいポリシーや手続きを用意すべきではないということではない。手続きやポリシーを変えなければならないもっともな理由は数多くある。本書ではそのような変化が必要とされる証拠を示していく。また、私はそのような変化を推し進める人たちから多くのことを学んだ。[★11] だが一方で、苦情を訴えるうちに手続きやポリシーの回避に気づき、手続きの変更を重視することの限界を悟ることになるかもしれない。当の問題に対処することなく、問題への対処法を変えることができる。むしろ、問題に対処する方法の変更に労力の全てを注ぎ込んでも、問題は対処されないままになりかねない。

　手続きやポリシーを変更すれば、苦情を訴える際に起こるできごとが変化するのだろうか？　この問いに対する私の精一杯の答えは、「そうなるとはかぎらない」だ。ある研究者は、学科長によるハラスメントと嫌がらせに対して正式な苦情の申し立てをおこなった。大学がかなりの時間と予算を注ぎ込み、新たな苦情申し立ての手続きとハラスメントに関する新ポリシーを用意したので、ようやく彼女は申し立てにこぎつけた。彼女がそうできたのは新ポリシーのおかげだ。「すごい、と思いました。例のポリシーがついに施行されたと。訴える方法があるんだと」。ポリシーや手順を新しくすれば、苦情を訴える人が増えるかもしれない。しかし、それで一部の人が苦情の申し立てに踏み切れても、苦情を申し立てる際に起こることが変わるとはかぎらない。新しくできたポリシーや手続きには「言葉通りの意味がある」とこのとき彼女は思ったが、のちにそうではないと判明する。

彼女に言わせれば、新ポリシーや手続きは、「うわべの飾り」だ。手続きやポリシーを新たに用意すれば、ハラスメントに対して苦情を訴える人たちへの支援を強化する新たなカルチャーをつくったのだと表面上は公然と取り繕うことができる。だが、ドアの内側でカルチャーは何ら変わっていない。苦情の訴えの大半が閉ざされたドアの向こう側で、世間の目が届かない場所で進められるということを思い出さなければならない。それが、いくら苦情の対処法の体裁を整えたところで、ほぼ何も変わらない理由だ。彼女の苦情申し立てをもとにした調査の監督責任者である上級管理職に、彼女はこう言ったそうだ。「このポリシーは全く意味がないですね」。

あたかもポリシーがパフォーマティブで、それによって新たなカルチャーを実現できるかのように大学が新ポリシーの用意にかなりの労力を注ぎ込んだことだけが問題ではない。そのポリシーの変更がどのようにおこなわれたかも問題だ。大学はポリシーを執筆する担当者を（臨時雇用で）新たに雇っていた。彼女は、そのような担当者の任用は「うわべを飾る一環」だとした。彼女がその担当者に連絡を取って苦情のプロセスを進める過程で、大学側から支援が得られないと伝えると、「それは私がかかわることではないので、上級管理職に伝えてください」と言われたそうだ。ポリシー執筆のために任用されていても、ポリシーが実行されているかどうかにかかわりはなく、またかかわることすら許されていない。新ポリシーは、外からやってきてまた去っていく人物によってつくられたよそ者《ストレンジャー》として扱われる。彼／女らが組織を去るとき、ポリシーも一緒に去るのかもしれない。

新ポリシーの執筆だけで充分だと思われているとき、ポリシーだけでは不充分なのだ。だが、この件ではさらに指摘すべきことがある。彼女の苦情は、学科長から受けた嫌がらせとハラスメントに対するものだった。嫌がらせは八年以上続いていた。状況がさらに悪化して、あるミーティング後に彼女は学科長から身体的暴力を振るわれた。この暴行については、第五章で詳しく説明し、彼が不正行為の認定を免れた経緯を説明する（このような免除から学ぶことはつねにたくさんある）[★12]。暴行の翌日、彼女はＨＲの委員会に出席した。そのミーティングの議長を務めたのは、ＨＲの副部長だった。そこでは、嫌がらせに対する新ポリシーが話し合われた。そのミーティングで、彼女は身に起こったことを説明した。

ＨＲの副部長が議長を務める、嫌がらせに対するポリシーについて話し合うミーティングが開かれることになっていたので私は出席しました。それから、ミーティング後に［ＨＲの副部長との］面会を［組合の代表と］求めました。そのミーティングの最中に私は泣いてしまいました。そこでは、いろいろな資料《マテリアル》について話し合われることになっていて、私は嫌がらせの被害に遭ったばかりでしたから。すると、ＨＲ［副部長］はそこから出て行こうとしたんです。［でも、組合の代表が］言いました。すみませんが、これは深刻な問題だから、時間を取って話してもらわないと。

苦情を訴えると、ノンパフォーマティビティがあなたの占拠する世界になると先ほど述べた。それは不可思議な世界だ。そこでは、起こるとされていることと実際に起きていることのあいだの、書類と実践とのあいだの断絶を経験することになる。その断絶は、苦痛を伴うものだ。考えてみてほしい。あなたはずっと嫌がらせを受けていて、嫌がらせに関する新ポリシーを話し合うミーティングに出席することになった。嫌がらせは破壊力のある経験で、被害者は苦しむ。多くの場合、嫌がらせの目的は被害者にそんな気持ちを味わわせることだ。あなたは傷つき、自分が小さくなったように感じ、打ちひしがれる。仕事に行ったり、廊下を歩いたり、会議室のドアを開けたりするのが恐ろしくなる。嫌がらせを受けていたら、嫌がらせに関する新ポリシーを話し合うために会議室に足を踏み入れるのもひと苦労だ。その場で話し合われていることを経験しているので、ミーティングに出席しづらくなり、意見を述べるのにも困難をおぼえる。

ミーティングの最中に選択の余地がないまま表現された苦情が、いかに出現するものになるかということについては第三章で論じる。新ポリシーの作成担当の幹部職員に彼女が面会を求めたのは、ミーティングの最中のできごとだった。ところが、その職員は「ミーティングから出て行こうとした」。嫌がらせに関する新ポリシーの執筆担当者は、嫌がらせを受けた当事者と会いたがらない。これは、書類に書いてあることと実際に起こることが矛盾するというだけにとどまらない。その書類を作成する労力、つまり新ポリシーをつくる労力と、そのポリシーが対処を目指す問題とのあいだに断絶があるということだ。この断絶は残酷だ。問題に対処するポリシーの作成に関心が向けられているのに、その問題で苦しんでいる本人に関心を持つことは拒絶される。ある問題に対処する新ポリシーをつくろうとすることは、その問題を避ける方法にもなる。そして、この問題とは人だ。つまり、嫌がらせを受けている当の本人が避けられるべき問題になる。

新ポリシーは古くからある問題が新たな形を与えられたものになりうる。何もポリシーや手続きが重要ではないと言っているわけではない。特定の事例では回避されることがあっても、それらは間違いなく重要だ。正式な苦情申し立てのプロセスを経験した際、私たちは、利害の対立に関する大学のポリシーを変えるよう強力に働きかけた。[★13] とりわけ、ある学生が多大な時間とエネルギーをかけて、そのポリシーの修正を実現しようとしていた。あるとき、彼女から不満を訴えるEメールが苦情コレクティブに届いた。

さっき大学のウェブサイトをチェックしたら、利害の対立に関するポリシーがまったく変わっていませんでした。そのポリシーを撤回して書き直すように私が最初に訴えてから丸二年が経つというのに。まだこんな表現が残っています。「教職員と学生との交渉を大学は阻害せず、関知しません。権力の濫用を起こさないためには双方の誠実さが重要となります」。このポリシーの撤回と修正を求めて、どれだけ運営側とミーティングを重ねてきたことか。二年間ですよ！ このポリシーの修正版について、最近聞いたり、見せてもらったりした人はいますか？

結局、平等性推進職員がこの問題に直接介入をして旧ポリシーはようやく撤回されたが、学生たちが最初に修正を求めてから二年以上の月日が経っていた。

これとは別の問題もある。大学は、そのポリシーの修正をHRの一職員に任せていた。ポリシーについてや、その修正の必要性が研究者と学生のあいだで話し合われることは一切なかった。新ポリシーは、そのポリシーが対処を目指す問題についての対話を避ける方法にもなりうる。にもかかわらず、私たちは集団としてポリシーについての話し合いを何度もおこない、ポリシー修正の作業《タスク》を割り当てられた人と対話したこともあった。そして、対話を重ねるうちに、ポリシー修正の作業担当者は充分な説明を受けていないと判明した。私たちがなぜそのポリシーの修正を求めているのか、彼はまったく理解していなかった。修正を必然のものとした前後関係《コンテクスト》を知らなかった。新ポリシーは現在と過去のあいだに線を引く手段になりうる。さまざまなケースについて、大学はすぐさま「過去のもの」として説明するようになる。新ポリシーは、大学が問題に対処していると、問題は過去のものだと見せかける方法になりうるのだ。

新ポリシーの必要性を話し合う場を設けるべきだと、私たちは訴え続けた。私は苛立ち、フェミニストの同僚教員、管理職、幹部職員にEメールを送った。「ポリシーの見直しを担当するX氏が、メンバーに言ったのです……これまでの経緯について説明を受けていないと……それで、彼は事態の深刻さに気づかないまま、ポリシーの仕事をしているわけです。そんなことが許されるべきではありません。学生も職員も多くの人がこの問題に関心を寄せているのに」。フェミニストの教員からはこう返ってきた。「本当にその通り!!! 彼はセクシュアル・ハラスメントの問題を扱った経験がないのでしょうか。他大学のポリシーのことや、その違いもわかっていませんでしたよ」。一方、幹部職員は彼の選任を正当化した。「彼は人材に関わるポリシーの専門家で、六か月前から私たちのために仕事をしてくれています」。それから彼女は私たちのコミュニケーションが不適切だったと非難した。「この件については、オフラインで話してください」。ようやくそのポリシーが撤回されたとき、何かが達成されたのは間違いない。だが、ポリシーの修正が秘密裏にこっそりとおこなわれ、そもそもの問題の元凶であるカルチャーを再生産しながら達成されたと考えると、多大な労力をかけても、そこまでの進展がないように思える。これは、苦情を訴えるとどんな気持ちを味わうかをよく表している。多大な労力をかけても、そこまでの進展はない。

それでも、ポリシーの変更は重要だった。学生たちから出席を求められた例のミーティングで、私ははじめてポリシーについて知った。その日帰宅すると、大学のウェブサイトを開いて当該ポリシーを探した。ところが、一体どこにあるのかわからなかった。その後ようやく見つかった。そして、そんな一文が公式ポリシーとして存在することに、ひどくうろたえた。[★14] その後、ある学生に説明してもらい、そのような一文を撤回させることがいかに重要かに気づいた。彼女はそのポリシーについて調べたことで、「性的不適切行為」と名づけて異議申し立てをおこないたいと考えている、自分が経験したカルチャーが組織に擁護されているのだと気づいた。「ウェブサイトに居座っている」だけのポリシーでも、調べられれば組織の価値を伝える役割を果たすという点をここで見逃してはならない。ポリシーは技術《テクニック》になりうる。つまり、そのような行為に許可を与えたり、許可の取り下げを拒否したりして、その行為を形成する手段となるのだ。[★15]

新ポリシーでカルチャーを変えられなくても、そのような行為は組織内では許されないとはっきり述べるポリシーを私たちは必要としていた。つまり、こういうことだ。組織がその行為を擁護すると述べていたら——そこに居座って背景に溶け込み、合意として共有《シェア》されるポリシーのなかに擁護の姿勢が含まれていたら——その行為に対して苦情を訴えにくくなる。たとえポリシーがそこで名指しているものごとを実現しなくても（そんな行為は許されないカルチャーをつくる）、効果はある（そのカルチャーに異議申し立てをおこなう手段を提供する）。

ポリシーというのは、必要なことがおこなわれるために、ある事例《ケース》を支持する方法になりうる。ここで、昇任の事例における差別に対して苦情を訴え、トランスジェンダーの平等に関わるポリシーを執筆することになった講師の話に戻らせてほしい。新ポリシーを作成したところで、ポリシー自体の欠如が発覚した組織のカルチャーが変わらないと彼はわかっていた。その一方で、ポリシーの作成は重要だと感じていた。「トランスジェンダーのためのガイドラインを示したポリシーは皆無でした。だから、その過程で私は対話を生み出したんです。そのおかげで、どんな進展が必要なのかに関する意識が高まりました」。これまで見てきたように、ポリシーの作成が対話を回避する手段になることがある。一方でポリシーは「対話を生み出す」ことができる。それは、なぜ新ポリシーが必要なのか、「どのような進展が必要なのか」についての対話だ。ポリシーは、作業《ワーク》の終着点や達成を目指すものであるべきではない。それは作業の一部であり、何かの達成を目指す過程であるべきだ。[★16]

積極的な義務

苦情が訴えられるまさにその場が、苦情の訴えの対象となっていることが多々ある。このセクションでは、平等性がその環境の一部になるということについて考えてみたい。『包摂されることについて』の基盤となった、ダイバーシティ推進担当者とのディスカッションは、多くの担当者が人種平等のポリシーを執筆している最中におこなわれた。ある法律が改正され、英国の全ての公立機関において平等が消極的《ネガティブ》な義務から積極的《ポジティブ》な義務になったために、そのようなポリシーが必要になった。二〇一〇年の平等法の登場によって、現在では全般的《ジェネラル》な義務が積極的な言葉で理解されるようになっている。「それゆえ、全般的な平等性の義務とは、平等性と良好な関係の促進のために組織としてどのように積極的に貢献できるか考えるよう促すものだ。それによって、内部ポリシーを含む、ポリシーのデザインやサービスの提供に平等性への配慮を反映することや、これらの事案がつねに評価の対象となるよう求められる」。この「積極的」とは、行動領域のことだ。公的機関は、平等性の推進への前向きな取り組みとして何をおこなっているかを示さなければならなくなった。

平等性を積極的な義務として見直すことは、平等性に関する新ポリシー執筆に多大な労力が注ぎ込まれる事態の到来を意味した。私が話を聞いた専門家の多くは、人種平等に関わるポリシーを執筆していたところだったが、彼／女らは何か達成されるものがあるのか懐疑的だった。ある専門家はこう語った。「そうですね、ポリシーに関してたいていの人は、〝ポリシーを用意したのだから充分だ、これで終わりだ〟と思うでしょう。ですが、私はこう思っています。もしかしたら、何もなかったときよりもひどい状況なのかもしれない。人びとの頭のなかでは、人種については解決済みになっている。実際は解決などしていないのに」。何もしていないのに何かしている幻想をポリシーがつくりだすことがある。注意しなければならないのは、この担当者にとって新ポリシーの執筆が問題なのは、上級管理職がそれを便利な解決策として利用するからだけではない。問題はそれよりも深刻だと彼女はほのめかしている。ポリシーが存在すれば「人種については解決済み」と多くの人が考えるようになる。新ポリシーの作成は「マシュマロのような気持ち」にさせる効果があると別の担当者は言う。ポリシーが存在することで、ある問題が対処されているという、どうしても曖昧になる印象が広く共有される状況が生まれるということだ。

　平等性を積極的な義務として見直すことは、組織のうわべの姿と、組織内の体験とのあいだのギャップをさらに広げた。言い換えると、何かをしていると見せかけるために、平等性やダイバーシティがますます利用されるようになっている。先ほど、苦情がネガティブなデータや発話として扱われるときでさえ、「格好の宣伝」だとされ、積極的なものとして方向づけられた事例を紹介した。これは言い換えると、問題がまだ特定されてもいない時期から、自分たちが問題の解決に当たっている証拠として組織は苦情を利用できるということだ。「隙間《ギャップ》にご注意を」ということについて語るときに私たちが学ぶことになるのは、見かけの利用なのだ。

　私たちがはまり込んだギャップとはどうやら、平等性とダイバーシティの積極的な利用と、実際に苦情を訴えた経験の狭間らしかった。セクシュアル・ハラスメントが蔓延するカルチャーに私たちが異議申し立てをしようとしていた三年のあいだに大学は平等性推進職員を新たに任命した。はじめて顔を合わせたとき、学内の多くの研究者の知見を取り入れて積極的な取り組み《ワーク》をおこないたいと、彼女は語った。そのとき私はただ、セクシュアル・ハラスメントが蔓延するカルチャーを何とかするという、当時直面していた問題について話し合いたかっただけなのに。その後重ねた話し合いでそれは断絶のように感じられた。少なくとも私には、積極的なアクションは逸脱《ディストラクション》のように思えた。

苦情を訴えると、組織の用意した手続きに沿っているのに、流れに逆らっている気になるものだとこれまでに述べた。その流れのなかに、積極的なアクションとしての平等性が含まれることがある。二〇一五年に学生たちがセクシュアル・ハラスメントについてのカンファレンスを企画して、それがフェミニズム研究センターによって開催され、そこにその平等性推進職員が出席してようやく、平等性と苦情の流れが合流することになった。私たちのあいだにやりとりが生まれ、新たな苦情申し立ての手続きと、手厚い支援システムがなぜ必要なのか、また、セクシュアル・ハラスメントの問題がいかに組織のカルチャーに関わるのかについて話し合えた。その担当者は変化をもたらそうと働きかけ《プッシュ》を始めた。大学ウェブサイトから利害関係の対立に関するポリシーが削除されたのが彼女の働きによるものだったことはすでに述べた。私は辞職する際に彼女にEメールを送った。「あなたがここに来てから大幅な改善が見られました。この闘いをサポートするために私のエネルギーをこれ以上使うことができずに申し訳なく思います。それでも、退職する前に、なぜこれが全員で——限られた人だけでなく——取り組まなければならない問題なのか、他の同僚にも気づいてもらえるよう努力するつもりです」。私がこの物語をシェアするポイントは、平等性と苦情を合流させるためには、学生中心であることが多い取り組み《ワーク》が欠かせなかったということを示すためだ。そのワークとは、ただ解決（解決、決意、解消）を目指すだけでなく、問題について話し合う空間を用意することに関わるものだった。苦情のワークは、平等性のワークの方向転換にもなりうる。

取り扱いが困難なギャップは他にも存在した。二〇一四年、苦情に関わる調査のまっただなかで、私はダイバーシティ表彰制度である、アテナ・スワン憲章の委員会に加わるよう促された。[★17] ある上級管理職からこんなメールが届いた。

この件について、お時間を割き積極的に関わってくださると幸いです。女性の前に立ちはだかりかねない障壁に関するあなたの学術的知見と個人としてのお考えは……私たちにとってかけがえのないものとなるでしょう。応募に向けて手続きを進めるために、複数の学科の代表から成る運営グループを立ち上げる必要があります。この件を進めれば、本学が学術的貢献のみならず実践面でも主導的役割を果たしているとみなされることから、X氏もとても前向きになっています。

このメールに返信はしなかった。だが、いかに社会的障壁が個人の考えで何とかなるものとして捉えられやすいかということと、ジェンダー平等の分野で主導的役割を果たすという野心のどちらにも打ちのめされる思いだった。翌年、私のもとに別のメールが届いた。宛先は私ともうひとりのフェミニストの同僚になっていた。そこには、その同僚が「来年大学としてブロンズ・アワードに応募する」準備を進めているとあった。その委員会に誘われ、大学の計画を耳にしたとき、私は混乱した。

複数の調査で明らかになったセクシュアル・ハラスメントという深刻な問題についての対話を大学は阻止しようと躍起になっているのに、その一方でジェンダー平等の賞に応募できると気づかされたのだ。

その後、この研究を進めるうちに、アテナ・スワンについて言いたいことがあるインタビュー相手が何人もいることにも愕然とした。[★18] 自分たちは苦情を訴えようとしているのに、大学は平等賞に応募しようとしている事実を、多くの人が苛立たしく、耐えがたいものとして経験していた。アテナ・スワンに関わるようにという圧力が嫌がらせとして経験されたケースもいくつかあった。指導教員からの嫌がらせに対して苦情を訴えたある大学院生は、アテナ・スワン関係の仕事をするよう指示された経験を語った。「指導教員は私にアテナ・スワン関係の仕事をさせたがっていました。私はいやでした。ダイバーシティのアジェンダには批判的でしたから。すると、彼女は批判の矛先を私に向けたんです」。その教員の嫌がらせは、教員自身が学内で認められるための活動を院生にさせる一方で、結果につながらない活動はやめさせることと関わりがあるようだった。「私のしている活動は、彼女が目指すインパクトのある活動にはそぐわないと言われました」。平等性を評価する賞が組織の新たな価値基準となれば、学生や不安定雇用のスタッフが、本人の価値観とはなじまない仕事を引き受けるプレッシャーにさらされるようになるのも不思議ではない。平等に関わる積極的な活動を誰かが押しつけられるということは、その組織が不平等であるという証拠になりうる。つまり、平等を達成しようとして不平等が再生産されているのだ。

所属する学部のアテナ・スワン委員会の共同委員長に就任する羽目になった、ある駆け出しの研究者に話を聞いた。彼女は「アテナ・スワンを信頼していなかった」ので委員会には関わりたくなかったそうだ。ところが、「そうするよう指示された」。彼女は自分のことを「お飾りのクィア要員」だと言う。そこから、彼女が「そうするよう指示された」事情がうかがい知れる。彼女はあるミーティングについて、こう語っている。

昨日のミーティングでは、私たちがアテナ・スワンの基準にどれぐらい当てはまるかを検討しました。それで、もうひとりの共同委員長がこんな発言をしたんです。「みんなすごく不満を持っているみたいですけど、私たちはHRだけに不満があるんです。学科の状況は何ら問題ありません」。だから私は言ったんです。「それは違う、まったく違います。大学の上層部は何もしてくれませんよ。不満を上に持ち込んだところで阻止されるだけです」、と。その共同委員長は、問題はHRだけだと言いましたが、それは見当違いです。大学内の何かの問題なのです。他の人たちの大学でもきっと同じでしょう……。そして、大学の上層部は、私たちがそのような問題に取り組むのを積極的に妨害しようとしていました。私は彼女に言われたんです。「それは構いません。ただ問題をリストアップしてくれればいいから。ブロンズ・アワードを狙うにはそれで充分だし、そのうちのいくつかに対処したらその上のシルバー・アワードだって狙えるかも」、と。

そのミーティングで、もうひとりの共同委員長は、学科や大学に問題があることを否定した。「みんな不満を持っている」と認識していても、その原因は別にあるとされた。だが、その駆け出しの研究者には、そうではないとわかっていた。学科に所属する人たちが学科に不満を抱いていることを彼女は知っていた。現状に対して苦情を訴えていたから、それがわかったのだ。他の同僚たちが、そんな状況に対して苦情を訴えていることを彼女は知っていた。苦情というのは、ある状況が間違っている証拠だ。

教授に昇進したばかりのXという人物がいました。なぜ昇進できたのか私にはわかりません。私は彼に怒鳴られたことがありますし、他の女性にも怒鳴っていました。女性教員の仕事を自分の手柄にもします。何人かで現在の学長のところに行きました。私もそこに同行しました。すると、彼女はこう言ったんです。それは大した問題ではないし、必要があると判断すればHRが対処するからと。彼と一緒に研究する機会が多い女性がいちばん大変な目に遭っていて、研究をしても、全て彼の功績になります。彼は彼女のオフィスに入って、彼女に面と向かってまくし立てるなどして嫌がらせをしていました。彼女は苦情を正式に申し立てようと、HRに駆け込みました。でも、HRは多忙すぎるので、彼女からの苦情を受け付けている余裕はないと言われたのです。

少なくとも、学内のひとりのベテラン研究者から受けたハラスメントと嫌がらせに対する苦情申し立ての試みがあったという事実を知りながら、彼女はそのアテナ・スワンについてのミーティングに出席していた。苦情がHRによって妨害されても（「多忙すぎる」がその原因になる）、その苦情はHRに対するものではなかったということを知りながら、そのミーティングに出席していた。嫌がらせ、剽窃、ハラスメントで苦情を訴えられていた男性研究者を大学は最近教授に昇進させたばかりだということを知りながら、彼女はそのミーティングに出席していた。大学の学長が、誰かが「それらの問題に取り組む」のを阻止しようとした事実を知りながら、そのミーティングに出席していた。それがどんなことなのか想像してほしい。彼女はそういうことを全て知っているのに、みんな「HRに不満があるだけ」で、「学科の状況は何ら問題ない」という発言が出る、平等性を話し合うミーティングに出席するというのは、どんなことなのか。

ここで問題となるのは、問題の否定だけにとどまらない。平等賞への応募が、ハラスメントと嫌がらせ問題に取り組む労力を遅らせるのを正当化するために利用されうるということだ（「ブロンズ・アワードを狙う」には「問題をリストアップ」するだけでいい）。問題に対処するのではなく、ただ問題をリストアップすれば組織が表彰されるのであれば、問題に対処しないことで表彰されている。さらに、問題としてリストアップしなければ、問題が存在しないということになるのなら、問題の所在を隠蔽することで組織が表彰されることもある。そんなわけで、現在進行形の組織的な不平等の存在を認めようとしないミーティングにあなたは出席することになる。

平等性が不平等の証拠を覆すものとして利用されるとき、平等性とは不平等が新たな顔を与えられたものだと言える。私が話を聞いた人たちのうち幾人かは、組織の平等性に関わるコミットメントの表向きの顔を整えた人たちは、苦情を阻止しようとした人たち（高い地位にある白人女性であることが多いようだ）と同一人物だと語った。ここで、学科長からのハラスメントと嫌がらせに対して苦情を申し立てた上級講師の経験に戻らせてほしい。彼女が苦情を訴えるあいだ、ある女性のシニア・マネジャーが、彼女を暗に攻撃したり脅したりといったことに中心的役割を果たしたという。講師はこう語った。「フェミニズム関連のことが出てくると、その女性が登場するのです――フェミニストなんかではないのに……彼女がお飾りのリーダーになるだなんて、すごい皮肉だと思いました」。そのシニア・マネジャーがセクシュアル・ハラスメントに対する苦情を阻止するのに一役買ったことを考えると、彼女がフェミニズムのリーダーだと目されるのは確かに皮肉だ。それどころか、その女性は大学のアテナ・スワン委員会のトップでもあった。私たちはここから学ばなければならない。平等性に関わるイニシアチブの実現を目指す人たちは、苦情を訴える人たちを脅して黙らせ、苦情を抑えつけようとする人たちと同一人物になりうる。

苦情を阻止されたときにあなたが見ることになる顔は、表向きは平等性実現に率先して取り組んでいる顔なのかもしれない。キャリアの過程で、人種差別や性差別など数々の苦情を申し立ててきた、ある有色人種の女性研究者の話を聞いた。彼女は、所属する学科で「ジェンダー問題」に取り組もうとしたときのことを話してくれた。

無関心でいてはいけないことについてのグループ・ディスカッションがありました。私はジェンダー問題を提起しました。この学科は包括的なリサーチ・カルチャーに欠けているという話が、私がここに来る以前からありましたよね、と言ったんです。すると、あるベテラン男性教授に言われました。「それは、あなたの個人的問題ではないですか」、と。私の意見が学科に対するフィードバックとして提出されることはありませんでした。その晩、私は学科長に面会して訴えたんです。これは本当に問題なのだと。女性は辞めていくし、残っている女性スタッフも昇進などの面でまともな処遇を受けていると思っていないと。使い捨て可能な、一過性の問題ではありませんと。すると、彼は言ったんです。「その問題をゴミ箱に捨ててしまいたいね」、と。

彼女が最初にジェンダー問題を提起したとき、ベテラン男性教授はそれが個人的問題だとした。あたかも、彼女がジェンダー不平等に関心があるのは自分のことにしか関心がないからだとして、構造的問題が個人的問題にすり替えられた。そして、彼女の問題提起はどこにも記録されない（「私の意見が学科に対するフィードバックとして提出されることはありませんでした」）。それが個人のことでも、一過性のことでもなく、本当に問題なのだと、彼女が学科長に対して再度その問題を訴えたとき、学科長からは、「その問題をゴミ箱に捨ててしまいたいね」という言葉が返ってきた。苦情が最後にたどりつくのはファイリング・キャビネットかゴミ箱だということは既に述べた。問題の行く着く先がゴミ箱だということもあるのだ。ところが、彼女はのちにこの学科長から、「ジェンダーと平等について、われわれは何か手を打たねばならない」と言われている。このあからさまな立場の変化をどう解釈すればいいか彼女はよくわかっている。「それは、資金確保と関係がありました」。資金《リソース》と直接結びついていれば、それだけ組織が平等性に投資しようとするのは、もちろん意外ではない。だからこそ、私たちも実用的、戦略的になって、平等性を実現する取り組みを実行して必ずリソースが与えられるようにすれば、どの組織もそれについて真剣に考えるようになるという主張が可能になる。★19 しかし、私たちは彼女の説明のなかにもっと批判的な姿勢《ポジション》を聴き取ることができる。リソースと紐づけられた平等性はまた、より積極的な、特定の方向に向けられる。そして、そのような方向づけは、これでもジェンダー不平等がゴミ箱に捨てられない、という状況にはつながらない。

平等性の積極的なモデルが組織の仕事を特定方向へと向かわせると、不平等を訴えづらくなる場合がある。彼女は説明した。「平等性とダイバーシティについて話し合う学内のグループに所属していました。ところが、私が人種について発言するようになったとたんに委員会の構成員リストが変更されて私は排除されました」。苦情を運ぶ言葉が存在する。「人種」のような言葉を口にしただけで、その人は苦情を訴えていると聴き取られることになる。特定の言葉を使うと苦情を訴えているとして聴き取られることについては本書の第二部で再度論じる。人種という言葉を使うと排除されるのであれば、私たちは平等性とダイバーシティを目指す取り組みに参加するとき、そのような言葉の使用を差し控えなければならないのかもしれない。彼女は別の「積極的な義務」についても証言した——「組織に対して否定的《ネガティブ》になることは許されません」。大学での行動規範を定めたある条項に、大学に否定的な評判をもたらす発言を職員はしてはならないとあるのだと彼女は教えてくれた。このようにして、平等性を積極的なアジェンダにすることが、組織のアジェンダの一部となる。積極的《ポジティブ》な義務は、平等性とダイバーシティに関わる組織のコミットメントに前向き《ポジティブ》になることも含め、組織に対して肯定的《ポジティブ》になる義務を示す場合がある。

このように、積極的な義務を取り入れることは、苦情そのものや、苦情を訴えていると思われる者、幸福なダイバーシティの言葉や空疎なノンパフォーマティビティの言葉を進んで口にしない者の排除を意味しうる。そのため、積極的な義務は、苦情を訴えない義務、あるいは組織の評判を傷つける形で苦情を訴えない義務として、消極的に表現されうる。平等性の積極的な利用が組織ぐるみのものになると、それが達成されるのは、マーケティングや、積極的になることを（あるいは否定的にならないことを）研究者に義務として強要する懲罰レジームを通してだけではない。組織の内部で研究者が進歩的空間として投資の対象になる場合もあるのだ。あるベテラン女性研究者は、学科長に就任した際に起きたことを語った。

私は結局、学科長が［副学長も］勢ぞろいした、男ばかりのテーブルに座ることになりました。彼らはまるで、テーブルに乗っている大きなチーズの塊みたいでした。私はその場で唯一の女性でした。そこで交わされた会話は、当時は女性への態度がまともだと私が信じていた、大学のような場所で耳にするとは思いもよらないものでした。つまり、男性専用クラブで交わされるような会話だったのです。とても不快でした。彼らは私がいることに気づいていませんでした。私を見もしません。私は泣いてしまいそうになって、テーブルから離れました。こう言うと大げさのようですが。そこにいる人たちがどんな人間なのかということだけでなく、そういう会話が交わされること自体に戸惑い、混乱したのです。とても不快でしたから。

彼女は気づかれず、見られなかったが、何が起きているかその目でしっかりと見ることができ、そこでの会話が「男性専用クラブで交わされるような」ものだったと聴き取ることができた。その大学が「女性への態度がまともだ」とそれまで彼女が信じていただけに、テーブルでそのような会話に耳を傾けるような状況は、より一層彼女を戸惑わせ、混乱させたことだろう。彼女にとって、その話を私に打ち明ける行為は、彼女がもう信じていないことを、その大学が女性にとってまともな場所だとはもう考えていないと打ち明けることでもあった。

何が起きているかを認識するということは、組織への信頼を手放すことにつながりかねない。そのため、性差別とミソジニーの経験に対処するのはより一層難しいのだ。組織への信頼や、自分が働く組織と信念を共有しているという信念と決別するのは並大抵のことではない。私は別のベテラン女性研究者に話を聞いた。彼女はバイレイシャルのクィア女性で、外見からわかる障害を持っていた。自分はダイバーシティのために雇われたのだと認識していた。彼女の任用そのものが、変化へのコミットメントの表れというわけだ。「私が雇われたのは、大学のカルチャーの変化を促すため。ダイバーシティと進歩的カリキュラムをもたらすためです」。ところが、大学が「カルチャーの変化を促す」人物を任用しても、学内の関係者がそのような変化に前向きだとはかぎらない。

上級管理職の集団のなかで唯一の女性でいることは、耐えがたい経験だと気づきました。そこは性的な会話であふれていました。まるで野外トイレにいるようでした。彼らは度を越していましたし、不適切でした。人種差別的な会話もありました。彼らはしょっちゅう「あの黒人の少年《ボーイ》は」と言っていました……。学部長は批判法律学の専門家で上昇志向があり、フェミニズム関連のことや、フェミニズム政治学やその研究面でも非の打ちどころがありませんでした。そんな彼には二面性があったのです。私は少しばかりショックを受けました。彼らの否定的な態度にではなく、運営のあり方にです。多様な背景を持った者であれば、そんな環境を変えることができるのかもしれないと思いました。それで、私がその地位に就くことになったのです。私は大学内の目に見える障害を持ったスタッフのなかでは、いちばん高い地位にいましたから。

ギャップに気をつける《マインド》と、ギャップが見えてくる《ファインド》。それは、ダイバーシティと平等性にコミットしているという見かけと、お決まりになっている会話とのあいだのギャップ。それは、「フェミニズム関連のことでは文句なし」の管理職と彼の振る舞いとのあいだのギャップ。あなたはやがて、「多様な背景」を持った人を雇っても変化はもたらされないと、あなたがそこに加わっても何も変わらないと気づくようになる。その一方で、彼らはあなたの参加を変化の印として利用することができるし、実際にそうしていることにも。それどころか、自分の差異によって変化が生じなくても、あなたは積極的でいることを求められるのであり、それは、性差別的、人種差別的会話のような、たくさんのネガティブな事柄に目をつぶるということでもある。特にあなたが苦情を公にすると、組織内の他の人たちによっておこなわれてきた、もっと積極的な方法で変化をもたらすための試みを損なっているとみなされることが多い。問題を直接体験している、ダイバーシティを体現する者は、組織を改革しようとすればするほど、取り締まり《ポリシング》の対象になりやすい。組織の仕事を適切な方法でおこなわないとして会話や活動から除外される。除外されないために、あなたも積極的な方向に向かわなければならない。

フェミニスト・ワークも結局はそんな方向に向かう場合がある。フェミニストの義務が、組織に対してポジティブでいる義務として表現されることがある。私はこの義務が満たせなかったせいで、それについて学ぶことになった。職場でセクシュアル・ハラスメントに対する調査があったと公表した私を非難したのは、管理職や幹部職員ではなく（ひとりを除いて、私がその情報をシェアしてから私に連絡を寄越さなくなった）、何人かのフェミニストの同僚たちだった。ある同僚は私の行動が「軽率」だと断じ、「幸せで刺激的な環境を確保しようと長年活動してきた、多くのフェミニストの同僚の利益に反するもの」だとした。私は一般にはフェミニスト・キルジョイとして知られていたが、そこではフェミニストの喜び《キルジョイ》を奪う者だとされた。[★20] その同僚が、ハラスメントを受けた者、ハラスメントに対して苦情を訴えていた者に「幸せで刺激的な環境」を用意できなかったのは明白だった。彼女からはさらにメールが来て、「現在から未来にわたって私たち全員にダメージをもたらす、予期せぬ影響」を防ぐために、他の女性教授たちとのミーティングの場を設けるべきだとあった。私たちは既に何度もミーティングを開いていたのに。そんなミーティングを開けば問題が解決できるという考えから、いかに問題が対処されないままになるかがわかる。また、苦情が公になったとき、「私たち全員」、つまり、組織の一員と、組織と一体化していると思っている人たちにいかにダメージをもたらすかということもわかる。そこでは、ハラスメントを受けた者や、ハラスメントに対して苦情を訴える者へのダメージは視界から消えている。

セクシュアル・ハラスメントについて公表すれば、大学だけでなく、フェミニズムをも危険にさらすとみなされかねない事実から私たちは学ばなければならない。これが示唆するのは、組織内でのフェミニストの幸福は、組織に対する苦情を差し控える態度にかかっているということ。セクシュアル・ハラスメントの問題に対処し始めた時期の経験を私は組織の問題として捉え直すようになった。私たちが開催したはじめてのイベントで、学生たちはセクシュアル・ハラスメントや性的不適切行為を受けた経験を公然と語った。これに対して別のフェミニストの同僚が私に個人的に懸念を示した。大学でのセクハラ問題を堂々と口にすれば、大学で長年積み重ねられてきた批判的フェミニズム研究に人びとが目を留めることがなくなるのではないかと心配していると彼女は言った。大学のフェミニズムの歴史を埋もれさせないためにセクハラ問題については黙っているべきだと言ったわけではない。彼女の懸念が教えてくれるのは、結局は沈黙が指向《オリエンテーション》として好まれるということだ。

　ある種の進歩的で、フェミニズム的、あるいは批判的な研究《ワーク》を促進するために、苦情の証拠は秘密か、汚れた洗濯物のように、公の場で口にしてはならないものとして扱われる。苦情を訴えようとすると、あなたの義務だとされていることに逆らわざるをえなくなる場合が多い。そこには、組織に対してや、組織の平等とダイバーシティのコミットメントに対して積極的になる義務も含まれている。このため、苦情の否定性は重要だ。その否定性は感情や態度だけにとどまらない。それは、政治的行動であり、ノンパフォーマティブで、空疎な言葉を使うことの拒絶、積極的な義務に縛られることの拒絶なのだ。

第2章　止められることについて　ON BEING STOPPED

書面上では一連の流れがあるように見えても、それが遮断として経験されることがある。この章では、遮断や停止がどのように生じるのかや、そのような状況から何が学べるか掘り下げてみたい。苦情に停止がかかる状況から、組織の働き（私が「組織のメカニクス」と呼ぶもの）について理解を深められる。キャリアの浅いある講師が、教授から性的不適切行為を受けた学部生のために苦情を訴えた経験を語ってくれた。そのプロセスを彼女はこう表現した。「チェスのゲームをしているみたいでした。私たち全員がチェス盤に載っていて、私はチェックメイトでどこにも動けません。支援ネットワークもありません。行きづまったと感じました――当時の立場は生活と直結していました。生活する場所だとか、そういうもろもろとつながっていたのです。だから、あらゆることに悪影響が出かねませんでした」。行きづまって孤立無援な気持ちになることは、苦情を抱えたままどこにも行けなくなるということ。さまざまな手を使えるゲームをしていて、手を全て使い果たしてしまったように感じるものだ。苦情を抱えたままどこにも行けず、残された手もないという状況は、「あらゆることに悪影響」をおよぼしかねない。

遮断はどのように生じるのだろう。第一章で、学生たちが苦情を申し立てるプロセスをサポートした事務職員の言葉を引用した。彼女によると、遮断は会話のなかに生じる。相談相手が行きづまれば、その苦情もまた「行きづまる」。彼女は他にも、苦情申し立てプロセスの第一段階（当事者が学部内で非公式に苦情を解決するよう促される段階）は「ある状況では非常に困難になる」とほのめかした。彼女の言葉を借りれば、そこもまた苦情が「行きづまる可能性のある」箇所なのだ。苦情は苦情を訴えた者が所属する学部内で行きづまる場合がある。つまり、苦情が発せられたその場所で行きづまるということ。苦情は拠点《ホーム》のすぐそばで行きづまるのだ。

苦情がどこで行きづまるのかという問いについては、第五章で特にドアの利用に言及しながら論じる。本章で追求するのは、苦情申し立てプロセス初期の段階において、苦情志願者がする会話から学べることについてだ。苦情志願者とは、苦情を訴える意図を組織内の誰かに打ち明けた者を指す。そのような打ち明け話のなかには組織的と呼べるものもある。相手の組織における役割や地位のために、特定の人とのあいだでしなければならない会話だからだ。もしあなたが研究者であれば、その相手は所属する学科長か（その苦情が学科長に対するものである場合は、別の年長の研究者）、人事部長だろう。学生であれば、講座の責任者、指導教官、研究課程のディレクター、人事の職員などだ。そして、そのような会話の大半は密室でおこなわれ、話の内容はおろか話し合いが持たれた事実すら記録には一切残らない。非公式の苦情が公式な苦情にならないのなら、組織の観点からすれば、このような対話もまた発生しなかったものになる。そのような見解自体が、対話が持たれた理由やその形式について私たちに何かを伝えている。

警告

第一章では、苦情という作業《ワーク》をおこなうということは、実際に起こることと、起こるべきこととのあいだの「隙間《ギャップ》に注意する」作業になる場合が多いと述べた。ギャップとは、あなたが陥る場所であり、どうやってそこに陥るのかということでもある。「隙間にご注意を《マインド・ザ・ギャップ》」という注意は、電車、トラム、その他の公共交通機関でおなじみのアナウンスだ。注意しなければならない隙間とは、電車やトラムの車体とプラットフォームとのあいだにある。

「隙間にご注意を」が伝えるのは、注意深くなること、気をつけること、警戒を怠らないで！ということ。警告は、善悪についての抽象的ルールではなく、人の健康や安全に関して事前におこなわれるので、他人の行動を方向づけたり軌道修正したりする便利なテクニックとなっている。警告は、何かに対して警戒するよう人に促す。この先に待ち構えている危険を知らせようとしている。そして、その状況に（それが危険なものとして）どう対処すればいいかも教えてくれるかもしれない。警告が役立つためには、潜んでいる危険が回避できる適切なタイミングで発せられなければならない。言い換えると、警告とは、有害な状況を回避するために何をしなければならないかという指示でもある。

誰かが苦情を訴えると、苦情を訴えた結果についてしばしば警告される。人びとが苦情を訴えることに対して警告されるとき、苦情を訴えるのを思いとどまれば何らかの形で危険な目に遭うのを回避する方法になると示唆されている。警告は決まって結果に対するものだ。すると、警告は苦情の申し立てを考えている人の注意をその行動が招く結果だけに集中させて、ある行為の良し悪しについては触れないままになるかもしれない。

警告のトーンはさまざまだ。穏やかなものもあれば、厳しいものや、警戒を促すものもある。まずは、思いやりと心配の言葉が使われる、穏やかな警告から見てみよう。苦情を訴えた結果に対する心配が「あなたのキャリアを考えて」という言葉で表現されることは多い。ある学生はこう語った。

2-1　ご注意を！　写真：ラインハルト・ディートリヒ

「こうも言われました。もし正式に苦情を申し立てるのなら、相手は学科長だから、自分のキャリアを心配しなければならないと」。また別の学生は、「私は結局、委員長のところに戻って言ったんです。あの、これはハラスメントですし、やっぱり苦情を申し立てることにします、と。そうしたら彼の返事はだいたいこんな感じでした。〝われわれはきみのキャリアのことを心配しているんだ。将来に影響を与えかねないからね〟」。これが言わんとしているのは、苦情の申し立てに進むのならそれは、自分のキャリアについて考えていないということ。[★1] あなたのキャリアは面倒を見なければならない相棒のようにみなされる。キャリアは植物と一緒で、しおれさせないために水遣りが欠かせない。苦情を訴えた結果あなたのキャリアがしおれてしまえば、苦情は軽率で、怠慢ですらある。

キャリアが心配だと警告されても、心配されているように感じるとは限らない。そのような場合、キャリアに対する心配は何か別の心配をごまかしていると当該学生にははっきりとわかる。その警告が警告される側の幸福を願っているように感じられるかどうかは、そこで使われる言葉や、その使われ方で決まるのではなく、警告を発する側と警告を受ける側とのあいだに以前から存在している関係によって決まるようだ。ある若手の有色人種の女性研究者は、ベテランの有色人種の女性研究者から苦情を訴える代償について警告された。「その教授のことをとても信頼していますし、彼女もおそらく私のことを親身になって考えてくれています。あるとき、不服の申し立てはやめておいたほうがいいと彼女から言われました。あなたは若手研究者なのだから、そんなことをすれば不服を申し立てた人、苦情を訴えた人としてのイメージにつきまとわれることになる。ことを荒立てずに、非公式に手を打ったほうがいいと」。この警告は、苦情を訴える危険を、自分がどんな人物として認識されるようになるかの危険として捉えている。さらに、してはいけないことに関する指示にもなっている。「不服を申し立てた人」や「苦情を訴えた人」としてのイメージがつくのを避けるために、「ことを荒立てない」ようにしなさいと、彼女はアドバイスを受けたのだ。

苦情はべたつくデータとして扱われる。[★2] 警告が伝えるのは、苦情を訴えれば、苦情につきまとわれるだけでなく、身動きが取れなくなるということ。そのベテラン教授が「親身になって考えてくれる」人だと、キャリアの浅い研究者がわかっていたことは強調しておかなければならない。彼女の信頼のもとになっているのは、政治的な忠誠と、有色人種の先輩であるその同僚が、その地位に達するまでに政治的闘争を経てきたという認識だろう。警告は、他人の幸福を願い発せられるだけではなく、疲労感から発せられることもある。白人中心の家父長制的組織のなかで地位を確保するために闘わなければならない状況にあっては、疲弊することに用心深くなって苦情を訴えるのに二の足を踏むかもしれない。警告の形で他人へと伝えられるのは、そのような用心深さだ。

警告が行動を思いとどまらせるものとして利用されるとき、より積極的な命令としても機能する。あなたは苦情を訴えないように、つまり、別の形で手を打ったり、別の解決法を願ったりすることによって「ことを荒立てない」よう促される。それどころか、ある研究者の話では、苦情を訴えないことがデフォルト設定になっているという。「アカデミアの、大学の常識ではそれはデフォルトなんです。何もせずに待っていればそのうち何とかなる。だから騒ぎ立てるな、と」。デフォルトとは、行為を遂行して何かを意図的に変えないかぎり、そうなっているということだ。そのため、苦情を訴えないとは、行為を遂行しないこと、設定に手を加えないことでもある。苦情を訴えなければ設定はそのままになる。苦情はしばしば何かに対して「騒ぎ立てている」か、必要以上に何かを大ごとにするものとして扱われる。この連想の持つ意味については、第二部でまた論じる。苦情を控えることは美徳であり、ある種の静かな忍耐であり、前向きな展望だということにされる。あたかも待っていれば状況が改善するかのように。悪事への最善の対処法は、それがひとりでに正されるのを待つことだと言うように。このように、警告の裏面は約束になっている。これは私が「幸福の約束」と呼ぶものの組織バージョンで、苦情を訴えなければ遠くまで行けると約束してくれる。

ときに、苦情を訴える許可が与えられるものの、同時にその結果について警告される場合もある。ある大学院生は、指導教員からセクシュアル・ハラスメントを受けて、苦情の申し立てを検討していた。そして、苦情を取り扱う部署へと出向いた。「そこではこんな感じでした。〝苦情の申し立てはできますよ〟。でも、お決まりの展開で、〝たいして変わらないですけどね。その教授は大学側に気に入られていますから。素晴らしい出版実績もあります。あなたのほうが精神的苦痛を味わうことになりますよ〟と言われました。名誉棄損で逆提訴されるかもしれないとまで言われました。言わんとしていたのは、できないことはないけどどうしてそんなことをするのか、ということでした」。彼女が「お決まりの展開」と呼ぶのは、苦情申し立ての事務手続きの責任者の口から出た、苦情申し立て手続きに進む意味があるのかわからないという懐疑だ。ファイル内にどんな証拠を揃えていようと、苦情を申し立《ファイル》てた結果起こることが「たいしたこと」ではないという感覚がある。ここでは、ある種の運命論が働いている。これを手続きの運命論(「手続きとはしょせん手続きなのだ!」)だとか、組織の運命論(「組織とはしょせん組織なのだ!」)と呼べるかもしれない。★3 組織の運命論が教えてくれるのは、組織の実態がそのような感じである限り、それを変えようとしても意味がないということ。警告を通して遂行される運命論は教訓的だ。警告とは結局、いかに特定の結果を回避するかについてのものになる。そこで伝えられるのは、特定の結果を回避するために苦情の訴えは控えなければならないということ。苦情を訴えると、あなたは悲惨な運命に身を投じることになる。それは運命論としての苦情であり、正常な道である、組織の道を踏み外して自らを悲惨な境遇に置くということ。苦情を訴えた結果は厳しいものになり、精神的苦痛を味わうだけでなく、それ以降も自分の立場を不安定にしかねない(「名誉棄損で逆提訴されるかもしれない」)と予想するのは、組織に重用されていれば何があっても、どんな人物でも自らの価値を当然維持できると考えているということだ。

苦情が前もって危険なものだとみなされるというのはつまり、同じことが再生産されるのを阻止できない、意味のないものとみなされるということ。苦情を訴えても何も達成できないだろうという警告は、自分を危険にさらす意味はないと伝えることによって、苦情の危険性を伝える警告の効果を高める。そして、警告されるのと同時に「苦情の申し立てができる」と言われる場合があることにも注意してほしい。警告が機能するのは、「できる」の領域ではなく、「そうなるかもしれない」の領域なのだ。警告は、あなたが結局自らに投げかけざるをえない問いに変換される。確かに苦情の訴えは可能だ。でも、そんな事態になるのであれば、なぜ苦情を訴える？ そして警告は、自分の身やキャリア、幸福を守りたいのであれば、あなたがしないことにたいするものになる。

苦情を訴えるべきだと言われているまさにそのときに、苦情を訴えることに対する警告を受け取る場合もある。男性研究者による性的暴行の被害に遭ったある女性の学生は、女性のリサーチ・アシスタントから受け取った警告について語った。

もし私が苦情を正式に申し立てるのなら（そうすべきだと）、支援すると彼女に言われました。その一方で、彼女が別の大学の別の教授からセクシュアル・ハラスメントを受けたときの経験を話して、何が起こって、何が起こらないかということに関して私に警告したんです。特に、この大学におけるその教授のイメージを考えると、多くの人に信じてもらえないかもしれず、彼の心の広さや親しさを誤解したとして私が責められる可能性があるから覚悟をしておくように言われました。

「何が起こりうるのか」に対する警告は、既に起こったことをもとに予測される。そして、「何が起こりうるのか」に対する警告は、性差別が信念体系として機能するというフェミニズムの知としても伝えられる――教授自身と彼のイメージにどれだけ多くのものが期待されてきたのか、そのような期待が意味するのは、彼は自らの行いが招いた結果に直面することを免れる（暴行ですら、認識の誤りや「彼の心の広さや親しさ」を誤解したということになる）ということだと伝える知識として。警告が報告の形で伝えられるのは重要だと私は考える。あなたに警告を与える人は、その人自身の信念というわけでなく、むしろ反対している信念が浸透している状況を考えると、そんな展開になってもおかしくないことを伝えているのだ。フェミニズムの知の豊かさは警告へと姿を変える。信じてもらえないだろうという証拠がさらに集まれば、その証拠は方向転換のテクニックとして利用されうる。彼女は苦情を訴えてはいけないさらに多くの理由を伝えられることになるのだ。

彼女はフェミニストの同僚から、苦情を申し立てるべきだし、苦情を申し立てるのなら支援すると言われるのと同時に、結果を引き受ける「覚悟をする」よう（「多くの人に信じてもらえないかもしれず」）釘を刺されてもいる。彼女が提示されたのは、私が「限定支援」と呼ぶもので、これは誰かが、何かや誰かを支援すると言いながら、その支援をある種の心配だけに限定するものだ。限定支援とは、支援を引き下げつつ、自分は相手を支援しているという考え（「支援すると彼女に言われました」）をいかに維持するかということなのかもしれない。警告は通常、何よりも結果を心配するよう伝えるものだと先ほど述べた。[★4] 限定支援は役に立たないだろう。それは遠回しの警告、表現されなくても伝わる警告なのだ。

警告とは、方向転換をさせるテクニックだ。これからたどると打ち明けた道や、すでにたどり始めている道がたどれなくなること。ある研究者は、学科長から受けた嫌がらせ被害に対して他の同僚たちと一緒に苦情を正式に申し立てることにした経緯を語ってくれた。そのとき、どちらを向いても(HR、組合、他の同僚たち)、その道をたどるのを思いとどまるよう言われたそうだ。

正式な調査を開始しようとするたびに、そんなことをするのはどうかと誰かに止められました。組合の人、HRの人、大学の誰かが、そのプロセスについて私たちを脅しにかかるのです。それが、その人たちの仕事なのでしょう。苦情を訴えてもたいていは一年もしたら結局は不満で一杯になって、もうこの場所では働きたくなくなるし、たいして何も変わらないと言うのです。それを組合の人が言うんですよ。

プロセスが困難なものだという証拠は、誰かがそのプロセスに進むのを阻止するためにも利用される。そのプロセスが恐ろしいものだと表象して他人を怖気づかせ、プロセスに進む気を削ぐのだ。警告が恐ろしい結果を想起させるのは、恐ろしいものとして現前されるせいだ。あなたはある行動を決意する前から、その行動が招く結果を感じることになる(「結局は不満で一杯になって」)。

ここでまた運命論の働きについて考えてみよう。その働きにより、生じうる物事が結局は起きてしまうという感覚を抱くことになるだろう。何が起きるのかを指し示す矢として過去が利用される。あなたは行動を起こさないうちから、苦情を訴えた結果起こりそうなことについてあれこれ言われる。あたかも、あなたの前に同じことをした人たちの身にふりかかったことが、あなたにもふりかかるかのように。苦情には、その場から離れたいと誰かに思わせる力がある（「もうこの場所では働きたくなくなるし、たいして何も変わらない」）、そのせいであなたもそこから離れたくなる。そのなかにわずかでも真実が含まれていれば、警告には人の行動を阻止する力がある。予想には真実の価値が含まれている場合があり（苦情を訴えた結果、職場を去る人は実際にいる）、命令として機能する（職場を去りたくないのなら、苦情を訴えてはいけない）。

このケースでは、非公式の苦情が公式の苦情に変わるのを阻止するのに、多くの関係者のなかで組合が一役買っている。彼女は続ける。

私たちは苦情の申し立てを進めました。でも、正式な苦情申し立てのルートを取らないようにと組合から言われ続けました。私たちは正式な申し立てをするかどうか迷っていました。そのあいだずっと組合は私たちを思いとどまらせようとしていました。まるで大学に味方をしているみたいでした。そんなふうに思えたのです。何が起きていたのか、私にはわかりません。組合のリーダーに会うと、彼はこんな調子で言ってくるのです。「これは相手の〝砂場〟だから。そこで誰が遊ぶかは、相手が決めることだ」。

苦情や不服の正式な申し立てを阻止しようとする組合の労力を、大学の側についているものとして彼女は受け止めた（どちらの側につくかの運命論）。起きていることに直面して、あなたはわけもわからず取り残されるが、それでも別々の関係者が結託しているのを「感じ取る」。結託が停止になる。警告は軌道修正になる。別々の関係者が同じことにエネルギーを費やして、苦情の前進を阻止する。

このように、組織の運命論は、その組織に対するひとつの見方を提供する。苦情の申し立てを思いとどまらせようとしたミーティングで、組合のリーダーが大学についての考えを共有したことについて考えてほしい。「これは相手の砂場だから。そこで誰が遊ぶかは、相手が決めることだ」。警告は組織観を再生産する。このケースでは、いじめに対する苦情の申し立てを思いとどまらせようとする行為は、大学を所有される砂場に見立て、いじめを承認している。つまり、「誰がそこで遊べるか」の決定とは、いかにある行動の形式が適切《ライト》とされたり、権利《ライト》にすらなるのかということなのだ。言ってみれば、このような組織観はいかにいじめっ子がいじめる許可を得るかということだ。なぜなら、組織とは上に立つ者が好き放題できる場所だとされるから。苦情に対する警告は、苦情を訴えようとしている人に向けた悪い結果の予想だけにとどまらない。ある人が異議を申し立てようとしている、苦情対象となる行為そのものの承認としても機能する場合がある。組織の運命論は、組織内での権力の行使を望む者にとっては便利な道具だと考えられる。そこでは特定の振る舞いは、ゲームの性質上そうならざるをえない、自然で必然なものだとみなされるからだ。苦情を訴える者は、過失《フォールト》とデフォルトによって、ゲームのルールをわきまえない者だとされる。

警告のトーンはさまざまだと先ほど述べた。警告のなかには、厳しい、懲罰的なトーンで伝えられるものもある。別の学生からのハラスメントに対して、大学院生のグループと苦情の申し立てをしようとした学生が、何が起きたかを語ってくれた。「〝ことを荒立てる〟だとか〝波風を立てる〟と将来のキャリアに悪影響が出るし、他の人もいるのに学科を滅茶苦茶にするつもりなのかと繰り返し言われました。実際に苦情の申し立てをおこなえば、大学では絶対に働けないし、他の仕事も見つからないだろうと言われました」。苦情は自分を傷つけるものとして認識される。それは、自分をいかに傷つけるかということ、自分がどこかに到達するのをいかに妨げるかということなのだ。そこで伝えられるのは、苦情によって生じたダメージはあなたにつきまとうということ。そう、あなたはキャリアを台無しにすると言われている。それだけでなく、学科や組織を台無しにするとまで言われている。警告が伝えるのは、あなたの幸福は積極的に組織の幸福を守ろうとする態度にかかっているということなのかもしれない。

私とやりとりをするあいだ、この学生は「ことを荒立てる」と「波風を立てる」という表現を何度も使った。[★5] 苦情に対して警告を受ける彼女は、苦情とは「そういうこと」なのだと言われている。彼女はさらに説明する。

内々では、ずっとそういうことを言われてきたんです。こんなことをするな、キャリアが台無しになる、きみは波風を立てている、誰もそんなことを望んでいない……。そういうことを、いろいろな学生や職員が言ってきました。この期に及んで私たちも気づいたんです。なんてこと、これで追い出されるのは私たちなのかも。そのせいで仕事だって失うし、大学は巨大な組織で、私たちはたいした力もリソースも持たない四人の大学院生に過ぎないということを思い知らされていると。

苦情は波風を立てるものとして、ものごとの平穏を乱すものとして聴き取られる。ことを荒立てるというのは、安定した足場を持たない者には危険な行為になるということが、ここで示されている。状況が不安定なものだと人に気づかせるために警告が利用される場合がある。誰が大きくて誰が小さいのか（大きいのは彼／女たちで、あなたは小さい）、誰が優位な立場にあって誰がそうではないのか（優位な立場にあるのは彼／女たちで、あなたはそうではない）を知らせて、立場をわきまえるようにと伝えるために利用されることもある。自分の足場が簡単に失われるということに気づくことで、あなたは立場をわきまえるようになる。「波風を立てる」や「ことを荒立てる」という表現は、わざとトラブルや論争を起こす行為をほのめかすためにも利用されうる。波風を立てたり、ことを荒立てたりするのは現状をかき乱すということ。そのため、警告が行為の結果に関するものであるのなら、警告はまた、そのような結果が意図されたものだという判断にもなる。あなたはダメージ、論争、トラブルを引き起こすために苦情を訴えていると判断される。

警告は圧力《プレッシャー》の増大として機能しうる。それは、あなたが耐えなければならないものとなる。苦情を訴えるなという圧力がいかに行使されたかについて彼女はこう語る。「一日のうちに、私は八時間も続いたへとへとになるミーティングに出席して、いろいろと質問されました。その質問は、ほぼ私の意気をくじいて苦情がこれ以上進むのを阻止するためにデザインされたようなものです」。何かをするのを困難にすることで、人の行動を阻止することができる。誰かの意気をくじくこと、苦情をやめさせることは、「ほぼ」デザインの一部となる。言い換えれば、そのシステム自体が、苦情が進みにくいものになるようデザインされているということだ。

警告が機能しないとき、誰かが苦情を進めるのを止められないとき、警告はしばしば脅しに変わる。そのミーティングが終わるころ、学科長が彼女の資金源の話を持ち出してきたと彼女は語る。

それから、〔出資団体との〕同意事項には目を通したのかと、彼女に言われました。大学に対する中傷ととれる行為をおこなった場合、資金の助成が停止される理由になるという同意があるはずだと。そして、このミーティングの最中に起こったような非倫理的行為を繰り返すのなら、研究倫理規定の違反につながる。私の言葉を引用するという同意はしていないからと。はっきり言われたんです。私の資金をいつでも取り上げられるし、苦情について話したせいで倫理に反する研究者として私の評判を落とすことができるということです。

このまま苦情を訴え続けるのなら資金を出さないし、そうできるというあからさまな脅しは、評価を傷つけることとつながっていた。私たちは、大学に対していかなる中傷もしないという、消極的な表現を与えられた積極的な義務にまた戻ってきた。その脅しは守秘義務ともつながっていた。ミーティングの最中に脅されるのは、ミーティングの最中に脅されたと口外してはならないという脅しなのだ。[★6] しかも、ミーティングの最中に学科長は彼女を内部告発者と呼んだ。「内部告発という事態が進行中で、告発したのは私だと、私が告発したのだと言われました。そんなのおかしい、どうしてそんなことを言うのかと私は思いました」。学科長が彼女を内部告発者としたのは、確かにおかしい。内部告発者とは、組織内の不正行為を世間に知らせる人であって、彼女は他の学生と一緒に苦情を組織内で非公式に訴えたにすぎない。これから苦情を訴えようとしている人を内部告発者だとすることは、このまま進めばどうなるかを学生たちに警告することになる。

脅しはつねにあからさまなものではないと、ここでつけ加えておかなければならない。苦情の申し立てをこのまま進めれば、私か、私以外の誰かがあなたの資金を引き上げる、と口に出さなくてもいい。ただ資金提供者の名前を出すだけで脅しになる。このケースでは、ルールや事前の同意や規定に触れただけで、あからさまな脅しになり、脅しの出どころ（や誰によるものなのか）をほぼ隠蔽する働きをする。警告が脅しになるとき、苦情を訴えればあなたはキャリアを傷つけることになると言われているだけではない。彼らがあなたのキャリアを傷つけるだろうとも言われているのだ。

そのような脅しとしての警告は、思いやりや心配として伝えられる警告とはかけ離れているようだ。だが、警告の出どころが別であっても、導かれる方向は同じだ。苦情申し立ての手続きにしばしば警告が伴うことも考えてみてほしい。先ほど、「ことを荒立てる」という表現が、意図的にダメージを与えようとしているという意味で使われるとした。「悪意を持って苦情を訴える人」という形象が、他人を傷つけたいという欲求から苦情の訴えを思い立ったのだと示すのに利用され、警告として機能している。このような、「悪意を持って苦情を訴える人」というイメージは、ポリシーにも先例がある。多くのポリシーにおいて苦情が悪意のある、不快な、分別に欠けたものになる可能性があるとされているだけでなく、苦情志願者に対して、懲戒処分を受ける可能性があると警告している。以下は、ある大学の苦情に関するポリシーの文面だ。「根拠のない、悪意のある、そして／あるいは不当な苦情は受け入れられない。苦情が根拠がなく、悪意があり、そして／あるいは不当なものであると判断されれば、懲戒につながる場合があり、学生懲戒手続きに沿って処分が下される[★7]」。

悪意を持って苦情を訴える人というイメージがポリシーによって先行しているのなら、一部の人は他の人よりも「悪意を持っている」と判断されやすい。ある有色人種女性は、苦情を訴えた際に「機関銃」のようだと言われた。あたかも彼女が何かで他人を攻撃しているように。また別の有色人種女性は、「照準が甘い大砲」〔何をしでかすかわからない危険人物という意味〕と呼ばれていたそうだ。あたかも照準をいい加減に合わせたせいで、苦情によって破壊《ダメージ》がもたらされたのだと言わんばかりに。おそらく、悪意を持って苦情を訴えていると判断されやすい人は、危険人物として判断されやすい人と同一人物なのだろう。悪意を持って苦情を訴える人の姿が警告として利用される実態は、適切にシステムに沿うことができず、システム全体にダメージをもたらそうとしていると判断されることによって、いかに苦情が事前に却下されるかということを教えてくれる。

うなずき

警告がことあるごとに伝えるのは「ノー」ということ、そこに行ってはならない、それをしてはならないということ。このセクションでは、「イエス」によっていかに苦情が妨げられるかということを追求したい。苦情ポリシーが、オープン・ドアのポリシーとして表現される場合を考えてみてほしい。「オープン・ドア」とは、「イエス」ということ。どうぞお入りください、あなたの言葉に耳を傾けましょう。だが、「イエス」は必ずしも「イエス」を意味しない。そこに行っていいですよ、だとか、それをしなさいと言っているわけではないのだ。そのため私たちは問わなければならない。あの「イエス」は何を言っているのかと。あるいは、あの「イエス」は何をしているのかと。

「イエス」が何を言っているのかを考えるに当たり、まず「うなずき」に注目したい。★8 私が話を聞いた人たちの多くが、苦情を訴えた際、その苦情を受け止めた相手が何度もうなずいていたと語った。「うなずき」は苦情の周辺に頻繁に現れるらしい。私たちは周辺の状況から学ぶ。「うなずき」とは、首の上下運動で、何度か反復される場合が多く、同意や承認を伝え、挨拶にもなる。ある学生は、別の学生からのハラスメントに対して非公式に苦情を訴えた。そして、学科長にことの経緯を打ち明けたときのことを語ってくれた。「彼はそれを受け入れてくれたようでした。私の話に耳を傾け、うなずいていましたから。それなのに、十日経っても何の音沙汰もありませんでした。そのとき、辺獄《リンボ》〔キリスト教の洗礼を受けなかった子どもや異教徒などの魂が集まるとされる場所〕のような空間が現れたのです」。辺獄を空間として表現するとは、私は胸を突かれる思いだった。苦情を訴えたら、あなたはそこにたどりつく。辺獄が現れる。そして、どっちつかずの状態《リンボ》に身を置くというのは、待ちぼうけを食らうということ。

私が興味を引かれるのは、その学科長はうなずくことでいったい何をしていたのかという点だ。その話し合いでは、うなずきだけが唯一起こったことではなかった。だが、うなずくことで、彼は彼女の話に耳を傾けていると伝えていた。うなずきは、何かを理解したと（あるいは、理解したようだと）伝える。首の上下運動によって、苦情が受け取られただけでなく、しっかり受け取られていると、苦情を訴えている人には伝わるようだ。それで相手が心強く感じるのなら、それがうなずきの働きだ。つまり、うなずきには他人を励ます力がある。ところが、学科長が苦情を理解してくれたという気持ちに彼女がなっても、それから何の音沙汰もない。それで、苦情を訴える者がせざるをえないことを彼女もせざるをえなくなる。苦情の訴えのその後を追跡して、催促をして、働きかける。何の音沙汰もない状況では、しなければならない仕事が増える。

うなずきはノンパフォーマティブになりうる。第一章で、名づけたことを実行しない組織の発話行為を私は「ノンパフォーマティブ」という言葉で説明した。うなずきがノンパフォーマティブの領域で機能する際、身体は行為に加担する。つまり、身体もまた、何もしていないのに何かをしているように見えるということ。うなずきは、何かの実現を阻むためにおこなわれる場合がある。うなずきを遂行するのに首を動かすまでもない。例えば、ダイバーシティはある種のうなずきだと考えられる。それはひとつの「イエス」なのであり、そう、《イエス》ほとんど動作を必要としない。

うなずきは、ある特定の仕草にとどまらず、いかに「イエス」が遂行され、成立するかということなのだ。ある研究者から、副学長や学科長をはじめとする大学上層部と同じテーブルを囲んでいた際の、男性陣の振る舞いに対して苦情を申し立てることにした経緯を聞いた。彼女はその場の唯一の女性だった。彼女によると、彼らは「女性の身体や、外見、自分たちが男として女性にどう接するか、どんなことをするのかを話していました。それは性《セクシュアル》的な話でした。性差別的ジョークでした。あからさまに性的な話題でしたが、私はまるでそこに存在しないかのように座っていました」。所属する組織が自らアピールする通り進歩的だと思い込んでいた（第一章を参照）彼女にとって、それは耐えがたい経験だった。彼女はその件について別の副学長とHRディレクターに相談した。「話を聞いてもらいました……でもきっと相手は私をなだめるために聞いてくれたんでしょうね」。なだめる（placate）とは、落ち着かせること。「placate」という言葉は、「意にかなう」という意味の「please」に由来している。話に耳を傾けることがなだめることになるのであれば、誰かの意に沿うふりが、その相手を落ちつかせるのに利用されるということ。なだめられることによっても苦情は阻害される。話に耳を傾ける行為が問題に対する解決策《ソリューション》として提供されるとき、耳を傾ける行為はまた別のタイプの解消《デソリューション》となる。苦情の話に耳を傾けてもらったのに管理職が動かなかったので――この場合、「動かない」とは無為《インアクション》ではなく行動《アクション》なのだ――彼女はそれ以上苦情を訴えるのをあきらめた。ひょっとしたら、苦情の話に耳を傾ければ苦情を訴える行為を終わらせるには充分だという魂胆のもと聞き取りがおこなわれたのかもしれない。あたかも、苦情に耳を傾ければそれに対応したことになるように。

ここで、苦情にはコミュニケーションの労働が伴うという論点に戻ることができる。あなたは同じ苦情を組織の別の人たちに訴え続けなければならない。相談した相手が苦情を前進させてくれると期待して、直属の上司、指導教員、学科長に非公式に苦情を訴えた話を多くの人がシェアしてくれた。あなたは期待を受け取ることになる。うなずきは、苦情を前進させるコミットメントとして表現されるからだ。ある大学院生は、別の院生の性的不適切行為について指導教員に相談した。「彼女はこんな感じでした。私に任せなさい、彼と話してみるから、と。それから何も起きませんでした。そうなった理由は、ひとつには彼女がその件を持ち込める場所が組織のどこにもなかったからではないかと思ってます。持ち込む先がどこにもなかったんです。それだけじゃないですけど」。あなたが苦情を誰かに託して、何も起きなかったら、苦情はその相手の元にとどまり続ける。苦情はそこに居座る。ポリシーもただ「居座る」だけになっていたのを思い出してほしい。指導教員が苦情を進めることができなかったのは、それを持ち込める場所が「どこにもなかった」からだと彼女は考えている。

その苦情を前進させるためには、たとえ他人の代理であっても苦情を訴えなければならないのだと考えられる。ここに、多くの苦情が結局は居座ったままになるヒントがあるのかもしれない。ある若手の講師が、同じ学科の教授からハラスメントを受けていると直属の上司に相談したとき、その上司は彼女のために教授と話をしようと言ってくれた。「もうこんなことをしてはいけないと、誰かに教授に注意してほしかっただけなんです。それで、彼女はそうしてくれると私に約束しました」。あなたは約束やうなずきを受け取ることができる。そう《イエス》、彼女が言ってくれる、教授にやめるよう注意してくれる。だが、その上司は何も言わなかったし、何もしなかった。そして、教授の行動は変わらない。その上司がなぜ何も言ってくれないのか、何もしてくれないのか、彼女はあれこれ考えた。「ずっと後になって、このとき何も起こらなかったのは、彼女自身が苦情を訴える気がなかったからだとわかりました」。苦情を伝えることが苦情を訴えることになるのなら、苦情は伝えられないかもしれない。彼女はさらにつけ加えた。「そういう話をするのは大変なことです。あなた自身が問題に、お楽しみに水を差す存在になるからです。きっと何もしないでいるほうが楽なのでしょう。なぜ何もしてくれなかったのか彼女に訊いたりはしませんでしたが、私との約束を忘れたのではないということははっきりしていました」。行動を慎むようその教授に伝えて苦情を前進させることは、その上司にしてみれば彼女自身がお楽しみに水を差す存在になること、伝えようとしている苦情に巻き込まれることだったのだ。苦情を訴えているとみなされると高くつくのだと、この駆け出しの講師は認識していた。「苦情を伝えると高くつきます。そういう話をすると高い代償を支払わなければならないのです」。苦情が伝えられないのは、苦情を伝えれば、苦情を訴える代償も伝えることになりかねないからなのかもしれない。

苦情が伝えられないという事態は、苦情の受け取られ方について私たちに何かを教えてくれる。つまり、苦情は伝染性で、注意を引き、高くつくものだとみなされている。[★9] 触れた人を汚染する苦情は危険物だとみなされる。そのため、苦情の社会能力《ソーシャビリティ》（苦情の前進に多くの人が関わること）について考えることが、苦情の停滞を理解する重要な鍵となる。私が話を聞いた相手の何人かが、どのように警告を受けたかだけでなく、自分たちがどのように受け取られたかを説明するために、「ことを荒立てる」という表現を使った。言い換えると、苦情を受け取った人がそれを他人に伝えないのは、「ことを荒立て」たくないからなのだ。副学長に話を聞いてもらえた気になって、なだめられた例の女性教授はこう語っている。「彼は同情をあらわにして耳を傾けていました。でも、ことを荒立てたくないということは、はっきりとしていました」。同情をあらわにした相手に話を聞いてもらえる場合がある。ところが、その「でも」は重要だ。先ほど取り上げた支援の限定は、同情の限定にもなる。そのような限定は、その上級管理職がことを荒立てたくない、組織の秩序やヒエラルキーを乱したくないと思っていることと関係している（彼女の苦情は彼の同僚である、ベテラン研究者の振る舞いに対するものだった)。苦情を受け取る者は混乱のなかで身動きが取れなくなるのを恐れ、苦情を伝えないのかもしれない。

苦情を伝えると、苦情を見失うことになりかねない。あるキャリアの浅い講師はこう語った。「どこに行けばいいのかわからないし、誰かが対応してくれるのかもよく分かりません。上級講師や教授など、苦情の原因となった相手が高い地位にある場合は特に。そういう人たちは大学に助成金をもたらしてくれる重要人物で、彼／女らの評判はとにかく大切なので、誰もことを荒立てたがらないのです」。苦情を伝えてことを荒立てるのをいやがる態度は、権威と地位のある人物と良好な関係を維持する労力の一部になりうる。うなずきは、できるだけ穏便に苦情を阻止する方法として利用されるのかもしれない。

何かに同意することが、その進展を阻止する効果的な方法となるのは、同意しない場合の代償を回避できるからだ。別の研究者は、療養休暇に対する大学側の対応についての苦情を直属の上司に相談して、大学に対して不服を申し立てることになった。その上司がやたらと「イエス」と言うのに彼女は気づいた。「彼はいわば〝イエスマン〟です。私が相談すると、決まってイエスと言うのですが、それがイエスという意味ではないことがわかります。それは、〝まあ、様子を見てみましょう〟という意味なのです」。その「イエス」には何かを引き起こす力がない。だからこそ、彼は「イエス」と口にするのだろう。「イエスばかり言う」態度は、管理のテクニックとして理解できる。彼女によれば、そのテクニックは摩訶不思議なものだ。

管理職に相談すると、奇妙で摩訶不思議なことが起こります。覚悟を決めて、そこに赴き、気持ちを昂らせて自分の苦情や起こったことについて、その物語を相手に伝えます。すると、魔法の呪文がかけられたみたいになって、これで何かが進展するかもしれないという期待を抱きます。でも数時間もすればその効果も薄れて愕然とします。それは手品みたいなもので、相手にトリックを使われたみたいです。だまされた気分になります。

そこで達成されたのは、何かが進展するかもしれないという期待を本人が抱いたこと。どこかに到達できるかもしれないという期待を抱くのは、結局はどこにも到達できないということなのだ。うなずきは鎮火の試みであり、事態の鎮静化を図っている(このことから、苦情を訴える人が「気持ちが昂る」と受け取られていることは、いかに苦情が聴き取られないかということだとわかる)。苦情を訴える者のエネルギーを「イエス」という言葉で分散させれば苦情の進展を阻止できる。苦情を封じ込めるために苦情の表現が許可されることがある。

それゆえ、苦情の管理は表現の管理になる。ある有色人種の女性研究者から、研究イベントにおける教授陣の振る舞いに対して非公式な苦情を訴えた博士課程の院生たちの話を聞いた。その院生たちは研究セミナーへの参加を取りやめた。セミナーへの出席は強制だという通達を受け取ったとき、彼/女らはレターを作成して、「セミナーへの出席を積極的に取りやめたのは、そのセミナーが、学部の一部の年配の白人男性のためにデザインされたものになっているためだ」と訴えた。そのレターについて教員のあいだで話し合いが持たれた。「ディレクターに最初に言われたのは、私たちは自己弁護をしなければならないということでした。その院生たちがセミナーに参加しなかったのは、内容が高度で理解が難しいためではないかと言われました」。苦情に対するこの返答は、まさにその苦情が訴える内容そのものだ。そのディレクターのコメントへの他の教員たちの反応を彼女は教えてくれた。「彼の意見にうなずく人が大勢いました」。そのうなずきが意味するのは、院生たちは能力不足をごまかすために苦情を訴えたのだという見解が共有されたということ。そのようなうなずきは、よりパフォーマティブであり、何かを存在させる力を持っているようだ。つまり、同意は共有される。そして、心情が共有されると壁が築かれる。

この件が話し合われている最中に院生たちのために「オープン・ミーティング」が開かれることになった。そのミーティングの狙いは、「ただ院生たちを落ちつかせるため」だったと彼女は語った。そして、こう付け加えた。「院生たちが話題にしていたのは、そのミーティングを用意した、まさにその人たちだったのです」。第五章でさらに詳しく取り上げるが、誰が苦情を受け取るかということだけで、その苦情がどのように受け取られるかを説明するには充分なのだ。そのミーティングに対する公式な見解は、院生たちが自分たちの言い分を表現する機会になるというものだ。だが、それ以前に多くの人がうなずき、壁が築かれたことを忘れてはならない。それ以前にどのようにして苦情が退けられたのか、自分たちの振る舞いに対する苦情であるのに、彼らが院生側の自己弁護の話として切り返したことを（「私たちは自己弁護をしなければならない」）忘れてはならない。そのオープン・ミーティングの狙いは、苦情に耳を傾けることではなく、苦情を退けやすくすること。退けるとは、追い払うということ。苦情を外に出してやれば、追い払える。それは、「組織的な放出《ベント》」の仕組みだと私は考えている。院生たちに一度でも不満を放出する機会を与えれば、彼／女たちのシステムから苦情を外に出してやれば、苦情は組織のシステムの外に出る。より大きな爆発を回避する技術として放出は利用される。その仕組みは減圧弁のようなもので、何かが蓄積して爆発に至らないようにするために充分な圧力が放出される。爆発を回避するために苦情を表現させるのだ。苦情は蒸気のようなものだと考えられている――それは、シュッ、シュッという音を立てる。放出されると、苦情は消滅して空気になる。聴き取るとは、消滅させるということ。ここで、摩訶不思議なトリックにまた遭遇する――それは、シュッ、シュッという音を立てる。★10

苦情がいつ、どこで表現されるかを管理すれば、苦情を管理できる。苦情を訴える人を情報提供者だとみなす、別の戦略も存在する。学科長からの嫌がらせに対して苦情を訴えたあるベテラン女性研究者はそのような反応について語った。「不正行為があれば報告するよう［彼／女たちに］言われていました。だから、当然それらのできごとを報告しましたが、彼／女たちは何もしませんでした」。何かがあれば報告するよう言われていたので、彼女はそれを実行した。ところが、彼／女たちは何もしなかった。彼女からこの話を聞いたとき、私の背筋に悪寒が走った。よく似た経験をしていたから。大学で調査がおこなわれている最中に、さらなる不適切行為があれば報告するよう上層部から言われた。だから、さらなる不適切行為が発生したときに、私はそれを報告した。そして、私のそのおこないは彼／女たちにとっては都合のいいことなのだと気づいた。それは、彼／女たちがその情報を活用しようとしているからではなく、活用する気がないから。私から情報を確実に集めれば、その情報を、他に誰も見られないファイルという安全な場所に確実に預けておける。

さらに、苦情の管理とは誰に対して苦情が表現されるかをコントロールすることでもある。先ほど警告について論じた部分で、苦情が粘り強く訴えられると警告が脅しに変わるか、警告に初めから含まれていた脅しが前面に出てくるようになるとした。うなずきの効果がない場合、つまり苦情が粘り強く訴え続けられる場合、うなずきは姿を消す。ある研究者は、別の研究者からいじめとハラスメントを受けたとして正式な苦情を申し立てようとしていた。彼女は最初、同情を示された。彼女によると、「いろいろなオフィスや個人から同情を示され、心配された当初の反応」は、「ほとんどが言葉だけ」のものだった。言葉の中身は空っぽだからこそ、人びとは同情を示すのだと彼女は言う。言葉は、それが伝えないことのために使われる場合がある。初期の同情がどんな働きをしていたかは、その同情の姿の消し方から理解できる。彼女が正式な苦情を申し立てることにこだわり続けていると、同情を示されることも減った。「私が正式な苦情の申し立てにこだわるほど、組織は私の懸念への対処に抵抗を示すようになりました。非公式な、内々の調停をおこなうよう強く勧められました。そうすれば、事実調査も過失についての調査も必要ありませんから」と、彼女は説明した。正式な苦情の申し立ては、データだらけだ。苦情を訴える者は、その苦情を裏づける証拠を集めるよう求められる。彼女のケースでは、そのようなデータには、高く評価されている教員による嫌がらせとハラスメントに関する情報が含まれていた。正式な苦情の申し立てに進むとはデータを提示すること。「最初は協力的だと思っていた人たちが、協力や関心を引っ込めることが何度もありました。特に、私が機微《センシティブ》な情報をシェアしたあとでは」。同情は消え、うなずかれることもなくなる。それは、「センシティブな情報」を受け取ることに対する組織の抵抗なのだ。私が関心を抱くのは、そのセンシティブなデータがどのように組織の神経に触れたのかということ。センシティブなデータについては後でまた取り上げる。

苦情について書き、話すうちに、私もまたうなずきに包囲された。あるとき、私は講義をおこなうことになり、その内容にはうなずきがノンパフォーマティブだということも含まれていた。大学本部の助成により開催された講義だったので、管理職も多数出席していた。彼／女たちは階段教室の前方に陣取っていた。講義後に、私のところに来てくれた学生たちがいた（そうやって来てくれる学生たちに私はいつも感謝している！）。その学生たちは管理職の後ろに座っていた。うなずきがノンパフォーマティブになるという講義の最中に彼／女たちがしきりとうなずいていたのを学生たちは観察していた。うなずきがおこなわないことにたいしてうなずいても、依然としてあなたのうなずきは何かを成すわけではない。学生たちは長く続いた困難な苦情申し立ての最終段階にいた。そして、彼／女たちは、私が講義で論じていたまさにその戦略がおこなわれていたと伝えてくれた。それでは、その管理職たちのうなずきにはどんな働きがあったのだろう？　うなずきは公的なパフォーマンスになるだろう。それは、承認を与えているというふうに受け取られることと関係している。苦情は密室で伝えられることが多い。だが、その密室内ではいとも簡単にうなずきが消えるからこそ、人は公の場でうなずくのだ。うなずきは時が経つにつれて姿を消すが、場所が変わってもなくなる。どこか別の場所で他人が起こした問題として安全に解釈される限り、うなずきは問題の認識に関わるものとなる。うなずきとは、聴き取られているという見せかけによって、いかに問題が立ち現れるかということなのだ。

ここで、平等性が積極的な義務になると何が起こるかについての議論に戻ることができる。というのも、公の場で平等性へのコミットメントを表明する人が、閉ざされたドアの内側では苦情を訴える人の口をふさぐことがあるからだ。私が話を聞いた多くの人が、何らかの形でそのような困難を経験していた。起こるとされていることと、実際に起こることとのあいだのギャップに注意すると、公の場でのうなずきが何かを隠すために利用されるということに気づきやすくなる。うなずきが巧妙に遂行されれば、パフォーマンスだとは気づかれない。それで、自分と同じことをしていても立場の異なる他人が納得させられてしまうとあなたにはわかる。うなずきはある物語を伝えるために利用されているので、相手を確信させられるはずだと。組織内で働いている、確信したがっている者は、うなずきのなかに希望を見出す。彼／女たちがそこに見出すのは、組織は温かくて包摂的《インクルーシブ》だという考えを手放さなくてもいい理由だ。

抹消《ブランキング》

苦情を訴えるプロセスの初期では、反応の多くが「ノー」か「イエス」という言葉で表される。「だめ《ノー》、それをしてはいけない」だとか、「ああ《イエス》、そうするべきだ」とか。どちらの返答も苦情の前進を阻止するテクニックとして利用されうる。明らかに正反対の命令である、「イエス」と「ノー」に同じ効果があるということについて説明しなければならない。苦情を訴える者は、訴え続けるうちにさまざまな状況で「イエス」や「ノー」を受け取る。そのタイミングは必ずしも順序だっていない（例えば、イエスの次はノー、ノーの次はイエスだとか）。あるケースでは、大学側が人種差別に対する苦情を放置していることに対する苦情を含め、人種差別に対する苦情を訴えていた学生たちが、占拠という手に打って出た。彼／女らは大学事務局本部が入っている建物を占拠した。大学上層部は、学生たちが訴える苦情について話し合うミーティングを開くことに同意した。大学側は、前向きに学生たちの話に耳を傾ける姿勢を見せていた。ところが同時に学生たちを強制的に建物外へ退去させる法的措置も検討されていると発覚した。「イエス」と「ノー」が同時に言われるとき、どちらも同じ方向を示している。学生たちを追い出す方法として「イエス」が利用されることがある。

あなたが受け取ることができるのは、「イエス」か「ノー」のどちらか、あるいは「イエス」と「ノー」の両方だ。さらに、「イエス」も「ノー」も受け取れないこともある。言い換えると、何も反応が示されないということ。このような無反応による反応を私は「抹消（blanking）」と呼んでいる。抹消されるとは、無視されるということ。あなたが自分を認識してほしいと思っている相手から、そこにいないかのように扱われることがある。何かを思い出そうとして思い出せないとき、私たちは「真っ白になった（blanked）」という言葉を使うことがある。

「抹消」は、文書や口頭で表現された苦情に関連して遂行される行為になる場合がある。あなたは個人として抹消される可能性がある。あるベテラン研究者は、学科長からの嫌がらせに対して苦情を訴えた。彼女が学科長と話し合いをしたとき、学科長は会話を録音していると告げた。その後の事務職員とのミーティングで、会話の録音があるはずだと彼女は問いただした。「職員たちはただ私を見つめるだけで、何も答えず、口を開きませんでした。これは異常な事態だと思いました」。黙って見つめる相手の表情に（a blank stare）、あなたの受け取られ方が表れている。あなたは何か言ったのに、相手から返事はない。こんなことは、通常はミーティング中の会話では起こらない（「これは異常な事態だと思いました」）。彼女は聴き取られず、見世物《スペクタクル》になった（「職員たちはただ私を見つめるだけで」）。彼女の発言に返答をしなければ、あたかも発言はなかったかのようになる。発言として認められなければ発言は成立しない。これが抹消の働きだ。誰かが何かを言っても、何も言わなかったかのように振る舞えばその発言を阻止できる。

　苦情を訴えている人の存在を認めないということは、その苦情の存在を認めないということ。抹消が苦情を阻止する手段として利用されていると私が気づいたとき、消去という言葉こそ使っていないが、以前それについて書いたことがあるのを思い出した。本書の「はじめに」で、映画『沈黙の謎』の一シーンを紹介した（最初に取り上げたのは、『フェミニスト・キルジョイ』［2017：二〇二二］においてだ）。そのシーンでは男性ばかりのテーブルに女性がひとり座っている。覚えているだろうか？　彼女が何か発言してもそれを受け止める者は誰もいない。ところが、同じ発言を男性がすると褒められる。いつも通り《ルーティン》に誰かが消される。何かを発言しても発言したとは聴き取られないのだから彼女は黙っているしかない。私たちはそのルーティンを「性差別」と呼ぶ。さらに、第一章で紹介した、『包摂されることについて』（2012）で最初に論じた事例もまた抹消に関わるものだ。あるダイバーシティ推進担当者が、アカデミック・ポスト任用に関する新たな平等性のポリシーが合意されたはずだと研究者たちに伝えたとき、彼女は消された。彼女によれば、それを伝えたとき、「ひどく馬鹿げたことを口にしたかのような感じで見られ」た。そのダイバーシティ推進担当者は事務職員だ。映画でテーブルに座っていた女性は秘書だ。事務職員や秘書は消去される。その身分は、何かを発言するためのものではないとみなされる。

抹消はシステムに組み込める。システムを変えようとすると、そこに組み込まれたものに遭遇する。つまり、あなたは消される。そのダイバーシティ推進担当者が消されたとき、消えたのは彼女の存在だけではなかった。そのポリシーも消えた。ポリシーを存在させようとする彼女の尽力《ワーク》のおかげで（さらに他の人たちの尽力もあって）、そのポリシーが存在することになったがために、それは消されなければならなかった。ポリシーを阻止せんとする、それまでの努力が失敗に終わったので、そのような抹消がおこなわれた。

抹消が利用されやすいのは、何かを阻止する方法が上手くいかないときだ。ある大学院生は、ハラスメントと嫌がらせに対する苦情を真剣に考えてもらおうとして何度も失敗したことを語ってくれた。最後の試みでは、ことの重大さを反映した感覚で、つまり緊迫感を持って聞いてもらえたので、彼女は期待を抱いた。苦情の聴き取りのなかで、HRの職員が肯定的な反応を示したのだ。はい《イエス》、あなたのケースはこちらで取り扱い、調査の対象となりますね。今日このあとでもう一度戻ってきて、HRディレクターと話してはどうでしょうか」。その「イエス」は、イエスがしがちな働きをしていた。つまり、彼女は心強さを感じた。その日のうちに、彼女はHRディレクターと話した。「彼はとても協力的だと思いました……大学内でこのような苦情を耳にするのは初めてではなく、私たちの学部内で過去に似たような苦情があったはずだと言ったのです」。自分が訴えている苦情が初めてのものではないのなら、もっと慎重に、深刻なものとして扱われるはずだと彼女は考えた。[★11] さらに、ディレクターは彼女に約束をした。「この件についてはもっと調査をしたいので、私と一緒に調査を進めて、話し合いたいと言ってくれました。すごい、と思いました。私がこれまでに進めてきたプロセスよりも、すでに速く進んでいると。すごい、信じられない、と思いました」。だが、それ以降の何の音沙汰もなかった。「Eメールの返信すらありませんでした。〝あなたのメールを読みました。調べてみます〟というものすら。まったく何も」。うなずいただけでは何も達成されない。うなずきに続くのは抹消だ。現に、その後彼女が連絡を取ろうとしても、一切返事はなかった。

　抹消は一連の行動の最後になって登場することもある。警告やノンパフォーマティブなうなずきをものともせず誰かが苦情を訴えることにこだわっているサインになる。さらに、蓄積された歴史にもなる。ある先住民族のバックグラウンドを持つ研究者は、彼女の終身在職権《テニュア》の審議を白人のベテラン研究者が妨害したことに対して異議を申し立てようとした。調査を始めるよう何度も働きかけたのに、彼女はどこにも進めなかった。「件名をすべて大文字で表して、感嘆符までつけて彼女にメールを送らないといけなかったのです。それは、七か月ぶりに送った彼女への最後のメールでした。〝異議申し立ての件！　異議申し立ての件！〟大学の規則やプロセスに従って、彼女はそれを進める義務がありました。でも、何もしなかったんです。進めてはくれませんでした」。苦情を受け取った者がそれを前に進めなければ苦情は前に進まない。大文字の件名は聴き取ることについて多くのことを教えてくれる。自分が聴き取られないと、あなたは時に大声を上げなければならない。聴き取られないので大声を上げると、あなたは大声を上げる人として受け取られる。大声を上げる人として受け取られると、あなたは聴き取られない。苦情が聴き取られないと、苦情が聴き取られる見込みがますますなくなるという影響が出る。苦情を前進させる闘争に身を投じると、あなたはすり減り、疲れ果てる。

抹消は、あなたがどのように受け取られるかという問題になる。苦情が苦情として受け止められなければ、苦情として記録されない。抹消は、その影響、つまり、苦情の痕跡を消し去ることに関わる（抹消とは、ページの上から印を取り除く消しゴムのようなものだと私は考えている）。私が集めた、さまざまな活動の関連データに「消す（erase）」と「削除する（delete）」という単語が頻出する。★12 ある研究者は、彼女の苦情を取り扱う担当者が肝心なときに休暇に入ると話した。「彼／女たちが休暇に入るたびにリセットされます。記憶が消されるみたいにして」。別のベテラン研究者も、彼女の苦情の担当者が頻繁に休暇を取っていたと語った。「それから、［彼女は］八月中旬まで休暇から戻らないとわかったのです。結果がどうなったのかわからずに、私は一か月半のあいだつらい思いをしました」。苦情の担当者が休暇を取ると、苦情も彼／女たちと一緒にいなくなる。彼／女たちが戻って来るまで苦情が戻ってこないのなら、あなたの苦情は担当者が戻ってきても、戻ってこないかもしれない。

抹消とは、いかにデータを消すかということ。あるいは、データを記録しないということ。かつて所属した学科でのセクシュアル・ハラスメントに対して、集団での苦情の申し立てに関わっていた学生二名に話を聞いた。最初に苦情を訴えたとき、ミーティングが開かれることになった。そこで何が起きたか、学生たちは語った。

学生1：彼／女たちは記録したり、メモを取ったりしていませんでした。一、二行は何か書いたかもしれませんが。
学生2：すごく変な感じでした。

学生1：世間話をしているみたいで。
学生2：とにかく変だった。
学生1：彼／女たちは会話を切り上げようとしていました。話し合いが続いて、私たちは正式に苦情を申し立てようと思っていると私が言ったら、その場の雰囲気が変わったから。その件は苦情として調査を進めたいと、私は言ったんです。

非公式であることはトーン設定の方法として利用される。非公式な苦情が公式な苦情にならないよう働きかけ、苦情をさっと切り上げられる世間話にしようと試みる。普段とは違ってメモを取らず、議事録がまとめられない状況は組織にとっては都合がいい。ミーティングをおこなう通常の手順を無視すれば、記録が取られ、保存されるのを阻止できる。私たちが学んでいるのは、組織が苦情に反応を示す際の特定のスタイルの有用性なのだ。それは、カジュアルで非公式なアプローチが、苦情が訴えられた事実を記録しないための試みになるということ。ミーティングが議題《アジェンダ》なしでおこなわれる場合、その場の雰囲気が議題になる。そのような状況では、苦情を訴える者はルールや通常のやり方を遵守するよう迫っているように見え、苦情の申し立てに欠かせない正式な手続き自体がある種の反抗的態度だとみなされる（「世間話」をせず、友好的ではない）。すると、正式な苦情の申し立てをするのは、その人が友好的ではないから、ということになる。正式な苦情の申し立てをするつもりだと学生たちが表明したら、「その場の雰囲気が変わった」ことを思い出してほしい。
雰囲気は、苦情が訴えられているのではないだとか、苦情を訴えるまでもないという印象をつくる方法として利用される。言い換えると、雰囲気とは技術《テクニック》なのだ。そして、技術は重要だ。苦情を阻止する別の方法に、実務的な根拠に基づいて、苦情が「苦情ではない」と宣言するというものがある。どういうことかと言うと、苦情であるための技術的条件を満たしていないから苦情ではないと宣言するのだ。ある職員が、学科長や他の同僚が関わった嫌がらせに対して苦情を申し立てた。「その苦情の対象は、学科のトップである学科長と研究室の両方でした。私にとっては、どちらも組織として問題がありましたから」。組織内で嫌がらせを受けた経験はつらいもので、その結果彼女は鬱病になった。そして、彼女が苦情を文章にまとめられるようになるまで長い時間がかかった。苦情を訴えられる状態になってすぐに何があったのかを彼女は語った。「基本的には、それができるようになったからそうしたのです。長いあいだ体調がすぐれなかったので。それで、苦情を申し立てたら副学長から返事がありました。申し立てまでに長い時間がかかっているから対応できないと言われました」。あまりにつらい経験だったために、それに対応できるようになるまで時間がかかる場合がある。それなのに、かかった時間の長さが苦情の条件を満たしていない証として利用される場合がある。条件に一致しないか、条件を満たさないという理由で記録に残らない苦情は多い。

抹消は対人コミュニケーションの手段として利用される。誰かを消去するのは、その人の苦情を消去するということ。相手が何かを言っているからこそ、それに対して返事をしたり、反応を示したりしない。抹消は手続きに関わるものだ。それは、組織がいかに苦情を記録に残さないかということ。苦情によって何が残されないかということ。同じことを別の方法で表現している。抹消《ブランキング》とは、あなたが空《ブランク》のディスクと共に取り残されるということ。あらゆる活動も、さまざまな音も、そこには一切痕跡を刻まない。

戦略的非効率

このセクションでは、苦情申し立てシステムにおいて非効率が戦略的になりうることを掘り下げてみたい。苦情を正式に申し立てようとする物語に耳を傾けるうちに、聴き取っている内容が「戦略的非効率」という言葉で説明できるのではないかと思うようになった。私が聴き取り続けてきたのは、何の説明もなく生じる、耐えがたく感じる遅延、部外秘フォルダが他人に送られたり、不正確な住所に発送されたり、不思議なことに苦情のファイル一式が紛失したり、ミーティングでの録音が適切におこなわれなかったり、ポリシーや手順に沿わずにミーティングが急に開催されるといった話（そのようなミーティングについて私たちはこれまでに耳にした）。そこから聞こえるのは機械のきしむ音――ギシッ、ギシッ。その音に耳を傾けるうちに、非効率とは何かが適切に働かないことだけでなく、ものごとが働く仕組みにもなるのだと気づいた。

以前、非効率の働きについて、つまり非効率が達成だとされる状況に疑問を抱いた経験がある。講師として働きだした最初の年、あるとき私は学科オフィスにいた。そこでひとりの事務職員が講座の採点者を探していた。私は不思議に思った。その講座の責任者であるX教授はなぜ採点しないのかと訊いた。するとその職員は、〝話せば長くなります。でも、お話しできません〟とでも言うような独特な顔つきになった。その後、私は別の研究者と話をした。彼女によると、X教授が担当講座の採点を任せられることはなく、たとえ指示されてもやらないということは周知の事実だという。以前、彼の椅子の裏から試験答案がごっそり発見されたことがあったそうだ。うっかり捨ててしまったのか、それとも慎重に隠しておいたのか。それ以来、教授は滅多に事務仕事を任されないということに私は気づいた。何とかかんとかプログラムのディレクターを務めている期間ですら、彼は実際には仕事をしていなかった（それでもディレクター経験は彼の業績にカウントされる）。事務職員が教授の仕事を他のスタッフ（決まってより経験の少ない者、たいていは女性が選ばれた）に割り当てていたのは、X教授が特別だとか、秀才だとか、重要だと思われていたからではない。事務職員は学生たちを案じており、教授の非効率の影響を彼／女たちが被る事態を避けようとしていた。ところが、そんな状況でも教授は自らの非効率の恩恵にあずかっていた。事実上、彼は一定の仕事を免除されていたのだ。免除されたのは事務仕事であり、組織の家事《ハウスワーク》と呼べるものだ。そのような仕事が免除されれば、より評価される仕事に割く時間がたくさんできる。つまり、研究のための時間を確保できる。

それから何年も経ち、あるエリート大学を訪れていた私は講堂の後方に座っていた。それは立派な空間だった。壁には、ガウンに身を包んだ年配の白人男性の肖像画が並んでいた。代り映えのしない面々だ。その講堂で私はプロジェクターをいじっている人を眺めていた。どうやら作動しないようだ。そのとき、はっとした。特定のことでは非効率きわまりない組織でも、別の面ではきわめて効率的だといえるのではないか。その大学では、ごく基本的な作業に手こずっているようだった。それは、テクノロジーを使いこなす、講堂の温度調節、事前にシラバスを配布するといったことなどだ。その一方で、ミーティングの席や食事の席、あらゆる席につく人たちが、壁に飾られた肖像画の人物とそっくりだということに気づいた。限られた人の集合体はそれ自体が到達点であり、特有のシステムが働いているサインだ。他のことはうまくいっていなくても、社会的再生産のエンジンは問題なく動いているようだった。私たちは観察から問いを導き出せる。ものごとをおこなう際の非効率と、組織の再生産の効率とのあいだに関連はあるだろうか？

前章で紹介した、よくある経験に戻ろう。それは、苦情を正式に申し立てると、待ちぼうけをくらいがちだということ。手紙への返事、調査報告、何らかの結果、誰かが下した決定をあなたは待ち続けることになる。待つ時間を表すのによく使われるのが、「長引く」という言葉だ。苦情申し立ては長引き、時間はどんどん過ぎ去る。その時間は重くなった鞄だ。長引けば長引くほど、ずしりと重くなる。ほとんど持ち上げられない鞄を、あなたはつねに携帯しなければならない。それでも時間はどんどん重くなる。この重さは重要だ。苦情の訴えまでなかなか至らず、苦情を訴えないよう警告されることが多い状況を思い出してほしい。そんな状況でも苦情の申し立てに進む者は、危機感に突き動かされている。苦情の訴えは、普通は最終手段だ。危機にさらされているのは将来だ。苦情に対して下した決断によってドアが開いたり閉まったりする（第六章を参照）。苦情を訴えているあいだは全てが停止する。あなたは人生を保留にすることになるか、人生が保留にされたと感じることだろう。

苦情の訴えには時間がかかるということだけではない。苦情がポリシーや手続きに沿って処理されると、定められている期間を大幅に超過した時間がかかることが多い。起こるとされていることと、実際に起こることとのあいだのギャップ《ラグ》は遅れにもなるのだ。苦情の申し立てを進めると、あなたは本来いるべき地点から後れを取ることになる。その後れのなかで、苦情の申し立てを開始した者は忙殺される。前章で述べたように、押《プッシュ》し続けなければならないから。待たされながら、確認、催促、問い合わせをおこなう。質問を次々と投げかける。どうなっているのか？　今はどんな状況なのか？「壁」は、阻害される経験を具体的に表現する言葉だ。壁は頑丈なだけでなく、遅いものとしてもイメージされる。理解が遅れる状況であなたが遭遇するのは、抵抗だ。

私が「戦略的」という言葉を使うのは、その理解の遅れが都合の良い、意図的なものになっていると示すためだ。ある学生が経験を語ってくれた。彼女の苦情の訴えに対して大学が反応を示すまでに七か月かかり、苦情に対応するという大学に彼女が返事をすると、次の連絡が来たのはその七か月後だったという（大学が定めた手順に従えば、その期間が三か月を超えることはないはずだった）。いったい何が起きているのか、学生は自分なりの見解を持っていた。「向こうは時間をかけて長引かせようとしているんです。ありえないほど長期にわたって。私を消耗させ、あきらめさせようとしています」。苦情を訴える者を消耗させて、苦情を取り下げさせることが大学側の狙いらしい。消耗は管理の技術になる。消耗させて、自分たちが消耗させられる件に取り組む気力を相手から奪うのだ。

苦情を訴えるのに必要な時間が足りない人もいるだろう。[★13] 別のケースでは、ハラスメントに対する大規模な調査の情報が収められたファイル一式があるとき紛失したとある学生が語ってくれた。他の多数のファイルと共になくなったそうだ。ファイルの紛失について大学側は「HRに問題があった」と主張した。組織が非効率になる傾向があると、そのような仕事のやり方が当たり前になり、特段の労力をかけずとも何かが紛失する。そのような傾向が生じるのは都合がよく、便利だ。記録を適切に管理せずに不都合な歴史が消される場合、記録の管理が適切にできない状況は好都合だ。さらに、実際はファイルを廃棄していても、非効率を利用すれば紛失したことにできる。ファイルが全てなくなる事態は一冊のファイルの意図的な廃棄を隠蔽しかねない。あるケースにそんな意図があるのかどうか――一冊のファイルの廃棄を隠蔽するために、すべてのファイルの紛失が利用されたかどうか――判断するのは不可能だ。そこから非効率の効用について見えてくるものがある。つまり、証拠を隠蔽していない証拠として非効率は利用できるのだ。となると、非効率とは隠蔽の証拠がいかに隠蔽されるかということになる。試験答案をなくしてばかりいるうっかりした教授は、ファイルをなくしてばかりいるうっかりした大学になる。

前のセクションで、実務手続的根拠に基づき苦情が退けられることがあると指摘した。これは、締め切り《デッドライン》と予定表《タイムライン》を利用しておこなわれる場合が多い。そうすることで、苦情が期間内に提出されなかったのだと大学は主張できる（自分たちは定められたタイムラインを守らないにもかかわらず）。さらに、実務的要求は事前にあって然るべきだが、必ずしもそうなっていない実態も重要なこととして付け加えておく。あるベテラン研究者は、正式な苦情申し立てを大学に提出したものの、「長いあいだ返事がなかった」と言う。だが、こうも語った。「それから、一週間以内に大学に返答するよう申し渡されます。それで、締め切りが恣意的なものだとわかるのです」。恣意的な締め切りは、突然降ってわいたようなものだ。そして当然、締め切りが厳しいだけでなく、意表を突くものであれば、締め切りに間に合わないか、間に合わせるために急がなければならなくなる。ある学生の話では、作成に長期間を費やした報告に返答するのに「わずかな期間」しか与えられなかった。「それは手順で定められたものではありませんでした。ことを進めるに当たって、向こうがでっち上げただけです」。ことを進めるに当たってのでっち上げ、意表を突くやり方は、相手を窮地に陥れる技術になりうる。要求を知らされなかったり、ことを進めるうちに要求が出てきたりすると、いとも簡単に要求を満たせなくなる。

戦略的非効率について論じることで、苦情処理が効率的な方法でおこなわれないことで何かが達成されている状況を指摘するだけでなく、それ以上のことを明らかにしたい。「戦略的非効率」という言葉によって、そんな状況で誰が影響を被るのかということも突き止めたい。別の学生は、苦情の申し立てが幾度となく遅れた経験を語ってくれた。「何か月も経ちましたが、何もありません。彼／女たちは自分たち自身の締め切りを守らず、私の苦情申し立て手続きを滅茶苦茶にしました」。その滅茶苦茶にされた仕事があなたの人生になってもおかしくない。

前の章で、苦情プロセスを表すものとして次ページの線画を取り上げた。あの線画はあなたの人生を描いていてもおかしくない。一本また一本とほどけていく人生。この学生は留学生だった。ビザの有効期限が迫るなか、苦情申し立て対応が進むのを待っていた。「ビザの有効期限が切れる十日前に新しいビザを申請しました。すると、私にはビザなど出せない、というような雰囲気でした。謹慎処分中の学生なのだから。ビザを取得するには品行方正でなくては。でも、苦情申し立ての事実が公開されていたので、そんな感じで対応されました」。苦情申し立ての事実が公開される期間が長くなるほど、彼女は多くのものを失うことになる。彼女は続けて語った。「働けなくなってお金が尽きました。翌週には結果が出ると毎週言われます。でも、それがまた一週間延びます。借りている部屋の契約更新もできませんでした。この国に残れるかどうかわからなかったので仕事も続けられませんでし

2-2　人生の図

た。全てが苦情申し立ての結果にかかっていたんです。私はホームレスみたいに友人のソファで過ごしていました。そして、結局はプロセス終了まで六か月もかかりました」。在留資格や経済状況が不安定な学生や職員の場合、プロセスに遅れが出ると全てが瓦解する可能性がある。人生の全てが一本また一本とほどけていく。ホームレスになり、他人の善意にさらに頼らなければならなくなる。遅れの影響は致命的で、さらなる悪影響が出かねない。このケースでは途中で学生の苦情ファイルが紛失した。ファイルの紛失は、前任者の離職に伴い、苦情の申し立て中に新たな苦情担当者が着任したことが原因だと大学は説明した。新たな責任者の着任をきっかけにファイルが紛失していいはずはない。効率とは、資料が散逸しないように保管する文書管理システムをつくることだ。

とはいえ、その大学では（どこの大学でも同じだが）、ＨＲで学生の苦情に対応する職員の離職率が高いという事実は注目すべき点だ。この事実自体が示唆的だ。それが示すのは、特定業務のために雇用された人材を大学側が支援しないせいで非効率が生じるということ。スタッフに適切な配慮を怠っているせいで組織としての長期記憶が獲得できずに非効率が生じる。ものごとへの対応手順を頻繁に変更して、全ての関係者が安定した状態ではいられなくなるせいで非効率は生じる。予算不足とスタッフの身分の不安定さの制度化から非効率（戦略的でもそうでなくても）は生じる。不安定さの不平等な分配もそこに関わる。職場を移り続けなければならなかったり、手続きの頻繁な変更に対応しなければならない状況から守られている者も一部にはいる。

苦情や不服を抱く学生や職員のためにベストを尽くして仕事に当たる、熱心な担当者も数多くいるので、この点は強調しておかなければならない。苦情を訴える者を支援する担当者たちへの支援にこと欠く事態は組織の機能不全だが、そのような機能不全は伝えられ、継承されていく。このケースでは、学生は独立調停事務所に苦情を持ち込んだ。[★14] 大学は「文書保管のシステムを改善すべき」だと事務所は勧告した。その勧告は間違っていない。ところが、その勧告から、いちばん不安定な立場に置かれた者への支援不足が事務手続きの機能不全だとみなされているとわかる。事務手続きの機能不全が一生の大惨事になる人たちがいる。事務手続きの機能不全だとみなされるものに苦情が阻止される場合、その苦情が私たちに伝えるのは、誰のための組織なのかということ。つまり、組織がある人物のために構築されている場合、その人物は特定の事務仕事を免除され、そのような仕事をおこなう結果を引き受けずに済むということだ。

障害がある学生や職員は、仕事をおこなうに当たって「合理的な調整」を実現するために、しばしば複雑な事務手続きに頼らざるを得ない。つまり、事務的な問題のせいで仕事に当たれない事態が発生するということだ。職員や学生が仕事を進めるのに必要な措置を得るために事務的手続きにのっとらなければならない度合いに応じて不平等は再生産される。慢性疾患を抱えるある学生が、合理的な調整を確保しようとして余分な仕事をしなければならなかった経験を語ってくれた。その仕事をするなかで彼女は組織の実態を思い知らされた。私が「戦略的非効率」と呼ぶものについて知ることになったのだ。「プロセスが欠陥だらけだと気づきました。まず障害者サービスに登録すると、障害者サービスは私に関する書類を集めます。そして、所属学科にメモを送り、そこからまた次の段階へと進みます。その段階で障害者サービスと障害者連絡担当者が連携することになっていますが、その担当者は秘書長に過ぎません。関係する職員に情報を回すことになっていますが、そんなことはしてくれません」。情報を伝達する効率的なシステムが存在しなければ、メモは途中で行方不明になる。ここでも、そうなるとされていることは、そうならない。関係する部署や職員が増えれば、何かが行方不明になりやすい。そして、行方不明になったメモが意味するのは、あなたもまたシステム内で行方不明になったということ。彼女によると、「障害の情報管理に関してはみんな無能です」。情報管理のシステムが無能であることの結果は、管理される対象が誰なのか、何なのかによって大きく異なる。戦略的非効率とは、何かがなくなったことが「システム内での紛失」とされない場合があるということだ。

欠陥だらけのプロセスのせいで苦情が生じる事態になると、さらに欠陥だらけのプロセスに進まざるをえなくなる。この学生は、苦情の扱われ方に対する苦情を訴えざるをえなかった。「充分な時間が与えられずに、苦情の申し立ては振り回されました。すべての書類仕事を完了するために一週間以上は時間が必要だったと私は訴えました。そういう状況が理解できれば、私が期限内に書類を整えられないからといって苛立たずに済むでしょうし、障害を登録した博士課程の大学院生に対して無茶な要求だったと理解してもらえるでしょう、と」。それから、彼女は顔をゆがめて話した。「そう、私は妨害されたんです。でも、学生の身分は手放せても障害は手放せませんから」。苦情に対する組織からの返答に時間がかかりすぎることがあるが、その一方で、本人のニーズや状況を考えれば到底不可能な方法や期間で、組織側が苦情を訴えた者に返答を迫る場合がある。エイブリズム〔健常者優先主義〕が発端となって苦情を訴えた際に、必要となる時間の延長や追加の支援が与えられなかったとしてさらに苦情を訴えると、その過程でも必要な時間の延長と追加の支援は与えられず、あなたはエイブリズムに再遭遇する。先に進むために必要な支援は与えられない。先に進むために必要な支援が与えられないことへの苦情を訴えるのに必要な支援もまた与えられない。

ここから、苦情を訴える必要のない者ほど苦情を訴える余裕があり、苦情をもっとも訴えなければならない者ほど苦情を訴える余裕がないということについても理解が深まる。非効率の差別的な影響と、組織が自らを特定の人たちだけのものとして再生産する効率とのあいだには関連がある。特定の人たちとは、書類が適切な場所に保管される人、適切な場所に身を置いている人、直立している健常者であり、リソースや人間関係に恵まれている人だ。

結論　センシティブな情報

苦情を阻止しようとする労力が失敗に終わると、つまり苦情が訴えられると、今度はその苦情が外に出るのを阻止するために労力が費やされる。苦情を訴えると、そこに含まれる「機微情報《センシティブ》」を公表しないようしばしば警告される。苦情を訴えるなという警告は、公表するなという警告へとたちまち変わるのだ。

辞職の理由を説明する短いブログ記事を投稿し、情報公開したあとで、それは危険な行為だと私は警告された。つまり、これ以上の情報公開は慎むよう警告を受けたのだ。私はさほど多くの情報をシェアしていない。だが、セクシュアル・ハラスメントに対する複数の調査がおこなわれたと口外すれば、それまで公にはされていなかった情報をシェアすることになる。組織にしてみれば、それは度が過ぎたシェアなのだ。私は自分が内部告発者だとも、自分の行動が内部告発だったとも思っていない。だが、結果として私の行動は内部告発につながったし、周囲からは内部告発だとみなされた。[★15] 告発する前に警告を受けなかったのは、辞職をするにしても教授の地位にあったのだから、沈黙によって組織への忠誠を示すはずだと期待されていたせいかもしれない。だが、沈黙への抗議として辞職するのなら、沈黙したまま辞職することに何の意味もない。職業的な行動規範が沈黙につながる、「蓋をしておく」現象については第五章でまた取り上げる。

辞職を公表してから正式に辞めるまでのあいだに、私はたびたび警告された。それらの警告の調子は威嚇や厳しいものから、心配や気遣いまで幅広かった。大学外からの警告もあった。例えば、何人ものジャーナリストからの警告。あるジャーナリストはこう書いてきた。「大学を辞めるのは一大事です——ご自分が取られた姿勢のせいで追放されるのを心配してのことでしょうか」。誰かに投げかけられる疑問は、そこに立ち現れるものによって主張として聴き取られる。「心配ですか？」という言葉が、「心配していますか？」に聞こえることもあれば、「心配するべきでしょう！」になることもある。「追放」というのは、紳士クラブのような組織の秘密投票で対象者が否決されるようなものではないか。こんなふうに辞職したり、そんなスタンスでいると大学や紳士クラブでは雇用対象としてみなされなくなるのだろうか。当時、そんな自問はしなかったが、もしていたら、こう答えていただろう。セクシュアル・ハラスメントに対して声を上げることで私が（研究者としての）雇用対象から外れるのなら、よろこんで（研究者としての）雇用対象から外れよう、と。

組織内で地位のある人物から警告を受けた私は、それ以上のセンシティブな情報のシェアを阻止された。ある幹部職員から、調査に関する情報をこれ以上シェアすれば、調査対象になっている人がその事実を大学側が秘密保持契約を破った証拠として利用できると警告されたのだ。言い換えると、情報を漏らすという私の行動が、大学側の契約違反になるということだ。そんなことになるはずはないと思ったが、調査対象になっている人たちに私の行動から利益を得てほしくなかったので、その警告は効果を発揮した。私がシェアせざるをえなかった情報は、大学上層部や事務職員に言われたことに基づいたものではなかった。それは、体験をシェアしてくれた学生たちの言葉や、私が調査のあいだに経験したできごとに基づいていた。効果を発揮する警告からわかることがある。警告する際はリスクの可能性を呼び出すだけでいい。私は自分が得た情報の大半をシェアしなかった。いまだにそれらをシェアしていない。

苦情を阻止する労力は情報の流れを管理する労力だ。あるベテラン研究者は、学科長からのいじめとハラスメントに対して苦情を申し立てたが、証拠があったにもかかわらず、というか証拠があったせいで申し立てはうまく行かなかった。彼女は自分の物語をメディアに持ち込んだらどうかと考えた。だが、彼女の苦情に対する組織の態度に怒りを表明していた、信頼していた身近な同僚から、思いとどまるよう警告された。彼女は語る。「メディアにこの話を持ち込まなきゃという思いに駆られていました。でも、［彼に］言われたんです。それは組織の評判を落とす行為だと。そのせいできみが責められることになるぞ、と」。前章で、積極的な義務が否定的に表現される場合があると述べた。雇用主の評判を落とす言動は慎まなければならない。積極的な義務は、このように警告システムとして機能する。苦情に含まれるセンシティブな情報を口外すれば、その義務は果たせない。それで、「きみが責められることになる」。その義務を果たさないでおく余裕など彼女にはなかった。いじめは何年も続いていた。だが、彼女はシングルマザーだった。仕事が必要だった。いじめの影響で他で雇用されやすくなるレベルの仕事ができなくなり、転職できる見込みはなかった。彼女はメディアとの接触をあきらめた。以来、彼女の苦情はそのまま動かずにじっとしている。

私が話を聞いた相手の多くが守秘義務契約（nondisclosure agreements, NDA）にサインしていた。ときに「口止め」と呼ばれるその契約は、沈黙するようにという命令を強制して苦情を解決するものだ。このパートで論じてきた苦情を阻止する技術とNDAとのあいだには連続性があるようだ。NDAが登場するのは長引くプロセスの最終段階だ。そこでNDAはあからさまな賄賂として機能する。賄賂とは、誰かの行動を不正に変えさせる贈り物《ギフト》だ。ある講師は、人種差別に対する苦情を訴えたら何が起きたかについて書くという政治的欲求を抱いていたが、最終的にはNDAにサインすることにした。NDAにサインすれば、サバティカル〔長期研究休暇〕を与えると持ちかけられたのだ。苦情を訴えた経験のなかで受けたダメージから回復するためにはサバティカルが必要だった。苦情を訴える過程で非常につらい思いをした彼女は疲労困憊していた。苦情を訴えた結果、自分に対する組織の影響力が強まることがある。組織でサバイブするために必要なことを組織は提供できるからだ。

賄賂はそのような物語の一部だ。重苦しいミーティングの最中に、四名の院生に対して苦情を訴える代償について警告した学科長の話を先ほど紹介した。院生のひとりが語ったように、ある時点で学科長は戦略を変更した。「その後、別の提案がおこなわれました。資金を獲得できるから、大規模な国際会議を開催したらどうかと持ち掛けられたんです。〝目に見えないフェミニズム〟というテーマで。学科長のほうからそう言ってきたんです。費用は大学が出すからと。この会議に是非招待したい、研究者の夢のリストには誰がいる？　彼女はそう言いました。会議を開けば、女性に関することについて広く知ってもらえるでしょうと」。その院生によると、その後仲間うちで資金をどう使おうかとか、誰を会議に招こうかとか、しばらく興奮して話し合っていたが、それも何が起きているのか理解し始めるまでのことだった。何を提供しているのか、学科長がはっきりと説明するまでもなかった。自分たちの反応から、それが何だったのか院生たちは理解した。その提案に興奮するあまり、苦情から気が逸れたのだ。会議を開くという可能性が代替案として、おそらくよりポジティブなルートとして（「そうすれば、女性に関することについて広く知ってもらえる」）提案されたことにも注意が必要だ。院生たちはそれが賄賂だと見抜いた。苦情をこれ以上進めない見返りとして、フェミニスト会議や自由に使える資金が与えられるのだと。

沈黙は動機づけられていると賄賂が教えてくれる。別のケースでは、嫌がらせを受けて苦情を訴えたあるベテラン研究者がオンブズマンへの相談を検討していた。あるとき、苦情を訴えていた組織の長から手紙が届いた。それは、将来の研究助成金応募への協力要請だった。その要請が賄賂だとはっきりと書かれていなかった。当初、彼女はそれに対して乗り気だった。その手紙は約束だった。彼女がしたかった仕事を続けられる道を提供しているように思えた。だがその後、彼女は周囲に相談した。「その件を別の研究者に話してわかりました。大学に協力するというその提案は、私が熱心に仕事に取り組んでいるのを知ったうえでの提案でしたが、オンブズマンに相談しないことが条件だったのです」。彼女はそこに込められたメッセージに気づいた。何かをしない見返りに何かを得ることになる。ある提案に紐づけられた条件が苦情をこれ以上進めないことである場合がある。

　これらの賄賂の事例から組織文化が伝わる。賄賂は特殊なケースではない。沈黙の見返りに、研究者にとってもっとも価値があるとされるリソース（研究会議を開催する資金、サバティカル、研究助成金）が確約される。沈黙の見返りとは、従順《コンプライアンス》さの見返りなのだ。「reward（見返り）」という言葉は、監視するという意味の「warder」に由来する。自分や他人の言動を監視すれば、あなたは見返りを得る。見返りは監視だけでなく再生産にも関わる。組織のシステムの再生産に意欲的な人に見返りを与えることで組織のシステムは再生産される。組織の再生産に消極的だったり、自分の言動の監視を拒否したり、センシティブな情報を公表したりすれば、それだけ身動きが取れなくなる。だからこそ、苦情を訴える人たちからの学びは、組織の働きだけでなく、その再生産に関わる組織のメカニクスについての学びになるのだ。

第２部
苦情の内在性
THE IMMANENCE OF COMPLAINT

本書の第一部では苦情を正式に申し立てる経験に焦点を当てた。人びとが苦情を正式に申し立てたり、申し立てようとする経験から本書を始めるのは、それが私の研究の出発点となっているだけに重要なことだった。しかし当然だが、苦情が何かの始まりであっても苦情自体は出発点ではない。

苦情とは何かに対するもので、意図があって何らかの対象に向けられると理解される。[★1] 苦情が向けられる対象は苦情以前から存在しているもので、それが進行中の場合すらある。苦情が以前から存在する何かに対するものであるのなら、苦情は過去にさかのぼる時間性を持つ。それは奇妙《クィア》な時間性だと言えるのかもしれない。苦情を訴えると過去にさかのぼり、「過去の気持ちを味わう」よう要求されるが、そこでヘザー・ラブ（2007）の言葉が脳裏に浮かぶ。過去にさかのぼるとは、あらゆる場所に足を踏み入れるという意味になりうる。エリン・グローガン（2020, p. xiv）は「クィア批評は時間について、循環し、重なり合い、ジグザグに進み、逆戻りし、横滑りするものだと理解しているのかもしれない」[★2] と述べている。クィアな時間と苦情の時間はどうやらよく似た軌跡を描くものらしい。あなたが苦情を訴える際にどこかまで戻らなければならないのは、それがまだ終わっていないからだ。

苦情が私たちを過去へと連れ戻すのなら、苦情を理解するためにはそこまで戻らなければならない。このパートで、私はいくらか分析の裏づけをする。グローガンの言葉を借りれば、「ジグザグに」後戻りをする。後戻りをする過程で私もまたあらゆる場所に足を踏み入れる。後戻りをしながら今度は苦情を別の道からたどってみよう。苦情の物語に通じる道はいくつもあるのだ。「はじめに」で指摘したように、苦情がどの時点から始まるのかは判然としないので、苦情の物語の起点はどこなのかはわかりにくい。苦情とは悲しみ、苦痛、不満の表明であり、抗議や非難を引き起こすもの、正式な訴えであると同時に身体の不調であるということがここで思い出される。前者の意味の、正式な訴えである苦情がより情動的で身体化された感覚を伴うことについてはこれまでに学んだ。話し言葉でも文章でも、あるいは非言語コミュニケーションを介しても、苦情とはあなたが何かに対して「ノー」と言う方法になる。苦情とは異議申し立て、声を上げること、闘い、名づけること、問いを投げかけること、撤退すること。ほほえんだり笑ったりしないこと。それは、うめき声やそれに類するものだ。

　このパートでは苦情における内在性の意義について掘り下げる。内在性という言葉によって示されるのは、私たちの居所《いどころ》がどこなのかということ。内在性とは存在していることであり、さらには現在性でもある。だが一方で、過去から引き継がれて残っている、克服し切れていない何かについて教えてくれるものでもある。次に続く二章では、人びとが苦情を訴えるに至った経験にいま一度立ち戻る。そして、「苦情」をより大きな意味でとらえ、ある状況に対する不満を表明するひとつの方法だとみなす。さらに、当事者の考えには関係なく、組織を変えようとする働き《ワーク》が、いかに苦情のワークだとみなされるのかということについても考える。第三章では、苦情の対象となる状況において、苦情がどのように現れる《カム・アウト》かに注目する。第四章では、それと同じ状況にいかに苦情が送り込まれる《セント・アウト》かということを考察する。

　このように、苦情の所在は苦情の正体と近い。苦情は所在について、私たちがとどまる場所について多くのことを教えてくれる。「とどまる」とは、特定の場所や方法で人生を送ることを意味する。それはまた、どこかにとどまり続けるだとか、遅々として進まない状況をも意味する。苦情が否定的《ネガティブ》だとされるのなら、苦情とはネガティブな場所にとどまり続けるということ。苦情とは、人がある場所での暮らし方を変えようとする試みで、そのためにはその居住地に対する、あるいはそこに存在する問題についてじっくり考えることが必要となるのだと考えられるのかもしれない。私たちはそこから学びを得る。暮らし方を変えようとする試みは、否定的で、さらには破壊的であるという特性を付与される。苦情を訴える行為は後ろ向き《ネガティブ》に暮らすということになる。

第3章　真っ只中で　IN THE THICK OF IT

あなたが苦情を訴える理由は、自分が身を置く状況が緊迫した、困難なものであるからかもしれない。苦情の対象となるのは、苦情を訴える人がまだそのなかに身を置いている場所なのだ。そんな状況にとどまり続けたくないがために、あなたは苦情を訴えるかもしれない。苦情とは、身を置く状況から離れる労力となる。ところが、ある状況からの離脱を試みると、状況の緊迫度と困難さがさらに増すことがある。それが、本章のタイトルを「真っ只中で（in the thick of it）」という成句《イディオム》にした理由だ。それは、きわめて緊迫した場所にいるという意味。きわめて密集した（thickには「過剰な」、「密集した」という意味がある）場所にいるという意味。それはまた、あなたがどれほど多くのことをしなければならないかも表す。そこが占拠され、ふさがっているということも意味する。苦情が緊迫したもの、密集したもの、ふさがったものだと考えることで、私たちは苦情から、あるいは苦情について何を学ぶのだろう。

この章の目的は、私が話を聞いた人たちが苦情を訴えるきっかけになった経験のいくつかを、彼／女たちとともに深く考えることだ。苦情を前に進めた人たち、つまり私が第一章で解説したシステムへと赴き、そのシステムを経験した人たちの苦情の物語は彼／女らがその地点に到達するずっと前から始まっている。苦情は長い道のりの中途へと押し出されるのかもしれない。その中途《ミドル》は、ぬかるみ《マドル》であるかもしれない。苦情を訴えるに至った経験と、苦情を訴える経験を解きほぐしてばらばらにするのは難しい。それらは往々にして同じ経験の一部だから。この章では、できるだけゆっくり、かつ慎重に証言のもつれを解きほぐすワークをおこなう。

苦情に到達する

第二章では、システム内で苦情を動かすのにかかる時間を、そのシステムの一部として考えなければならないと指摘した。苦情申し立てプロセスが引き伸ばされ、長引くと、苦情を訴える当人は疲弊する。プロセスがもたらす効果は、そのプロセスの狙いになりうる。

苦情を訴えるのには時間がかかるが、苦情を訴える地点に達するまでにも時間がかかる。正式に苦情を申し立てると、何度も「ノー」という羽目になるということは既に指摘した。その「ノー」を前進させるためにあなたは懸命にワークをしなければならない。「ノー」もまた、あなたが到達しなければならないものなのだ。苦情が何かに対するものであるとき、あなたはまずその何かを認めなくてはならない。何かが間違っているので、それに対して苦情を訴える必要があると認識しなければならない。何かがおかしいのかどうかを他人に聞いてみるより先に、まず自分と対話するかもしれない。何かがおかしいという感覚、落ちつかない気持ちや不快感、不安や心配から苦情は始まるかもしれない。何かがおかしいと感じていても、確信が持てないままかもしれない。自分が経験していることが苦情を訴えるようなことなのか確信が持てないところから苦情の物語は始まるのかもしれない。

ある大学院生は希望と期待に胸をふくらませて修士課程に進んだ。その後、「それは始まった」。「X教授との、二度目か三度目の個人指導でそれは始まったのです。警鐘を鳴らす一定の兆候がありました。でも、被害妄想はよくないと最初は思ったんです。何でもかんでもジェンダー化するフェミナチになったらだめだ、きっと深読みしすぎだから一歩下がって考えなきゃ、と。彼の振る舞いを疑問に思うのではなく、私はまず自分に疑念を向けたのです」。

警鐘が鳴り響くなかであなたが聴き取るのは警告だ。それは頭のなかで鳴り響いているが、外の世界の危険の存在を伝えている。ところが、だからと言ってあなたは自分が聴き取ったことに注意を向けるとは限らない。彼女はまず彼の振る舞いではなく自分に疑念を向けた。さらに自分を叱責までしている。被害妄想はよくない、フェミナチになったらだめだと、おそらくフェミニストであることをやめなければと自らを諭している。彼女が自問するときに、フェミニストをフェミナチとする、おなじみのステレオタイプを使っているのが印象的だ。それは、ジェンダーがある状況に対して外から押しつけられる決めつけ《ジャッジメント》になるということを示している。外部からの決めつけは、内心の疑念という与えられた声になりうる。

何がありえるのかということから私たちは学ぶ。フェミニストを自覚していながら、ジェンダーを押しつけてはいないかと心配になることは、ありえる。★1 他人からのそのような決めつけに遭遇することは、確かにある。彼女の発言を、別の院生の振る舞いについて苦情を訴えたあるフェミニストの博士院生のものと比べてみよう。彼女が事務職員に相談に出向いたとき、相手の顔から決めつけた態度が伝わってきたそうだ。「彼／女らは私がフェミニズムで問題になりそうなことを探していると、ことを大げさにしていると思っているようでした。それはどこでも見慣れていることですから」。ジェンダーをどこかに見出すだけで、至る所にジェンダーを見出していると思われるには充分なのだ。

修士院生の経験に戻ろう。自分の第一印象は正しかったのだと彼女が気づくまでに時間がかかった。何かがおかしいという感覚に対して最初こそ被害妄想だと自分に言い聞かせたが、その後そんなできごとに繰り返し遭遇したことで確信に変わった。彼女によると、その教授の授業シラバスは占拠されていた。「授業の最終回まで、白人男性以外の思想家はひとりも取り上げられませんでした」★2。価値を与えられるのは誰なのか、何なのかをシラバスはあなたに伝える。優先的に紹介されるのは誰なのか、優先権があるのは誰なのかを。あなたはシラバス内の構造に出くわすことになる。多くの人が慣れっこになった構造に。おそらく構造が正体を現すまでには時間がかかるだろう。「それで、五週目に入る頃には、違う《ノー》、違う《ノー》、違う《ノー》、違う《ノー》、ジェンダーのことだけがおかしいんじゃない、彼の教え方自体が完全に間違ってる、そういうことなんだと思うようになりました」。警鐘が聴こえてきても、彼女は最初、その音に「ノー」と言っていた。ノーと伝えるものに、「ノー」と言っていた。だが、何かが間違っていると聴こえたのは聴き間違いではなかったと確信するに至って、ノーは姿を現し《カム・アウト》、数も増えた。私はそのノーが、四つ全てが、彼女が自分の判断《ジャッジメント》に対して確信を増す音のように思える。「それは、私だけが被害妄想に陥っていたわけじゃないという前向きな気づきでした」。ノーをひとつ外に出せば、他のノーもあとに続くということなのかもしれない。それまで抑圧されてきたものが、より迅速に表現されるようになる。

前向きな気づきは、あなたが問題をどこに位置づけるのかに関係する。被害妄想に陥っていたのではなかったと気づいた彼女は、問題がそのプログラムにあるのだと、自分の頭ではなく外の世界の問題なのだと考え直した。苦情に到達するのに時間がかかるのは、自分の気づきを信頼できるようになるまで時間がかかるから。だが、いくらその気づきが前向きでも、それは一直線に進むものではない。第四章で詳しく述べるが、彼女がシラバスを疑問視し、ジェンダーと人種に関する質問をして、ノーを教授に伝えたとき、彼は言葉の暴力を振るった。問題提起をすると、あなたは元いた場所へと、自問自答へと連れ戻される。彼女は語る。「私は不安を覚えました。教授は私に触れたわけではありません。身体的な暴力は振るわれませんでした」。自分が遭遇したものを立証できないと恐れが増す。彼女は説明する。「だから、私はその後不安になって、自問したり、自分を疑ったりするようになりました」。証拠の不在は恐れとして感じられる。

あなたがどれだけ痛めつけられても、他人からはそれが見えない暴力の形態がある。それが実際に起こったと他人にわからなかったら、本当に起こったことなのかとあなたは自問することになる。別の大学院生が、学部生のときの経験を話してくれた。あるコース・チューターからきわめて不適切だと思われるメッセージが送られてきたという。「そのときは、私を不快な気持ちにさせる振る舞いや発言があることが見えていませんでした（というか、無視を決め込んでました）。（彼は私の癖や振る舞いをよく見ていて、それについて言ってきたり、容姿についてコメントしたり、たまにコーヒーをおごってくれるという申し出を断ると、あからさまに気分を害したり、彼が裸でいるところに私が入って来るところだったと言われたり、そんな必要などないのに背中に日焼け止めを塗ろうかと言われました）」。これはとても興味深い。「無視を決め込んでいました」という部分が丸括弧に入れられている点や、何が間違っているのか、彼女を不快にさせるものが何なのか「見えていなかった」という箇所が。もし何かを無視することにしたのなら、その何かは既に見えているはずだ。おそらく、見えているのと同時に見えていないという経験はありえるのだろう。おそらく、その丸括弧は何かを捉えることに関する両義性を私たちに伝えている。それは二転三転して、見えたり見えなかったりする。つまり、何かが見えてくると、それがよりリアルになる場合がある。何かを見ているのだと自分を確信させなければならない。何かを見たのは二度目であるにもかかわらず、初めてのこととして経験する場合もある。私たちは、何かがずっと見えていても何も見ていないと自分自身に思い込ませようとすることがある。何かを二度は見ないということは、全く見ていないに等しい。

　起きていることを「現実《リアル》」にするために苦情が必要となる場合がある。それはつまり、苦情を訴えないでいると、苦情を訴えるその地点まで到達せず近づきもしなかったら、その何かは現実にはならないということ。おそらく、何かに対処するためには何かを見逃さなければならないのだろう。だが、あなたが見逃しているもののせいできわめて困難で不安定な事態となる。「学部生でいられる最終日になってようやく、私はそれまで見逃していた全てのヒントに気づいたのです。［彼は］私の携帯電話にメッセージを送ってきました。〝俺と寝てくれ〟、と」。彼女が見ないようにしていたものから彼は姿を現し《ケイム・アウト》た。そんな場面でも、彼が姿を現す以上のことが必要だった。彼女は言われたことを受け止めなければならなかった。彼のメッセージに返信した。「何を言っているの？　寝ません《ノー》」。後になって、あれは間違いだったと彼は釈明した。彼女はそのできごとを合理的に考えようとした。きっと間違いだったのだ。彼の言葉を文字通り受け取って、過去に投げかけられたあらゆる言葉まで戻らなければならなくなるよりも、過去のできごとに対する彼女の認識を変えることよりも、彼を信じたほうがある意味では楽なのだろう。彼の釈明を受け容れれば、何ごともなかったように彼女は前に進める。そして、彼女は前に進みたかった。大学院へと。だから、彼女はそれを秘密にした。心の奥底に押し込めた。パートナーにも親にも学科にも、誰にも打ち明けなかった。

私は学年トップの成績で卒業して、学科の先生たちともまだ連絡を取り合っていました。この件がどこかから先生たちに知れたら、私がひと悶着起こしたのだと決めつけられるのが怖かった。良い成績を取ったことも不審に思われるかもしれないと思いました。大学院に出願予定だったので、しっかりした推薦状を手に入れるために出身プログラムと良好な関係を維持しておかないと、と思っていました。当時はその件を大学や誰か他の人に報告するなんて全く考えていませんでした（厳密には私は大学を卒業していて、もう学部生ではなかったので、どこの誰に相談すべきなのかもわかりませんでした）。パートナーにも黙っていました。知られたら、私の大学院生としての、パートナーとしての資質が疑われると何年も思っていました。私を指導してくれる存在としてそのチューターに好印象を抱いていた両親にも打ち明けられませんでした。私が大学で教えるような立場の人たちと関係を築けたことを誇りに思っていましたから。両親に私の学業が順調なことを信じてもらえなくなるんじゃないかと怖かったです。

苦情を訴えなければならない状況にあるのに、実際に苦情を訴えると道を外れる結果になるとわかっているから訴えられない苦情があまりにも多い。それは、自分が望む場所に行けなくなるということを意味するから。ここで、第二章で私たちが聴き取った、あの大学職員による警告が響いてくる。それは、その地点まで到達した者にとっては、それ以前に自分で自分に向けたものも含む、すでに発せられた警告であり、苦情を訴えると学業上の好成績が「不審に思われる」かもしれないと、前に進んで行くために必要なものが危うくなるかもしれないと警告する（第六章を参照）。すでに「そこにある」警告は、すでに「ここにある」警告になりうる。私たちはそれらを引き受け、自分のものとする。苦情を訴えてはいけないという警告は、特に少女と女性に向けられる、より大きな警告の一部だ。愛想のよくない態度、他人を優先しない態度、他人との関係を維持しない態度が招く結果に対してあなたは警告を受ける。そのため、警告を受けると心配になる。苦情を訴えると、「ひと悶着起こした」と決めつけられるのではないかと心配になる。自分の資質に疑問を抱かれるのではないかと心配になる。仕事上のものでも、個人的なものでも、人間関係をあきらめなくてはいけないのではないかと心配になる。関係性を維持できるかは、あなたが他人から受け取った物事に対する認識を維持できるかにかかっている。幸福だという考えを維持するために、あまりに多くのことを伏せておかなければならない。教師、パートナー、親など、他の人たちがこれまでにあなたに向けた期待を否定したくないがために、あなたは秘密を維持するかもしれない。それは、あなたの幸福に対する他人の期待でもある。記憶ですら、そんな期待になる。両親は彼が素晴らしい指導者だと思って「好印象を抱いていた」のを彼女は知っていた。苦情が現時点で訴えられないのは、それが将来のみならず過去の駆逐にもつながるから。訴えるべき何かを抱えているのに訴えないでおく感情労働は、存在するものを認識しないでおくワークになりうる。何かに苦情を訴えるべきなのに訴えないでいるという感情労働は、そこにある物事を認識しないように努めるという労力にもなりうる。何かを秘密にするとき、あなたはその秘密を維持しなければならない。秘密を維持するということは、自分自身に対して何かを秘密にするということ。それは、あなたがいかに何かを棚上げにしたかという秘密だ。棚上げにするとは、隠しておくということ。私たちは学ぶ。棚上げにされるものは、骨身にこたえるものであることが多い。第一章では、組織がファイルにしまい込んだものが身体に蓄積されると指摘した。心がしまい込んだものも身体に蓄積される。そうやって私たちは骨に何かの真実が宿るのを感じる。

苦情を申し立てる、申し立てないにかかわらず、私たちはつねに苦情を持ち歩いている。申し立てることのない苦情は重荷になる。先ほどの院生は続けた。

私は別の都市で大学院に進みましたが、深刻な鬱状態になって学業の中断を余儀なくされました。男性教授の意図を読み取るのに苦労しました（私を助けようとしているだけ？　愛想よくしているだけ？　愛想がよすぎるんじゃない？　文字通り、仕事として私を指導しているだけ？　あの目つき、深読みのし過ぎかな？　ちょっと近寄りすぎじゃない？）。現実との境界がわかりにくくなって、今でも人の態度や意図を読み取ろうとすると落ちつかない気持ちになります。若い頃にそれで失敗したので、直感は頼りになりません。あのとき、他の先生たちは何かがおかしいと気づけたのでしょうか……。見えていなかったのは私だけなんでしょうか。それとも、先生たちは勘づいていた？　もしそうなら、なぜ誰も何も言ってくれなかったんですか？

苦情は疑念の表現として姿を現す。あなたは自分に自信が持てなくなる。境界が曖昧になる。自分の判断が信じられなくなる。信頼していた人が境界を侵犯したためにそんな状況になったにもかかわらず、あなたはそのうち自分自身を裏切っているように感じる。苦情に達するまでに抱える困難さは、世界との関係において抱える困難さになる。全てが疑わしくなる。自分を疑わしく思う。直感はもはや導いてはくれない、何をすればいいか、どこに行けばいいか、明確な指示は与えられない。何も、誰も、あなた自身を、他の人たちを信じられなくなる。あらゆることに疑問が投げかけられる状況で疑問は重荷となる。あなたは結局、その重荷をずっと持ち歩かなくてはならない。

苦情に達する経験は、そこに達することができない経験にもなりうる（苦情を訴えないことも苦情の経験の一部なのだ）が、それによって自分自身との関係のみならず周囲の世界との関係も変わる。何かがおかしいと感じたら、あなたは他の人たちに相談するかもしれない。これはどう思う？　そんなふうに考えているの？　そういう会話を仲間と交わす。組織内で地位についている人ではなく、信頼できる人に相談する。もっとも、信頼できる仲間が組織内で何らかの地位にある人物であることもあるが。教授であり学科長である年配の女性はテーブルについているときにミソジニーと性差別を経験した。そこで、ある教授が特に攻撃的な発言をする。彼女は友人や同僚に相談する。こんなことがあった。彼はこんな発言をした。だが、返ってきた言葉を聞いて、彼女は自分を疑いだす。「その場の冗談の中心人物は、そんなことを言うはずがないと言われました。彼は正真正銘のフェミニストと結婚しているのだから、あなたの空想でしょう、と」。あなたの空想。ありえない。まさか。彼女は何があっ

して内面化されうる。だがそのとき、外の声は疑念とミソジニストになりうるのだということもきっと知っているだろう。だがそのとき、外の声は疑念と

前に進むには（実際に彼女はそうしたが、苦情申し立てはのちに行きづまる）、そういう声を遠ざけ、信じないようにしなければならない。だが、それに対して苦情を訴えなければならない経験のせいで自信がぐらついたら？　彼女は語る。「まさにぐらつきます。私は騒ぎ立てているのだろうか、これは騒ぐようなことなんだろうかと悩みます。私は以前の職場で、すでに一度声を上げたことがあって、そのときは数か月かかりました」。私が話を聞いた人の多くが、まるで苦情の訴えが騒ぐことであるかのように、細かいことへのこだわりであるかのように、過剰な要求であるかのように、苦情を訴えることで何かを必要以上に大げさにしているのだと、自分自身を実際よりも大きく見せているのだと言わんばかりに、この「騒ぎ立てる」という表現を使った。[★3] 騒ぎ立てるのを避けるために、あなたは苦情を表沙汰にするのをずっと控えるかもしれない。ある駆け出しの講師が話してくれた。「なぜか、他の人に相談するのが怖いと思いました。とにかく怖かったんです。騒ぎになるのはいやだったので。大ごとにしたくなかったんです。とにかく、そういうのはいやなんです。何が起きたか多くの人に知られるだなんて、気が進みません」。注目が集まるのを避けるために、あなたは自分の身に起こっていることを他人に打ち明けるのをやめるかもしれない。だからと言って間違った選択をしたということではない。苦情を訴える人は、騒ぎ立てていると、何もないところに何かをでっち上げていると思われがちだ。別の駆け出しの講師はこう言われたそうだ。「きみは騒ぎ立てているように見えるね」。

自分の判断を信じられるようになるまでにあなたがしなければならないワークは、とにかくたくさんある。聴き取ってもらえなかったその期間はあなたにずっとつきまとう。ある大学院生が語ってくれた。「真剣に取り合われない、聞いてもらえないという経験をあとどれだけすればいいのだろうと考えていました」。彼女はアジア圏出身の留学生だった。彼女の留学経験は、聞いてもらえない、目を向けてもらえないというものだった。聞き入れられないことが続くと、声を上げ、自分を表現することの意味は何なのかと考え始める。聴き取りは壁になりうる。以前そんな風に聴き取られていたのなら、あなたは苦情を訴えるために渾身の力で押さなければならない。

ある駆け出しの講師は、反ユダヤ主義的で同性愛嫌悪的なからかいの言葉を学科長からかけられるというハラスメントを受けた。

彼女はただふざけているつもりだったのでしょう。私の名字ははっきりとユダヤ系とわかるもので、家族はユダヤ人で、私は信心深くはないですけど、そういうバックグラウンドがありますから。私はユダヤ人です。彼女はいろいろなことを言ってきました。ユダヤ人はケチだとか、そういうたぐいのユダヤ人にまつわる軽口を……。それから、私は同性愛者であることをオープンにしているのですが、彼女はそれも格好のネタだと思っていて、いつも他の人に言ってました。〝彼はゲイだと思う?〟だとか、〝彼女はゲイだと思う?〟と。そういうことがたびたびありました。

「つもりだったのでしょう」という表現は、なぜその人物がそんな話し方をするのか、話し手である彼女には心当たりがあるということを意味する。暴力が「ふざけている」とされることはあまりに多い。これは意図の有用性について私たちに伝えている。「ふざけている」という感覚が、一部の者が相手をけなす侮辱発言を続けるのを可能にする。このような形の言葉によるハラスメントは「何年も続いた」。そして、そのような発言は、他の人たちがいるところでなされた。

それがここの人たちの話し方なのだろうかと彼女はいぶかしむ。私は多くの人の話を聞くなかで、ある局面では間違いなく問題のある話し方や行動なのに、それが当たり前だとか、そういうことになっているからという理由で正当化されうるということを知った。例えば、ある留学生は新しい学科に入ってすぐに、スタッフや他の学生がいるところで教授陣が学生に対して親しげに、性的に振る舞うのを目の当たりにした。そこにいる誰も気にしておらず、不適切なことがおこなわれているのに気づいていないという素振りも見せなかった。彼女は私にこう言った。「イギリスではこれが当たり前なんだと最初は思っていました」。ある行動が注目を集めず、他の人たちがそれについて何も言わず、異議を唱えず、そうする素振りも見せない状況にあると、そこで起きていることが異議を唱えるようなことなのか、よくわからなくなる。レイラ・ウィットリーとティファニー・ペイジ（2015, p. 42）は、セクシュアル・ハラスメントに対して異議が唱えられなければ「大学環境におけるセクシュアル・ハラスメントが常態化する」としている。別の苦情が存在しなければ、苦情を訴えるべき何かの存在はますますわかりにくくなる。これは、別の苦情を阻止すればさらなる苦情を阻止できるということでもある。

ある問題に対する言い逃れは、何が問題なのかという感覚を一層強める。単刀直入に言えば、言い逃れは破綻しているから。駆け出しの講師の経験に戻ろう。学科長の話し方が、彼女自身の話し方や、学科長が他の人に話すときのものとは違っているということに彼女は気づく。「それで気づいたんです。私は同僚にはあんな風には話さないと。それに、彼女が私以外の同僚にあんな話し方をしているかどうか、わかりません。どうして彼女は私に対してはあんな口調なのでしょう」。「どうして彼女はあんな口調なのでしょう」という疑問を抱くと、彼女はそのせいで自分に疑問を抱くことになる。「それで、きっと私の気にしすぎだと思ったんです。そう、私はそれを自分のせいだと思うようになりました。気にしすぎだとか、冗談を受け流せないだけだとか、いろいろと。何かを乗り越えようとするときって自分にそんなことを言い聞かせますよね」。あなたは結局、自分に指示を出すようになる。必要以上に大ごとにしたらだめだと言い聞かせ、気にし過ぎはよくないと警告する。それを乗り越えろというのは、自分への命令になりうる。彼女は苦情を申し立てることにした際にHRの職員に相談した。そこで言われたのは、彼女が自分に言い続けてきたことだった。「それで、私はHRの職員に相談したのですが、その女性に冷たくあしらわれました。[学科長は] 多額の助成金をもたらした、大学にとって大切な存在なので、この件について人材担当部署から彼女に注意をするつもりはなく、私の気にしすぎだと言われました。それは私が自分にずっと言い聞かせてきたことでしたけど」。苦情を訴えないようにという指示は内面化されうる。なぜなら、ずっとそう教えられてきたから。苦情を訴えるのは、気にしすぎで、何かに簡単に影響されやすく、傷つき、ボロボロになって、ダメージを被りやすいからだと。他人があなたに投げかける言葉は、あなたが自分に言い聞かせてきた言葉の反復になりうる。あなたが自分に言い聞かせてきた言葉は、他人があなたに投げかける言葉の反復になる。

苦情のワークは、あなたが経験していることに折り合いをつける内部プロセスが含まれることがある。それが誰か他の人や、その人がそうするのを可能にする構造によってでも、自分にされていることで苦情を訴えなければならないときですら、あなたは自分自身と折り合いをつけなければならない。苦情は、実存的危機として、生命の危機として感じられる場合がある。あなたが誰かとする会話は、あなたが自分自身とする会話としてエンドレスに中継される。私は人びとの証言に耳を傾けながら、苦情の経験をシェアしてくれる人たちが、たびたび「他人の声」で語ることに気付いた。例えば、HRの部長や指導教員の発言を伝えるとき、彼／女らは声の調子を変える。それはまるで合唱を聴いているようだった。それはおそらく、苦情を訴えると合唱になるように感じられるからだろう。頭の中で、あらゆる会話が時間と空間を占拠する。次から次へと声が聴こえてきてだんだん大きくなっていく。

先進的な小規模大学に籍を置く、ある大学院生と話をした。苦情を訴えなければならないと気づく地点に至るまでに、どれだけ時間がかかったかを彼女は語ってくれた。彼女は有色のクィア女性で、家族の中ではじめて大学進学を果たした。今の場所に到達するまで、彼女は懸命に努力をしなければならなかった。そこまで来るのに闘わなければならなかった。彼女が指導を仰ぐのは、批評理論やフェミニズム理論に精通している尊敬する人物だ。彼はよき指導者で、彼女の文章に批判的で熱心なフィードバックを与える。それまでずっと闘ってきた彼女は望み通りの場所にいる。自分がどこに向かうのか彼女にはわかっているし、そこにたどりつくために何をしなければならないかも承知している。それでも、何かがおかしい。何かがおかしいと気づいたときのことを語る際、彼女は後戻りをしなければならなかった。そう気づくまでにいかに時間がかかったかを説明するために彼女は過去に戻らなければならなかった。

それまでずっと、指導教員との関係はとても不安定でした。彼はフェミニストで批評理論の学者を自認していて、自分は女性のためにそういう立場にいるタイプの人間だと思っていました。でも、時が経つにつれて、きっとこういう話の展開には慣れていらっしゃると思うのですが、時が経つにつれて彼はグルーミング〔特に性的虐待目的で狙いを定めた子どもに近づき、優しい態度で接するなどして徐々に相手の信頼を得ること〕をしていたんじゃないかと思うようになりました。そのうち彼は論文指導を大学外でしたいと言いだしました。それは、〝まあ今日は大学に行くって気分じゃない。車を停める場所を探すのも大変だし。大学近くの喫茶店で会えないか〟から始まってしばらくすると、〝うちに来たらいいじゃないか。そこで話をしよう〟になりました。小規模な博士プログラムでしたし、教員と学生間のやりとりがキャンパス外になるのも珍しくありませんでした……。それで、そのときは、しかも特にそういうことが徐々に起こったこともあって、彼が実はグルーミングを実行中で、どこまで境界をずらせるか確かめようとしているとまでは読み取れませんでした。キャンパス内から、キャンパスの近くへ、彼の家へ、外でのディナーへ。それで、ある時点で、これは私にとっては不愉快だと、ますます不愉快になるばかりだと思うようになったのです。

「グルーミング」という言葉は、あとから振り返って考えるときに使われることが多い。それは、終着点を見越したプロセスではあるが、その終着点に達するまでそのプロセスに気づきにくい。手遅れになるまで行きつく先をはっきりさせないことでそのプロセスは機能する。ずらされつつある境界が、自分を守るために必要な境界だと彼女が気づくまでに時間がかかった。その境界のずらしが、彼の言葉（「車を停める場所を探すのも大変」「大学外で会うほうが楽だ」）以上のものだとは、彼女には思いもよらなかった。それもそのはずで、彼は自分をフェミニストだと、彼女の支援者だと、彼女に空間を与えているのだとしていたから。足元の隙間にご注意をとは、人の見かけと真の姿とのあいだの落差《ギャップ》も指す。そのギャップは役に立つ。手段として利用可能だ。与えられている力《パワー》を、そうは見えないようにして振るえる者もいる。何が起きているのか、あなたが気づくまでに時間がかかる。なぜなら、たった今起きていることはいつも起きていることとそれほど違わないから。学術研究が非学術的空間でおこなわれるのは珍しいことではないから。気軽な世間話が仕事の会話に登場したり、混ざり合ったりするのは珍しいことではないから。だが、振り返ることで、後戻りをすることで、彼女は何が起きていたかを現時点の視線から理解できた。現在という眺めのいい場所から、次に何が起こるのか、その後の展開を知った上で眺めれば一目瞭然だ。

苦情を訴える時間がゆっくりなら、ハラスメントの時間もゆっくりしている。ハラスメントの正体が、はじめから、瞬時に明らかになるとは限らない。このシンプルな見方から、多くのことが言える。

ハラスメントは、いつも起きていることとの違いが明確な、単独のできごとでは必ずしもない（それどころか、そんな場合はまれだ）。ハラスメントは時間をかけて遂行される一連の行為で、それぞれの行為の差はわずかであり、その差がほとんど認められないものとして成立しうる。学内のオフィスから喫茶店、そして自宅へ——このような境界のずらしは段階的におこなわれる。ずらされている境界は空間的なものだが、それは行動に関するものでもある。行動のわずかな変化、親密さのほのめかし、何かの小さなサイン、話し方、振る舞い方（「ますます不愉快になるばかりだと思うようになったのです」）。

ハラスメントが、ハラスメントを受ける相手にその正体を瞬時に、完全に明らかにすることはない。他人に正体を明かさないことでハラスメントは機能する場合が多い。私が話を聞いた、苦情を訴えたか、訴えを検討したことのある人の多くが、ハラスメントをおこなった人物は感じのよい、いい人なのだという反論にあっていた。実際にこんなことを言われている。「彼はいつもよくしてくれる」、「彼は私に協力的だ」、「そんなの信じられない、あんなにいい人なのに」、「彼は優しい」、「彼の子どもたちは礼儀正しい」。彼はそんな人間ではないし、いい人だから、そんなことをするなんて信じられないと人が言うとき、彼／女らが言わんとしているのは、彼は私に対しては、私にとってはいい人だということ。第一章で、苦情が他の人たちの組織への期待に挑戦するものになりうると指摘した。苦情はまた、他の人たちのある人物に対する期待に挑戦するものにもなりうる。苦情を訴えるとき、あなたは期待の壁に遭遇する。肯定的な人物像は、ハラスメントを否定するだけでなく、その人物への期待を擁護するために利用されうる。否定は最善の防御なのだ。

「もっと早くか、すぐに苦情を訴えなかったのは、どうして？」とあなたは訊かれるかもしれない。

ハラスメントに対して苦情を訴える者が、自分自身に同じ質問を投げかけることすらある。別の大学院生が語ってくれた。「これは沈黙の文化の一部なのです。当時はそれが見えていませんでした。なぜもっと早く言い出さなかったのか？」。それが見えるようになるまでに時間がかかるほど、それを見たときに言い出せなくなる。もっと早く、すぐにと言われても、それはいったいいつなのか。わずかな変化、狭い空間——そんな状況で何かに気づくのは難しい。時間が経過したあとになってから何かに気づくのは、できるかぎり早く気づいているということなのだ。ハラスメントは、気づかれにくいように遂行される。その結果あなたがそれと共に取り残されることになる気持ち——これはおかしい、何かがおかしいという気持ち——は誰にも理解されないだけでなく、不都合なものともなる。

苦情の不都合さは強調してもし切れない。「なぜ指導教員を変えないのか？」だとか、「どうして離れないのか？」と、あなたは訊かれるかもしれない。だが、離れるのは難しい場合がある。指導教員の変更が難しい場合がある。あなたと共同研究をおこなう相手は共同研究ができる唯一の人物である場合が多い。指導教員からハラスメントを受けた大学院生の経験に戻ろう。

それに、何度も言いますが、小規模な研究科だったので、どこの研究科でも同じだと思いますけど、実際に誰と一緒に研究をおこなうのかに関して選択肢は限られているんです。特定の研究に取り組み、一緒に研究する人物がいる。だから、私は彼との共同研究を続けました。すると、言葉の面でも性的な面でも、どんどん攻撃的になっていきました。私たちの間には、こんなサイクルがありました。私が何かを書き、対面で彼に指導を受けると、書いたものがほめられ、素晴らしいと言われ、論文指導などがある。そして、私がオフィスを出て文字通り数分後には、彼からメッセージが届く。〝きみのことが忘れられない〟というような。それに対して返信はしませんでした。

全ての振る舞いが嫌がらせで、攻撃的だというわけではない。順調なときもある。その指導教員は素晴らしい指導をする。そういうとき彼女は胸をなでおろし、希望すら感じる。きっと大丈夫だ、自分に必要なものは手に入るんだ、と。ところが、それから場面転換があって、彼女は元いた場所へと逆戻りする。不適切なメッセージ、ずらしたり、押し戻したり。それは危うい状況だ。明らかなことが正体を現すのにも時間がかかる。彼はこれまでずっとしてきたことをしているのだと。

それに、今にして思えばおかしいことばかりでした——今この瞬間は、常軌を逸していたと思えます——でも、それは同時に私たちの研究科の文化の一部でした。私が入ったばかりのとき、ある教授がこう言っていました。女子学生を触ったらいけないと思い出すために、彼女たちとのあいだに大きな木のテーブルを置かなければならないと。それから、また別の、長年教えている男性教授は、次々と学生と結婚することで悪名高かった。有名でした。しかもそれがこんなレトリックの場で、批判的人種研究だとか、被抑圧者のペダゴジーを扱う場でのできごとなのです。今こうやって詳しくお話しするなかで私が言いたいのは、今振り返って、時が経った地点から眺めてみると、それはあまりにもはっきりしているので胸糞悪くなるということ。でも、そんな状況で私も必死だったのです。私は家族で最初に大学に進学した人間で、学部を卒業後もさらに研究を続けています。それもあって、私の人生の大半を占める学問の場で、ある程度の暴力を受け容れてしまったのでしょう。まるで、既知量というものがあって、学問を続けるプロセスにはある程度の暴力が実際につきものなのだというように。

あとになって振り返ってみなければ、それははっきりしない。はっきりしたあとで、以前は不確かだったそれを説明するのは胸糞悪くなる経験になりうる。だが、物語の展開にはしかるべき時間が必要だ。あなたの経験が「当時は」文化の一部だったのなら、それを経験している最中はその正体はわからない。そこではハラスメントや不適切行為は組織化され、年配の男性たちが女子学生に触れてはいけないと思い出すために、大きな木のテーブルが必要だという考え方のなかに表れているのだが、それが批判的研究の場で同時に起きている。それは、彼女をそこへと、その場所へと、その指導教員へと導いた研究、同時に、同じ場所で。ハラスメントの歴史がテーブルに堆積する、そんなことが起きている場所は、批判的研究がおこなわれる場所であり、批評のワークのレトリックが、起きているできごとを説明するのに使われる場所だ。批判的人種理論、被抑圧者のペダゴジー。

ギャップに注意すると見えてくるものとしての苦情に戻ろう。批判的研究はレトリックに関するものなのだと、レトリックと現実の間にはギャップがあるということが明らかになる。何かが明らかになると胸糞悪くなるのは、それがつねに明らかになっているわけではないから。つねに明らかにはならないということは、明らかだ。他の人たちはもっと早くから、あるいは事前に、それが単なるレトリックに過ぎないとわかっていたのかもしれない。彼女は家族で最初に大学進学を果たした。だから、大学は進歩的な場所だという思い込みがあった。それとも、彼女は「中産階級のシニシズム」とでも呼ぶべきものから守られていたのかもしれない。それは資格を与えられた人たちのシニシズム。ものごとにたいして資格があるという状態は、ものごとに価値を認める気持ちの一時保留として表現されうる。あるいは、それが明らかにならなかったのは、そこで遭遇した暴力に別の場所で慣れていたからかもしれない。それは日常生活の暴力、何とか生きていかなければならないなかで発生する暴力、生計を成り立たせなければならない状況で発生する暴力だ。暴力は「既知量」になりうるので、あなたはそれが一定量存在するものだと想定するようになる。あなたが慣れているものは、たいてい姿を現さない。それは驚くようなことではないから。

あなたはそれを想定するようになった。それを受け容れるようになった。彼女は何かがおかしいと気づいていても、気づいていないふりができる。なぜなら、それが本当ならあきらめなければならないものがあるから。彼女は状況への対処を試みる。「教授との全ての打ち合わせをキャンパス内で、ドアを開けたままでできるように精一杯努力しました」。彼女は現実のドアを開けたままにするのと同時に、別のドアは閉ざした。それは意識のドアとでも呼べる、彼の振る舞いを締め出すドア。ドアが矛盾をはらんでいるというところに注目してほしい。オフィスのドアを開けたままにしておくのは、彼女がそれをなかに入れないことで対処している真実を認めるということ。だが、あなたはその状況の真実に打ちのめされることもある。

それから、ある時点で、彼はさらに境界を越えてきて、自分の写真を送ってくるようになったのです。尻とか性器の写真を。私は全く、その、全くすくんでしまって、孤独をひしひしと感じました。私にできることはほとんどないのだと……そのときの気持ちはよくわかりません、説明しにくいから。彼がもたらした暴力のたぐいを認めるのは、自分を辱めている気分、というか。私がそれまでにしてきた、理解してもらおうという試みが完全に否定されたので、私はそのできごとを何とかして言い換え、彼の暴力を引き受け、それに自分で蓋をしました。自分がそんな事態を引き起こしたかのように、私のした何かが原因でこんな状況を招いたかのように感じていました。

他人から暴力を振るわれる人は、自分の身に起きたことに責任があるとしばしば感じているし、感じさせられている。あなたは自分に責任はないとわかっているようなフェミニストにもなれるが、それでも責任を感じる。彼女はそれを感じ始めた。何らかの責任がある、どうにかして自分がこの状況を作ったのだ、自業自得なのだと。苦情に達するのにかかる時間とは、あなたがこれから苦情を訴える事柄に自分が加担しているかのように感じること。それはあなたを孤独にさせるような感情だ（「孤独をひしひしと感じました」）。それを止めようとしたこと、「わかってもらおうとした」それまでの試み、「ノー」をつきつける試みが全て否定されたので、しまいには自分のほうが加担の度合いが大きいのだと感じることになる。それはずっと続く。彼はずっと続ける。苦情はあなたが自分に対してする仕打ちとして経験されうる。結局は自分を、キャリアを、将来の展望を傷つけることになる。何かが起こっていると認めるだけでも、自分を辱めることになる。認めるとそれが現実になるのなら、何かを認めることは、自分のキルジョイになるということ、つまり、自分自身が前へ進んで行く障害になると感じるようになるということ。

苦情は外からの警告のように感じられる。それは、その状況から離れるためにしなければならないことであるのは間違いない。だが、苦情はあなたの元にやって来るものでもある。あなたがそのために必死に闘ってきた何かをあきらめることを意味するものでもある。苦情に到達するのがいかに難しいかを説明していると、苦情を訴えなければならない対象の効力の説明になる。多くの場合、ハラスメントはハラスメントだと認識されづらい。あるいは、それが今まさに起こっていることなのだとあなたが気づかざるをえない地点（裸の写真や露骨に性的なメッセージを送られる）に達しないうちは、認識されづらいと言えるのかもしれない。だが、そのときでも、そこに至ってすら、そのような振る舞いを大目に見たり、他人がその振る舞いを許したりする（それは間違いだった。彼はそんな人だから）ことはありえる。私が第一章で提示した要点《ポイント》に戻ろう。それは、私が別の視点から構成し続けるポイント。つまり、苦情の対象が、苦情を訴えることを難しくしているということ。

姿を現す／カミング・アウト

正式に苦情を申し立てることになっても、そうでなくても、何かに対して苦情を訴えられる地点《ポイント》への到達を目指して闘ってきた人たちの話から私は学んだ。苦情に達するための時間は、あなたが何らかの方法でその状況に加担するようになるものとして経験されうる。言い換えると、そこまでの時間をあとで振り返ったときに罪悪感や疑念として表現されうるということ。なぜこんな状況を招いてしまったのだろう？　どうしてそんな状況を受け容れたのか？　苦情はべたつくように感じられる。苦情を訴えるのに時間がかかればかかるほど、さまざまなことがあなたにまとわりつく。苦情はべたつく状況なのだ。ある状況で何かがおかしいと認識してから苦情に達するのに時間だけでなくワークも必要になるのなら、その状況を変えるには時間だけでなく作業も必要になる。認識のワークはまた、ワークの認識にもなる。つまり、その状況から抜け出すためにどれだけのワークが必要となるかを認識するということ。

ところが、苦情に達するとは、その地点まで一直線に到達して何かを成しとげるようなものではない。苦情に到達したところで闘いは終わらず、あなたはまた別の闘いを始めることになる。先ほど、扱いにくいものほど棚上げにされ、しまい込まれると指摘した。苦情に達するとは困難さに向き合うこと、困難さが前面に出る状況を許すということだ。このため、苦情は意識の高揚をともなうことがある。困難だという意識を得るために闘わなくてはならないとしても、そして、そんな意識を得たしたとしても、それを意識するのは困難なのだ。平たく言えば、困難であることを意識するのは困難になりうる。問題を認識することは問題になりうる。『フェミニスト・キルジョイ』において、フェミニストの意識はデフォルトの状態として「オン」になっているように感じるものだと指摘した。あなたはつねに「オン」の状態で、それを意識して、何が起きているかに気づいている（Ahmed 2017, p. 30）。オンの状態でいると疲れるので、私たちはたまにスイッチをオフにするかもしれない。忙しければ、つねに「オン」にしておく余裕はなくなるかもしれない。そして、私は「オン」にした上で、苦情に伴う、あるいはそれを通して体験する意識の高揚について考える。苦情のワーク（苦情に達するワークも含む）は、あなたがまだ仕事をしているか、仕事をしようとしているときになされるもので、あなたは自分自身を見失わないようにしているということを念頭に置くのは、重要だ。

自分自身を見失わないようにすることもまた達成になりうる。第一部で、苦情がどこに向かうにしろ、最後には便利な容れ物であるファイリング・キャビネットにしまい込まれると指摘した。私たちもまた容れ物になりうる。ある女性教授と非公式に話をして、彼女が訴えた苦情、訴えなかった苦情について話を聞いた。彼女が運営幹部のミーティングに出席したときのことだ。テーブルについた出席者の中で彼女は唯一の女性だった。彼女はそんな状況には慣れていた。いつものことだ。いつものこととは、一時的な形態における構造のこと。構造に対して苦情を訴えると、あなたは四六時中苦情を訴える羽目になる。ミーティングで唯一の女性参加者だと苦情を訴えるのは、四六時中苦情を訴え続けるということ。何かに慣れていると——ずっとそうなっているのなら慣れるしかない——問題は背景へと後退する。となると、何かに気づいていないということは、どれほど多くに気づいているかの表れになる場合もある。その後、同席した男性のひとりが、暗闇で女性に迫るという性的な話題を出した。その発言がきっかけとなって男同士の結束が固まった瞬間だったと彼女は振り返る。発言は場の関心を集め、皆が興味を引かれて笑いだしたので、雰囲気が一変したそうだ。慣れていても、あなたは打ちのめされる。その壁に、性差別に、異性愛中心主義に、数多くの遭遇の表面を泡のごとく流れていくものたちに。彼女は何も言わない。何もしない。怒り、疎外感、失望の気持ちを私に打ち明けたあとで、「それを〝近寄るべからず〟というファイルに収める」のだと彼女は教えてくれた。私たちは仕事を困難にするものをファイルにしまい込んで、仕事ができるようにする。それが私たちの多くがしていることだ。仕事を続けるために、扱いが特に困難なものはファイルにしまい込んで私たちだけの苦情ファイルをつくる。

私たちだけの苦情ファイルには、これまでに気づいたことがぎっしりとつまっている。「近寄るべからず」のファイルは、私たちの居場所を教えてくれる。苦情ファイルには私たちが訴えなかった苦情が収められている。このことからも、私たちは苦情を持ち歩いていて、それはずっしりと重くなるのだということが理解できる。それでも、そのうちどうにもならなくなるときがやってくる場合がある。困難きわまりない、重すぎるファイルになることがある。私たちがそれを持ちきれなくなって自分や状況を持て余すようになると、苦情は姿を現す《カム・アウト》。上司からハラスメントを受けている有色のクィア女性のケースに戻ろう。上司のオフィスのドアを開けたままにして、彼と会う場所や方法のコントロールを試みることで、彼女は状況に対処《ハンドル》しているとこれまでに述べた。ところが、ハンドルが機能しなくなることがある。

> 別の日に同僚とランチをしていると、［上司が］自分の裸の写真を送ってきたのです。その時、もう限界だと思いました。もうこれ以上対処《ハンドル》し切れないと。これを見てよ、と［その同僚に］言ったんです。すると、案の定彼女は絶句しました……。それから、彼女と話し合うなかで、そういうものを受け取り続けるのがいかにおぞましく、暴力的なのかということが、私にも、彼女にも突

如として浸透してきたのです。結局それがきっかけとなって苦情申し立てのプロセスが動き出しました。

向かってきた暴力が私たちの中に染み込み、浸透するのを阻止するためにハンドルが役立つ。ハンドルが機能しなくなると暴力が浸透する。彼女と同僚のなかに、彼女たちの会話に、その会話をしているその空間に。何かが動き出すためにはまず限界に達しなければならない。

暴力が入り込むと、苦情が出てくる。暴力を表に出すために苦情が必要になる場合がある。苦情を表に出すとは、カミング・アウトを繰り返して何度も自分を苦しめるということ。彼女は言った。「この件を世間にカミング・アウトすればキャリアが危うくなると思い始めていたのでしょう」[★4]。あなたはカミング・アウトし続けなければならない。こんなできごとが身に起こった人として、こんなことが起こったと苦情を訴え続ける人として。第一章で、苦情がコミュニケーションの労働になりうるとした。あなたはたいてい、いろいろな人に同じ点を繰り返し訴え、同じ話ばかり語り続ける羽目になる。そのような地点がカミング・アウトであり、公表、情報公開、秘密の共有だとみなすのなら、コミュニケーションの要求がトラウマを呼び覚ますようなものになりかねないことを私たちは学ぶ。その件を世間にカミング・アウトし続けなければならないのであれば、起こったできごとに何度も立ち戻ってそれを現在へと召喚し続けざるをえないということなのだ。

苦情が姿を現す《カム・アウト》物語は、かなり起伏に富んでいる。カミング・アウトは起伏に富む。クィアやトランスの人たちなら、世間では特定の身体しか想定されないせいで、カミング・アウトが一度きりでは終わらず、何度もし続けなければならないとよく知っている。あなたはパートナーや自分に使われる代名詞を訂正しなければならないかもしれない。すると、カミング・アウトは訂正してばかりいる骨の折れるワークになる。訂正はしばしば苦情として聴き取られる。ネガティブで、攻撃的で、要求が多すぎるのだと。カミング・アウトには意図的な公表も含まれるが、つねにそんなふうにことが進むとは限らない。他人に何かを認められるようになる前に、まずそれを自分自身で認められるようにならないといけない場合がある。誰かに暴露《アウティング》されて、その結果に対処せざるをえなくなる場合もある。カミング・アウトのタイミングが判然としない場合もある。

苦情がいつ、どこで、どのように姿を現すのかということから私たちは学ぶ。何かを明かすのに何かが必要になるのかを私たちは学ぶ。これ以上秘密にしておかないためには何が必要かということも。苦情が「その真っ只中で」姿を現すというのは、あなたが忙しくしているときに苦情は姿を現しうるという意味だ。例えば、それはミーティングの真っ最中かもしれない。苦情にまつわるワークの一部が内的ワーク（自分自身との対話）のように思え、そう実感しても、苦情はしばしば仕事中に、社会的状況のなかで姿を現す。内在性と社会性というこの二点には関連がある。あなたが何かを抱え込もうとして、その試みがうまく行かなければ苦情は表に出る。遠ざけていたものが共有される。別の事例では、若手の女性研究者が年配の教授から主に言葉によるセクシュアル・ハラスメントを受けていた。彼女はその教授と同時期に大学に赴任していた。「彼はずっと年上で、五十代後半か六十代前半ぐらいでした。その大学にとっては目玉人事でした。優秀な教授を迎え入れることができて素晴らしい、という雰囲気で。彼は正義の味方だったのです」。この新参の教授と彼女とのあいだのコミュニケーションは、どんどん不愉快なものになっていった。彼女は状況を悪化させたくなかった。彼の振る舞いはちょっと気に障る迷惑なもので、そう、気が散るのだと彼女は説明した。だが、いくらちょっと気に障る程度のものだからと彼女が思っていても、それは彼女の仕事の邪魔になった。そして、彼女は自分の仕事がしたい。

彼のせいで私は不愉快な気分でした。パーソナル・スペースを取っていただけませんか、不適切ですから、と言ってもよいものか当時の私にはわかりませんでした。はっきり「ノー」と言えなかったので、どう切り抜けたらいいのかわからなくなったのです。そんな私の態度を見て、彼は〝何でもありだ〟と思ったに違いありません。彼の言葉は露骨に性的になっていき、そのうち私のつま先にしゃぶりつきたいとまで言い出すようになりました。当時、いくら世間知らずな私でも、それがクソ最低な発言だと、そんな発言は職場という環境で許されるものではないということぐらいわかりました。

彼の振る舞いがどんなにささいなことに思えても、やめてほしいとどう伝えればいいのか彼女はわからなかった。自分は彼よりもささいな存在だと彼女が思い込んでいたせいもあるだろう。彼は教授で、まごうかたなき「正義の味方」。かたや彼女は若手講師。ヒエラルキーのせいでハラスメントに対処しづらくなる場合がある。だからこそ、ヒエラルキーはハラスメントを可能にするのだ。それでも、そんな振る舞いはやめてほしいと彼女は思っていた。「誰かが教授に、やめなさいと注意してくれるだけでよかったんです。それで充分だと思っていました。だから、私は直属の女性上司に相談しました。こういうことが起こっていて、私はとても不愉快な気持ちになっていて、どう対処したらいいのかわからないと説明しました」。いくら彼女がささいなことだと思っていても、彼女が対処しているハラスメントはすでに浸透し始めていた。彼女はハラスメントになくなってほしかった。彼がそんなことをするのをやめさせたかった。そして、状況に対処し切れなくなって直属の上司に苦情を非公式に訴えた。「やめなさい」と教授に注意してくれるよう彼女に頼み込んだ。ところが、その上司こそ、苦情を伝えるのに後ろ向きで、苦情を握り潰した張本人だった。第二章でこのケースを取り上げた際に、他人が苦情を伝えるのに前向きではないために苦情が阻止されることがあると指摘した。ハラスメントを阻止する試みが阻止されたら、ハラスメントは止まらない。

それから、直属の上司と、その上の上司と話し合いの場を持ちました。私たちはガラスの水槽のようなミーティング・ルームのなかにいて、メイン・オフィスには全職員の机が並べてあります。すると、彼がEメールを送ってきたので、私は「ああああ」という声を漏らしました。言葉にならなかったから。まるで内臓を肉挽き器で挽かれるようでした。何てこと、こんなことがずっと続くの、と思ったらそんな声が漏れたのですが、直属の上司の上司に何があったのかと訊かれました。だから、私は自分のパソコンを彼に向けて見せたのです。すると彼は、「いいかげんにしてくれ、いったいどんな間抜けがこんなことをEメールに書くんだ?」と言いました。直属の上司の顔にもパニックが浮かんでいました。何てこと、魔法のように消えてなくなったわけじゃないんだ、と言っているかのように。

「イエス」が魔法のような働きをして苦情が一掃され、蒸気になって大気中に消えていくところが思い浮かぶ——シュッ、シュッ。苦情が蒸発するものだとしても、ハラスメントは「魔法のように消えてなくならない」。苦情は話し合いの最中に姿を現した。人から人への発言ではなく、「ああああ」という音として、よじれた腸《はらわた》が立てる「ノー」の表明として。それはあるいは、「もうこれ以上は無理」だとか、「もうたくさん」なのかもしれない。その「ああああ」という音が話し合いの場を貫いた。その話し合いはガラス張りの水槽のような部屋でおこなわれ、彼女たちは丸見えだった。ときに、あなたの意に反して何かが見え、聴こえる状態になることがある。あなたがもうこれ以上苦情を引き受けられないから、もうこれ以上は無理だから、あなたの内臓が肉挽き器にかけられているみたいだから、苦情は姿を現す。苦情はあなたの内臓をひっくり返す。

苦情の表し方の社会性からも、苦情が押し込められる影響を考えることができる。苦情はぷつんと切れる《スナップ》かのように表現されうる。あなたは何かが壊れる音を耳にする。[★5] その音が唐突に感じられるのは、これまで聞いたことのない音で、これまでに起きたことへのプレッシャーとなるから。彼女が出した音は警告となって質問を引き出した。何があったのか、どうしたのかと。彼女の出した音がその質問を引き出し、彼女はパソコンを彼に向けることで質問に答えた。彼女の上司の上司は、彼女が送りつけられたものを目にした。しかも、その問題は以前聴き取りがおこなわれ、たいしたハラスメントではないとみなされていたのに、証拠が出てきた（「いいかげんにしてくれ、いったいどんな間抜けがこんなことをEメールに書くんだ?」）という点にも注意してほしい。音が苦情になるのは、そうでなければ向き合われなかった暴力を浮き彫りにするからだ。

　ブラインドが下ろしてある窓を考えてみよう（第一章）。それは建物環境内のありふれた風景であるだけでなく、組織の機能について私たちに何かを教えてくれるかもしれない。組織のブラインドとは、ものごとが見えないままになる様子を表すのかもしれない。ブラインドが下りた状態がひとつの規範となる。組織のブラインドによって、組織内で起きていることを見たり、それに向き合ったりするのが阻まれる。暴力はすでにそこに、その部屋の中に、彼女が送りつけられたもののなかにあった。暴力の対処法として、直視しないという手が打たれることも多い。そんな状況で苦情を訴えると暴力が登場するので、向き合わざるをえなくなるということのようだ。苦情が強引なものとして聴き取られることが多いのはこのためかもしれない。その苦情を受け取った者、彼女が発した音を耳にした者にしてみれば、苦情がきっかけとなって暴力に警戒するようになった。苦情とは、いかに暴力があらわになるかということ。苦情はブラインドを引き上げる。

3-1　組織のブラインド

　引き上げられると、苦情はそれ自体の生《ライフ》を獲得する。彼女は正式な苦情申し立てまではおこなわなかったが、苦情プロセスはそこから始まった。この件のその後の経緯については最終章で触れる。話し合いの最中に、その真っ只中に苦情が姿を現し、こぼれ落ち、飛び出す様子から私たちは学ぶ。一部の苦情には意図的行為が含まれる場合がある。あなたは何かに対して苦情を訴える。あなたはそれを適切な人物の元に持ち込む。他の人たちが手順に従わず、苦情を伝えることがなくても、あなたは従うべき手順に従う。苦情が別の方向から姿を現したのは、状況に対処する彼女の試みが行きづまったから。苦情は意図せずに表現されうる。彼女の場合は、それまで受け取り続けてきたものをこれ以上抱えきれなくなって、「あああああ」という音として表れた。

苦情は、あなたが何かを受け取る気がないときに、あなた自身がどのように受け取られるかになりうる。ある大学院生は、新年度の初めに学外での二日間の学会に参加した。

その二日間の雰囲気はかなり抑圧的でした。ドアを通り抜けた瞬間に文化の違いを感じました。肩を撫でたり、膝を叩いたりといったお触りが横行していました。それに、会話も。彼らはジョークを言い合っていましたが、ひどいものでした。そういうことを、狭い空間で、スタッフの目の前でするのですが、誰も何も言わないのです。それに対する私の反応は周囲から浮いているようでした。彼らの言動や他の人たちが笑っていることに対する私の気持ちは、そこにはなじまないようでした。彼らは〝巨乳のビッチ〟を話題にしていました。いったいどこからそんなジョークが出てきたのか今でもよくわかりません。それを注意する人はいませんでした。みんな、話を合わせて笑っているんです。そんなふうにしていると目立ちます。周りに合わせないでいると。

ドアを開けた瞬間、あなたは打ちのめされることがある。場の雰囲気の変化に、パーソナル・スペースへの侵入に、そこで交わされる言葉に。「巨乳のビッチ」という性差別表現には長い歴史があるようだ。その表現が使われるごとに、歴史が一本の線のように投げ出される。それは、あなたがどこかにたどりつくためにたどらなければならない線。コップが水で一杯になるように、何かを維持するものとしての笑いがその部屋《ルーム》に満ちると、もうどんな余地《ルーム》も残されていないという気持ちになる。そのようなジョークを攻撃的なものとして経験するということは、そのジョークだけでなく、そのジョークを支持して行き場を与える周囲の笑いからも疎外されるということ。

ただ笑わず、何かに合わせないだけで、彼女は「目立ち」はじめた。これはとても重要ではないだろうか。何も言わないうちから、あるいは何かを言うわけでもないのに、苦情を訴えているとみなされるのだから。身体が環境になじんでいない様子だとか、誰かが「周囲から浮いている」様子から苦情は表現されうる。他の人たちがそれに合わせているとき、何も問題ないのだとあなたは言われている。目立ちたくないから笑う人もいるかもしれない。そこにいる人たちが笑っていて、あなただけ笑っていないと、あなたはしまいには途方に暮れ、無防備になる。途方に暮れるのは苦情を訴える経験にはつきもので、自分もその一員だと思っている集団から疎外された気分を味わう。あなたはばらばらになって、ものごとは崩れ落ちる。疎外とは、苦情を訴える者——笑わず、話を合わせず、ノリが悪いがために、ある形象として現れる人たち——に対して下される判断《ジャッジメント》にもなる。ただ笑わず、笑顔を浮かべなければ、それだけで苦情を訴えているように見える。★6 そして、苦情を訴えているように見えると目立つだけでなく、注目の的にもなる。その部屋にもとから存在していたものを彼女が暴力として経験したことで、その後彼女自身に暴力が向けられた。ある院生が、「皆で昼食をとっている席上で、特に私に絡んできました。それは、スタッフも同席している、大勢の人が集まる大きなテーブルでした……。［彼女の博士号に関する］込み入った話を誰かとしていたら、彼が文字通りテーブルの向こうから身を乗り出してきたというか、前のめりになったのです。挑発するように、ぬっと迫ってきて言いました。〝たまげたな、僕はきみが今まさに排卵しているのがわかるよ〟、と」。彼女がそんなジョークを面白いとは思わないから、そんな態度は許されないと表明するから、その場のできごとに不快な気分になっていたから、彼は彼女に絡んできた。彼女のパーソナル・スペースは侵され、言葉が飛び出し、投げつけられる。彼女は身体へと還元され、卵巣としての女性へと引きずりおろされる。彼女が自分のことをしたり、他人と会話したり、学生としての活動に専念したりするのは許されない。所属とは、何かに合わせたり、従ったりすることが要求されるものなのかもしれない。暴力に加担しない者が標的になるのなら、暴力の標的になるのを避ける方法は暴力に加担することになる。このように、ハラスメントはしばしば他人を動員する働きをする。自分が嫌がらせを受けたくないがためにあなたはハラスメントに関与し、加担するのかもしれない。この院生は、その後の出来事について語ってくれた。

私がひどく気分を害したことがスタッフたちにも伝わったはずです。私は席を離れましたから。そしたら、彼［スタッフのひとり］が追いかけてきて、話しかけられたんです。今振り返ると、そこからややこしくなり始めました。そのスタッフは私を言いくるめようとしました。そして、まあ、あいつがどんな奴かはわかっているだろう、ユーモアのセンスがちょっとおかしいから、何か意図があるわけじゃないんだとまくし立てました。要は、私が少しばかり過剰に反応していて、ジョークを受け流せなくなっているので、そんなことは忘れて前に進むべきだと言いたいのです。

その状況に対する苦情を阻止しようとする労力が、その状況のなかに登場している点に注意してほしい。苦情を訴える可能性をほのめかしたら警告を受けるだけではない。あなたがまだその状況にいる最中に警告が発せられることがある。警告もまた、差し迫ったものなのだ。何も言わないように、気にし過ぎないように、行動を起こさないように、問題を起こさないように彼女は釘を刺される。彼の発言内容は、形式やある独特な表現様式(「ユーモアのセンスがちょっとおかしい」)だとされ、不問に付される。不快な発言は、しばしば冗談として受け止められ、正当化される。まるで、言葉から歴史が取り去られるように。そして、ハラスメントを受けた者は、言葉から歴史を取り去るよう要求される。暴力を見逃せ、被害を受けていないということにしろ、という要求のなかに暴力は存在しうる。そのスタッフは、苦情を訴えないよう彼女を言いくるめることで、ハラスメントをおこなった者の側についた。そして、言葉による暴力は冗談に過ぎないから彼女はそれを受け入れるべきであり、これからもそうすべきだと主張した。ハラスメントをおこなう者は身を乗り出す。スタッフは彼女を言いくるめる。ハラスメントへの反応はハラスメントなのだ。ハラスメントは、誰かがハラスメントをハラスメントだとするのを阻止する労力になりうる。それはつまり、ハラスメントをハラスメントだと認識

する者はさらにハラスメントを受ける、ということを意味する。[★7]

苦情とエスカレーション

彼女に苦情を訴えるのをやめさせようとしたスタッフの行動は組織的ハラスメントという言葉で説明できるだろう。彼女は苦情を訴えるなと釘を刺されただけではない。組織内に立場がある人物から釘を刺されている。組織的ハラスメントとは、組織内の者がハラスメントに対する苦情の訴えを阻止しようとしてハラスメントに加担するということだけでなく、ハラスメントに対して苦情を訴えようとしている者にかけるプレッシャーを強めるために組織のリソースが活用される、ということも示す。

第二章で、非公式な苦情が公式な苦情になるのを阻止するためにさまざまな手法が試みられると論じた。各手法には、誰かが苦情を前に進めることを妨害する目的があるが、単刀直入に言えば、必要ならどんな手を使ってでも阻止するということだ。ある学生が、指導教員の言動について苦情を非公式に申し立てたあとで学科長と面会したときのことを語ってくれた。「彼はそれを非公式な雑談だとしていました。でも、そんなものではありませんでした。それは取り調べでした。マフィア映画の一シーンのような」。暴力シーンに対する苦情もあるが、苦情は暴力シーンそのものにもなりうる。システム内で苦情を進めたある学生はこう語った。「彼/女らはことあるごとに私を止めようとうかがっています。だから、私は彼/女らに破産させられるリスクがあるのです。限られた収入のシングルマザーである私を破産させようとしているんですよ。私にお金がないことは把握されていますから、それを利用して私を止めようとしているのです」。強制力《フォース》とは誰かが生計を立てるために、生きていくために欠かせないものを奪おうとする意図的な労力だと、私たちは考える。苦情を訴えると高くつくようにして、「ことあるごとに」苦情を訴えづらくする。言い換えると、苦情を手の届かないものにすることが苦情を阻止する方法になる。

これが、苦情を訴えることが権力《パワー》について私たちにいろいろと教えてくれる理由だ。権力の働きに挑みづらくすることで権力は機能する。強制力《フォース》の増大《エスカレーション》は、苦情を訴えた結果として起こるだけでなく、苦情を阻止する方法にもなる。増大とは、苦情を阻止するために注がれる強制力が増すということ。強制力の増加はときに、誰かを阻止する意図的な試み（「それを利用して私を止めようとしているのです」）として機能する。強制力はまた、ある一点から生じるのではなく、外側へと拡大することで増えていく。言い換えると、苦情を阻止しようとするのに使われる強制力が増すのは、それが拡散するから。さらに多くの人がそれを行使するようになる。このプロセスを組織的ハラスメントとして説明できる。つまり、ある人が苦情をねばり強く訴えるほど、苦情を訴えるなというプレッシャーをかける行為に加担する関係者の数は多くなりがちだ。

苦情の扱われ方によっては、圧迫点《プレッシャー・ポイント》が拡大する。誰かが苦情を非公式に訴えると、その反応として、他の人たちが苦情についての警告を受け取ることが多いが、苦情を受け取った人物もそこに含まれる。すると、苦情の訴え後に何が起こるかは、警告を受け取った人たちの反応に左右されることになる。このような反応が苦情の扱われ方によって生じているにもかかわらず、苦情が正式なプロセスにのっとったものでなければ組織に責任はないと思われがちだ。

苦情の対象となった人が、苦情を受け取った人物を通して苦情申し立ての事実を伝えられるケースがある（苦情を訴えた者の名前が明かされるかは場合による。このような扱いは一見苦情申し立ての手順とはたいして関係がないように思われる）。例えば、ある博士院生は、研究科の教授に嫌がらせを受けたと指導教員に打ち明けた。

この件を指導教員（男性です）に相談すると、苦情を申し立てるよう促されました。その先生は協力的でした。でも一方で、先生と教授との人間関係を考えると、教授の嫌がらせ行為の証拠を握ったとしてこの件が利用されるのではないかと思いました……。教授は私が苦情を申し立てたことに気づいたのではないかと思います。それからしばらくして、また暴言をツイートしていましたから――〝博士号取得を目指しているのに批判もまともに受け取れないようではそもそも博士課程に進むべきではない〟、と。

研究科内の政治《ポリティクス》に苦情が巻き込まれることがある。あなたは苦情を訴えるよう促されたり、やめておくようにと言われるが、それはあなた自身のものではない計画《アジェンダ》にもとづいている。スタッフ間の軋轢や緊張は苦情の受け止め方に影響を及ぼしうる。

私たちが苦情を「その真っ只中で」考えるとき、いかに苦情が状況のダイナミクスに巻き込まれやすいかを考えることになる。苦情が巻き込まれるとき、あなたは姿をさらす。彼女はツイッターで例のコメントを目にして、教授が「気づいたのではないか」と察した。暴言が自分に対するものだとどうしたらわかるのだろう？　ときに、ただわかることがある。実況《コメンタリー》が嫌がらせと同じ方向性を示すことがある。すると、苦情を訴えるとコミュニケーションの非公式な形態（拒絶や批判など。あなたが批判に対処できないという批判も含まれる）につながり、それが苦情を訴えた人に直接向けられるか、ソーシャル・メディアやゴシップや噂話などの非公式なコミュニケーションのネットワークを介して間接的に向けられる。ツイッターで「暴言」を目にしたとき、それが誰のことを言っているのか彼女にわかったことが重要だ。苦情を訴えたあとの出来事が、苦情の対象になることがある。侮辱され、批判され、それを受け取れないのならうまく行くはずがないと言われる。

　苦情を訴えた人に対するネガティブなデータの大半が当の本人には明かされない。データは、たとえ非公式なものであっても、作成現場である閉ざされたドアの向こう側で厳重に管理され、ソーシャル・メディアや世間話でそれとなく言及されることもあれば、そうでないこともある。同僚講師の性的不適切行為に対して苦情を訴えた（その講師は担当の学部生と関係を持つに至った）、あるキャリアの浅い講師は、訴えた相手が陰で彼女のことをいろいろ言っていたと語った。「陰口は止まりませんでした。他の人たちから、彼がパブで私のことをこんなふうに言っていた、あんなふうに言っていたと聴かされるようになり、実際に私に影響を及ぼすまでになりました」。密室内での会話は、第一章で取り上げた「影のポリシー」になる可能性がある。そこで取り交わされる、非公式の会話から結束が生まれ、それ自体は公式なものにならないとしても公式な決定に影響を及ぼすようになる。[★8] カレッジで起きたハラスメントに対して苦情を申し立てたある学生は、彼女を悪者扱いするキャンペーンを「密室内の中傷」と呼んだ。

苦情を訴えた事実が周囲に知られると起きることや苦情を取り巻くもののせいで、苦情はますます困難なものになる。非公式な会話やゴシップ、噂が出回って、苦情を訴えた本人や苦情の発生源だとみなされる人が病んでいるのだとされる。役職から追われることになったある研究者は、「皆があれこれ言ったらそれが現実になるのです」と語った。★9 反復されるものは強制力《フォース》を得る。あなたは、周囲の人の噂話にも対処しなければならなくなる。自分について具体的に何が言われているのか、誰がそんなことを言っているのかわからなくても、周囲の人たちの自分への話し方、呼びかけ方、横目でちらりと見る仕草、仲間外れにされ、招待状が届かなくなる、文章に名前が出なくなる、研究が言及されなくなる、姿を現すと背を向けられるといった反応から、あなたは何が言われているかを察する。人種差別に対して苦情を申し立てたある黒人女性は、廊下で人から避けられるようになった経験を語った。「見ものでしたよ。同僚たち全員が以前は挨拶してくれていたのに、打って変わってほとんどの人がこうして［彼女の両手を挙げる］私を避けて通るんです。まるで危険が迫ってくるみたい」。あなたはまるで、他人が避けて通る壁になったようだ。聴き取れなくても感じ取れる。あなたは壁を感じる。感覚が壁になりうる。

苦情が訴えられて周囲の人たちが警告を受けると、苦情の発生源とみなされる人物は、他人を危険にさらす存在として扱われるようになる。このため、苦情を訴えると、その苦情が対処しようとしている状況の悪化《エスカレーション》に即座につながる。話し合いの最中に「ああああ」という声を発したせいで上司の上司がハラスメントを目撃することになった、あのキャリアの浅い講師のケースに戻ろう。音は警告になりうる。苦情申し立てのプロセスが、その警告に続く——もっとも、彼女は正式な苦情の申し立てはしなかった。そのとき起こったできごとを説明するのに、彼女は「内側で破裂する」という言葉を使う。「それが内側で破裂したのはそのときでした――私自身はできませんが」。正式な苦情申し立てに進まなくても、苦情を訴えるプロセスによって破裂を経験することになる。彼女は孤立した。「一部の例外を除いて、ひとりまたひとりと同僚に避けられるようになりました」。彼女はHRとの話し合いに呼ばれた。その話し合いの席で、彼女は大学を去らなければならないと悟った。

その話し合いは延々と続き、あらゆる点を確認していきました。そこに私の上司の姿はありませんでした。呼ばれていなかったのです。その時点で、私とは関係のないところで何かが進行しているとはっきりわかりました。この件が招いた混乱は深刻なレベルなのだと、はじめて理解しました。その教授は姿をくらましました。突然いなくなったのです。処分を受けたのか、辞めたのか私に知る由はありません。でも、彼は同僚たちに、私のせいで辞めさせられると話していたそうです。彼はこの大学での仕事のオファーを受けてこの国にやってきたというのに追い出されることになって、プロ意識が踏みにじられた気持ちになっていると。こういう話は何度も耳にしていらっしゃるでしょうね。

物語はおなじみのものになる。聞いたことがあるのは、それが過去に起きているから。何が起きているのか自分にはわからない、ということがはっきりする。あなたはそれに関わっていないのだと。理解とは、その混乱を理解するということ。苦情に何が起こるかは、誰が苦情に至ったいきさつを語ることができるのかによって左右される。彼女は続ける。「その時点で職場に深い亀裂が走っていたので、私はそこから離れたくてしかたがありませんでした。同僚たちにプロとして尊重されるような状況ではありませんでした。私が何を話したところで、〝つま先にしゃぶりつきたいと言われたぐらいで男を追放した女〟と決めつけられているのです。事実と反していても。もちろん、それについて私が話す機会すら与えられません」。彼女は苦情を正式に申し立てなかったにもかかわらず、教授を辞職に追い込んだとみなされ、そのような説明《ナラティヴ》に反論する機会は一切与えられなかった。苦情を訴えた人を守るためのものとして正当化されがちな秘密保持を実践すると、他人との関係性に恵まれた側が苦情のとらえ方をよりコントロールできるという事態につながる。苦情を訴えると何が起こるかを伝える物語は、まさにその苦情が訴える内容そのものの物語になることが多い。それは、状況を支配するのは誰なのか、ナラティヴを支配するのは誰なのかを伝える物語だ。[★10]

教授を辞職に追い込んだ張本人だとみなされると、結局は彼女も辞職に追い込まれることになる。大学は経緯について調査をおこなった。調査がおこなわれるということは、彼女がさらにミーティングに呼ばれて物語を伝えるよう言われるということだ。

まさにそんな感じでした。何が起きたかを、あなたの身に起こったことを教えてほしいと。全ての記録を取る担当者がいるので、丁寧にも報告書の写しを受け取ることになると、組織としてどんなことをしたのか、再発防止に向けてどんな対策を取るのかについての連絡を受けることになると説明されました。でも、そんな連絡は一切ありませんでした。そして、その重要なミーティングが終わるとお茶に連れ出されました。私はひどく動揺していました。HRの職員に侮辱するような態度を取られて、すさんでいたのです。人気《ひとけ》のない大学の広いカフェテリアに座ると私は泣きだしました。そのとき、引っ越すことになったら、どれだけ費用がかかるのか心配でたまらなかったことを覚えています。私は賃貸物件に住んでいたので、大家が契約解除を認めてくれなかったら、引っ越すのに大金がかかりますから。私が泣きやまなかったので、まずはお金の話になりました。優しく話しかけられました。私がそんなことを言うのはおかしいと。引っ越し費用を大学が支援できる手だてがあるかもしれないと。私は法廷ドラマをよく見ていましたから、そのとき妙な気分になりました。ちょっと待って、それはおかしいんじゃないのと。でも、その件について連絡する、何とか支援できる方法を見つけると言われて。私はもうこの大学には戻りたくないと言いました。すると、戻ってこなくてもいいからと彼女に言われました。今すぐ出ていってもらってかまわないと。荷物をまとめて、もうミーティングにも出なくていいからと。

苦情の物語を伝えるとき、あなたは自分を眺め、過去へと戻る。彼女が眺めるのは、会話に乗せられ、ミーティングから、自分の荷物から、自分の仕事からそっと押しやられる自分。あなたを助けられる。そこから出してあげられる、と。どんなふうに苦情が姿を現しても、苦情が訴える対象を経験した人が結局はその場を去ることになるケースが多い。それについて私たちは考えなければならない。愛着のある仕事や家を失い、結局は去るしかなくなることにどんな意味があるのか。あなたが何とか秘密にしておけなかったせいで、人生がほどけて行くことがある。

申し立てをしなかった苦情のせいで職場から追い出された経験は彼女のなかにとどまる。その後、別の職場で年配の教授から不快な言葉をかけられたとき、彼女はそれに耐えることはしなかったし、やめてくれるよう他人に注意してもらいもしなかった。

信じられない思いですけど、今の職場で、またしてもいやらしい年配の研究者が私に色目を使ってきたのです……。今度はこんなことにかまっている時間は私にはありません。時間がないのです——私は一日じゅう、インターセクショナル・フェミニズムについて学生に教えていますから。私は彼に失礼な態度を取りませんでしたし、不快な気持ちにもさせていません。それなのに、彼は今、キリスト教徒の白人異性愛者男性であることを理由に私からハラスメントを受けたとして苦情を申し立てています。なぜでしょうか？　あまり愛想よくしなかったので、私は独裁者のように振る舞っていると言われました。以前は何も言わずに問題になりましたが、今度は何かを言って問題になりました。それでも、「ちょっと、不適切ですからやめてもらえません？」とまでは言っていないのですよ。ただ、「だめです、こんなのは適切だとは思えませんから」と言ったのです。しかも女性らしい慎みに包んで。それでも問題になるのです。

過去に苦情のせいで職場を追いやられた経験から、彼女は、年上の男性研究者の要求に対して、女性が期待されるようにおとなしく従う気にはなれない。例えば、ジェンダー化された労働の役割分担のようなものに従う気になれないと、そのせいで苦情を訴えられやすくなる場合がある。とはいえ、彼女に言わせれば「女性らしい慎み」を発揮していた。そこまでしても、彼女が「イエス」と言わなかったことが「ノー」として聴き取られて、「発言したことで問題になる」。その「ノー」だけで、ハラスメント加害者や独裁者だと認識されるにはこと足りる。自分は「イエス」に値すると教えられてきた、特権を持つ人たち（例えば、「キリスト教徒の白人異性愛者男性」）には、その「ノー」や「イエスではない」は打撃になり、苦情を申し立てるのにふさわしい理由として聴き取られる。

「イエス」と言えばハラスメント被害を避けられるのなら、「イエス」と言うことはハラスメントをしたとして糾弾されるのを避ける方法にもなる。「イエス」と言わなかった結果、苦情を訴えざるをえなくなることもあれば、それとは一見真逆に自分自身が苦情を訴えられることもあるのだ。苦情を訴えた本人が逆に苦情の対象となるということについては次章でまた取り上げる。暴力に加担する気はないと示した人たちに暴力が向かっていくことは先ほども述べた。私たちが今学んでいるのは、正式な苦情の申し立てが暴力の方向転換の一因になるということ。だからこそ、苦情のポリティクスをフェミニズムの観点から詳しく説明するために私たちは後戻りをして、苦情の正式な申し立て以前に起こった出来事までさかのぼらなければならない。さらに回り道をして、いかに苦情がより大きな闘争から姿を現すのか、どんな言動が許されるのかをめぐる大きな闘争の一部となっているのかを示さなくてはならない。

大学外の学会に出席した際に別の学生からハラスメントを受けた大学院生のケースに戻ろう。彼女の経験から、苦情とハラスメントの癒着のしやすさが理解できる。ハラスメントを受けたので彼女は苦情を訴えた。苦情を訴えたから彼女はハラスメントを受けた。最初の段階で苦情を訴えないよう働きかけられたものの、彼女はその後正式な苦情の申し立てへと進んだ。まず学科長に打ち明けた。その後学科長はハラスメントをおこなった学生二名に話をして、苦情が申し立てられた事実を伝えたが、申し立てをおこなった者の名は明かさなかった。そうしてもおかしくなかったが、二人の学生は苦情を訴えられたことに対して自分たちも苦情を訴えて反撃には出なかった。そのかわり、苦情の発生源だと彼らが疑った、その件について何も知らない大勢の学生に対して手当たり次第にソーシャル・メディア上で反撃のキャンペーンをおこなった。どんな事態になったのか彼女は説明した。

それから一連の動きが始まったのですが、それは元の一件よりもさらにひどいものでした。間違いなくエスカレートしました。陰でこそこそ自分たちを訴えたのは誰なのかあぶり出すために、彼らはとてもひどいメッセージを投稿しはじめたのです。それはプログラム全員が関わる会話の場から始まり、誰もがそのメッセージを見ることができました。その一方で、プライベートな会話もそこかしこで交わされるようになりました。苦情を申し立てたのは誰か、皆が詮索し始めたのです。彼らは「腐ったリンゴ」という言葉を使っていました。一部の腐ったリンゴが文句を言っていると。それから「男ぎらい」とも言っていました。そして、少々過敏になっている女がいると主張し始めたのです。そして、「芝生は刈り取られる（grasses get slashes）」〔grass には「密告者」という意味がある〕という表現になりました。表現は暴力性を増していき、ついには文句を言う女性たちを撃ち殺されるべき害獣にたとえるまでになりました。

暴力性を増していくメッセージは「文句を言う女たち」に向けられていた。「芝生は刈り取られる」という暴力的な表現が意味するところは、権威の座にある者に対して文句を言えば、その当人だけでなく集団全体への裏切り行為になるということだ。つまり、苦情を訴える者は、自ら集団に背を向けているということ。この章の冒頭で、「真っ只中で」という表現はきわめて密集した(crowded)状況を指すと述べた。苦情は群衆(crowds)を集める。その苦情に関わったとされる人の群れ、苦情に関わったとされる人たちに対抗するために結集する人の群れを。フェミニストを自認する女性たちは一人残らず苦情の発生源ではないかと疑われた。苦情志願者は、苦情を訴えた疑いのある人になった。私が話を聞いた別の女性はこう語る。「同じ学年でフェミニズム研究をおこなっている女性が苦情を申し立てたに違いないと、彼らはすぐに決めつけて、フェイスブック上でそういう女性たちのリストを作成して攻撃し始めました。苦情とは無関係な人たちなのに」。苦情の近くにいると(例えば、政治信条が近いと認識されると)、それだけで標的になるには充分なのだ。これは、なぜ多くの人が苦情や苦情を訴える人と距離を取ろうとするのかを考えるヒントになる。彼/女らは標的にされるのを恐れているのだ。[★11]

苦情を訴えた疑いのある人はフェミニストでもあり、苦情と一緒にフェミニズム自体も、昔からあるおなじみの否定的なステレオタイプ(フェミニストは「男ぎらい」)によって非難されている。苦情を訴えるフェミニストは害獣呼ばわりされ、駆除しなければならない汚染源扱いされる。苦情を訴えた疑いのある人や苦情を訴えるフェミニストの姿が出回るようになると、より多くの学生が巻き添えを食う。「腐ったリンゴ」という表現の使用は示唆的だ。それは、苦情を内部で進む腐敗にたとえている。苦情の阻止は腐敗の広がりを防ぐことになる。苦情の阻止は、それが人から人へと伝わるのを阻止すること。苦情は疫病のように蔓延しかねないから。

フェミニズム自体が苦情を蔓延させる疫病だとみなされているのだろう。苦情の蔓延の原因は何かという物語が蔓延する。学科長や上級講師など、組織の中で地位についている人たちがその物語の蔓延に関わった。学科長は苦情の訴えをフェミニストの好戦性の表れだとした。

彼女に言われたのです。私は苦情を訴える前からそうだったし、苦情を訴えた今となっては、この学科にはっきりと背を向けたのだと。編み物クラブのような場所ですら（そのクラブには男性も女性もいます）、そんなことをすれば自分の居場所と決別するサインになるのだと。何が望みなのかと言われました。私のような女性たちのための空間の確保を目指しているのは、ある種の好戦的なフェミニズムの空間をつくるためではないかと言われました。間違いなく、それはフェミニズムのプロジェクトでした。でも、私たちが求めていたのは平等と安全であり、誰もが歓迎されている気持ちになれる空間でした。

苦情を訴えたのは学科への帰属意識の希薄さが原因だと言わんばかりに、過去の行動が「背を向ける」兆候だとされる。★12 そして、来るべき転覆のサインとして男女混合の編み物クラブまでが引き合いに出される。要求の誇張が苦情を退けるひとつの方法になる。「平等と安全」の要求は、以前から存在するものや人の否定や、空間や文化の共有に背を向ける分離主義だとみなされる。言い換えると、苦情を訴えた人に向けられた暴力の激化《エスカレーション》が、苦情の要求の誇張《エスカレーション》になることがある。

一部の古参の研究者が物語の蔓延に関わっているのなら、彼／女らは暴力の激化に関与したことになる。関与を否定するには暴力を否定しなければならない。ある学生はこう語る。「暴力的な脅しがおこなわれても、それは単なる話の流れに過ぎず、たいした意味はないとされました」。身体的暴力の脅しが含まれることもある言葉の暴力は、それが暴力だと認識されるその瞬間においても、たいした意味はないものとして片づけられがちだ。彼女が部屋を離れると、あるスタッフが追いかけてきて、「彼には何か意図があったわけではない」として苦情の訴えを阻止しようとしたことを思い出してほしい。[★13]暴力の激化を止めるために仲裁に入らなければ、暴力はそのまま激化すると理解されなければならない。何も手を打たなかったら、何かをしているということなのだ。初期の段階以降にこの苦情申し立てに関わるようになったある学生は、学科長のその後の姿勢についてコメントした。「それで、学科長に言われたんです。彼女が一方の学生の側についていると思われるのはよくないので、この件については正式な措置をとれないと。それを聞いて、セクシュアル・ハラスメントに対して正式な措置を取れないなんて、いったいどういうことなのかと私たちは思ったんです」。立場を表明しなければ立場は明確になる。つまり、ハラスメントを阻止しようとしているのではなく、ハラスメントに対する苦情を阻止しようとしているということ。

エスカレーションは、苦情を阻止する強制力の増大《エスカレーション》にもなりうる。暴力の激化《エスカレーション》は、暴力の正当化によっても生じる。言い換えると、行動が正当化されると暴力が可能になり、繰り返され、激しさを増す。その学生が周囲に合わせず、文句を言っているとみなされたせいで、暴力はエスカレートした。悪質な行為に及んだ学生が、苦情が申し立てられたと警告を受けたせいで暴力はエスカレートした。暴力が「議論の一方の側」だとされ、権威ある地位にある人たちが暴力の激化への仲裁を拒んだために暴力はエスカレートした。暴力が本当なのか疑わしいものだとされ、そのように扱われたせいで暴力はエスカレートした。それぞれの段階は同じ構造の一部だ。段階が進むほどに構造が見えるようになってくる。

段階がさらに進めば、それだけ構造があらわになる。学科長との話し合いの場で、その院生はこう言われた。「言説分析やポスト構造主義については、あなたたちなら説明しなくてもわかっているでしょう。それで、私たち全員がXについて言説分析をおこなえば、それぞれまったく別の意味が発見される」、と。これは暴力の理論的正当化だと言える。「巨乳のビッチ」発言を現代理論に当てはめて攻撃的で性差別的な発話行為だと解釈しても、それは可能な解釈の宇宙における一解釈にすぎないということになる。このような理論的正当化について考えるとき私の脳裏には「組織のブラインド」が浮かぶ。

組織のブラインドのせいで暴力が見えなくなると、これまでに指摘した。苦情を訴えるとブラインドは引き上げられ、否が応でも暴力があらわになる。私たちは今、学んでいる。そのブラインドのせいで暴力が見えなくなるのではないのだ。暴力が見えたからブラインドは下ろされた。正当化がブラインドの役割をする。そして、苦情によってあらわになった暴力を見ずに済む方法になる。[★14] このため、苦情を訴えると、しばしばブラインドの存在に気づくことになる。あなたは自分に見えているもの越しに、何が引き下げられているのかがわかる。

正当化によって（隠蔽が）あらわになりやすいのは意外ではない。何かが要求されるとき、つまり疑問が投げかけられたり苦情が申し立てられたりすると、何かを正当化するために誰かが呼ばれる。苦情を訴えると数々の正当化を受け取ることになる。その学科長の発言は、私が苦情の調査を進めるなかでも、より広い公的領域における性差別や人種差別に抗議しようとする経験を通しても、何度も耳にしてきたタイプの正当化だ。攻撃的な言葉の使用の正当化でありがちなパターンは、その言葉には別の意味があるという主張だ。文字で表される言葉として存在すると私たちが知っている人種差別的用語（歴史は反復される文字の暴力になりうるので、ここでその言葉をシェアするのは控える）を講師や学生が使い、わざわざその言葉を使用したのは、それに新しい意味を与える試みだとか、新しい意味を獲得できると示すためだと正当化するのを耳にしたことがある。暴力の正当化とはまさに、その暴力がいかに反復されるかということ。暴力の正当化は暴力そのものなのだ。

3-2　あなたは自分に見えているもの越しに、何が引き下げられているのかわかる。

「彼に意図があったわけではない」から「その言葉に意味はない」から「さまざまな意味の違いに遭遇する」への移行は、意味の重要性やその理由について何かを教えてくれる。そこでほのめかされるのは、ある人に対する苦情は、あなたの解釈の押しつけだということと。そこで起きていることは、ストレンジャー・デンジャー〔よそ者にご注意〕の別バージョンではないだろうか。私は過去の著作で、暴力は部外者によってもたらされたと示すためにストレンジャー・デンジャーが利用されると指摘した[★15]（Ahmed 2000, 2017）。それはまた、暴力が「内部に存在する」と認める者は、部外者だからそんなふうに思うのだということを示すのにも利用される。「人種差別」や「性差別」などの言葉の使用が、外からの押しつけであるだけでなく、どこかに存在する者の自由を、言葉の意味を解釈する自由や、言葉通りの行動をする自由を制限するものとして理解される[★16]。大学内で苦情を訴えるということは、大学から受けている恩恵に不満を抱いているとみなされるということ。その恩恵とは、あなた自身の解釈をする自由、批判をする自由であり、学問の自由だ。

エスカレーションが苦情を阻止する方法になるのなら、そこには強制力の増大だけでなく強制力の否定も含まれる。エスカレーションの手法の利用は、カミング・アウトの別バージョンとして考えられる。それは、組織が自らをあらわにし、その姿や正体を明らかにすること、組織を支え、可能にしているのは誰なのかをはっきりさせる方法なのだ。誰が支援されているかだけでなく、どのように支援されているかということから私たちは学びを得る。苦情の対象になるだけでなく、ほぼ全ての大学がそれに反対すると表明している言動を正当化するために、理想（学問の自由や批評性などの）が利用されている状況から学ぶ。カミング・アウトは結果に関する問題でもある。苦情を訴えた四人の女性全員がプログラムを去ることになった。ハラスメントをおこなった男性二人は残った。性差別的ユーモアに迎合しなかったためにハラスメントを受けた女性は、その場やプログラムから離れただけではなかった。彼女は学問の場から去った。彼女が去ったのは、自分の苦情に対する反応から組織について、学んだことが一因だ。その経緯を彼女はこう語った。「私はバラ色の世界が見える眼鏡をなくしました。かつては、そのような空間が素晴らしいものが集まる場所に見えました。そこでは差異も歓迎されるはずだと思っていました。その空間に入るために懸命に努力しました。家族の誰も大学で学位を取得していないという、私みたいな出自の者にはそんなふうに思えたのです」。組織の姿がはっきりと見えるようになったことで結局彼女は大学を去ることになった。それは、それまでの道のりを、労働者階級出身の女性が闘い続けてきた軌跡をあきらめるということを意味した。

この場合は、大学が「差異を歓迎する」という期待そのもの——大学が自分たちでアピールする言葉通りのものであったり、見かけ通りのものだということ——が、苦情を訴えると大学に幻滅する経験につながったのではないかとうかがえる。先ほど「中産階級のシニシズム」と表現したのは、自分が本当は資格を有していることの表明になる、ものごとの価値への懐疑だが、彼女はそのシニシズムによって守られてはいなかった、ということなのかもしれない。苦情は、労働者階級出身の学生や研究者が大学に参入する闘いの継続になりうる。[★17] 彼女はさらに、自分が苦情を訴えたコストと、ハラスメントをおこなった学生たちのコストを比較した。「あの二人は経済的な基盤がしっかりしていますから。特権的な家庭の出です。私は公営団地に住む白人労働者階級の娘ですから、お金がなくなったらそれでおしまいなのです」。あなたが特権的な家庭の出でなければ、苦情はより一層困難となる——費用が尽きるだけでなく、時間とエネルギーもなくなる。ここで、戦略的非効率の再生産的ロジック（第二章）へと戻ろう。苦情に多くの費用と時間がかかるのなら、余裕のない者が苦情を訴えるのは難しくなる。苦情をもっとも訴えなければならないのは、苦情を訴える余裕のない者なのだ。苦情を訴えなければならないが、苦情を訴える余裕のない者はたいていその場から去ることになる。

誰が、あるいは何が残るかによって、苦情を訴える者は去るのかもしれない。そして、苦情を訴える者が去ると、その人たちが苦情を訴えた人やものはそのまま残る。暴力に対して苦情を訴えた者に対する暴力の激化は、いかに暴力がそのまま残るかということなのだ。

第4章　使用中　OCCUPIED

　ある空間が占拠《オキュパイド》されているからあなたは苦情を訴えなくてはならなくなるかもしれない。空間が占拠されていることに異議申し立てをおこなうと、いかにその空間が占拠されているかを知ることになる。占拠が教訓になるということ、つまり苦情からの学びによって、占拠がどのように達成されるのか、そもそも達成されているかどうか自体が必ずしも明白ではないということが理解できる。占拠の達成がはっきりとわかる場合もある。例えば、その施設が現在使用中《オキュパイド》だとドアに表示が出ている場合だ。

　そのような表示がなくても空間は占拠される。特定の用途を想定することで空間は占拠される。そのような用途が想定されるとき、特定の身体が念頭にある。その空間では想定されていない人たちが姿を現すと、誰を想定した空間なのかにいっそう気づきやすくなるのかもしれない。『それが何になる？　利用の利用法について』（2019）のなかで、私は「奇妙《クィア》な利用」と呼ぶものの一例として、鳥が巣を作った郵便受けのイメージを使用した。そのイメージを用いて、思いもよらない用途で、意外な存在にものごとが利用されるということを示した。手紙を差し入れる用途を想定した狭い開口部は鳥たちによってドアに変えられた。それは郵便受けに出入りする手段であり、奇妙なドアだといえるかもしれない。当然、郵便受けが鳥の巣になるのは、それが郵便受けとして使われなくなった場合に限られる。したがって、「この郵便受けは現在使われていません」という表示は、手紙を差し入れようとする者に向けられた言葉だ。これがほほえましい、前向きなイメージであることは承知の上だ。奇妙な利用は単なる出現に過ぎず、ほとんどの場合、郵便受けを鳥の巣に、部屋を避難所《シェルター》に変えられるということだけではない。奇妙な利用、つまり、想定外の存在への空間の解放は、しばしば世界を解体するほどの労力が要求されるのだ。

苦情はそのような労力を部分的に説明する。苦情とは闘いを抱え込むことを意味する。あなたは余地《ルーム》を求める闘いを余儀なくされるかもしれない。それは、存在する余地、何かをする余地、疑問を抱かれたり監視されたりせずに仕事をおこなう余地を求める闘いだ。シラバスがあなたの不在を定めることのないように、壁の肖像画や建物の名前が、あなたの追放を祝うことのないように闘わなくてはならないかもしれない。その闘いを通して私たちは知恵をつける。私たちに居場所を与えない世界の変革を目指すなかで多くを学ぶ。そして、「目指す (trying)」というのは適切な語であるようだ。それは骨折り《トライング》なものになりうる。だが、その闘いはまた途方もなく困難になる。自らの存在をかけて闘い続けなければならないとき、闘いがあなたの存在そのものとなる。

存在をかけた闘いは引き継がれる。ということは、苦情の効果も引き継がれる。先人たちが苦情を訴えなかったら、現在でも私たちは一部のドア、建物、組織、大学に足を踏み入れられなかったかもしれない。しかも、私たちがたどりついた組織は既に占拠されていたので、自分たちのフェミニズムのプログラムを用意しなければならない場合も多々あった。ところが、フェミニズムの空間に身を置いてみると、そこもまた占拠されていることに気づく。ここで私が思い出すのは、一九七八年の、シ

4-1　使用中であることを伝えるドアの表示。

4-2　奇妙な利用：ものごとが思いもしない相手に利用されることがある。

モーヌ・ド・ボーヴォワールの『第二の性』出版三十周年を祝う催しにオードリ・ロードが姿を現したときの出来事だ。彼女はそこで講演をおこなうことに同意していた。そして、「個人的なことは政治的なこと」というパネルで実際に話をした。ところが、そのパネルが黒人フェミニストとレズビアンが参加する唯一のものだということに彼女は気づく。彼女は毅然とした態度を取り、声を上げる。与えられた時間と空間を利用して批判を展開する。それは、黒人フェミニストとレズビアンがそれまでに与えられてきた時間と空間に対する苦情なのかもしれない。苦情と言えるかもしれない彼女の批判はのちに有名な論考、「主人の道具で主人の家は解体できない（The Master's Tools Will Never Dismantle the Master's House）」となった。その論考でロード（1984, pp. 110–11）は疑問を投げかける。「人種差別的な家父長制の道具が、同じ家父長制の成果を検分するために使われるというのは、どういうことなのか」。彼女はそのような家父長制のおこないを示して、その意味を私たちに伝える。「人種差別的家父長制」の道具を使って建てられたフェミニストの家には限られた人しか入ることが許されず、部屋《ルーム》が与えられない。主人の家からリソースを得ている者は、その家の解体を試みる人たちを「脅威」(p. 112) に感じるはずだとロードは強調する。他者に空間を開放しようとする試みは、その空間を占拠する者にとっては脅威になりうる。

苦情とは、その家がどのように建てられたのかを知ることになりうる。ダ、イ、バ、ー、シ、テ、ィ、・、ワ、ー、ク、と、し、て、の苦情。それは、自分たちがそこに居場所を与えられていないからしなければならないワーク。ロードが言う解体作業《ワーク》と居場所を与えるワークは一見全く異なるタイプの政治的、組織的ワークに思えるかもしれない。前者が家の破壊であるのに対して後者はより多くの人がその家に入れるようにするものに思える。ところが、見かけにだまされることもある。ある者にとって収容とは、既存の構造の解体や、一連の段取りの変更を求めるものだと苦情は教えてくれる。

不適合と苦情

構造に適合《フィット》しないと、あなたは構造の仕組みを知ることになる。苦情とは、もしあなたが適合していて、その構造によって資格を与えられていたら、しなくてもいいことになりうる。適合しない者がなかに入れてもらうには、事前に苦情を訴えなければならないのだろう。ローズマリー・ガーランド＝トムソン（2014, n.p.）は不適合や不一致を次のように説明する。「不適合《ミスフィット》は、そこに参入する身体《ボディ》の形状と機能が環境によって維持されないときに生じる。適合者や不適合者を生み出す身体と世界の間のダイナミズムは、動的《ダイナミック》ではあるが比較的安定した身体と環境が出会う、空間的時間的ポイントで生じる。私たちが人生の舵取りをおこなう場である、つくり出され、調整された空間は多数派《マジョリティ》の身体には適合を与えるが、障害を抱えた人のように、少数派《マイノリティ》の身体的形式を持つ人びとには不適合をつくり出す。環境があなたに居場所を与える構造になっていたら、あなたは適合を手に入れる。居場所を与えられていると、環境に気づきすらしない。あなたの身体と物、あるいは身体と世界との関係性が調和しなければ、あなたは不適合となる。ガーランド＝トムソン（2011, pp. 592–93）は過去の論考で、不適合とは「ふたつのもののあいだの調和しない関係性、すなわち〝丸い穴に四角い杭を打ち込む〟〔不釣り合いな人やもののたとえ〕ということ」だとしている。★1 あなたの身体に適合しない形をした規範に合わせようとすると不調和が生じる。あなた自身が不調和となる。適合は、適合しない者にとってはワークになる。あなたは押して、押して、押しまくらなければならないが、いくら押したところでなかに入れないこともある。

「入るために押す」ワークは、苦情のワークをよく表している。ある研究者は、アクセス不可能な部屋ばかり割り当てられるので、部屋がアクセス不可能だと指摘し続けていると話す。「自分が注目されるのではないかと心配です。でも、車椅子ユーザーを雇ったというのに、これが現実なのです。大学には、アクセスに関する深刻な問題があるのです」。彼女はさらに、「消耗、疲労、なぜ私が声を上げなければならないのかという気持ち」について語る。誰も何もしてくれないから、あなたは声を上げなければならない。だが、あなたが声を上げると、他人は自らの沈黙を正当化する。彼/女らはあなたの言葉を聴き取る。すると、それはあなたのことになる。「深刻なアクセスの問題」はあなたの問題になる。

彼/女らが行動を改めないので、彼女は声を上げ続けなければならない。だが、同じことばかり繰り返し、ひとつのことにこだわっていると聴き取られるのは彼女だ。苦情は壊れたレコードとして聴き取られる。私たちは聴き取られ方を設定する必要があるのかもしれない。壊さなければならないのは、彼/女らのレコードなのかもしれない。私はここで、表面についたかすり傷を思い出す。ダイバーシティ・ワークをしていると、表面にかすり傷をつけている気持ちになることが多いが、苦情も同じだ。苦情の描写が「何かをついばむ小鳥」であったことを思い出してほしい。ときに、かすり傷や何かの表面についた跡だけで、その働き《ワーク》を止めるには充分なのだ。かすり傷からものごとの働きがよく理解できる。

苦情の訴えが表面にかすり傷を残すことなら、苦情の訴えとは構造を知ることだ。構造の感覚から苦情が始まる場合もあるかもしれない。つまり、構造によって、どこかに到達したり、存在したりするのが妨げられると、あなたは構造に気づく。それはあなたにぶつかる。そして、私たちはまたあの壁へと戻る。他人には資格を与え、前進しやすくする構造に対して苦情を訴えなければならない者がいる。構造の感触とは、びくともしない何かと出くわす経験だ。ケイ・インクル（2018, p. 1373）は、この不動性《イモビリティ》——例えば、何かの集まりをアクセス可能な部屋に移動することができない——が正当化されていると述べる。

4-3　構造を知る。

> 仕事を始めて以来、さまざまな理由で、車椅子でアクセス可能な教室を割り振れないと言われ続けてきました。そうすると誰かの「迷惑」になるから、その人が時間割の変更を余儀なくされるから（その人は車椅子使用者ではなく、特にその部屋を使う必要はなくても）。アクセス可能であることが時間割の「最優先事項」ではないのだと。私は「理想的ではない」部屋（例えば、非常口がない部屋）で「間に合わせ」なければならないのだと。私の時間割を組み直して、信頼のおける、アクセス可能な部屋を確保することよりも、

万が一のときは私が尻もちをつきながら階下に向かうことを想定するほうが「合理的」だと大学はみなしているのだと。（最後の理由は、時間割を擁護した「平等性推進担当職員」に言われたものです）

車椅子使用者として雇用主に認められているのだから、インクルにはアクセス可能な部屋が割り当てられてしかるべきだ。そのような部屋が割り当てられないからと、彼女が部屋を求めなければならないのはおかしい。彼女のニーズは時間と空間の手配に組み込まれていなければならない。苦情は必要とするものを得るためのワークになるが、それは本来ならしなくてもいいものなのだ。

私たちはここで言われていることに、インクルが障害を抱えた研究者として仕事を続けるあいだ受け取ってきたメッセージに耳を傾ける必要がある（「言われ続けてきました」）。メッセージもまた蓄積する。障害を抱えた研究者である彼女が、「尻もちをつきながら階下に向かう」と想定するのが合理的だと考えられていることに、組織の平等ポリシーに精通していて、その策定に関わっていたかもしれないだけでなく、ポリシー実行に責任がある平等性推進担当職員の口からそんな言葉が出たということに、私たちは立ち止まって考えなければならない。他人を押しのけないようにするために一部の人が屈辱的な扱いを受けるのは合理的だと考えられることがある。エイブリズムとは、そこにある構造（建物のような）であるだけでなく——エイブリズムとはそこにある構造（建物のような）なのだが——その構造によって資格を与えられている人たちによって絶え間なく正当化され、再生産されているということが、インクルの議論によって理解しやすくなる。

第三章で、ハラスメントは認識されづらい場合があると述べた。日常的に起こるできごとの傍らで、ハラスメントは見えなくなる。構造はハラスメントの源泉として機能しうる。ハラスメント（harassment）という言葉は、「疲弊させる」だとか「悩ませる」という意味のフランス語「harasser」からきている。初期の用法では、「つらい経験の継続や反復が原因で休む時間がとれず、疲弊の苦しみを味わう」という意味だった。★2 構造は反復されるものに関わる。「つらい経験が繰り返される」とき、構造は消耗させるものであると同時に屈辱を与えたり侮辱したりするものとなる。一部の人を消耗させ侮辱する構造は一方でその他の人たちを「自由に」する。苦情は構造について多くを伝える。ただ仕事をこなすために誰かがしなければならないワークがハラスメントになる。それは「つらい経験の反復」であり、「疲弊の苦しみ」なのだ。

居場所を与えられなければ、あなたは消耗することになる。居場所を確保するためにしなければならないワークによって消耗する。このワークをおこなうことについて、ある学生が語ってくれた。

合理的な調整によって、障害を持っている人とそうでない人とのあいだにある種の同等性がもたらされるということになっているので、合理的な調整をおこなう義務は明らかです。ですが、調整を求める私のニーズは、彼／女らにしてみれば、自分たちの生活に全くやっかいなことを持ち込むものだったのです。そして、調整を継続する条件として、最低でも日々こびへつらう感謝を私に要求して、できればそれ以上のものがあってしかるべきだと思っているのです。私が彼／女らのチアリーダーみたいな存在として現れたら、きっと満足するんじゃないでしょうか。

苦情の不都合さをいくら強調しても足りないということは既に述べた。居場所を求めると、それが他者の不都合になるとみなされるだけでなく、あなたが原因を作っている、とされる。つまり、そのような行為自体が不都合なのだと。まるで、不都合を持ち込んだ代償だと言うように、あなたは笑顔でいなければならない。感謝のしるしを見せず、組織のチアリーダーにならず、私が第一章で「積極的な義務」と呼んだものを果たさなければ、それだけで不満をぶちまけていると、否定的だと、「全くやっかいなこと」だと聴き取られるには充分なのだ。苦情とは、あなたがどう受け止められるかによって、あなたの認識のされ方が決まるということ。苦情とは、適切な姿勢を示さないこと、適切な態度を取らないことになりうる。彼女がどんな言葉を使っているかに注目してほしい。「調整を求める私のニーズは、彼/女らにしてみれば、自分たちの生活に全くやっかいなことを持ち込むものだったのです」。ニーズが否定になることがある。既存の調整では満たされないニーズを抱えるということはさもしい《ニーディ》ということ。既存の調整によって、一部の人はさもしいという判断を免れる。一部の人のニーズを満たすために世界は組み立てられている。それが意味するのは、必要なものを得ようとして修正を求めると、あなたは他人に自分ごとを押しつけることになる。他人よりも自分を優先していることになる。

自分が必要とするもののせいで、あなたは悩みの種（a sore point）となる。何が必要なのかを口にすると、悩みの種はいつものこと（the same point）になる。この学生は、必要とする調整を確保するために結局は苦情を正式に申し立てることになった。だが、苦情のワークはそれ以前に、ずっと前から始まっていた。彼女が調整を必要としているということ自体が苦情として受け取られたのだ。苦情が訴えられないうちから、苦情を訴える人は現れる。苦情を訴える人が苦情に先行するということについては、この先でまた触れる。正式に苦情を訴えたら組織から目をつけられるようになったと彼女は語る。

彼／女らはすべてを長引かせ、私にひどい態度を取りました。例えば、昨夜は友達と一緒に過ごしたみたいだから、頑張ればもっと論文を書けるんじゃないかと言われたりとか。彼／女らは冷酷でした。私を診ている医師たちから手紙などをどっさり集めました。そこには［彼女には］広範囲に及ぶ医療措置が必要であり、多くのことに時間がかかり、他の人よりもエネルギーが不足していて、その原因は不治の遺伝子疾患にあるので、そのような状況に対処するには日々の活動量を下げるしかない、と書いてありました。それで、彼／女らは、私がトイレで用を足すのにどれぐらいかかるのかを示す円グラフを要求してきたのです——全く無遠慮で、おかしな要求です。

組織に目をつけられるということは、次から次へと要求を突きつけられるということ。相手に自分をさらに開示しなければならない。生活に関わる個人情報を、用を足すことについて教えなければならない。あなたは自分をデータに変える。排尿《ピー》すら最後には円グラフ《パイ》になる。それなのに、苦情プロセスの無遠慮さをよく知っているだけに不平は訴えないと彼女は語った。「トイレの件については文句を言うつもりはありません。トイレで実際に用を足すことで私が侮辱されたかどうかを検証するなんて、うんざりですから」。苦情は、ある経験について何が屈辱的なのかの共有《シェア》を要求することがある。屈辱的な経験のシェアは屈辱的な経験になりうる。さらなる屈辱を避けるために苦情を控えることもあるだろう。第二章で指摘したように、組織がアクセス不可能であることに対して、一部の者が苦情を訴えざるをえないワークをおこなうと、かえって組織のアクセス不可能さが促進される場合がある。そして苦情のプロセスが延々と続くなかで、必要なものを得ようとしている当人がひどい扱いを受け、屈辱について尋ねられるという屈辱を受けることになる。ハラスメントに対する苦情であろうとなかろうと、苦情を訴えるとしばしばハラスメントを受け、「消耗の苦しみ」を味わう。

苦情を訴えると、あなたの身体そのものが証言となる。それは、あなたについて何かを明かすのと同時に、あなたが置かれた状況についても何かを明かす。長期の療養休暇を取った、ある研究者が話を聞かせてくれた。所属した学部による復帰の取り扱いのなかで、彼女は困難に遭遇するようになった。学部側は彼女の仕事量を一切調整しなかった。彼女が表現するように、「自分自身の療養休暇の管理」を余儀なくされるプロセスを経験するうちに彼女は気づきはじめた。「私はただ病気で休んでいた人になっただけじゃない。大学の対応に不満を抱く人になったんだと」。当時のポストを辞してから、彼女に自閉症の診断が下った。その診断を念頭に置き、自分の要求への対応を彼女は振り返った。

私が求めていた多くのこと、たとえ診断がなくても可能だったかもしれない仕事上の調整、それらが聞き入れられていたら。そういうことは合理的な調整と呼ばれていますが、その言葉に私はいつも笑ってしまいます。「こうします、ああします」とだけ言っておいて何も起こらないのではなく、その一部でも実現していたら。一部でも実現して、私の要求が少しでも聞き入れられて労働時間が減らされ、きちんと監視されていたら、私が求めたごく基本的なことが実現されていたら、今でも仕事は辞めていなかったでしょう。そして、過去五年間の私の人生が、また別の経済的な理由で、ここまでストレスだらけなものにはならなかったはずです。だから、そうですね。あの出来事を考えるだけで頭にきますし、悲しくなります。それについては、まだいろいろと考えます。

「たとえ診断がなくても」、彼女が受けた対応は間違っていて、そのせいで深刻なストレスを受け失職するに至った経緯を彼女は明かしている。彼女が求めた「ごく基本的なこと」を受け取るために診断書を提出するまでもない。あらかじめ診断を受けていたら苦情の結果は変わっていたと彼女は考えていないが、診断は確実に違いを生む。診断が下ると、自分の扱われ方に関する不正義がより鋭敏に感じられるようになり、組織のどこが間違っているのか診断しやすくなる。つまり、組織の診断につながるのだ。彼女の声が聞き入れられず、仕事をするうえで必要な措置が取られなかったのは、個人ではなく構造のせいだということが彼女の話から浮き彫りになる。言い換えると、自分とは異なる人が仕事をおこなうのに必要なことが聞き流されるということは、仕事をするうえで何が必要なのかを定めた限定的な考えが組織によって押しつけられている。

職場復帰に当たって必要となるものを確保するために、つまり仕事ができるように彼女がしなければならないワークは結局は苦情のワークとなる。彼女は職場の保健サービスの医師と話をする。「地団駄を踏んで苦情を訴える元気があるのだから仕事だってできるはずだと思われているみたいでした。つまり、何かを主張できるぐらい元気だということと、適切な支援を確保するということに関して活動的になることが同じだと思われているのです……。それほど立派に文句を言えるのなら、仕事ができるぐらい元気なはずだと」。地団駄を踏んで苦情を訴えてみるといい。自分がどう聴き取られているか彼女にはわかったのだから、私たちだって何かを聴き取れるはずだ。いかに苦情が癇癪《かんしゃく》として聴き取られるか。いかに苦情を訴える人が身勝手だと思われるか。不服が恨みとして聴き取られるか。活動的になって何かを主張すると、それはあなたにとって不利なこととして利用されるという点に注意してほしい。具合が悪い人にしてはすらすらしゃべりすぎているかのように。苦情あるいは証言に対する疑念は、まずは苦情を訴える人をターゲットにすることから生じることが多い。自分の経験を語る彼女の能力に疑念を投げかけることで、彼女の証言をなし崩しにするのだ。苦情を訴える人が見事に首尾一貫していて有能だと、その苦情に疑念が投げかけられる。あるいは、苦情を訴えている人が充分に首尾一貫していないか、能力不足であっても苦情は疑念を抱かれる。あなたは完璧すぎるか、不充分かのどちらかなのだ。障害者差別に対する苦情を訴えたある大学院生は、受け取った通知《レター》で次のように伝えられた。レターから直接引用すると、「自分の解釈を誤解している」のだと。あなたは自分の証言を理解していないか、何を考えているのか自分でもわかっていないかのように扱われることがある。

「苦情／証言」はさまざまな形で疑念を抱かれる。「苦情（complaint）」という言葉には「特に比較的軽《マイナー》い不調あるいは疾患」という意味がある。[★3] 苦情として聴き取られるとき、軽《マイナー》いという特性は苦情の対象へと移行する。つまり、苦情を訴えるという単なる事実が、苦情を訴えている人が軽い症状に悩まされているだけだという証拠として利用される。抑圧的な状況に対して苦情を訴える力があるということが、実際は抑圧のない証拠として利用されうる。「沈黙のうちに苦しむ」という表現は説明的なだけでなく（苦しんでいる者はしゃべったりしない）、規範的であり行動を規定する（苦しんでいる者はしゃべるべきではない）。となると、苦しみを表現すると、苦しんでいないか、ちゃんと苦しんでいない証拠として利用されうる。苦情を訴える人が声を上げると、不満屋がささいなことで文句を言っていると受け止められる。そして、軽い《マイナー》という特質は苦情の主体にも移行する。苦情を訴える当人が軽い症状に、組織の生《ライフ》の構造内で生じた炎症になる。さらに、軽い《マイナー》という言葉はマイノリティを連想させるようだ。マイノリティの言説《ディスコース》としての苦情。そして、このタイプの聴き取りは実に示唆的だ。マイノリティだと認識される人たちは、ささいな《マイナー》ことで文句を言っていると聴き取られることが多い。苦情を訴える人がマイナーな存在であれば、それは特権的な立場を想起させる（ここでも、苦しんでいたら苦情など訴えられないはずだと思われる）。マイノリティは特権的な立場にあるか、特権を与えられていると（特権を持っている人たちから）しばしばみなされる。

ここで、駆け出しの講師が職員保健サービスの医師と交わした会話に戻ろう。彼女は医師が作成した報告書へのサインを拒んだときのことを語った。「彼はショックを受けていました。きっと私がその部屋で面と向かって文句を言ったからでしょうね。彼はそのレターをパソコンに向かって読み上げ、音声入力していました。私がそのレターにはサインしないと言ったものだから、面食らったのでしょう」。彼女がそのレターへのサインを拒否したこと、医師によって表現し直された苦情に同意しないとしたことについて、私は考える。彼が読み上げた言葉。パソコンが自動的に入力する、その言葉。彼の言葉。これは、あなたが自分の物語から姿を消す、また別の方法だ。他人に自分の苦情を表現することを許し、権威を持つ者から与えられたものを受動的に受け取っていれば、苦情が正当化されたものとして受け取られることになるだろう。不満屋になることなく苦情を訴えるには（誰が不満屋になるのかという問いはこの先でまた取り上げる）、受動的にならなければ。あなたの苦情を受け取った権威者が、その権威を駆使して物語を語り直すことに「ノー」と言うことが、苦情に要求される場合がある。「ノー」と言うとき、苦情は不服従の証《あかし》を提供する。

私たちは結局、同じことばかり何度も繰り返す羽目になる。彼／女らがずっとそんな態度でいるので、あなたはずっと訴えていなければならない。ところが、自分には「ノー」と言い続ける権利がないと思っていたら、訴え続けるのは至難の業だ。彼女は苦情を訴えていたが、自分にそんなことをする権利があるのか自信がなかった。「労働階級出身の若い女性研究者であるという事実が関係する、別の何かがあります。私には苦情を訴える資格がないと、どこかで思っているのです——苦情を訴えるのは誰にとってもこんなに大変なことで、こんなに大変であるのが当然で、大変じゃなかったら仕事じゃないと」。苦情を訴える資格があるのか疑問を抱くということは、同等以上の何かを期待する権利があるのかという疑問を抱くことになりうる（もしそれが大変なら、そうあってしかるべきなのだ）。自分には当然資格があると思っている人たちほど苦情を訴える資格を疑問に思わない傾向がある。[★4] 当然権利があると思っている人たちが、他人が訴えた苦情は資格の当然視だとして取り合わない傾向にあるのはそれが理由なのかもしれない。

前章で、苦情が労働者階級出身の学生や研究者がブルジョア的組織に参入するための闘いの連続になるということを取り上げた。そこに到達するために闘っていると、いざ到達したときに自分には苦情を訴える権利がないという気持ちになる。もし彼女がどこかで自分には苦情を訴える権利がないと感じたのなら、それだけ彼女は闘わなければならない。そう思ってしまった自分に対して、ジェンダー化された歴史や階級化された歴史の継承に対して、彼女は闘わなければならない。自分のやり方で、自分の言葉を使って苦情を訴えるために闘わなければならない。仕事をするのに必要なことを求めて闘うのと同じように。そうなのだ。だからこそ、苦情は、別の方法による闘いの連続となる。

苦情を訴える人になる／ならない

苦情がまだ訴えられないうちから苦情を訴える人は登場可能だ。そんなふうにして、さらなる意味や価値が苦情を訴える人にすぐさま与えられる。不満屋なのだと、取るに足らない《マイナー》存在なのだと。そのような認識のせいで排除が横行する。第二章で、苦情志願者という形象とは、苦情を訴える意志を自分や周囲に表明した人なのだとした。ここに来て私たちはさらに学びを深めている。そのような意志表明をしなくても、これから苦情を訴える人になることができるのだ。形象もまたファイルになりうる。苦情を訴える人は中身がぎっしりつまったファイルなのだ。その後実際に苦情を訴えるに至って、あなたは既に一杯になったファイルを拾い上げることになる。レイラ・ウィットリーとティファニー・ペイジ（2015, p. 43）は、「女性がセクシュアル・ハラスメントに対して異議申し立てをおこなうと、組織内の用語で不満を訴える女性になり、次いで不満屋となる」としている。異議申し立ての方法はいくつもある。既存の取り決めの変更を、自分が働けるように、職場復帰できるようにするために仕事量の変更を求めたら、あなたは異議申し立てをおこなっていると、不満を訴えていると、後ろ向き《ネガティブ》だと、さらには性格が悪いのだと聴き取られることになる。

苦情を訴える人の形象が鮮明であるほど彼女がよく見えるようになり、背景はぼやける。そのせいで、彼女が訴えている内容は視界から遠のく。苦情の訴えとは、何に対して苦情を訴えているのかを目立たせようとする試みであるにもかかわらず。ここで、パウロ・フレイレ（［1970］2000, p.83）のラディカル・ペダゴジーが参考になる。「客観的には存在しても、その深い意味までは認識されてこなかったもの（それが少しでも認識されていたらだが）は、問題であるという雰囲気をまとい、〝目立ち〟はじめる」。苦情の訴えとは何かを目立たせようとする試みであり、問題だという雰囲気をまとうことなのだ。結局は苦情を訴えた当人が目立つことになって、「問題だという雰囲気をまとう」ケースがいかに多いことか。いじめとセクシュアル・ハラスメントに対して複数の苦情を申し立てた（どこにも到達できなければ、あなたは苦情を訴え続けることになる）学生が、苦情を訴えると自分に注目が集まると教えてくれた。「注目が集まります。不平等、存在する力関係、みんなが気づくべきだと思っていることにあなたは注目を集めます。でも、それらに注意を引いた瞬間に、あなた自身に注目が集まるのです」。構造に注意を引こうとすると、たちまち自分に注目が集まって構造は見えなくなる。見えてくるのはあなた。障害を抱えた研究者の、「自分が注目されるのではないかと心配」という言葉がよみがえる。それに、大学院生が性差別的ジョークに笑わず、「そんなふうに目立った」と言っていたことも（第三章）。何かに参加せず、合意しなければあなたは目立つのだ。

苦情を訴える人の形象は診断としても機能する。不服が恨みとして聴き取られるのなら、苦情はある種の個人的失態をごまかすものとして理解される。ある駆け出しの講師がこの仕組みを解説した。

私は喧嘩を売っていると言われ続けています。ユダヤ人だからだと。この国に住む外国人で、ブレグジットが気に入らないからだと。あるいは同性愛者で、あら捜しをしているのだと。それで考え始めます。私はあら捜しをしているんだろうか、と。自分の心に問いかけます——私が原因なのだろうか、私のせいなのか、と。夜、横になって、まんじりともせず考えます。実は、これは私に関する問題だったのかと。

いつものことばかり訴え続けていると、それはたちまち悩みの種となるようだ。なぜなら、あなた自身が悩みの元凶だという雰囲気をまとっているから。同じ問題にばかり遭遇するので同じ点ばかり訴え続けるうちに、最後には問題は自分だと思うようになっても意外ではない。

ひとたび苦情を訴える人になると、苦情を訴える人でなくなるのは困難だ。それに、苦情を訴える人になると、たちまち多くのことがあなたにまとわりつく。あるレズビアンの研究者は学科長に就任した。女性の学科長就任は彼女が初めてで、当然、レズビアンとしても初だった。彼女はその学科では新参者だった。

私は女性初の学科長でしたから、さまざまなことがまとわりつきました。全ての部屋のドアが重厚な木製のものから、窓つきの防火扉に入れ替わったとき、それは私の失策で、私がみんなを監視したがっているということになりました。教員用の電子カレンダー導入の際も、これを使うべきなのか、どうやって利用するのか事前に意見を聞いていたはずです。それなのに、私が皆を監視したがっているということになりました。

ドアについては第三部でさらに詳しく論じる。ドアが伝える物語に関しては言うべきことがまだまだたくさんある。多くの性的不適切行為やセクシュアル・ハラスメントが実際に起こって、重厚な扉の交換が進んだ。大学のＬＧＢＴ団体は「重厚な扉が窓に替えられた理由」を知っていると彼女は話した。ドアがどんな物語を伝えていても、ドアに伝える物語があっても、ドアは最後には彼女にまとわりつく。

「否定的な影響」は、あなたに非難《ピッキー》を向けるだけでなく、まとわりつく《スティッキー》ものでもあるのだと苦情から理解できる。まとわりついてくるものに非難されることがある。彼女はある学生にレズビアンの学科長として紹介される。「私が率先して、自分がレズビアンであることを学生たちに押しつけているのではないかと、同僚たちとちょっとした議論になりました」。押しつけがましいマイノリティという形象に組織の生《ライフ》が存在するのには理由がある。ある状況で出しゃばる存在だと思われているのだ。★5 一部の者は、存在するだけで、押しつけがましいと判断される。レズビアンの学科長と呼ばれれば、それだけで苦情を訴える人になる。★6 彼女はさらに続けた。

ある状況があって、それに対して苦情を訴えると、あなたは文句を言う女、文句を言うレズビアンになり、そのせいで果たすべき役割が果たしづらくなります。よき同僚に、指導者に、素晴らしい教師に、指導教員になろうとしても。そして、ミーティングで発言する自分の声と、その場の力関係が変化したことに気づきます。そんなふうに自分の声を聴きたくないと思っても、結局はまたもやそんな状況に身を置くことになるのです。それで、自分のせいだと思うようになります。いや違う、これはシステムに関することだ、でもやっぱり私が悪いんだと。

私のせいだ、システムのせいだ、やっぱり私のせいだ、システムのせいだ——自分との会話は時間を食う。そして、全てが堂々巡りをしているように思えてくる。ぐるぐる、ぐるぐると。そんなふうに巡り続けるうちにあなたは限界点に達するかもしれない。「斧の先が柄から抜けて飛び出す（to fly off the handle)」という表現には、ぷつんと切れる《スナップ》だとか、自制心を失うという意味がある。斧の柄《ハンドル》が壊れれば、あなたはものごとに対処《ハンドル》できない人になる。

彼女は話を続ける。「それから、もちろん魔女狩りの対象にもなります。生贄になるんです。やっかいで傲慢な女、なじまない女になります。いじめが非難の矛先を向ける、どんなものにもなります。耳を傾けてくれる人はひとりもいませんから。そうするうちに、怒りに満ちたトーンではないものの、［机をバンバン叩いて］〝おい、やめてくれよ〟という態度を取られるのを受け入れている自分に気づきます。彼らが〝ああ、またか〟と言っているのがわかります」。以前、あるダイバーシティ担当職員が同じようなことを話してくれた。彼女がミーティングで口を開いただけで、〝ああ、またか〟とでも言うように周囲が目を剝くのを目撃したと。どちらの話を聞いたときも、私たちは笑いあった。経験を言葉にすると、ほっとできるものなのだ。私が考案した等式、目を剝くこと＝フェミニストの教育法《ペダゴジー》のもとになったのはこのような経験だ。笑いあっているときですら、剝かれた目に追われるということは、視線に追われているのだと私たちはわかっている。それがいかにもあなたの言いそうなことだと決めつける視線にさらされる重みを感じるのだ。

　苦情を訴える人になるということは、他人の苦情の対象になることも意味する。[7] 彼女の学科の教員たちは、彼女がいじめ行為をおこなっているとして、非公式な苦情をＨＲに提出した。「押しつけがましいマイノリティ」がいじめの加害者へと姿を変えるのは意外ではない。いじめはしばしば、すべての問題の裏にある人物がいるという説明《ナラティヴ》をつくりだす働きをする。彼女はその学科の新しいリーダーだった。学科の文化を変えようとしていた。ところが、ある人物が変更を導入すると、計画《アジェンダ》を押しつけられている証拠として利用されうる。[8] 誰がいじめているのかは、外からは判断しづらい。いじめの加害者は自分こそ被害者だと訴えることが多いからだ。[9] 彼女を加害者だとしたことも含む、そのいじめの影響で彼女は孤立感を抱くようになった。とりわけ、そんな状況を可能にした学科長の役割について、苦情を正式に申し立てる根拠があるとわかっていたが、そうしなかった。「とても大変でした。私は孤立無援でした。周囲の世界が完全におかしくなってしまったみたいで。そのうち、自分が基本的な部分でまともなのかに疑問を抱くようになります。どうしてこの仕事をしているのだろう、と。私はただいい仕事がしたいだけで、改善したいことがあるのに。全てがすっかりおかしくなっていました」。彼女は最終的に「凄腕の雇用問題専門弁護士」を雇って推定解雇〔雇用契約が違法だとして補償を請求できるタイプの解雇〕の権利を勝ち取った。★10 非公式な苦情が彼女に対する道具として使われたわけだが、彼女自身は、仕事のことでも生活面でも、自分は苦情を訴える存在なのだと、不正義に対して苦情を訴えなければという気持ちに駆られる人間なのだと思っている。その件で彼女が苦情の申し立て手続きを利用することはなかったが。「私は主張して、人びとの関心を引かなければなりませんでした」と彼女は述べる。問題に注目を集める労力としての苦情に私たちはまた戻ってきた。

ある問題に注目を集めるとあなた自身が問題になるのであれば、苦情を訴える人はしばしば苦情を訴えられることになる。つまり、より多くの苦情を訴えるほど、あなたが苦情を訴えられる機会も多くなる。苦情を訴える人の形象は苦情マグネットになる。苦情を訴える人になると苦情を引き寄せる。苦情を訴えるのと同時に苦情を受け取る。あるいは、苦情を訴えるからこそ苦情を受け取る。教育活動や研究における構造的不正義を指摘するために人種差別や性差別等の言葉を使おうものなら、あなたは苦情を訴えていると聴き取られるだけでなく、おそらくあなた自身が苦情を訴えられるだろう。ジェンダー研究や人種研究の教育に従事する者や、別のコースでジェンダーや人種について教えている者は、教えている内容やその方法のせいで、かなりの数にのぼる非公式の苦情が届けられる。あなたが受け取る可能性のある苦情には、フェミニズムばかりだとか、偏りすぎているだとか、政治的すぎるということが含まれる。こういった苦情は、たいてい正式な苦情申し立ての手続きを経ずに、手っ取り速くて簡単な方法を利用する――例えば、その学科の教員にEメールや手紙を送ったり、学生による教員評価を利用したりするなどして。★11

苦情を訴える人という形象が、非公式あるいは公式な苦情を訴えているということに収まり切らないことにも注意してほしい。苦情を訴える前から、あるいは苦情を訴えなくても苦情を訴える人になることができるのであれば、苦情を訴える人にならなくても苦情は訴えられる。[★12] 第二章で、苦情はべたつくデータなのだとした。だがひょっとすると、べたつく性質があるのは苦情を訴える人のほうなのかもしれない。苦情の否定的なデータは、苦情を訴える者や苦情を訴えているとみなされる者全てにまとわりつくわけではないから。

苦情を訴える人になると代償が伴うため、そんな人になるのを避ける傾向が一部にはあるが、苦情を訴える人の形象は苦情を訴える前に現れる《ターン・アップ》ということを考えると、それはかなり難しい。ある有色人種の女性はこう説明する。「有色人種であれば、この女性はどんな人なのかと必ず詮索されるんじゃないでしょうか……有色人種のスタッフを上級職につけることには慎重になります……なぜなら、もし私がサリー姿で現れて、祈りの時間を要求してことを荒立てるようになり、一風おかしな感じで自分の文化を主張し始めたら、きっと相手はその行為に対してまた違った判断を下すでしょう」。一部の差異の形式は主張として聴き取られる。異なる存在であることを自ら主張しているから、あなたは違う存在になるのだとして聴き取られる（「きっと相手はその行為に対してまた違った判断を下すでしょう」）。サリーの着用や祈りの部屋を求めることですら「ことを荒立てる」ものだと聴き取られる。この「ことを荒立てる」という言葉の用法を、苦情に対する警告としての用法（第二章）の隣に並べておくことができる。何かと違っていると、その何かに対する苦情として聴き取られる。苦情としての差異。そして、何かに対する苦情は、何かと違っているとして聴き取られる。差異としての苦情。あなたがどんな人物なのか、その認識のされ方によってあなたはことを荒立てる存在になる。どんな差異も、ものごとを不安定にするものとして、現状を乱すものとして認識される。そして、現状に対して疑問を投げかけることで、あなたは波風を立てる。どんな苦情も、組織文化に同化しようとしない姿勢の産物だと認識される。

　ことを荒立てると、あなた自身の先行き《パッセージ》が不安定になることを考えると、あなたは差異の兆候を最小限にとどめて波風を立てないように気をつけるかもしれない。差異の兆候を最小限にとどめる労力を私は組織的通過と呼んでいる。あなたはサリーを着ないし、祈りの時間を求めることもない。そして、ほほ笑みを浮かべる。これまでの章で、笑顔とは訴えることのない苦情を預けておく場所だとした。笑顔はファイルになりうる。自分を押し込めておくために、あなたは必死に努力しなければならなくなる。内心では訴えることがあるとわかっているのに苦情を控える態度はまた別種の組織的労力になる。「人種差別」という言葉を使えば自分の経験が理解できる場合でも、あるいはその言葉で自分の経験が理解できるがために、あなたは「人種差別」という言葉の使用を控えるかもしれない。ある有色人種の女性研究者が、駆け出しの研究者だった頃は苦情の訴えを控えていたということや、その理由を次のように語ってくれた。「別の有色人種女性が苦情を訴えたり、疑問を口にしたりすると、否定的な感じで見られていると気づきました」。苦情がまとわりつき、非難を向けてくるものだとわかっていたので、彼女は苦情を訴えないよう自分に指示した。「黙っているように自分に言い聞かせました。しゃべっても、疑問を口にしてもいけないと。ただ目立たないようにしていればいいと」。言うべき何かを抱えていても、それを口にすると高くつくとわかっているとき、あなたは自分自身に言ってはいけないと言い聞かせ続けなければならない。組織的通過《パッシング》は、あなた自身と苦情を訴える人の形象をできるだけ遠ざけておく労力になりうる。あなたが通過《パス》しようとするのは、彼らに同化しているからでも、彼らの一員になりたいからでもなく、目立たないでいるほうが安全だから。

苦情を訴えることで自分が苦情を訴えられる可能性が高まるのなら、苦情を訴える人にならないでおくことは、苦情を訴えられる可能性を少なくする労力でもある。苦情を訴える人にならないでおくことは、苦情を訴えているとみなされる人たちにとってはひとつのプロジェクトになる。自分では苦情は訴えたことはないが、以前の職場でセクシュアル・ハラスメントに対して苦情を訴えた大学院生を支援したある有色人種の教授に話を聞いた。彼女自身は苦情を訴えてはいないが、彼女ともうひとり以外はすべて白人研究者ばかりだったその学科で苦情の種を数多く抱えていた。彼女によると、「苦情を訴えないこと」はその学科の文化の一部になっていた。「人びとのあいだにことを荒立てないという了解がありました。そこの人たちは、組織がある種のレガシー・プロジェクトであるかのように語り、組織がここまでになった経緯をあなたは理解できないだろうと暗に言っていました。それはつまり、この場所の仕組みや伝統を基本的に尊重しなければならないということでした。それに従えないのなら、在籍年数が十年に満たないからだとされました」。苦情を訴えるということは、新入りだという証拠を提供すること。ある場所に長く在籍していないと、組織の規範を内面化しておらず、組織とまだ相思相愛の関係になっていない不満屋なのだと伝えることになる。[★13] ここでの苦情と時間に対する暗示は興味深い。おそらく、一定期間をその組織で過ごしていたら、苦情を訴える許可が与えられるのだろう。あるいは、ひとつの組織に長くとどまっていると、組織のプロジェクトになるので、もはや苦情を訴えることもないと考えられているのかもしれない。

その大学のその学科に在籍していたとき、彼女は大学や学科に対して苦情を訴えなかった。だが、それは組織のプロジェクトが彼女自身のものになったからではない。苦情を訴えないということは、あなたが組織の規範を内面化していないということを、示さないようにすることになりうる。苦情を訴えないということは、あなたがどれだけ苦情の種を抱えているかのサインになりうる。苦情を訴えないままでいても苦情はなくならなかったので、彼女は辞職することにした。同じ時期に、同じ学科に所属していた別の有色の研究者も辞職した。その研究者が提出した辞表は、人種差別と性差別が組織文化の一部になっていると非公式に苦情を訴えるものだった。それでどうなったのか？「辞職後に、間違っているのは私たちのほうだと言われました。約五十人が在籍する学科の、たった二人の褐色の肌をした人たちのことだからと」。相手を間違った存在だとすることが、その苦情について説明をおこない、取り合わないでいるのに利用された。正しい人とは、肌の白い人のこと、人種差別に対して苦情の訴えを起こさない人たちのこと。白人性《ホワイトネス》とは正しさなのであり、ここでもまたそれは正しい《ライト》。組織の新参者で、組織のレガシーに従ったり、尊重したりできない人から出たものだとみなされた苦情が取り合われない一方で、いくら長く組織にいても苦情が取り合われない者もいる。言い換えると、組織のレガシーの再生産をおこなわないせいで、あなたは苦情を訴える人になりうる。

敵対的環境

苦情のワークの大半を占めるのは、自らアピールするようにオープンでアクセス可能でインクルーシブな環境づくりに組織が熱心に取り組んでいれば私たちが取り組まなくてもいいことばかりだ。苦情がノンパフォーマティヴィティについて多くを伝えるのは、このためだ。ポリシーが機能不全に陥り、そのポリシーによって名づけられたものが実現していないからだ。第一章で論じたように、苦情が発生しやすい場所は、起こるとされていることと、起こらないこととのあいだの隙間《ギャップ》だ。インクル（2018, p. 1372）による重要な論文、「非合理的調整（Unreasonable Adjustments）」の冒頭にこのギャップへの言及がある。「多くの大学が平等性と多様性に関して積極的な環境を用意しているとアピールしているにもかかわらず、実際には障害を抱えた研究者はそんなものを経験してはいない」。平等性と多様性に関して積極的な環境をアピールする大学と、その大学における障害を抱えた研究者の経験とのあいだにはギャップがある。見せかけの肯定的な環境と、一部の者が経験する敵対的環境とのあいだのギャップについて、私たちはさらに多くを学んでいる。

苦情は、オープンでインクルーシブになっていない環境に対処するために必要になるだけでなく、その環境における敵意への対処にも欠かせない。なぜここで「敵対的環境」という言葉を使うのか？この言葉は、数々のハラスメント・ポリシーで、個人や集団を攻撃し、弱らせる労働文化の定義に使われている。となると重要な点は、ハラスメントは、それが個人に対するものであっても全体に影響が及ぶということだ。英国では「敵対的環境」という用語が、不法移民を取り締まる政策《ポリシー》の名前として政府に利用された。二〇一二年当時の内相、テリーザ・メイは、その政策が「不法移民に対してきわめて敵対的な環境を英国につくりだす」ものだとした。[★14]既にハラスメントの定義として使われていたその言葉はこのように示唆的で、ハラスメントが国の政策になるのだと教えてくれる。「不法移民」というカテゴリは、人種を区別するカテゴリだ。肌が黒かったり、褐色だったりすると、あなたがたとえこの国で生まれていても、「戻れ」だとか「国に帰れ」という言葉を投げかけられる。言い換えると、レイシャル・ハラスメントは公式な国の政策に、この国の出身ではないように見える人たちを取り調べる権利にもなりうるということだ。

敵対的な環境がつねに公式な政策になるわけではない。敵対的な環境が公式な政策によって隠蔽される場合もある。第一章では、利用されないポリシーが、何かが存在しないことの証拠として利用されうるということを指摘した。歓迎しているという雰囲気をつくるために多様性が利用されるとき、多様性は環境内の敵意を隠蔽しうる。ある先住民の大学院生は、先住民研究の博士課程に進んだ。

今にして思えば、最初のうちは何もわかっていませんでした。だから素直に信じていたのです。先住民研究課程には、先住民研究に関する倫理観や目標、目的が全て揃っているはずだと。特に、博士課程なのだから、脱植民地化に取り組む姿勢があるはずだと。だから、ここの人たちなら批判的な分析を歓迎するはずだと。彼らは私の研究計画に目を通しているから、私がその部屋に、自分がどんな人間なのかわかっている大人の女性として、政治的分析や批判的分析をおこない自分の言葉で語ることができる者として足を踏み入れたときに、誰がやって来たのか承知しているはずだと思っていました。

先住民族研究課程に進んだ先住民族の学生として、彼女は登場《ターン・アップ》する。そして、自分が歓迎されていないと、批判的分析が歓迎されていないと、彼女の言葉が歓迎されていないと気づく。彼女はその場で唯一の先住民だ。そして、教室は占拠されていた。

ある学生のせいで、クラスの関係性の展開に私は対処《ハンドル》できませんでした。彼女は先住民族について、無知から来るひどい発言をしていました。それは、私たちを研究対象として構築するもので、それに対して私は「顔をしかめる」、なぜそんな学生がこのプログラムにいるのか不思議でした。教授は何も言ってくれません。それに、私が何か発言するのは安全ではないとはっきりとわかりました。でも、発言できそうなタイミングもありました。何かの発言があって、それに反論できそうな、戦略的に異議を表明できそうなときがありましたが実際に行動には移していません。

第三章で指摘した通り、ハンドルが機能しなくなるポイントにあなたは達することがある。対処しなければならない暴力がやって来る。暴力がやって来ると、苦情が姿を現す《カム・アウト》。彼女は何が起きたかを語った。

パターンが見えてきます。私はそれらに疑問をぶつけたくなりました。教室内の白人至上主義に、非難されずに野放しになっている白人特権に、先住民族観がきわめて植民地主義的なことに。教室にいる裕福な白人学生たちに反論するのは、私にとって幸先がいいとは言えません。特に教授は白人特権の持ち主で、彼はカナダが現在でも先住民族に対して植民地政策をおこなっているという考えを否定していますし、社会科学者としてずっと先住民族研究を続けてきたシステムの一員でしたから。私にとっては幸先のよくない力《パワー》がそこに存在しました。私は教授のことで苦情を申し立てました。それで何も変わらなかったという点では、うまく行きませんでした。でも私はそうしたかったのです。私がとてもひどい方法で構築されつつあるのを感じていましたから。［彼女は］問題だ、攻撃的だ、おそろしい……。地理的にも心理的にも距離を取ったここ数年でようやく、あのとき自分はモンスターとして構築されていたのだとわかりました。そして、私のしていたことは、人種差別や家父長制の構造への異議申し立てだったのです。私はいくつもの疑問を、敵対的な態度にならないようにして投げかけました。敵対する必要はありませんから。質問をせずにはいられないからそうするだけなのに、周囲の人たちからは暴力的反応が返ってきます。それで、ひどい苦痛をずっと抱えることになります。

教室内のパターンを非難し始める前から、それが「幸先のよくない」ことだと彼女にはわかっていた。それなのに現在に至るまで「ひどい苦痛をずっと抱えて」いる。白人至上主義に対して苦情を訴え、家父長制のような構造に異議申し立てをしたり、「それら」に疑問を投げかけたりするだけで、どんな話し方をしても敵対的だと聴き取られる。あなたを教室にいられなくする構造を黙認しない限り敵対的だと聴き取られる。「敵意（hostility）」という言葉はよそ者《ストレンジャー》を意味するが、もとはラテン語の「hostilis」から来ていて、「敵の、敵に属している、敵の特性をもっている、相容れないでいる」という意味がある。もうひとつの由来となった「hostis」というラテン語はもともとは「よそ者、外国人」という意味だった。

　苦情が敵意のあるものだとみなされると苦情に対して敵対的な環境ができあがる。それでも、公式にはあなたは歓迎されるだろう。あなたの苦情すら表向きは歓迎されるかもしれない。多様性のサインが敵対的環境を覆い隠す。そして、私たちは笑顔になって覆いをするよう要求される。笑顔がファイルになり、苦情を訴えていないというふりをすることが通過《パッシング》の方法になる一方で、私たちはつねに笑みを浮かべているわけではない。ハイディ・ミルザ（2017, p. 44）は、彼女自身の褐色の笑顔が大学に利用され続けた経験を語った。「楽しそうな、〝カラフル〟な顔のイメージは、大学が差異を受け入れていることを示すために利用されます。私の〝楽しそうな〟顔は、大学ウェブサイトのトップに出ていました。その写真を取り下げるよう毎週訴えていたのに、それはずっとそこにとどまりました」（Swan, 2010 も参照のこと）。これは、自分の顔を出さないためのワークをしなければならない、ということだけにとどまらない。あなた自身のハラスメントの経験が覆い隠されるのを阻止するためのワークをしなければならないということなのだ。

　レイシャル・ハラスメントを受けて所属大学を辞めざるをえなかった、ある黒人女性が経験を語ってくれた。彼女の写真は大学ウェブサイトにしばらく残ったという。彼女は写真を削除するよう要請しなければならなかった。「私が大学を去ってから写真やプロフィールが削除されるまでに一年以上かかりました。学長の言い分は、マーケティングの観点から削除には応じられないということでした。だから言ってやったんです。私はマーケティング戦略でも、その一部でもありません、と。そのとき私ははじめて〝レイシスト〟という言葉を使いました。それは露骨な人種差別発言でしたから。それで、今では写真は削除されています」。マーケティング戦略としての利用は、それ自体が人種差別の一形態であり、あなたの顔は彼らのブランドになる。その問題に名前を与え、やめさせるために彼女は「人種差別《レイシズム》」という言葉を使わなければならない。人種差別が彼女に「人種差別」という言葉を使わせる。ここからとても重要なことが学べる。ものごとを名づけるのに使われる言葉が現実に遅れて登場することがいかに多いか。それらの言葉がいかに介入になるのか。あなたは「人種差別」という言葉を使って、その言葉がまさに表すものの再生産を阻止することになる。

好意的《ポジティブ》な環境とは、多様性を体現する者が経験しないものだという単純な話にとどまらず、そのないによって困難の大半が覆い隠されるということでもある。あなたが多様性を体現していると、それだけ環境に存在する敵意への異議申し立てがしづらくなるのだ。例えば、ポスドク研究者のある有色女性は、人種差別に対する苦情の申し立てを考えていた。ところが、彼女は多様性プログラムの一環で雇用されていた。そして、彼女はそのプログラムが不安定なものだと承知していた。「教員の多様化を促進するプログラムを危うくする真似はしたくありません」。組織の変化を約束するものとしての多様性は、それぞれの雇用の経緯にかかわらず組織に多様性を持ち込むことになる有色人種の学生や研究者のなかに結局は位置づけられることになる。すると、そのせいで、私たちがそこまで到達したときに問題に対処するのが難しくなる。それは、私たちがそこへ到達するまでに起こる問題と無関係ではない。同僚として、駆け出しの研究者として、人間としての彼女の研究は貶められたにもかかわらず、大学が彼女の身体と研究を多様性の証拠として利用したがった様子を、彼女は「強制的多様性」という言葉で説明した。[★15] 彼女が力説するように、多様性とは「表向きは有色の人たちのことを気にかけるふりをする」ことなのだ。何かのふりをするということは、見かけに関わる。そのふりが意味するところをあなたは感じ取る。「苦情のワークになるものは、たとえ頭の中で考えているだけでも労働になるのです。それは多様性のワークなのです。無給の、罰せられるものです。これらの組織は、ひどい機能不全のなかで機能するような仕組みになっています。それは白人至上主義の土台を少しずつ削り取るようなもの。私は爪の先でそれを削ぎ取ろうとしているのです」。あなたはそのようなワークをする存在だと思われているが、そのワークをするとあなたは罰せられる。自分がすべきとされていることをすると、あなたは罰せられるのだ。そして、あなたが削り取っている壁、白人至上主義の壁は他の人には見えない。削り取る作業は、壁を出現させようとするワークだ。しかし、多様性はあなたがいかに出現するのかということになりうる。それは白人至上主義がいかに消えて見えなくなるかということでもある。多様性とは、あなた自身がそれを体現し、またそれに基づいて行動するよう求められるものなのだ。

結局あなたがたどりつく場所は多様性《ダイバーシティ》だ、ということになりかねない。私たちがよくダイバーシティ委員会の一員になるのは、持たざる属性のため――男性でも、白人でも、シスジェンダーでも、健常者でもないせいだ。持たざる属性がいくつもあれば、それだけ多くの委員会に属することになる。

そして、ダイバーシティ委員会にたどりつくと、さらに厳しい監視下に置かれることになる。第一章で、有色の女性が「人種に関わる発言をした」ために、平等性とダイバーシティ委員会から外された一件が思い出される。その言葉を口にするだけで、苦情を訴えていると聴き取られるには充分なのだ。彼女はさらに、専門分野のジャーナルの、脱植民地化特集の仕事をした経験を語ってくれた。白人編集者からこんなフィードバックが返ってきたそうだ。「編集者の返事は、〝彼／女らの主張を裏づける学問的なインプットが充分ではないからトーンダウンしなければ〟というものでした。要は、大人しく引っ込んでいろと。きみたちが脱植民地化を望むのなら、われわれが自分たちの用語ですから、ということです」。「人種に関わる発言をした」せいでダイバーシティ委員会から外されるのは、脱植民地化特集でトーンダウンを指図されるのと地続きだ。「トーンダウンしなければ」とか、「学問的なインプットが充分ではない」と、彼女の学問的知見に対して判断を下した白人編集者は彼女に指図をした。トーンダウンしろ、もっと学術的になれと。このように指図を出《イシュー》すのは、脱植民地化された白人性のパフォーマンスだと言える。[16] 特集号《イシュー》や空間が脱植民地化に関わるものであるとき、それらは白人性に占拠されうる。

　白人性が疑念を抱かれて当然だと思われているまさにその場所で、白人性が再生産されることがある。あなたは、彼らの用語に疑念を抱く作業もしなければならなくなる（「きみたちが脱植民地化を望むのなら、われわれが自分たちの用語ですから」）。あなたが彼らの用語を使わず、その用語に疑念を抱いたとしたら、どうなるだろう？　あなたは排除されるかもしれない。あるいは、妨害されるかもしれない。けれども、あなたが抱いた疑念は、あなたに返ってくる。彼女は説明する。「何か問題提起をすると、私は彼らの仲間ではないという反応が必ず返ってきます」。組織のレガシーを再生産しないせいで苦情を訴える人になる場合があると先ほど述べた。これを言い換えてみよう。苦情を訴える人はよそ者《ストレンジャー》になる。あなたがよそ者であれば、どれだけ長くそこにいても、遅れてやって来たか、あとから入ってきたとみなされる。「何かを問題提起した」せいで仲間外れにされたのではない。はじめから仲間ではなかったのだ。問題提起をするとき、あなたは人種という言葉を使うかもしれない——現実に、有色人種であれば、ただ現れる《ターン・アップ》だけでそこに人種を持ち込むことになる——すると、もとから下されている判断を再確認することになる。★17

再確認は増幅につながる。苦情は、あなたをそこになじませないようにするものを増幅し、差異を際立たせ、あなたが何をしても、どこまで到達しようと「彼らの仲間」にはなれないのだという証拠（彼らはこれ以上の証拠を必要としているわけではないが）をさらに増やしていく。あなたが苦情を訴えるのは、その場所に所属していないからだ。そして、苦情はあなたがその場所に所属していない証拠になる。あなたがそこに所属していないという判断があらかじめ下されている状況では、その判断を裏づける証拠を出さないように気をつけなければならない。彼女はさらに説明する。「ポストを維持するためには、白人よりも白人らしくしなければなりません。大目に見てはもらえませんから。失敗は命取りになります。ぼんやりしていられる余裕などありません。とても厳しい目にさらされるのですから。他の人なら学生と関係を持ってもおとがめなしでも」。この「他の人」については本書の第三部で取り上げる。ところで、「白人よりも白人らしく」という表現は示唆的だ。白人性とは、清潔、善、純真、肯定を表しているが、有色の人にしてみれば、自分たちがそれらをつねに満たせないということや、簡単に満たせなくなるということを意味する。なぜなら、厳しい目を向けられていると、どんなことでも、それが満たせていない証拠として利用されかねないから。どんな失敗をしても、あるいは、変わっていて、普通とは違っていて、奇妙《クィア》ですらあるどんな特徴も、あなたがここにいるべき存在ではないということの確認になる。

失敗できる余地がないということは、まったく余地を持たないということ。ある黒人学生はこう語った。「失敗の余地は全くありませんでした。実際には失敗などしていなくても、虫眼鏡をのぞき込むようにじろじろと見られました。白人ではない女性はもれなく。度を越していました」。第一章で、苦情の正式な申し立てが虫眼鏡になると私は指摘した。多くのことが見えるようになって無数のディティールに注意を引かれる。その虫眼鏡はしまいにはあなたに向けられる。あなたの身体や声のトーンが場違いだと、間違ったものだとして聴き取られ、最後には取り締まられる。「まるで、音量の違いのせいで、よく聴こえないかのようでした。委員会は私のトーンを批判して、攻撃的だとしました。そして、私が威圧的になっていると決めつけたのです。正式な回答のなかで、私はトーン・ポリシング〔相手の話し方を批判して論点をずらすこと〕をされました」。あなたはダイバーシティ委員会でトーン・ポリシングされることがある。脱植民地化特集号に関わってトーン・ポリシングされることがある。苦情委員会でトーン・ポリシングされることがある。苦情を訴えるときあなたは、それまでに遭遇したものにさらに遭遇することになる。

苦情を訴えると、たいていさらに目立つことになり、そのせいでさらに傷つきやすくなる。厳しい目を向けられると、周囲にいる、あなたを取り巻く人たちが、あなたをつまずかせようと待ち構えているように感じられる。そんなふうに感じられるのは、おそらくそういうことだから。シャーリー・アン・テイト（2017, p. 59）は、白人中心の学術機関で黒人女性としてやっていく経験を力強く語っている。それは「白人の目だけに」さらされること。「その目は黒人女性研究者の身体を——個別の、集合的な、認識論的な身体を——つねに監視下に置き、問題の兆候はないか、人種差別を主張して、学術機関における白人中心の不安定な自立共生《コンヴィヴィアリティ》（自立した人間が他者や環境と創造的な関係性を互いに結ぶ、イヴァン・イリイチが提唱した概念）をおびやかしはしないかと探っているのです」。目立つこと、見られること——それは、「問題の兆候」のもとで日々を送るということ。苦情を訴えるとあなたがさらに目立つのであれば、苦情を訴えて自分が標的にされるのを止めようとしているその瞬間に、標的にされる感覚が強まりうるということなのだ。

苦情を訴えると、さらに取り調べを受ける場合がある。むしろ、苦情が不正を特定すると、取り調べが正当な権利だとされがちだ。ある有色の女性研究者は、大学院生に研究を剽窃されたとして、研究上の不適切行為の苦情を申し立てた。その院生は有色男性だが、指導教員は同じ学科の年配の白人男性だった。調査委員会から報告書を受け取った彼女は、法律の専門家である友人に目を通してもらった。「次に彼女と会ったときに言われたのです。レイプ裁判がどんなふうに進むのかは知っているよね、と。それで、私は知っていると答えました。彼女の説明によれば、この報告書は、なぜ被害を未然に防げなかったのかという観点から私を問いただしているということでした。証拠は全て揃っているにもかかわらず、この事態を防げなかった理由を私が説明しなければならないのです」。レイプ裁判での出来事と、研究上の不適切行為を訴えたあとの出来事が痛ましくもつながる。このふたつをつなぐのは、苦痛だ。

相手に不当な扱いを受けた証拠がたとえあっても、自分のほうが不当だと判断される事態は阻止できない。有色女性の研究が剽窃されると、原因は彼女にあって、自業自得だとばかりにその責任を取らされる。アイデアとは特定の人たちに端を発し、精子のごとくそこから発展していく《セミナル》ものだと考えてみよう。すると、アイデアは白人教授から彼の指導学生へと一直線に伝えられるものなのかもしれない。教授の指導学生が不正行為を働いたと訴えたことで、彼女はその一線を踏みにじったのだ。教授と、直線上に居並ぶ学生たちは、有色女性が盗む価値のあるアイデアを持っているということ自体がよく理解できないのかもしれない。彼女がアイデアを持っているとしても、正確には彼女独自のものではないと、それはアイデアですらないと判断される。彼女の研究は取り入れ放題だ。無修正のデータ、手つかずの自然として。そして、自分のアイデアが持っていかれたと彼女が訴えると、その訴えはおかしいのではないかという疑念が向けられる。そして、その地点から向こう側まではそう遠くない。彼女の訴えにおかしいところがあるのなら、彼女にはおかしいところがある。

一部の人が不当な扱いを受けたとして苦情を訴えると、その人自身が不当だとされる場合がある。あなたは容疑者になる。疑わしい人物になる。ある有色のトランス学生が、指導教員からセクシュアル・ハラスメントとトランス嫌悪ハラスメントを受けたとして苦情を訴えた。指導教員はジェンダーや性器についてのぶしつけな質問をしょっちゅうしてきたという。[★18] 質問はハンマーでの殴打になりうる。ある者は存在するだけで疑念を抱かれる。それらの質問は、表面上はその学生の身を案じる言葉で飾られているが、それは母国で研究をおこなえば危険にさらされるという判断にもとづいている。

人種差別的な判断は、危険を「あちら側」に、褐色の肌をしていたり、黒人であったりするどこかに設定することと関わる場合が多い。そして、トランス嫌悪的判断は、危険を「ここに」、トランスの人の身体に設定することと関わる場合が多い。まるで、トランスであることが、あなたに対する暴力を誘発するかのように。[★19] あちらにも、こちらにも——有色のトランスにとってインターセクショナリティは至るところにある。

質問は判断になりうる。それらは積み重なり、しまいにはあなたに余地は全くなくなる。彼/女らが苦情を訴えると、どうなるだろう？「ジェンダー・アイデンティティのせいで私の身に危険がおよぶと［指導教員が］思うのも当然だと、人びとは推しはかろうとしていました……。彼が心配するのも無理もないと言われているようでした」。苦情のプロセスは、さらなる無遠慮な質問の反復につながりうる。苦情を訴えたせいで、あなたに苦情を訴えさせた、まさにその質問が投げかけられる。これらの質問は、心配を正当化するだけではなく、それは権利だとする。心配する権利。現代のハラスメントの多くが心配する権利として成立している。私たちには移民状況について（「市民」として）心配する権利がある。私たちには性別に基づいた権利について（「大人の女性」として）心配する権利がある。心配する権利とは、いかに暴力が成り立つかということ。その暴力が基盤とするのは、ある人物が自分で言う通りの存在ではないのではないかという疑念、彼/女らがそこにいる権利や自分で言う通りの存在でいる権利を持たないのではないかという疑念——つまり、彼/女らには存在する権利などないのでは？　という疑念だ。

苦情は、苦情が訴える対象であるその世界へと送り出される。苦情を訴えると、あなたは苦情を訴える対象に遭遇する。私はある博士院生から非公式に話を聞いている。過度になれなれしくしてきた講師の態度について彼女は異議を申し立てた。その講師は個人のホットメール・アカウントからEメールを送ってきて、「今すぐにか、次の週末の夕方に会おう」と提案した。このようなスタイルのコミュニケーションは不適切だと、彼女は彼に伝えた。すると、彼から返事があった。「夕方に会ったり、そういう〔個人のEメールでの〕連絡は、この学科ではみんなやっていることだから（修士院生に聞いてみるといい）。きみの学科では、僕には理解できない別のルールがあるんだろうね。それに、きみの宗教も問題なのかもしれない」。自分の振る舞いについての疑問への答えとして、「みんなやっていること」だからと言い張っていることに注目してほしい。彼女の抗議は、ルールの違いによるものだとほのめかしている部分にも。さらに、宗教（彼女にはイスラム教のバックグラウンドがある）が、彼女の抗議を説明するものとして使われている。あなたの苦情が言い逃れられているとき、あなた自身が言い逃れられている。部外者としての、外国人としての、ここの出身ではない人としての、ここの出身とは言えない、そうではない人としての苦情を訴える人にまた戻ってきた。

一部の苦情は自分たちには関係ないものとして受け止められる、ということなのかもしれない。ある有色の女性研究者から、人種差別を受けた学生に対する学科長の対応について話を聞いた。

> ブレクジットの件は同情すると学科長は言って、イスラム教徒の学生がバス内で襲撃されている話をしだしました。だから、私は言ったんです。あなたがいくら同情したところで、この学科はインクルーシブではない文化を再生産しているんですと。もしバスで何かあっても、被害者がこ

の学科に来て何も話す気にはならないんじゃないですか？　お茶を飲もうとすると、白人が部屋の別の場所に移動するような学科では、と。

人種差別に対する苦情が同情的に受け止められるのは、差別が別のどこかに、外に、路上に、バス内にあるときに限られるようだ。人種差別がその場で起きているのに（白人は部屋の別の場所に移動する）、別の場所の出来事として考えられやすいというつながりを彼女は明確にした。クリスタル・フレミング（2018, p. 46）が鋭くも看破した通り、「人種差別はいつだって他人の犯罪」なのだ。学科長がバスで人種差別に遭遇した学生に同情を示せても、人種差別が根づいた学科に学生が苦情を持ち込むことはないのだと、彼女は見抜いている。[★20]

人種差別に対する苦情が訴えられた原因が人種差別ではない場合もある。別のイスラム教徒の有色院生は、大学への帰属感が抱けないと私に書き送った。「圧倒的に白人優位の空間で、イスラム教徒であることを隠さない有色女性ですから、帰属感が得られないだろうとは思っています。でも、所在なさの感覚がなくなることはありません」。彼女は他の院生と同じ数の授業を担当させてもらえない。他の院生が獲得しているフェローシップが取得できない。彼女は留学生だ。母親でもある。そのため、他の院生と同じだけ授業を担当させてもらえなかったり、フェローシップが取得できないと、生活が苦しくなるということを意味する。彼女は人種差別に対して苦情を申し立てた。「彼らに対して苦情を申し立てると、差別がいっそう露骨になったのを感じました。まるで、私が苦情を訴えたことで、以前は私と接するときにはつけていた仮面から解放されたかのように」。彼女の言う仮面とは、多様性であり、礼儀正しさの仮面なのだろう。多様性の仮面がはがれると、人種差別が姿を現す。あなたが苦情を訴えると、既に下されていた判断がより自由に表現できるようになる。苦情は、仮面がはがれると多様性がどうなるかについて私たちに教えてくれる。

多様性の仮面がはがれると、さまざまなことが姿を現す。ある有色女性研究者は、多様性に関するプロジェクトのための助成金を確保するために彼女の専門性が利用されたと語る。プロジェクトに助成が下りたとたんに、彼女は締め出された。「マスコットなら、黙ったままでいるでしょう。意味のない存在として。あなたはぬいぐるみで、骨格ぐらいはあるかもしれない……私は運営の枠組みには入れてもらえなかった。助成金の使い途や、誰を雇用するか、諮問委員会に誰を入れるかといったことには口出しできなかった。体《てい》よく沈黙させられたのです」。あなたはぬいぐるみ、骨格のあるぬいぐるみなのだ。そして、黙っているものだとされる。多様性の象徴だと。あるいは、白人性へのパッシングが可能な者だけが理論化可能な原材料を提供するだけかもしれない。ぬいぐるみが口をきくと、どうなるだろう。多様性を体現する者が私たちのために理論化までおこなえば、何が起こる？　何が起こるかを彼女は教えてくれた。沈黙を拒否したために、向けられた七十二件にのぼるレイシャル・ハラスメントやセクシュアル・ハラスメントを彼女は記録に残していた。ハラスメントは大人しく従わない者を黙らせる労力、誰かが口を開こうとするのを阻止する労力となる。それはつまり、彼女の口をふさいで締め出すことだ。

非再生産労働

このセクションでは、これまでに見てきた、苦情を訴える人の排除（苦情を訴える人はささいなことで文句を言い、悪意があり、よそ者だとするもの）がいかに非公式、あるいは公式な苦情を訴えた人に向けられるのかということを追う。私が捉えたいと思っているのは、ある特定の組織の仕事《ワーク》をこなしている真っ只中で活発にワークに取り組む、苦情を訴える人の形象だ。私はこのワークを非再生産労働と呼ぶ。それは、問題の再生産への介入を試みる労働だ。ある研究者は、苦情とは「何かが起こるのをいかに阻止するか、阻止しようとするかということ」とする。苦情が阻止される状況については第二章で取り上げた。ここでは、苦情が何かが起こるのを阻止する労力になっていることについて掘り下げる。

これまでに、苦情が排除される状況について学びを深めてきたので、「なぜ苦情を訴えるのか？」というのは訊いてみる価値のある質問だ。多くの人が、苦情を訴えた経験を振り返るなかでこの質問に答えている。「なぜ苦情を訴えるのか？」と私が直接問いかけなくても。苦情／証言は、この問われなかった質問への答えを提供する。学科長からの嫌がらせに対して苦情を申し立て、そのせいで失職した女性教授はこう語った。

何はともあれ、個人のレベルでは自分に正直でいられました。[★21]その状況に対処するのが精いっぱいで何も手を打たなかったら、自分を裏切っていたかもしれません。別の方法に頼って、ただわが身を守るためだけに早めにサバティカルを取ってここから離れてもいいかと打診することもできたでしょう。それも作戦候補のひとつでした。でも、私の場合それは不可能だったので、作戦として使えなかったのです。だから、自分に選択肢があるとは思えませんでした。苦情を申し立てるしかなかったのです。選択したんじゃありません。完全に間違っていることを目にして何かをせずにはいられなかった、ということなのです。

苦情を訴えると自分に正直でいられる。それは間違いを正そうとする行為であり、何も手を打たずにその状況をのさばらせるのではなく、それが起こり続けないようにする試みなのだ。不正な状況への順応をあなたは拒む。苦情とは何もしないでいるのをやめる方法になりうる。二重否定は苦情の領域を示している（「何かをせずにはいられなかった」）。それは、何もしないでいることに「ノー」を突きつけること。「完全に間違っていること」に対して何もしないでいれば、それは間違った状況をつくりだしているということなのだ。

何かが起こるのを阻止しようとする意思や欲求から苦情は姿を現す。何かが起こる状況に対して何もしないでいると、暴力や不正義、間違いは起こり続ける。自分が身を置く状況に対して苦情を訴えるとき、他の誰かにそんな思いをしてほしくないからという理由で踏み切ることが多い。人種差別に対して苦情を訴えた黒人女性はこう説明した。「私の政治信条から、それはしなくてはならないことでした。間違ったことがおこなわれていたのです。自分を犠牲にしてでも（結局そうなりましたが）、私はそれを正さなければなりませんでした。今だって同じことをしますよ。自分のためではなく他の人のために。もし同じことが起きたらまたそうするでしょう。その決意は揺るぎません。いいえ、何も気づいてませんだなんて言えません。そんなことはできません」。苦情を訴えた結果起きたことにもかかわらず、おそらくそんなことが起きたからこそ、彼女は自分のためではなく他の誰かのために、次も苦情を訴えるのだという。それがいかに困難であるかを知っていると、何をしなくてはならないかがわかる。自分が経験したことを、あとから来る人たちには経験してほしくないと願う。ここにも注目してほしい。苦情は、何かに気づかないでいることへの拒絶になりうるということ。気づくということもまた政治的労働なのだ。間違っていることへの介入とは、まずそれが間違っていると気づかなければならないということ。何かに気づくことが、他の人のためにできることになりうるのだ。

自分が苦情を訴えなければ同じことが繰り返されるという気持ちから苦情が姿を現すことがある。言い換えると、同じことが繰り返されるのを阻止するためにあなたは苦情を訴えなければならない。「同じこと」とは、組織のレガシーなのかもしれない。これまでに指摘したように、組織のレガシーを再生産しないせいで苦情を訴える人になるのなら、組織のレガシーを再生産しないことは苦情のワークなのかもしれない。シラバスの占拠に対して、時間をかけて「ノー」という言葉を引き出せた、修士院生の証言（第三章）に戻ろう。彼女はなぜ、結局苦情を申し立てることにしたのだろう。彼女が苦情を申し立てたのは、「他の学生にはそんな慣例を経験してほしくなかったから」。当然、彼女はその地点に達する前に、まずは阻止したい慣例に気づかなければならなかった。彼女の苦情のワークは当初、自分に関わることとして、その「ノー」を引き出すために、何かが間違っていると認めるために、何かを認めるためにおこなわなければならないものとしてスタートした。だが、その後彼女は教授に「ノー」を表明することを決意する。「私がこの件について教授に訊ねてみると、去年はシラバスに女性はひとりもいなかったのだから、現状で満足すべきだという返事が返ってきました。十週間分のシラバスにたったふたり女性が載っているだけで満足しなければならないなんて！　その返事から、女性の思想家を軽んじている態度がありありと伝わってきました。ふたりの思想家は学生を大人しくさせるためだけに取り上げられたのです。彼は心から彼女たちについて教えたいと思っているわけではありませんし、教えるべき内容があるとは思っていないのです」。

　非公式な苦情への反応として、彼女は以前の苦情について知ることになる。それは、現状で満足すべきだと伝えるものだった。感謝の気持ちの当然視にまた戻ってきた。多様性はギフトになる。それは、誰かが与える《ギブ》という意味だけでなく、誰かがあきらめる《ギブ・アップ》（白人男性中心に構成されたシラバスをあきらめて受け入れる）という意味もある。多様性がギフトになるとき、それは自由に対する押しつけだと認識される。それが意味するのは、シラバスに女性が登場するのだから彼女はラッキーだということ。過去に学生たちが苦情を訴えていなければ、女性はひとりも取り上げられていないのだから。それらの女性思想家はあとからつけ足された。彼女たちは「印《トークン》」なのだ。女性思想家のひとりを教授がコースの終わりで取り上げたとき、彼は前置きをした。「彼女はすぐれた思想家とはいえない」と。別の女性思想家については、「彼はひたすら人類《マンカインド》、人類《マンカインド》、人類《マンカインド》について話していました」。「ある時点でフェミニストの学生が手を挙げて、その〝マンカインド〟という言葉は人類《ヒューマン・カインド》を指すのか、それとも男性全般について話しているのかと質問しました。すると、彼は、いや、私は人類《ヒューマン・カインド》について話していると答え、その後も〝マンカインド〟と言い続けたのです。そんなふうにされると、ちょっと待ってよ、さっき言われたじゃない、誰かが手を挙げて質問したでしょう。もっとましな言葉を使えるはずでしょう？　という感じになります。そして、教授はそれができなかったのです」。

主張がおこなわれ、ブラインドが引き上げられて問題があらわになっても、言葉づかいは変わらないまま。人類《ヒューマン・カインド》を表すのに「マンカインド」が使われ続ける。古風なシラバス、古風な言葉、古風なポリシー。言葉が修正されても、これらの習わしは持ちこたえる。以前の苦情がきっかけとなった修正は、結局はその苦情が対象にした構造を再生産しうる。教授は「マンカインド、マンカインド、マンカインド」と言い続け、彼が言ってはいないとする言葉を使い続ける。もしかしたら、そこがレコードが引っかかるポイントなのかもしれない。マン、マン、マン、マンばかり垂れ流し続ける壊れたレコード。苦情を訴える人は、いつものことばかり訴えていると聴き取られ、聴き取られないもののせいで悩みの種になる。一方、マンを連呼しても、いつものことを繰り返しているとは聴き取られない。そして、修正がおこなわれ、最後に女性がつけ足される。そして、女性が最後に登場するのだからラッキーだとされ、それは相手を黙らせる形式になりうる。しぶしぶおこなわれる修正は、人びとを黙らせる方法になりうる（「ふたりの思想家は学生を大人しくさせるためだけに取り上げられたのです」）。そして、苦情の証拠を否定する証拠として利用される。

苦情の内在性について語るとき、構造に対して異議申し立てをすればするほど、構造が私たちの前に立ちはだかるということを語ることになる。それはこんな仕組みだ。構造の再生産に介入しようとすると、それがいかに再生産されるかを知ることになる。ジェンダーや人種をテーマとした論文を書きたいと表明するだけで、苦情として聴き取られる。となると、苦情とは、あなたがいかに受け止められるかということだけでなく、あなたが何かを受け取っておらず、何かを理解して自分のものとしていないために、いかに聴き取られるかということでもある。サラ・フランクリン（2015, p.29）によると、「再生産の手段としての性差別の強制力は、道の選択に際して禁止か奨励、どちらかの手段を通して達成される。それは例えば、会話や議論が〝間違った〟方向に向かえばそれを阻止し、〝正しい〟タイプの思考や批評の場合はそれらが入り込める空間を用意することによって達成される[★22]」。正しい方向に積極的に向かっていないと、あなたは苦情を訴えているとして聴き取られる。そして、最後には「入り込める」空間がどこにもなくなる。

正しい方向に向かうとは、たいてい受容の問題だ。つまり、あなたは教授の与えたものなら何でも受け取るべきだとされている。その修士院生が教授の論文指導を受けたときのことだ。それ以前に彼女がシラバスにジェンダーと人種の多様性が欠けていると指摘していたことを思い出してほしい。あなたはその部屋に苦情を訴える人として入る。それは、部屋がいかに苦情に占拠されるかを学ぶ別の方法にもなる。何が起こるだろう？　教授は彼女に向かって大声を上げる。「きみがこんな馬鹿げたテーマについて書くのなら、このコースは合格になるわけがない。こんな問いがコースにふさわしいものだと考えているのなら、私の話をおそろしいほど全く理解していないということだ[★23]」。ののしりの言葉や怒りをぶつけられて、彼女は意気をくじかれる。彼の狙いは彼女の意気をくじくこと。彼女の抱えた問い、フェミニストとしての問い——彼女の関心はジェンダーと人種にある——それは、間違った問いだから。彼女に向けられた暴力は、彼が彼女に対して下した判断でもある。「でも、それから彼はこう言いました。待てよ、でもそういえばきみはかなり歳が行ってるみたいだから成績なんて気にしなくていいじゃないか。学術機関での就職を目指しているわけじゃないんだから。それなら、何でも書きたいことを書けばいいさ。合格はしなくたって、そんなことはどうでもいいだろう。将来の仕事のためにここにいるのではないのだから。きみは確かに学びたいことがあってここにいる。それなら書きたいことを何でも書けばいい。そんなのは私にとってはクソどうでもいいことだがね」。苦情を訴える者、シラバスに対して疑問を抱いた者は、おかしな疑問を抱くフェミニストになる。おかしいだけでなく、年をとった女性になる。彼女には先がなく、先には進まないのだから、おかしな疑問を抱いてもたいしたことではないとされる。彼の行動が彼女の前進を阻んだことについては、第六章でまた取り上げる。

判断があなたを窮地に追い込むことがある。「それから、私は泣きながらその場を離れました。私が大学でのキャリアを考えるには歳をとりすぎているというのは、本当ではありません。成績なんてどうでもいいということも。私の身体的特徴からよく決めつけられたものです。七歳や七十歳なら重要ではないだなんて、学生に向かってよくも言えたものです」。苦情を訴えるとき、構造に注意を引いたとたんに自分に注意を引くことになると先ほど述べた。私たちがここで目の当たりにしているのは、注意がお決まりの場所へと、あなたの「身体的特徴」へと向けられるということ。判断の持つ意味について考えることができる。彼女が「かなり歳が行っている」とした判断の。苦情を訴える人は不満屋（nag）になるだけでなく、鬼婆（hag）にもなる。[★24]

苦情を訴えると鬼婆や老婆だとみなされる話は他にも聞いている。ある女性教授は、年配の研究者によるセクシュアル・ハラスメント、性的暴行、性的不適切行為に対する集団の苦情の申し立てに参加した際に、組合の代表に言われたそうだ。彼女が「歳をとっていることが、彼に対する［彼女による］陳述に影響を及ぼした。［彼女は］若い女性に嫉妬しているから」。嫉妬の気持ちから苦情を訴えるという発想は、彼女の言葉を使えば「全く信じがたい」ものか、信じがたいものであってしかるべきだ。フェミニズムは嫉妬から来る苦しみだとされることが多々ある。男性の目には魅力的に映らない女性がフェミニストになるというわけだ。つまり、苦情を訴える人は苦情の対象になるものを手に入れたいと思っている。でも、それが手に入らないから苦情を訴える。★25 そのため、この鬼婆という形象には、苦情が失望から生まれたものだとする発想を可能にする働きがある。苦情を訴える人は、拒絶されたり、ふられたりした恋人として扱われる。彼女が満足しないのは、満足を拒否しているから。彼女が愛想がよくないのは、人に合わせるのを拒否しているから。あなたが問題提起をおこなってブラインドが引き上げられるとき、あなたは再生産の手口をそこに見つけることになる。そして、前に進んで行けるかどうかは、人に合わせたり、教える側が価値を置いているものに価値を認めたりする姿勢にかかっているということ、居場所や行き先を確保するためには愛想よくしていなければならないということを知る。

第三章で、苦情を訴える人に対する暴力の増大《エスカレーション》は、苦情を阻止する方法になるとした。苦情を阻止する方法は占拠の方法にもなる。それは、昔から変わらぬ方法で空間が占拠され続けるということだ。ある有色の女性研究者に話を聞いた。協働的な研究文化をつくりたいと思った彼女は、学科内でライティング・グループを立ち上げた。ところが、そのミーティングは年配の男性たちに支配された。「毎回のミーティングで目にしたのは、部屋にいる全員をいじめる年配男性の姿でした」。そのいじめは、若手研究者や大学院生の研究を毎回こきおろすという形でおこなわれた。「初回の集まりで、誰かが他人の博士論文をボロクソにけなしたんです。ゴミ同然の出来だと」。こんな人種差別発言もあった。「私はロンドン出身なんだが、ロンドンではそろそろ民族浄化が起きる頃合いだな」。それを聞いた人たちが笑いだし、笑いが部屋じゅうに広がったと彼女は語った。そのような物言いに彼女は物申す。「そういうことがある意味、場の空気をつくったのです」。それらはある意味で、判決《センテンス》を言い渡す文《センテンス》であり、誰かを追い出すために繰り出される暴力なのだ。空気すら占拠されうる。

どうしたらいいだろう？　どんな手を打てば？　彼女が苦情の申し立てを決意したのは、「それを記録に残したかった」からであり、「新たに入ってきた博士院生に対してその文化が再生産されていた」から。苦情は記録装置になる。あなたは再生産したくないものを記録しておかなければならない。非再生産労働としての苦情とは、こういうことなのだ。あなたがしなければならないワークは全て、引き継がれてきたものの再生産の阻止を目的としている。彼女は学科の二十名ほどから意見表明を集めた。苦情は共同体《コレクティブ》になりうる。[★26] 彼女が苦情を申し立てたのでミーティングが開かれることになった。その席で、HRの部長は彼女が「喧嘩を売っている（having a chip on her shoulder）」（英語の文字通りの意味は〝chip（木片）を肩の上に載せる〟）とする。まるで、個人的な恨みを抱いて苦情を訴えたかのように。[★27] またあの「喧嘩を売っている」のお出ましだ。あなたが「〜でない」であればあるほど、多くの委員会に属することになる。あなたが「〜でない」であればあるほど、あなたは喧嘩を売っていると思われる。私たちが古くなった塊を削り取っている（chipping away）のであれば、肩に木片（chip）が載っているのを見とがめられても不思議ではない。彼女は続けた、「苦情を訴えたのは、私の思い上がりのせいにされました」。まるで、苦情の申し立てを前に進めるのは、自分を前に押し出すためだと言われているようだ。このように、苦情は自己アピールとして扱われる。このため、苦情を訴えるとあなたは目立つだけではない。自己アピールをするために苦情を訴えていると思われる。有色女性は自己アピールをしていると判断《ジャッジ》されることが多い。自己アピールをしなくても昇進できる者もいる（第六章を参照）。その場合は構造が昇進を可能にする。ところが、構造に歯向かえば、あなたは自己アピールをする人になる。彼女の苦情は行きづまる。彼女の言葉を借りれば、問題は「カーペットの下に潜り込んだ」。

するする、するすると潜り込む。カーペットの下に隠されている、あらゆる問題に私は思いをはせる。おびただしい量の問題や苦情。第一章で、多くの苦情が、苦情の扱われ方に対する苦情になると指摘した。ジェニファー・ドイル（2015, p. 33）はこう指摘する。「苦情を申し立てると、さらなる苦情の申し立てにつながる――その苦情に対抗する苦情や苦情プロセスに対する苦情などの」。苦情の内在性（苦情はそれが訴える状況のなかで成立する）を説明するのに、衝突事故現場にたとえてみるとわかりやすいだろう。苦情を訴えるとは、他の苦情とぶつかり合うこと。別の表現をしてみよう。一部の苦情は了解されるが、他はそうではない。マリリン・フライ（1983, p. 88）は怒りが発話行為に近いものだとする。「了解されなければ、それは〝実現〟しない」。一部の苦情は了解される。つまり、それらは実現して衝突事故から生還する。

了解されるのは誰の苦情なのか？　衝突事故から生還するのは誰の苦情だろう。同僚が研究上の不正行為と嫌がらせをおこなったとして苦情を申し立てた、ある女性研究者と非公式にやり取りしている。二人の関係がうまく行かなくなったあとの彼の行動について彼女は説明する。「[彼は]制度を利用して職場で私を攻撃しました。共同で獲得した研究評議会プロジェクトから私は外され、その研究の所有権を拒否されました」。その後、彼に対して性的不適切行為と嫌がらせで苦情を申し立てている学生たちがいると知った彼女は、彼に対する苦情を正式に申し立てることにする。他人の苦情の存在を知ってはじめて、自分が苦情を訴える地点に達していると気づくことがある。自分がされたことを他の人もされていたと知り、同じことが繰り返されるのを阻止しなければならないと彼女は気づく。ところが、大学は独自のポリシーと手続きに従い、彼女と学生の苦情申し立てを別件として扱った。このように苦情手続きが細分化されると、権力の濫用が見逃されかねない。研究者で苦情を申し立てたのは彼女だけだ。苦情を訴えられた相手は、「[彼女が]彼に嫌がらせ行為をおこなった」として逆に苦情を申し立てる。そして、了解されたのは彼の苦情のほうだった。

私のケースで注目すべきは、平等法が私に対して行使されたということでしょうね（例えば、嫌がらせをしたとして逆に訴えられる）。大学ポリシーの都合のいい文言（相手が気分を害すれば嫌がらせ行為となる）が、彼に有利になるよう利用されたのです。つまり、責任を問われたり、行動を非難されたりすれば、間違いなく気分を害したことになると（白人であることの脆弱性のジェンダー版みたいにして）。そして、そのせいでDARVO［deny and attack「否定して攻撃」、reverse victim offender「加害者と被害者の逆転」の頭文字を取ったもの］、つまり被害者と加害者の逆転がいとも簡単に起きます。彼は鬱病と不安障害で仕事を休職して、それが私の嫌がらせ行為の影響の「根拠」にされました（実際は、複数の女性に苦情を申し立てられたせいでそんな状態になっているのに――彼が心痛を抱えたからといって、彼女たちの苦情が間違ったものだということには当然なりませんが）。私が感じた苦痛など安っぽい女の感情に過ぎず、彼が苦しんでいることのほうが重要だとされているようでした。何から何まで女性嫌悪的《ミソジニスティック》だと感じました。

彼女の言葉は昔からある問題を力強く説明している。私たちが権力の濫用に異議申し立てをするときに使えるテクノロジーは、苦情申し立て手続きに始まり、運営ポリシー、平等ポリシーから危害と抑圧を表す言葉そのものまで多岐にわたる。ところが、それらは権力の濫用から注意をそらす目的で利用されかねない。自分の立場《ポジション》によってもたらされた権力を濫用する人たちは、権力の濫用に異議申し立てをするためのテクノロジーを利用して権力を濫用する。苦情手続きを利用した嫌がらせ行為は、別の武器を使った嫌がらせになる。権力もまた、認識のされ方に影響する力《アビリティ》なのだ。ある人たちがより尊重されていれば、彼らの感情はより尊重される（「彼が苦しんでいることのほうが重要だとされているようでした」）。私たちはまた内在性の意義へと戻ってきた。あなたが真剣に受け取られているのなら、真剣に受け取られていないとして苦情を訴える必要はない。だが、真剣に受け取られている人たちが苦情を訴えると、彼らの苦情のほうがより真剣に受け取られることになる。

一部の苦情が了解されやすい状況は、それ以外の苦情が対処しようとしている問題そのものの再生産につながる。敵対的環境の問題に戻ろう。敵対的環境を再生産しないためには、敵対的環境に対する苦情が必要となるだろう。ところが、敵対的環境に対する苦情はたいてい、その敵対的環境内で訴えられる。ある事例では、トランス学生が、所属する学科が「トランス学生への敵対的環境となっている」として、非公式に苦情を訴えた。学科が学内の反トランス団体を支援していることに疑問を抱いたことから、苦情の訴えに踏み切ったのだ。すると、ミーティングに出席するように言われたが、そこでは苦情が「この件に関する意見の相違」として扱われた。そこでその人は、「自分の存在に関わる根源的問題というよりも、ただ思い通りにならないせいで不満を表明しているかのように」言われた。彼／女らの苦情は行きづまった――それは了解されることも、正式なプロセスに進むこともなかった。

その後、反トランス団体のある学生が、そのトランス学生がハラスメントと嫌がらせをおこなったとして逆に苦情を申し立てた。彼女の苦情は、環境に対する苦情を訴えた個人に向けられた。そして、彼女の苦情は了解された。懲戒手続きが開始されたものの、土壇場で撤回された。この件で際立っていたのは、トランス学生に対していいわれのない苦情が申し立てられたことだけでなく、その学生のキャンパス外での生活まで監視されて判断材料にされたことだ。例えば、学生が「いいね！」をつけたフェイスブック・ページが証拠のひとつとして挙げられていた。初回のヒアリングのあとで、そのトランス学生が受け取った通知《レター》には、「退学になる可能性もあります」とあった。その学生は、そうなる可能性があるという表明のなかに脅しを聴き取った（そうなる可能性があるという表明には脅しが含まれているから）。そして、幅広いトランス団体やトランス・インクルーシブなコミュニティに助けを求めた。

あなたが問題をさらに明らかにするとき、あなたはさらなる問題になる。その後、このトランス学生に対する懲戒手続きに一項目が追加された。「退学になると脅されたと嘘をついたと言われました……。その手紙を書いたことで、私が大学とトランス嫌悪を結びつけ、大学がトランス嫌悪的だとして信用失墜を招いたのだと言われました」。注目してほしいのは、ここでも苦情への反応によって苦情が訴えているものが具現化されるという点だ。退学になると脅されたと発言することで、あなたは退学になると脅されることがある。

敵対的環境に対する苦情が別の苦情とぶつかり合うとき、その衝突によって敵対的環境が再生産される。ある環境が敵対的だと表明すると、損害をもたらす存在だとして、あなた自身が敵対的だとされる。前進を認められたのがあなたの苦情ではなく、あなたに対する苦情であっても、あなたは「悪意を持って苦情を訴える人」になりうる。ここから私たちは学ぶ。人や学科、組織をトランス嫌悪的だとする発言が招くダメージは、実際のトランス嫌悪によるものより大きいと。私たちはこういうことも学ぶ。全ての苦情が非再生産労働というわけではない。問題の再生産への介入を試みる人たちに対する苦情のほうが了解されやすい現実がある。再生産は内在性と関係がある。再生産されるものは、私たちが身を置く場所そのものであることが多い。苦情が了解されるか否かは、苦情が訴えられる場である組織の環境が、どの程度問題と関わりがあるかに左右されうる。[★28] 環境が問題の一部なのだとあなたが指摘すれば、あなたの苦情はさらなる問題になる。

家がどのような造りになっているかは、その家に居場所を与えられるための闘いや部屋に入ったり部屋を確保したりするための闘いを余儀なくされる人たちから学べる。苦情を訴える人の形象はべたつき、口うるさくて、情動と理想とであふれんばかりになっている。不満屋で、取るに足りない存在で、何もないところに何かをこしらえ、大げさに騒ぎ立てる。彼／女らはよそ者や外国人であり、私たちの仲間ではなく、私たちをおびやかす存在だ。苦情を訴える人の形象への意味づけが進むと、苦情は自己顕示的なものとして片づけられ、苦情が暴きだすものがますます顧みられなくなる。それは構造であり、壁であり、堅牢な歴史だ。

何かの再生産への介入を試みる人たちから学ぶということは、再生産について学ぶということ。システムの再生産を阻止するためには、システムの働き《ワーク》を止めなくてはならない。あなたはワークを妨害しようとレンチを投げ込むか、サラ・フランクリン（2015）の言葉を借りれば、「ワークを妨害するレンチ」そのものになる必要がある。システムのなかに身を投じてワークを止めようとするとき、あなたは身をもってそのワークの影響を知る。文化の再生産を阻止しようとする人たちが阻止されることから私たちは学ぶ。だが、その学びの過程で、何かの働きを止める試みがたとえ失敗に終わっても、再生産は不可避ではないし、スムーズにおこなわれるものでもないということも知る。再生産が不可避でスムーズにおこなわれるという印象が生まれるのは、失敗が消されているからだ。

多様性自体がそんなふうに見かけを整える働きをする。鳥の巣になった郵便受けを覚えているだろうか？　そこに別の表示があってもおかしくない。「鳥を歓迎します」と。ポストがまだ使用されていれば、その表示はノンパフォーマティブだということになる。鳥たちは手紙に押しのけられ、巣は完成する前に破壊される。多様性とはまさにその表示なのだ。「鳥を歓迎します」、「マイノリティを歓迎します！」。あなたが歓迎されていても、あなたの登場《ターン・アップ》まで想定されているわけではない。登場したところで、「自分の郵便受けに帰れ」と言われるだけかもしれない。多様性がその表示になるとき、それは環境の敵意を覆い隠す以上のことをしている。多様性そのものが環境の敵意になる。いつものことが起こるだけで誰かが押しのけられ、追放される。それは、発言、ジョーク、主張、疑問であり、あなたは何者なのか、ここで何をしているのか、どこから来たのかを問う。それらは全て敵対的環境なのだ。郵便受けに投函される手紙と同じ働きをする。それらがどんどん積み重なるとしまいには余地がなくなる——息を吸う余地が、巣をつくる余地が、存在する余地が。積み重なった手紙から、空間の占拠や追放が物質的《マテリアル》なだけでなく、占拠と追放が、同じ原材料《マテリアル》から達成されるということを私たちは学ぶ。本

4-4　ノンパフォーマティブとしての多様性。

書のこのパートでは、空間を占拠する人たちによって、追放が非物質的なものにされている状況を提示した。あまりに多くの暴力が、取るに足りないものだと、ささいなことだと、重要ではないのだとされる。それは「握手のようなもの」で、「彼には何か意図があったわけじゃない」。そして、ドアが開いているから、どうぞお入りくださいということになっている。多様性がその貼り紙であるとき、多様性は追放の物質性《マテリアリティ》を説明する。

　ある人たちがその部屋にいられるようにするために、そこでいつも起きていることを阻止しなければならない。さもないと、どんどん手紙が投函されて、彼／女らは身の置き所がなくなる。非再生産労働としての苦情。それは、空間を解放するためには、いつものことを阻止しなければならないということ。同じ手紙が投函され続けるのを止めなければならないということ。非再生産労働とは、見せかけに抵抗する労働である場合が多い。表向きは苦情すらも歓迎される。またあの表示に戻ってきた。「鳥を歓迎します」、「マイノリティを歓迎します」、「苦情を歓迎します！」。その郵便受けがまだ使用中の場合、その歓迎はノンパフォーマティブだということを忘れてはならない。

　いつも起きていることが起き続ければ、手紙が投函され続ければ、苦情もまた身の置き所をなくす。教室内の白人至上主義に対して苦情を訴えたあの先住民院生の事例に戻ろう。彼女の苦情はどうなったのか。彼女は教授に手紙を書いて非公式に苦情を伝えた。

> どの時点だったのか覚えていませんが、でもある時点で教室内の白人至上主義に耐え切れなくなりました。無知がはびこっているのに何の手も打たれません。私はそこにじっと座って、そんな

状況を受け容れて当然だと思われていました。それで、帰宅後に教授に宛ててEメールを書いたのです。何が問題なのかを伝えました。問題が対処されない限り、教室には戻れないと告げました。返信はありませんでした。それなのに、翌日になって同じコースの女性から電話がかかってきました……。X教授が今日教室にやってきて、私がクラスについて書いたEメールを読み上げたと言われました。教授は私のメールに返信をして、教えてくれてありがとう、この件には今後対処するとは言ってくれませんでした。それどころか、彼はそのEメールをプリントアウトして、クラスの前で読み上げたのです。それで彼女は電話をかけてきて、私を責めました……。当然私はびっくりしました。それから彼女が泣きだしたんです。電話の向こうでわめいていました。私はただそこに座って天井を眺めていたのを覚えています。これは何かの冗談なのかと考えていました。あなたは教授のしたことを伝えるためにわざわざ電話をかけてきて、今後こういう問題があったら、どう伝えるべきなのか私に教えようというつもり？　自分が差別をしている気分になるから、自分が人種差別主義者なんじゃないかと心配でたまらないから、今そこで泣いているわけ？

苦情は、あなたがそれを引き受けられなくなる地点になりうる。その部屋にいづらくさせる暴力にあなたが「耐えきれなく」なる地点に。ところが、その白人教授はその状況を指摘した先住民院生に返信せずに、彼女の手紙をプリントアウトして、それをクラスで、彼女が苦情を訴えているまさにそのクラスで読み上げた。彼女に許可を取ることなく。その苦情が、その手紙が彼によって読み上げられたことを私は考える。そうすることで彼は何を表現したのだろう。彼女は奪われたものに対して苦情を訴える。空間を奪う白人至上主義に対して。その後、彼女の苦情は彼女から奪われ、彼の自己表現の方法となる。白人至上主義に対する苦情への反応のなかに白人至上主義が登場することがある。追放に対して苦情を訴えると、その苦情の所有をあなたは否定されることがある。[29] そして、結果は原因になる。また一からやり直し。苦情を訴えなければならなかった問題に、またしても対処しなくてはならなくなる。白人性、白人の涙、人種差別を否定する人種差別、傷ついた心、傷ついた心として遂行される白人至上主義。[30] それらに注意を引いたとして、間違った方法で苦情を訴えたとして彼女は非難される。

教室は郵便受けになりうる。彼女はその手紙を書いて、同じ手紙がさらに投函されるのを阻止しようとする。空間を占拠する白人至上主義を。ところが、その手紙は結局投函されるものになる。郵便受けに投函された手紙に対する苦情は、その郵便受け内の別の手紙になる。そんな状況なので、苦情を聴き取ると占拠についての理解を深めることになる。環境の敵意に対して苦情を訴え、いつも起きていることを阻止しようとする人が阻止されるので、いつも起きていることはそのまま起き続ける。手紙を投函して苦情を訴えるとは、しまいには身の置き所がなくなるという意味になりうる。

第３部
このドアが話せたら
IF THESE DOORS COULD TALK

第三部のタイトルは、映画『スリーウイメン／この壁が話せたら』（一九九六年、ナンシー・ローラ・サボカ、シェール監督）（原題は“If These Walls Could Talk”）から想を得た。[★1] ある一軒の家にさまざまな世代が現れては去る様子を描いた映画だ。その家の壁は人間ドラマの容れ物になっているだけではない。私たちと同じようにドラマの展開を目撃する。私は壁ではなくドアという言葉を使ったが、実のところ私をドアへと導いたのは壁だった。ダイバーシティ推進担当者に話を聞いていた当時、私は壁が気になった。レンガの壁、組織の壁、私たちが組織の改革を目指すといかにその組織とぶつかるかということを伝える働きをする壁。ダイバーシティのプロジェクトに取り組んでいたときは壁が現れたが、この苦情についてのプロジェクトではドアが頻繁に現れる。ここまで読んできて、やたらとドアが登場するとお気づきだろう。苦情は閉ざされたドアの向こう側で発生するのだと多くの人が語っている。閉ざされたドアに耳をつけたら、室内で何が話されているのかを盗み聞きするようなものかもしれない。ドアが通り抜けるものではなく、聞き耳を立てるものであったら？

私はずっとドアに向かって聞き耳を立ててきた。[★2] 苦情の聴き取りを開始したのは、利用の利用法について論じた『それが何になる？』（2019）の執筆中だった。苦情と利用の利用法というふたつのテーマに同時に取り組みながら、それぞれのプロジェクトが形になった。ドアは実体をもつ結合部だ。ドアが教えてくれるのは、ものごとがどんなふうに、誰に対して機能するようになっているのかということ。『それが何になる?』におけるドアの議論では、アクセス可能で使用できるドアについての障害学の知見を参照している。エイミー・ハムライ(2017, p. 19)は『アクセスを築く(*Building Access*)』でこう書いている。「出入口、窓、トイレ、椅子や机を調べてみるといい……その使用が前提としている身体の輪郭が見えてくるだろう」。ハムライはこの輪郭に「ノーメイト・テンプレート」〔ノーメイト(normate)とはローズマリー・ガーランド・トムソンの造語で、完璧な身体や身体機能にまつわる幻想を指す〕という便利な名前をつけた(p. 19)。規範の形をしていない者は規範を思い知らされる。規範は壁に、実体のあるものになる。それらの壁がぶつかってきて、あなたが入るのを阻止することがある。あなたはドアと対峙することになる。そのドアが、あなたが使うには重すぎたり狭すぎたりすると、自分用のドアではないのだと気づく。私のデータの随所に登場するドアは何かを伝えている。ドアが開かなかったり、ドアのせいでなかに入れないと、私たちはドアに気づくことが多い。何かが使えなければ、何かに気づくのだ。

人種、階級、ジェンダーを隔離するシステムが特定のワークをドアに任せている状況について、あなたはこちらへ、あなたはあちらへと、人間の交通整理にドアが利用されている状況について考えてみよう。同じ建物に入るにしても、異なる人は異なるドアを使うよう指示されるかもしれない。ある入口に召使や商人用だと示す印がある場合、正面入り口、正面ドア、玄関ドア、無印のドアは主人のドアということになる。主人のドアは白いドア、裏口は黒いドアになりうる。キンバリー・クレンショー(1989)のインターセクショナリティについての古典的エッセイは正面ドア/裏口ドアの物語を伝える。そのなかである遭遇が紹介されている。

ハーヴァード大学を卒業した仲間のひとりが、合衆国大統領数名やその他の有力な白人男性が過去に在籍していたという、なかなか入れない有名紳士クラブのことをよく話して聞かせてくれた。彼はそのクラブでは数少ない黒人会員のひとりだったのだ。一年目の試験が全て終了したのを祝おうと、彼はそのクラブでのパーティーに私たちを誘った。噂に聞く場所をこの目で見られるんだと胸を高鳴らせながら、私たちは立派なドアのところまで行き、真鍮のリングを握りしめて来訪を告げた。ところが、そこで私たちの堂々たる入場に邪魔が入った。その友人が裏口からこそこそと出てきて、大切なことを伝えるのを忘れていたと耳打ちしたのだ。一緒に来た仲間と私に緊張が走った。私たちは黒人として育てられてきたので、自分たちを排除する障壁の存在を想定しておくよう教えられていた。そのクラブに黒人の人数制限が非公式に設定されていたとしてもおかしくない。ところが、人種のせいで排除されたのではなく、女の私が裏口に回らなければならないとわかって緊張は解けた。女であることを理由にそのような侮辱的扱いを受けるのは、黒人だからという理由で私たち全員が裏口に案内されるのと同じぐらい苦痛に満ちていたし、そんな排除は許されるべきではないという事実を訴えてやろうかとも思った。だが、そんなことを提案したところで皆が賛同してくれるとは思えず、人種のせいで危険な目にも遭いかねないと思い直して抗議をするのはやめておいた。だいいち、そのクラブは初めての黒人の客をもてなそうとしていたのだ――そのうちのひとりが裏口から入らなければならないとしても。(p. 161)

彼／女らのあいだに緊張が走ったのは、自分たちは黒人だからそのドアから入れないのだと思っていたからであり、これまでずっとそういうことを経験してきたからだ。だが結局わかったのは、彼女だけが「女だから」裏口を使わなければならないという事実。問題を指摘したら「人種のせいで」かえって問題が起こりそうだと考え、彼女は何もしないし、何も言わない。(「抗議をするのはやめておいた」)

クレンショーのドアの物語は、人生の道筋を進むなかで物理的障壁がさまざまな働きをすることを伝えている。歴史は、障壁を想定しておくようにと教える。障壁としての歴史に遭遇する。ドアとは、蝶番を起点にしてスイングする物理的なものにとどまらない。そういうものではあるのだが、ドアは開けたり閉めたりを実現するメカニズムなのだ。このパートでお伝えするこれらのメカニズムは、明白なものだとは限らない。ドアが開いていると見せかけて閉まっていることもある。第六章で論じるが、これは多様性のドアが当てはまる。オードリー・ロードの言葉をここでも拝借すると、ドアは「主人の道具」になりうる。つまり、まさにその家がどのような造りになっているのかを教えてくれるものになりうるのだ。

本書の第二部では、家がどのように、また誰のために建てられるのかに異議申し立てをする苦情の働きを追った。第三部では、同情《シンパシー》と機械《マシナリー》、ドアと背中、錠と手との関係性を考察しながら、いかに家が特定の身体に合わせて建てられているのか、その人たちを支え、その人たちがしていることを可能にするのかということをさらに深く追求する。第五章では、性的暴行や身体的暴行の語りのなかに、いかに実物のドアが登場するかについて考える。その後、学術ネットワーク、同僚性、忠誠の形態などがドアとして、まさに同じドアとして機能しうると示すが、それによって本書の第一部に登場した組織のメカニクスの分析をさらに深めることができるだろう。次に、誰がシステム内で前進できて、誰ができないのかを問うひとつの方法として、誰が「ドアを押さえる」のかという問いについて考える。言い換えると、ドアが私たちに教えてくれるのは、権力がいかに集中的で便利なものになるのかということであり、いかにそうではないと見せかけて、他者に行使するものになるのかということだ。

第5章　閉ざされたドアの向こう側で

BEHIND CLOSED DOORS

苦情と組織的暴力

苦情に耳を傾けながら、苦情がどこで発生するのかを私は聴き取ってきた。ある駆け出しの講師は、いかに「苦情の大半が、閉ざされたドアの向こう側やEメールなどのやりとり、同僚や他のスタッフには聞こえない会話から発生する」かを説明する。「閉ざされたドアの向こう側」という表現は、誰かが内密に情報を打ち明けるときはあらかじめ閉ざしておく必要があるであろう実物のドアそのものを指すことができる。さらに、その表現は、多くの人に情報が知られないままになる状況に警鐘を鳴らすために利用される。さらに、苦情がどこで発生するかだけでなく、どのように発生するかを教えてくれる。彼女は「密室型苦情手続き」という言い回しで説明する。「同じ問題に対して苦情を訴えている人が私の学科に何人かいたのです。でも、苦情を訴えていることを伏せてはいなかったものの、私たちは別々に働きかけをしていたので、同じような問題を抱え、苦情を訴えている人が他にもいるだなんて、誰ひとりとして気づいていませんでした」。ドアは、いかに職場が細部になるかということになりうる。苦情を訴える人たちを別々にしておけば、苦情を小さいままにしておける。「密室型苦情手続き」が苦情を訴える人たちの分断をいくら目指しても、必ずしもうまくいっていない状況が彼女の説明から浮かび上がる。手続きが細分化、個別化、分断のために利用されても、苦情を訴えるとあなたは他の苦情に気づくことがあるのだ。あなたは同じような苦情、同じような問題に気づく。細分化がプロセスなのだとわかり、自分たちが分断されている状況やその方法に気づくとすぐに、私たちは細部としての機能を停止する。そのため、彼女の証言にドアへの言及が頻出するのは意外ではない。ドアが現れるのは、ドアが何をしているかに彼女自身が気づいたからなのだ。[★1] ドアは、秘密だとされる何かが進行中だという手がかりをもたらす。だからこそ、ドアに気づき、他の人たちの苦情に気づくのを阻止する労力の存在に気づくと、あなたは他の人たちも苦情を訴えていることに気づく。その講師は説明する。「とにかく怖かったので、こっそりと進めることにしたんです。でも、途中でいくつものドアにぶつかって、そのせいでかなり警戒するようになりました」。あなたがいくつものドアに、コミュニケーションをプライベートなものにするはずの(「こっそりと進める」)ドアに何度もぶつかると、それらのドアは苦情の一部になるだけでなく、苦情を訴えた人の一部にもなる。ドアの物語とは、彼女の物語(「いくつものドアにぶつかって」)でもあり、警戒するようになる物語なのだ。

苦情は組織的暴力を学ぶ方法になる。組織がどのように自らを再生産するか、暴力に対してどんな反応を示すのかをあなたは知ることになる。そう、私たちはそれを知ると打ちのめされかねない。本書の全ての章に組織的暴力が何らかの形で登場する。第三章で、私は「組織的ハラスメント」という言葉を使い、いかに組織のリソースが苦情を訴えようとしている人を阻止するために活用され、その人が組織をのしかかってくる重圧だと感じるようになる実態を追った。この章で私が追及するのは、話し合いの場において立場が上の者が出す指示が、叱責、脅し、警告として武器化されて暴力が遂行されるだけでなく、表面上はいかにもコンヴィヴィアルだと思えるような言葉、空間、行動形式のなかでも暴力が遂行されるということだ。苦情を訴える人が思い知らされるのは、組織的暴力が、上級管理職によって科せられる懲罰体制《レジーム》によって実行されるといった、向こう側にあるものにとどまらず、こちら側に、居場所《ホーム》のすぐそばにあるもので、団結、忠誠、同僚性などの心温まる（大切にすらされている）理想のなかに存在するということだ[★2]。

ドアを介して向こう側とこちら側がつながる。この章では、オフィスや廊下で起きた性的あるいは身体的暴行の三つの事例をまず紹介する。いずれもそのくわしい説明のなかで、ドアが重要な役割を果たしている。頑丈なドア、鍵のかかったドア、掛け金や取っ手《ハンドル》が使いづらいドア。くわしい説明はレンズを提供する。そのレンズをのぞき込めば、通常ならぼやけてしまうもののなかに何が起きているのかを見て取ることができる。それらのドアを拡大して観察したあとで、引いてみて、いかにひとつのドアが別のドアと同じ方向性を示し、暴力が収容される別の方法を示すのかということを明確にする。

5-1　同じドア　写真：キム・オルブライト/Phrenzee

同じドア

ドアは、あなたがどこかに入るのを阻止するものになりうる。あなたが外へ出るのを阻止するものになる。ある研究者から、まだ学生だったときにはじめて苦情を訴えた経験について話を聞いた。所属コースのある講師のせいで、彼女はずっと不快な思いをしていた。

ドアの物語1

カレッジのチューターに、言葉による嫌がらせをずっと受けていたのです。というか、それは一線を越えようとするようなものでした。彼の狙いははっきりしていましたから。境界線を押《プッシュ》して、巧みに私を信用させ、学外で会う気にさせようとしていました。私は不快な気持ちになりました。そんなことは望んでいませんでしたから……私を教えたり、指導したりといった立場では全くなかったのに、彼は何やかやと話しかけてきて、そういうことをするのは「ただフレンドリーにしているだけ」だと装いました。丁寧な態度で相手に気を遣い、迷惑をかけないようにしなさいと、私たちはいつだってそう教えられていますよね。それで、彼は巧妙に私に取り入り、私が望んでもいないのに秘密を共有しようとしたのです。挙句の果てに、「どうしてきみは僕と話す時間をとってくれないのか」と、まるで私が失礼で、不愛想で、つき合いが悪い人間みたいに言ってきました。そして、ある日の午後、私は何かを話し合うために彼のオフィスに行きました。

ここと少し似ているオフィスで、ガラス窓はありませんでした。内側に開く、掛け金で開けるタイプのドアがありました。すると、彼はそのドアの裏側に私を押しつけ、キスを迫ってきたのです。私は彼をとっさに押しのけて、その部屋から出ようとしましたが、掛け金が使いづらくてドアが開けにくかったので、出られないかもしれないと思い恐怖を味わいました。それでも、何とか部屋から出て、階段を下りながら心を落ちつかせました。談話室《コモン・ルーム》に入って、そこに居合わせた人になんでもいいから話しかけました。話し方が支離滅裂だったから、相手は私の様子がおかしいと気づいたでしょう。それから、例の講師が私を追って階段を下りてくる音が聴こえましたが、そのうち方向転換して戻っていきました。

ドアは説明の中盤で登場する。説明がドアから始まらないのは重要だ。彼女はまず、どんな感じがしたのか、不快な気持ちになっていたことから話を始めた。第三章で論じたように、適切ではない状況にいると、何かが間違っていると身体が教えてくれる。意識がドアになるとき、私たちは身体が伝えていることを聴き取ることに抵抗する。抵抗はそれ自体がある種の聴き取りであり、その聴き取りはゆっくりとして、起伏に富んでいる。あなたはそれを受け止める心の準備がまだできないうちに、構造を垣間見ることになるのかもしれない。彼女は境界線がプッシュされつつあるのを感じ取る。「ただフレンドリーにしているだけ」で境界線はプッシュされる。ひと押し《プッシュ》は、「ただフレンドリーにしているだけ」だと偽装される。彼は彼女のことをもっと知ろうとする。「彼は心理学に関心があって、私の家族歴を知りたがっていました……彼は卒業式で私の両親に会ったのですが、そういう関心を抱いていたので、私に話しかけて家族のことを聞いてきたのです」。学生と仲良くなろうとする講師の労力が押しつけがましいものとして経験されるのは、それが押しつけがましいものだから。彼は彼女がレズビアンではないかと疑っている。「それもあって、彼は私に興味を引かれたんです……きっと、まともな人とまともなつき合いをしたら私も正常になると考えたのでしょう」。きっと、レズビアンであることがドアを閉ざすものとして聴き取られるのだろう。あなたは男性講師と親しくなりたがらない、セックスしたがらない。その閉ざされたドアは、招待状として受け止められる。あたかも、そのドアが閉まっているのは、彼が開けていないからだというように。★3

ある状況のせいで不快な気持ちになっても、そこから抜け出すのが困難だとわかる場合がある。自分を守るためにしなければならないことが困難になりうるという状況から私たちは学ぶ。そんな人でありなさいと、そんなふうに振る舞いなさいと教えられてきたように、学生として、若い女性として、丁寧な態度で気遣いができ、迷惑をかけないようにしていると、あなたはより傷つきやすくなる。そして、自分を守るために必要な一線を誰かがプッシュするのを阻止することに二の足を踏み、それができなくなる。「ノー」と言ったら不愛想だという判断が下されるとわかっていると「ノー」と言いづらくなる。

不愛想にならないように、迷惑にならないように気をつけていると、しまいにはより傷つきやすくなる空間に足を踏み入れることになるのかもしれない。彼女は彼のオフィスに足を踏み入れる。彼女はそのときのことを話しながら、私たちがいたオフィスを彼のオフィスになぞらえた。二つのオフィスはよく似ているが、唯一の違いはガラス窓の有無だ。ガラス窓がないことについて、私は考える。

あなたは部屋のなかをのぞき込むことができないし、部屋の外ものぞけない。ガラス窓の欠如は私たちをドアへと導く。それをどうやって開けるのか。どうやって出入りするのか。ドアは、他の人たちから引きこもった空間をつくりだし、誰かがそこに押しつけられる表面を提供する。彼は彼女をドアに押しつける。彼は自らを彼女に押しつける。彼女は逃れるために押し返さなければならない。そして、彼女が押さえつけられているドアはどうしても開かない。掛け金《かがね》がとれない。万事休す。「恐ろしい瞬間」が長いあいだ続くことがある。彼女は何とかして彼のオフィスから脱出したが、大変な思いをした。そして、彼女はただそこから出ていくだけでなく、他人に話しかけることで逃れる。コモン・ルームに入り、居合わせた誰かに話しかけ、思いついたことを何でも言ってみることで、つまり、会話《ディスコース》に入っていくことで逃れる。

ドアの働きとは、私たちがディスコースに入るのを阻止するということなのだろうか？　閉ざされたドアの向こう側——ハラスメントはそこで、人目につかないところでひっそりとおこなわれる。ドアによって、オフィスはコモン・ルームではなくプライベート・ルームになる。他にもドアが教えてくれることがある。それは、ハラスメントが発生した現場と同じ場所で苦情が申し立てられることの重要性だ。彼女に対してドアは閉ざされる。同じドアは苦情に対しても閉ざされる。その同じドアが。彼女は苦情を申し立てることにする。まず友人に打ち明け、それから学生ユニオンのメンバーに相談する。ユニオンの指示に従い、彼女は文書《レター》を作成して提出する。そのレターは非公式な苦情と呼べるものだ。彼女が正式な申し立てに進んだら、そのレターが正式な苦情申し立て手続きの第一段階となる。苦情の阻止は正式さの問題になりうる。そのレターは起こったできごとについてのものだった。

それは、起こったできごとについての会話から姿を現した。これまでに学んできたように、レターには独自の苦情の来歴がある。それは、そのレターがどこに届き、どこに届かないかということ。彼女のレターはどこに届いたのだろう？　それは学部長のもとに届けられた。それで、学部長はどう動くのだろう。「学部長は学科長に連絡しました。二人のあいだで何かが話し合われたのは間違いありません。学部長からは、その講師とお茶でも飲みながら解決してはどうかと言われました」。ハラスメントに対する苦情への反応がハラスメントの矮小化であることがあまりにも多い。起こった出来事は二人のあいだのささいな口論なのだと、お茶でも飲めば解決する程度のものだとされる。

苦情は上級管理職のあいだで回された。学科長と学部長のあいだで「何かが話し合われた」と彼女が気づいたことの重要性については次のセクションで論じる。苦情を非公式に訴えた際に掛けられる言葉がその後を左右するということを、私たちはこれまでに学んだ。いずれ何気なく伝えられる、非公式さの問題だと思われる事柄にはパターンがある——それは、肩をすくめたり、うなずいたり、答えたり、提案したり、解決策を示したりといったこと。彼女は正式な苦情申し立てには進まない。そのレターは、彼女か彼のファイルに結局は収められたのかもしれない。あるいは、廃棄されていてもおかしくない。私たちには知りようがない。だが、そのレターがどんな末路をたどったにせよ、彼女の苦情が阻止された一方で彼自身は阻止されなかった。「彼女が阻止された」ではなく「彼女の苦情が阻止された」と表現したのは、その後彼女はキャリアを築いたからだ。現在は教授の地位にある。だが、学生時代に暴行を受けた経験は彼女のなかにとどまり続ける。「成績がよかったのは、学業に秀でていたからだと思っていましたが、その一件があってからこんなふうに考えていました。ちょっと待って、もしかしたら違うのかも。好成績は私を大学に留めておくための策略か何かで、彼が私と接触できるように仕組まれていたんじゃないかと……それは、学業で好成績を収めたという自信や自分の学業のクオリティへの自負といった感覚をむしばみ始めるのです」。講師から受けたハラスメントは、あなたの自尊心や学業面での自信にダメージを与え、自分を疑うように仕向ける。彼女の苦情は阻止されたが、彼女は阻止されなかった。それでも、彼女はその歴史をずっと抱え続ける。

彼女の苦情は阻止された。彼女は阻止されなかった。それで、彼はどうなったのだろう。彼女が教えてくれる。「彼はハラスメント加害者として有名でした。いろいろな噂がありましたから。私の友人に、繊細な心の持ち主がいました。そんな性格が彼につけ込まれました。彼女はしまいには自ら命を絶ったのです」。彼女はしまいには自ら命を絶った。ひとりの女性がダメージを受けた物語の周縁には、さらなる苦痛、さらなるダメージが存在する。彼は進み続けた。彼は進むことを許された。それは、彼女の苦情が（他にも被害者がいたことを私たちは知っている。どれだけ多くの人が「ノー」と言ったことか）彼を阻止できなかったから。彼は現在では退職しており、研究者仲間から多くの尊敬を集め、その経歴には傷ひとつない。彼の経歴、組織の記録には傷ひとつ残らない一方で、苦情を訴えた人や、状況が許せば苦情を訴えたであろう人たちが抱えるダメージは、それが重い荷物であるかのように、身をかがめながらのろのろと運ばれ続ける。苦情を聴き取るとは、歴史に圧し潰されそうになっている人たちから話を聞くということ。その歴史は公式な記録にはまったくと言っていいほど残らない。

また別の物語には別のドアが登場する。次のケースでは、ある学生が、ドアに鍵をかけられた部屋で講師から性的暴行を受けた。

ドアの物語2

廊下を横切ってドアをノックすると、彼は上機嫌で私を迎え入れ、誰かにあげるためにいつも持ち歩いているキャンディを差し出しました……何気ない世間話をするうちに、彼は私の身体に密着するようになりました。髪や顔の写真を撮ったり、何度もハグをして私の身体全体を持ち上げ、勃起した一物を腰に押しつけたり、キスを迫ってきたりしました（私がキスを拒むと、彼は手で私の顔をぎゅっと挟んで、「いいじゃないか、頬にキスをするのも口にするのも変わらんだろう」と言ってきました）。もしかしたら、それはほんの数分の出来事だったかもしれません。でも、何時間も続くように感じました。私はすっかり凍りついてしまったみたいでした。そのとき時間も一緒に凍りつきました。身動きがまったく取れませんでした。唯一覚えているのは、彼の身体を押して「お願いですから《プリーズ》」と何度も言ったことです。ある時点でドアに向かわなきゃと思ったのですが、石になったみたいに頭が起きている事態を処理できない状態でした。何もかもが間違っていて、最低で、最悪な気分でした。とにかく、もう行きたいと何度も訴えたらようやく彼は私を離したので、私はドアへと向かいましたが、鍵がかかっているのに気づきました。それで、一層パニックになりました（当たり前のことですが、人が部屋にいるときはオフィスに鍵をかけてはいけない決まりがあったので、それがある意味で「計画された」ものだとわかったからです）。そのあいだも、彼は私を説得して座らせようとしていて、くつろいで何か話さないかと、もうひとつキャンディはどうかと言ってきました。私がショックのあまり呆然としていることに気づくと、彼はドアを開けるしかありませんでした。

私は泣きながらすぐさまドアから走り出て、大学外へと逃げました。

あなたが暴行を受けている最中は、どんな事態が進行しているのか把握しづらくなる。彼女はオフィスに迎え入れられる。相手は上機嫌で、好意的で、優しい。歓迎が暴力の始まりになることがある。親密な世間話が身体接触に、写真を撮る《テイク》ことに、彼女から何かを奪う《テイク》ことになりうる。身体は重く、固く、石のようになる。時間は凍りつき、身体も凍りつく。彼女は「お願いですから」と言って彼を押しのけようとする。その言葉、その礼儀正しい言葉には独自の歴史がある。それは相手をよろこばせ《プリーズ》、心地よい《プリージング》存在になるものとして使われ、「お願いですからやめてください《プリーズ》」と、「ノー」を伝える労力の一部にもなる。ところが、「お願いですからやめてください」だけでは彼を阻止できない。もう行きたいのだと彼女は繰り返し訴える。そして、ようやく動けるように、反応できるようになると、ドアへと向かい出て行こうとするが、鍵がかかっていることに気づく。彼女はパニックになる。鍵のかけられたドアは彼の計画性を彼女に伝える。部屋に人がいるときは鍵をかけてはいけない決まりになっているのを彼女は知っている。

あなたは身体に、ドアに、ドアにかけられた鍵に阻止されることがある。彼女は何とか抜け出せたが、大変な思いをした。では、どうする？　次は何をする？　当初、彼女は苦情の申し立てには消極的だった。ところが、何年も経って、友人から虐待被害を打ち明けられたときに自分もその経験を告白し、彼女は苦情を訴えることにする。まず学科長に非公式に伝え、学部長にレターを送った。しばらくすると委員会が招集された。誰がそこにいたのか、そこで何が起きたのかを、彼女は委員会にくわしく話した。

かいつまんで話しますね。ミーティングに出席したら、さらなる恐怖体験が待ち受けていたのです。そこには学科長が三人と（ちなみに全員女性です）、学部長がいました。そして、彼女たちは私に対する取り調べを開始しました。その人たちの話し方や、暴行した教師に言及するときの口調から私が真っ先に理解したのは、皆あの教師の仲間だということです。例えば、ある教授は笑いながら、「ああ、Xっていつもそんな調子だから。いつだって気のあるそぶりをして面白がっている……私たちが学生のときからそうだった……話していると、彼は私にも触ってくるけど、たいしたことではないし……彼は私のことを××と呼ぶのだけれど、まあそういう人だから」と言いました。別の教授はこう言いました。「そうね、彼とは長年のつきあいだけど、きっと何か誤解があったのね」。さらにもうひとりは、私が話さなければならないことを聞かないうちから、笑みを浮かべてうなずいているだけでした。

ミーティングは取り調べになりうる。そして、取り調べは友人のためにおこなわれるものになりうる。彼女たちはただ単に、彼の友人だというだけではない。自分たちは彼の友人なのだと彼女に伝えている。親密さの歴史がその部屋に持ち込まれる。彼／女らの友情が語られ、彼女の苦情がどのように受け止められるかが伝わる。共有された歴史（「私たちが学生のとき」、「長年のつきあい」）が何気なく持ち出されるだけではない。それを持ち出すことが正当化になる。私たちは彼をよく知っている。私にも触ってくる。そういう人だから。ずっとそういう人だったから。共有された歴史が持ち出されるのは、暴行に対する苦情がいかにほほ笑みとうなずきのなかで却下されるかということ。第二章で指摘したように、うなずきはノンパフォーマティブになりうる。それは、「もしあなたが彼のことをよく知っていたら、彼を許すでしょう」と言っているも同然なのだ。人間関係は堆積した歴史となりうる。それは、いかにある人たちが「長年」知り合いでいるか、いかにその知識がものごとを実行するのに、ものごとを阻止するのに利用されるかということだ。人やものの共有によって苦情は阻止されうる。忠誠心や個人的関係、職業上の関係の共有によって。表に出ないものが備え付けられているとしたら、その備え付けられているものは、レンガやモルタル、ドアの木材、窓ガラスといった建物資材だけではない。それは人間関係、親密さ、つながりでもある。そのせいで、私たちは物語のなかに鍵やドアのみならず手や背中をも見出すことになる。

別の物語には別のドアが登場する。ある上級講師は、長年にわたり学科長から嫌がらせを受けていた。学科長は彼女に大声を上げ、彼女が彼の提案に疑問をぶつけたのが反抗的だとなじり、コースや地位など、彼女が大切にしているものを取り上げ、彼女が中心となって新しく導入したプログラムの価値を認めずに却下した。彼女はあらかじめ組合に相談していた。そして、次に学科長が大きな声を出したら、何と言い返せばいいか指示を受けていた。彼は学科長だ。避けようがない。彼女はあるミーティングに出席する。

ドアの物語3

そういうわけで、彼が大声を上げだしたら私は立ち上がり、組合に指示されたことを言いました。それから、わっと激しく泣きだしました……オフィスを出て左に行くと、ドアに通じる狭い廊下があります。私はドアへと向かいました。ドアには、別々の方向に回さなければならない二つの錠がついていて、私はそのとき鞄をいくつか抱えていました。すると、後ろから両手が伸びてきて、私の手を錠からどけました。〝ちょっと、いったいどうなっているの〟と心のなかで思いました……それから彼は私の左腕を引っ張り、廊下へと連れていき、「行くな、だめだ」と言ったのです。私は、「触らないで。手を離して」と言いました。それでも、彼が立ちはだかっているから、ドアのほうにも行けず、オフィスにも戻れません。そうこうするうちに、彼は私の身体に腕を巻きつけてきたので、私は両腕を脇に降ろしたまま身動きがとれなくなりました。もうどうしたらいいのかわからない、そう思いました……彼はそこにしばらく立っていましたが、急に腕を離しました。彼の表情から、激怒していることが伝わりました。まるで、私が聞き分けのない子どもであるかのように。私は途方に暮れました。もう一度正面ドアに向かえば、また腕を摑まれるかもしれないと思ったのです。

別の方向に回さなければならない二つの錠。どちらに回せば《ターン》いいのか、どちらに向かえば《ターン》いいのか判然としない。彼女はおそらくその錠のことは知っていたし、使いづらいこともわかっていた。だが、すぐに脱出しなくてはならない状況下で、その使いづらい錠はさらに重要となる。彼女はまごつく。

鞄が重い。時間がかかりすぎる。そして、両手が現れ、彼女の手を錠からどける。錠は手になる。錠としての手。彼女の脱出を阻むもの。彼女は錠から引き離され、廊下へと引っ張られる。どこにも向かえない。最後には何とか脱出するが、大変な思いをする。

それから、どうする？　何をすればいい？　この一件では彼女は正式な苦情の申し立てをおこなった。すると、どうなる？　彼は正式な調査がおこなわれるあいだ停職となった。そして、調査によって何が判明する？　彼に非はないとされた。そして、「直接的な指導方法をとった」とされた。まるで、身体的暴力がぶっきらぼうな口調であるかのように、乱暴な振る舞いが自己表現の手段だと言うように。では、暴行そのものにはどんな判断が下されたのだろう？　この件で発生した暴行は「握手のようなもの」だとされた。握手のようなもの。この、ようなものとは等しいに等しい。身体的暴行がにこやかな挨拶にすり替えられた。行為の表現の仕方によって行為から暴力が取り除かれる。表現はドアになりうる。このような暴力の除去にはかなりの暴力性がある。HRの副部長がミーティングでその文を彼女に向かって読み上げた。「［副部長は］二段落分を声に出して読みました。あなたに送った抜粋に入っている部分です。結論としては、学科長のしたことは〝握手のようなもの〟だったと。さらに、その男は学科長に復帰するということも」。副部長が暴行を表現したそれらの言葉を彼女に向かって読み上げるところを思い浮かべる。あなたは言葉に打ちのめされることがある、ということを私は考える。

暴力は閉ざされたドアの向こう側で発生する。ドアの向こうにある何かを持ち出すものとしての苦情を訴えて、彼女はその暴力を外に出そうとした。だが、暴力はドアの向こうへと戻され、封じ込められた。行為の暴力性とは、いかに暴力が封印されるかということ。第三章で、苦情には室内に存在する暴力を表面化させる力があると述べた。苦情によって、暴力に直面せざるをえなくなるため、苦情は強制的なものとして聴き取られる。苦情があらわにした強制力《フォース》は、苦情を訴える人に向けられる。彼の表情から、自分がどう見られているか彼女は悟る——聞き分けのない、わがままな子どもとして彼女は組織に認識されることになる。組織が暴行をにこやかな挨拶である握手のようなものとすれば、暴力は彼女の投影〔感情が自分にとって受け入れがたいものであるとき、それを他人のせいにする傾向のこと〕に過ぎないと、彼女の説明の問題なのだと、彼女が持ち込んだ問題として扱われる。彼は元の地位に復帰する。彼女は職場を去るよう強制されないまでも、そうしたほうがいいと促される。そして、もしそのまま残れば、彼としょっちゅう顔を合わせることになると彼女にはわかっている。やがて、彼女は別の学科に移る。暴力が封じ込められるとき、締め出されるのは暴力を向けられた側だ。

加担と保護

これらの物語に登場する実物のドアは、ハラスメントがどのようにおこなわれるのかについて私たちに何かを伝えている。ドアは他人の詮索から逃れられる場所をつくりだす。さらに、ドアをもってしても他人からの詮索が防げない場合は、その詮索の影響から一部の者を保護する役割をする。それはつまり、非公式あるいは公式な苦情の申し立てがあった場合だ。このため、暴力行為を隠蔽するものが暴力行為を可能にすると言える。あるポスドク研究者からこんな話を聞いた。所属するプロジェクトチームのミーティングの際にプロジェクトリーダーがチームの研究者をいじめ、ハラスメントをおこなったと言う。彼女はチームを去ることにした。「私が辞める前に出席した最後のミーティングで、あの人たちは、私たちのしたことは言語道断だ（off-the-wall）と大声でまくしたて、責めたのです。あのとき、こう言えたらよかったのにと今になって思います。〝ミーティングを一旦中断して、中立の立場の人をここに呼びましょう〟とか、〝間違いなく何かがおかしいので、ドアを開けましょう〟とか。その場で進行していた事態を妨害できたらよかったのに」。開け放たれたドアは、中立の立場の人を約束しうる。その行為の目撃者を呼び込むことが行為を妨害する方法になり、言語同断《オフ・ザ・ウォール》なおこないが壁《ウォール》になる。目撃の排除によって、あまりに多くの不正義が再生産されている。

目撃の排除とは、暴力が確実に人の目に触れないようにすること。暴力を確実に人の目に触れないようにするのは、誰かを守る方法になる。誰かの虐待行為を阻止できないのであれば、あなたはその行為が人目に触れるのを阻止するのだ。一部の人たちは、暴力を目立たないようにすることで守られているのかもしれない。ある学生は、研究者からハラスメントを受けて苦情を訴えたときに、フェミニズム研究者から苦情を支持できないと言われた。その理由は「よくわかっていないから」だった。よくわかっていないので苦情を支持できないのであれば、そんな知識の欠如には何らかの働きがある。よくわかっていないとは、結局は誰かを守っているのであり、それはまた何から守っているのか気づかないままにその人を守る場合があるということを意味する。それは、知らずに暴力に加担しうるということだけではない。暴力に気づかないということは、あなたがいかに暴力に加担するかということなのだ。苦情が訴えられた組織で働く人たちの多くが問題の深刻さに気づかないことが多いのは、苦情の訴えが閉ざされたドアの向こう側でおこなわれるからだ。

誰かを守るために苦情が阻止されるとき、保護は行動の結果であるとともにその行動の目的でもある。勤務先の大学で同一学科の研究者三名によるセクシュアル・ハラスメントと嫌がらせに対して複数の学生が苦情を申し立てたらどうなったかについて、ある大学職員に話を聞いた。三名のうちいちばん年上で、元学科長でもあった研究者はそのまま大学に残った。だが、他の二名は違った。その職員によれば、研究者二人が大学を去ったことで、セクハラや嫌がらせは許されないという「力強いメッセージ」を広く研究者のコミュニティに送ったということだ。では、最年長の教授には処分が下らなかった事実はどんなメッセージを送ったのかと、私は彼に質問をした。彼はその質問へのはっきりとした回答は避けたものの、その教授に対する苦情手続きを進めるには「証拠が不充分」だというのが公式な見解だったと言った。そして、「非公式」には「彼は苦情から逃げおおせたわけではなく、学長との面談は厳しいものになった」と説明した。もちろん、彼が「苦情から逃げおおせたわけではない」とは誰も気づいていないし、「面談は厳しいものになった」という事実も知られていない。最も地位が高い研究者に与えられた保護は、苦情の結果を秘密にしておくという形でおこなわれた。彼が叱責されるにしても、その行為が遂行されるのは閉ざされたドアの向こう側なのだ。彼が「苦情から逃げおおせたわけではない」とはいえ、彼の地位、給料、年金、そして、おそらくいちばん大事な彼の評判は無傷のままだ。おそらくい、ち、ば、ん、大事としたのは、その教授の評判を守る大学が守っているのは大学そのものの評判だから。大学側はその教授に対してそれまでにおこなった投資を守っていたのだ。

ここで、「ドアの物語3」まで戻らせてほしい。「握手のようなもの」という表現で、暴力行為から暴力性が取り除かれることは先ほど指摘した。この件で印象的なのは、大学側が保護の言葉を利用していたことだ。その上級講師はこう話した。「何度も話し合いを重ねましたが、どうやって私を守るのか、大学側ははっきりと答えられませんでした。学科長である彼を守る注意義務があるということばかり言っていました」。「守る（protect）」という言葉は「cover」に由来しており、「覆う、救い出す」という意味がある。錠に届いた彼の手は組織の手になった。彼に保護《カバー》を与えることで、暴力は覆い隠された。誰かを守るために苦情は退けられ、苦情を訴えた側が罰を受ける。その学科の性差別文化は保護の文化なのだということに彼女は気づいた。「女性たちが見て見ぬふりをしなかったら男性は保護され、女性は懲らしめられます」。この件で重要な点は、その学科長が黒人男性だったということ。学科長を守るということは、立場が上の者を守るということ、男性を守るということになりうる。ところが、人種も忘れてはいけない。彼女も忘れていなかった。「学科長が黒人だったので、大学側は戦々恐々としていました。できるかぎりの手を打ち彼を守っていました。大学側は人種差別をとにかく恐れていたし、よく理解していなかったせいで、それで組織がどうなるのか未知数だったのです」。大学が学科長を守ったのは、保護を与えなかったら人種差別をされたと彼に訴えられかねない、と考えてのことだったようだ。要するに、大学が彼を守ったのは自分たちを守るためだった。[★4] 人種差別は組織の評判を落とすものとして扱われることが多い（Ahmed 2012）。苦情の訴えの阻止は、その苦情が組織の評判への脅威になるという予想にもとづいているのだろう。[★5]

「ドアの物語1」へと戻ろう。先ほど紹介したように、女子学生は暴行を受けたあとで非公式な苦情を申し立てた。苦情の多くがそうであるように、彼女が到達できたのは、彼女の苦情が進むことができたのはそこまでだった。彼女は学部長から、苦情手続きをこれ以上進めないほうがいいと忠告される。ところが、私がインタビューをおこなった時点で、彼女のキャリアも後半に入っていたが、三十年以上前の学生だったときに起こったできごとについて共同で苦情を訴える手続きを開始していた。共同での苦情申し立ては「歴史的苦情」と呼べるのかもしれない。同じ学科で学んだ二人の同窓生と話すうちに、彼女は申し立てを決意した。学部生のときに受けたセクシュアル・ハラスメントについて彼女たちは話していた。#MeToo 運動や、大学のフェミニズム活動家が展開したキャンペーンの成果もあって、セクシュアル・ハラスメントは広く報道されるようになっていた。[★6] この先第八章で、セクシュアル・ハラスメントの物語が姿を現すと、さらなる物語がそれに続くということの重要性を取り上げる。私は結局、三人の女性全員に話を聞いて、過去に経験したことについて、在籍した大学とやりとりを試みたときに何が起こったかについて教えてもらった。[★7] 彼女たちから、ある講師との関係が悲惨な終わり方をして、自ら命を絶った友人の話を聞いた。私は彼女と面識はないが、彼女も物語の一部だ。

彼女たちだけでも、同じ学科の男性五名から、ハラスメント、暴行、不適切行為、グルーミングの被害に遭っていた事実が判明した。当時は、互いにどんな経験をしていたのかそこまでわかっていなかった。友人がどんな目に遭っていたのかに気づいていなかったのだ。そう、ドアはオフィスを細分化する。苦情の訴えを阻止する労力は、人びとが互いの経験について気づくのを阻止する労力なのだ。現在では教授になっている、密室で暴行を受けた女性によると、その講師は学生と性的関係を持つことを「役得」だとみなしていたという。「その当時、男性スタッフのあいだでは、教職に就いていることは、学生と寝たり、ハラスメントをおこなったり、教育の場に性的なことを持ち込むチャンスだとみなす文化がありました。それは〝役得〟のようなもので、昔の学生たちはジョークにして受け流していました。でも、そんな文化は間違いなくひどいものでした」。常態化したもの、規範となったもの、役得や特典となったものに対処するには、「間違いなくひどいもの」であるそれらを笑い飛ばさなければならない。笑いが組織的パッシングの一形態となるのであれば、笑いによってひどいことをいくつも見逃《パス・オーバー》すことになりうる。

この「役得」という言葉は、私が集めた証言に七回登場する。この言葉が意味するところは、大学教員には学生との性的関係にアクセス権があるということだが、それは学生本人（学生の労力だけでなく、その心身に対して）へのアクセス権とも言えるのかもしれない。同一学科の年配男性による性的不適切行為に対して苦情を申し立てた学生たちを支援していたある講師はこう語った。「私が支援活動をしていると、別の学科の女性教員から連絡が入るようになりました。そして、年配男性と性的関係を持った学生が悲惨な状況になるのを見てきた話が次々と出てくるのです。それを聞いて、学内に小児性愛者集団のようなものが存在するのではないかと急に思えてきました。男性教員の多くに社交的、職業的なつながりがありました。彼らは「内情に通じていて」、目くばせし合ったり、肘をつつきあったりして役得を享受していたのです」。若い学生と性的関係を持つことが「役得」だという考え方は、性的なものであると同時に、内情に通じていて「目くばせし合ったり、肘をつつき合い」、そのような振る舞いに及ぶ男たちのあいだの職業上の親密さの表れでもある。イヴ・コゾフスキー・セジウィックの『男同士の絆』（1985：邦訳二〇〇一）から表現を拝借すると、それはある種のホモソーシャルな絆なのだ。

「役得」という言葉は、共有された態度や広く行われる慣習を表すだけでなく、そのような態度や慣習の擁護《ディフェンス》のためにも使われる。ある別の女性研究者は、ひとりの研究者によるセクシュアル・ハラスメントと性的不適切行為に対して苦情を申し立てた学生グループを支援していた。その研究者は彼女に向かって次のような弁明《ディフェンス》をした。「彼は私のところにやって来て〝あれは役得だ〟と言ったのです。信じられない思いでした。面と向かって言われたんですよ。人からのまた聞きではなく。〝役得だ〟と。そう言われて何と返したのか思い出せませんが、唖然としました」。セクハラや性的不適切行為の弁明に「役得」という言葉がいかに利用されるかということから私たちは学ばなければならない。それが意味するのは、教え子と性的関係を持つのは、社用車に乗るようなものだということ。その仕事をしているのなら、あなたはそれを利用する資格がある。すると、苦情は特権の矛盾として解釈されうる。特権とは何かを利用したり、所有したりする権利だ。

　ハラスメントがいかにシステムに組み込まれているか、仕事の一部になっているか、役得になっているかということが見えてきた。ハラスメントに対して苦情が訴えられなければ、ハラスメントは止まらない。先ほどの三名の学生の事例では、自分たちが過去に同じような経験をしたと気づいた時点で、彼女たちはすぐに大学と話をしなければと思った。ある現役学生から、「その男は、まだあなたが話した通りのことをしている」と聞いたことが直接のきっかけとなった。ところが大学は、現役学生たちの経験については調査をおこなわなかった。現役学生は自ら名乗り出るべきだというのがその言い分だ。しかし、私が話を聞いた元学生が指摘したように、「そうしても安全だと思える環境を用意しない限り、名乗り出たり、それが確かだと裏づけたりするなんて、誰にもできない。だから、どんな事態になっているのかは知られないままになる」。おそらく、大学は「どんな事態になっているのか」など知りたくなかったのだろう。

彼女たちのつなぎ合わされた証言に耳を傾けながら、話すことのかなわなかったもうひとりの、自ら命を絶った学生のことを思った――ここで明かすことはできないが、彼女の名前を教えてもらい私は嬉しく思う。それがいかに破壊力のある出来事なのか、人を破滅に導くのかということを考え、私はいたたまれない気持ちになった。彼女たちはそのような事例を次から次へとシェアしてくれた。次から次へと事例が出てくるとき、私たちが話しているのは、ひとつひとつの出来事ではなく構造だ。もしくは、その出来事と一緒に構造について語ることになる。なぜなら、あなたが暴行を受けるとき、それはひとつの出来事だから。ある学生は死別を経験してつらい思いをしている。彼女はある講師と親密な関係になる。その講師は彼女の外見や服装、口紅の色に口を出すようになる。彼女が学業を終えるとすぐに、ふたりの関係は性的なものになった。自分がグルーミングされていたのだと、彼が彼女の傷つきやすさにつけ込んだのだと彼女が気づくのに長い時間がかかった。第三章で指摘したように、グルーミングの最中は、終着点はつねに見えないようにされている。彼女は日記をつけていたので、それがのちに証拠として大学側に提出されることになった。調査の過程でこの日記がどのように活用されたかについては、後ほど触れる。

また別の学生は、学年末パーティーでコース・チューターから暴行を受けた。「家まで送るからと彼に言われました……私が車から降りると、彼に壁に押さえつけられて上半身を手で触られました」。私が話を聞いた別の学生も同じ講師から暴行を受けていたが、それも学年末パーティーの際だった。「どうも彼は私がそれを受け流せると思っていたようです」。受け流せるということについて、彼女はさらに説明する。「そういう文化があるみたいです。何を受け流せと言うのでしょう?」。当時、彼女は苦情を申し立てようとは考えなかった。「考えませんでした。それはコースの一部でしたから。我慢しないといけないものだったのです。あの人たちはいつもそうなんだから、というような雰囲気がありました」。性的暴行がコースの一部になっている。いつものことだからと。学生に求められるタスクは、それを我慢すること、それに慣れること、たいした被害ではないとするか、被害を受けそうな状況を避けること。彼女はさらに、学科長のオフィスで起きたある出来事も語った。「私は彼のオフィスに入りました。学科長で、尊敬を集める人物でしたが、その彼の指が私の背中をなぞって、ブラジャーのあたりをまさぐっていたのです。その手はそれからさらに下へと降りていきました」。背中をなぞる。彼は彼女に指で触れ、自分に何ができるのか、その気になれば、自分が望めば何ができるのかを彼女に伝えた。そこに置かれた彼の指について、ブラジャーのあたりをまさぐるその指について、彼が誰なのか、どんな力があるのか、どんな資格があると感じているのかを伝えるその指について、私は考える。そのメッセージを受け取った彼女が、学科長であるその男性に対してどんなことを予想したのかを考える。閉ざされたドアの向こう側で起こるハラスメントについて考える。彼女の背中《バック》で、組織の暗部《バック》で。そのドアの裏側《バック》で。

そのドアの裏側《バック》。私たちはドアに戻って《バック》きた。同じ学科で、使いづらい掛け金で内側に開くドアが閉まった状態で、ある講師から暴行を受けた学生の事例へと戻ろう。先ほど説明したように、彼女が申し立てた非公式な苦情は、学部長と学科長との間で回された。もう一度彼女の言葉を紹介する。「学部長は学科長に連絡しました。二人のあいだで何かが話し合われたのは間違いありません」。そこで何が話し合われたかは、私たちにはわからない。話し合いがおこなわれるのもハラスメントが発生したのと同じ、閉ざされたドアの向こう側だから。ここで、別の学生の背中を指でなぞったその学科長について考えてみよう。彼女はこう説明した。「彼らは互いにかばい合う（have each other's back）つもりなのです」。彼らがかばい合うとき、彼らの背中はドアになる。彼らの背中《バック》がドアになると言うとき、それが意味するのは彼らのあいだの関係性によって、苦情に対してドアが閉ざされるということ。ハラスメントの苦情を受け取る者は、ハラスメントに加担する者になりうる。苦情に対してドアを閉ざすということは、自分たちにはドアを開けたままにすること、自分たちの行為を可能にするということだ。

なぜ苦情は阻止されるのかという疑問に続き、誰が苦情を受け取るのかという疑問を抱くまでに時間はかからない。それは、行為が問題視される人物の同僚が苦情を受け取るということだけではない。苦情を受け取るのが、苦情が問題視する当の本人だというケースも少なくない。加担とは、一部の者がいかに誰かに覆い《カバー》を与えるのかということ。加担とはある種の隠蔽《カバリング》であり、保護のひとつの形でもある。誰かと何かに加担するということは、誰かを何かから守るということなのだ。セクシュアル・ハラスメントが組織の文化の一部になって常態化している状況について述べると、苦情を進めるのを阻止するのと同じメカニズムについて説明することになるのは、これが理由だ。苦情を訴えた人に話を聞くと、いかに文化が再生産されるかを学ぶことになるのは、これが理由だ。

私たちが文化について語るとき、その語りの対象は不活発で、もとからそこにある所与のものではなく、関係性を介して、関係性のなかで活発に維持されるものなのだ。「文化《カルチャー》」と言うとき、私たちは何か実体のないものを指しているようだ。それは存在しても触れることはできないが、具体的な説明や価値が与えられている。一部の者には実体がなくても、他の人には実体を伴う。私は「気配がする（in the air）」という表現について考える。これは共有された感情を説明するのによく使われるが、これから起きることを示すときにも使われる。おそらく、「文化」という言葉で私たちが考えることになるのは、空気中に存在するもの、空気中に放出されるものなのだろう。共有されるものは、これから起きることになる。ある研究イベントで性差別的、人種差別的発言が出たことに苦情を訴えた、有色人種女性の講師（第四章）のことを考える。彼女は「そういうものが空気中に漂っていた」と言っていた。空気が占拠されると、その空気はよどむ。部屋は息苦しくなる。歴史はよどんだ空気になる。年配の白人男性とともに学部生向けの授業を教えた別の講師のことも私は思い浮かべる。セミナー・ルームで彼がどのように自分の身体を使ったのか、彼女は説明した——彼はしょっちゅう大股開きになった。「部屋全体の空気に自分の股をさらすように」。空気中にさらされるものは、身体が空間を占拠する方法になる。さらに、そのコースでどんな資料が使用されたかも彼女は話した。「ハンドブックには先週の授業の質問への答えが書かれているのですが、その質問は例えば〝もしあなたがa対bの事例ではなく、x対yの事例を応用するのなら、それは前戯を省略して即オーガズムに達するようなものだ〟というような調子でした」。性的な話題は空間を占拠するだけでなく、コース資料の形式にもなる。これらの資料もまた、一定の歴史の産物なのだ。それは教育史にとどまらず、社会史でもあり、時間をかけて堆積した関係性の影響を受け、歴史そのものが資料になっている。それは振る舞ったり、話したり、教えたりする方法であり、「行為（conduct）」と呼ばれるものなのかもしれない。

「行為（conduct）」という言葉で私たちが示すのは、行動だけではない。この言葉の語源は、「導く、まとめる」という意味を持つラテン語の「conductus」だ。「conduct」の初期の定義はこのようになっている。「conductとは主導することであり、そのため個人に対する監督を伴う。ものごとの遂行における主要な特徴の決定と、指示を出す立場にある者が必ず徹底した態度でいることが暗示される。大なり小なりの出来事に対して使われるが、一般的には重要な作業や、何かを遂行すること、問題になることを表す。例えば、宗教儀礼、葬儀、キャンペーンを〝おこなう（conduct）〟のように[8]」。「おこなう（conduct）」とは、ものごとの進め方の主要な特徴が定まるようにものごとを導いて、方向づけるということ。別の学科長は、性的不適切行為とセクハラでその後多くの学生から苦情が寄せられることになる、自分の学科の教授に次のような言葉をかけた。「きみが何をしようと、私の妻に手を出さないかぎり私は関知しない」。指示という形でハラスメントを規定することによって、この学科長は自分の部下に学生に対してハラスメントをおこなう許可を、彼が望むこと、その気になったことは何でもしていいと許可を与えた。「私の妻に手を出さなければ」という彼の発言は、たまたまその大学の教授で、彼の同僚でもある女性を自分の所有物である性的対象として扱っている。ハラスメントは権利の付与として機能する。何かを使用したり、所有したりする権利を与えられるということ。権利の付与をハラスメントとして表現すると、あなたは他人から所有物を奪っていると理解される。苦情を訴えてキルジョイになる人は、この収奪の特性を際立たせるのかもしれない。そのせいで、「ノー」と声を上げた人の多くが、さらなるハラスメントを受けることになる。第三章で論じたように、ハラスメントは、あなたがハラスメントをハラスメントだと特定する労力を阻止しうる。

「行為（conduct）」とは、価値、情報、エネルギー、リソースの伝達だと考えると、この言葉の理解が深みを増す。一部の者は「行為主（conductor）」になる。それはつまり、情報、エネルギー、リソースが彼らを介して移動するということ。ある人物の行為（その人の話し方や身体の使い方だけでなくコース資料もそこに含まれうる）に異議を唱えれば、情報、エネルギー、リソースがあなたに向けられ、あなたはどこかに到達するのを阻止される。それだけでなく、自分の仕事をするのに欠かせない情報、エネルギー、リソースにアクセスできなくなるかもしれない。苦情に対抗するために繰り出されるのは、一部の者がすでに組織に何かを与えられていることから獲得した重みだと言える。

苦情と同僚性

守られているのは誰なのか、何なのかということを私たちはさらに考えなければならない。かばい合うとは、忠誠心を発揮して支援し、互いに支え合うということ。支え合いはしばしば苦情に対して同僚を擁護する姿勢につながる。「ドアの物語2」からもそのことがよくわかる。その学生が、学部長と教授たちとのミーティングに出席した際、彼／女らは苦情を申し立てられた人物の同僚という立場から話しただけではなかった。彼と同僚であることについて話していた。その部屋に同僚性が持ち込まれた。苦情が受け止められた先が、その行為が問題となっている人物の同僚である場合、同僚性は壁のセメントのように結合剤の働きをする。ところで、苦情を訴えた本人も同僚である場合はどうだろう。苦情を訴えた人が「協調性がない」とよく言われるのは偶然ではない。「ドアの物語3」で、学科長からハラスメントを受けて苦情を訴えた女性は、何度も協調性がないと言われた。暴行に対する苦情が協調性のなさとして理解される一方で、暴行そのものはそのようにはみなされない。暴行を受けた本人が苦情を訴え、相手の行為を説明するのに暴行という言葉を出すと、たちまち彼女は同僚としてみなされなくなり、保護に値する存在ではなくなる。

何が同僚性だとみなされるのか（そして何がみなされないのか）、誰が同僚としてみなされるのか（そして誰がみなされないのか）について考えなければならない。同僚性とは、同じ仕事をする者同士で良好な関係を発展させ、善意と信頼の感覚を培うもの。それは、エゴイズムと個人主義の衝動に対抗する手段になりうる。同僚性とは、ドアが開いていることを示すものですらあるかもしれない。それはなかに入ってくる学科の仲間を大切に扱うという約束を提供する。だが、理想としての同僚性がいくら開かれたものであっても、あるいは理想として開かれたものになっているがために、それを享受するのは一部の者だけに限定される。それは、歴史であれ（「彼とは長年の知り合い」という言葉を思い出してほしい）、文化や性格としてゆるやかに定義される一連の特質（私たちがどんな存在で、どんなものを好むのか）であれ、とにかく何かを共有している人たちなのだ。

このような限定は誰が同僚として守られるかということだけにとどまらない。そもそも誰が同僚になれるのかということにも関わる。大学の学部においてハラスメントといじめの問題が蔓延するなか、教員の採用が非公式に、行き当たりばったりにおこなわれる文化があることに私は気づいた。第一章では、採用や昇進をめぐる通常の手続きが保留にされるケースが常態化していると指摘した。ある駆け出しの講師によると、特定の採用候補者について周囲の人たちが「今度一緒に酒を飲んでみたいものだ」と話していた。採用に当たっては、好感が持て、初めからそこにいる人たちとよく似た人が選ばれることがある。そのような採用には、さまざまな段階で非公式さが重要となる。正式な手続きを保留することで、一部の者がなかに入れるようになる。他にも、空間（パブで）や、空間の占拠の方法（酒を飲む）においても非公式さは重要となる。自分のお気に入りの場所で一緒に楽しみたいと思えるような人の採用を実現するために、あなたは正式な手続きを保留にする。

もしくは、あなたが人を雇うのは、その人が最初から自分の友達だから、友達の友達だから、友達のパートナーだからという理由なのかもしれない。大学は過去の親密さの網になりうる。ひとたび苦情が訴えられると、そのような親密さが威力を発揮する。学科長から身体的暴行を振るわれたある上級講師は、所属学科についてこのように説明した。「縁故主義がはびこっていました。大学レベルで教える素養のない、助成金を獲得する力もなく、学科のお荷物になる誰かのお友達ばかりが採用になって……学科のお荷物になったお友達が四、五人はいるせいで、学科の文化はやっかいなものでした。その人たちは、助けてもらったり、会話をしたりといったことに抵抗を示しました」。お友達を採用する。採用《ハイヤリング》は配線《ワイヤリング》になる。採用された人は、会話のきっかけや、どんな会話ならしてもいいのかということにこだわる。お友達がべとつく《スティッキー》せいで、文化はやっかい《トリッキー》なものになる。彼らは仲間同士でくっつき合う傾向にある。

特定の同僚がお友達であれば、最終的に擁護されるのは彼／女らなのだ。擁護する態度は、同類であること、身内《ファミリー》であること、結束が固いこと、つながっていることの感覚と関係があるのだろう。ある講師は、彼女が勤める大学が、既婚カップルを中心に組織されていると説明した。彼女は相関図を作成する。「私は相関図を徹底的に調べています。権力の相関図を作成したんです。そして、［この大学には］二十組以上の既婚カップルが、権力構造を共有していることがわかる、目には見えない相関図があるとわかりました」。いかに既婚カップルが権力の相関図になるのか、組織内で権力を分かち合う方法になるのかということから私たちは学ぶのだろう。苦情を訴えると、あなたはしばしば権力がどのように行使されるのかを学ぶことになる。ある博士院生が自分の経験を話してくれた。彼女は既婚カップルからハラスメントといじめを受け、苦情を申し立てたのだが、カップルのひとりが彼女の指導教員だった。その指導教員には、のちに結婚することになる教授のもとでポスドクとして研究をおこなっていた過去があった。そこには別の歴史、別の網、別の織り目が存在する。のちに指導教授の配偶者《パートナー》となる学生。現在では彼と結婚して、彼の同僚でもあるが、以前は彼の学生だった。夫婦という単位でのふたりの振る舞いを「強制的親密さ」という言葉で彼女は説明する。ミーティングで、コモン・ルームで、彼／女らはその親密さを性的な冗談や身体機能に関するジョークとしてよく披露《シェア》していた。「その夫婦は、にやにやしながら、ふたりの親密さをシェアしてその部屋に持ち込み、下品なジョークを言うこともありました。親密さを公衆の面前にさらしてはばからなかったのです」。暴力がいかに閉ざされたドアの向こう側で発生するのかについてはこれまでに指摘した。公的機関に私的空間《プライベート》を確保するためにドアは利用される。組織のなかでの親密さの押しつけが暴力になることもある（「親密さを公衆の面前にさらしてはばからなかった」）。それは、「このミーティングは私たちのものだ」と宣言する方法だ。コモン・ルームがプライベート・ルームに様変わりすることがある。

話は既婚カップルが親密さを他者に押しつけているということだけにとどまらない。その親密さは組織化されて、苦情の訴えの阻止に利用される。ある学生はこう語った。「十七歳からずっとここにいます。ここの人たちのもとで育ったのです。私にはどうすることもできません」。学生は子どものようになる。ある学科で学ぶということ、誰かのもとで学ぶのは、忠誠心を身につけるということなのだ。あるいは、忠誠心は負債の情動的表現として理解できるのかもしれない。あなたが誰かに忠誠を誓うのは、あなたには負い目があるから。それが自分のよく知っている人だから、あなたは忠誠心を発揮する。[★9] 学生として先に進むことは成長の過程と似ている。前に進めるか、どうやって進むのか、どこまで進むのかは、一連の規範、義務、特権を内面化するだけでなく、行動することによって、あるいはしないことによってそれらを表現できるかに左右される。行動しないことも表現だとすることで私が指摘したいのは、積極的な義務としての苦情の訴えを控えることが組織だけでなく、他人を意識したものであるということだ。借りがあるから、その人のことをよく知っているから、あなたは苦情の訴えを控える。

苦情の訴えを控えることとは、自分が必要とするものを、それを提供してくれる人から受け取る方法になりうる。別の学生からセクハラを受け、苦情を訴えた大学院生の事例（第三章）に戻ろう。男性院生たちは保護された。彼らはそこにとどまった。引き続き、支援と恩恵を享受した。一方、苦情を訴えた女性たちは全員そこから去った。この事例からは、保護を与えられる学生が同僚でもなく同僚候補でもない場合、誰の背中がドアになるのかという問いが引き出せる。ハラスメントを受けた学生と、ハラスメントをおこなった学生の指導教授は同一人物だった。当初、その教授はどちらの学生も支援していた。ところが、最初は非公式だった苦情が正式なものになった途端に教授は「正式な苦情申し立て手続きの過程で［男子学生の］擁護に回った」。ハラスメントをしたとして調査対象になった学生を支援する一方で、ハラスメントを受けた学生への支援は控えられた。そのように支援が撤回されたのは彼女にとっては大打撃だった。

同僚性は約束になりうる。将来の同僚だから、同僚になる可能性のある存在だから、あなたは他人よりも特定の人物を優遇する。おそらく、より将来性のある学生に支援が与えられたのだろう。となると、ハラスメントの物語は、ある学生が別の学生にハラスメントをおこなった時点から始まるものではない。私が話を聞いた学生は、同じプログラムで学ぶ女性が、同じ学生からハラスメントを受けて苦情を申し立てていたことを知った。[★10] 彼女はその女性と連絡を取り、こんな話を聞いた。「ある講師がやって来て、そこにいた学生に研究テーマについて尋ねました。彼女がフェミニズムに興味があると答えると、その講師は、〝フェミニズムというのは下品な言葉だ〟と答えたそうです。学生たちが集まる場所で公然とそんな発言が出て、彼女によると〝雰囲気《トーン》が決まり、学生たちに許可が与えられた〟ということでした」。そうしてもいいという許可がトーンに関わるものだということに注意してほしい。それは、よりパフォーマティブなうなずきの仲間なのだ。もちろん《イエス》、そんな発言をしてもかまわない。もちろん《イエス》、そんなことをしても大丈夫。その後、女性を「巨乳のビッチ」呼ばわりした挙句、それに同調せず、彼に迎合しない学生にハラスメントをおこなった学生がそんな振る舞いにおよぶのが可能になっただけでなく、奨励すらされた。あるやり方を踏襲したり、引き継がれてきたものを再生産したりすれば見返りを得る。そこで私たちは学ぶ。約束とは、反映の問題にもなりうるのだと。将来性があって、保護の対象になる学生たちは、笑ったり、ジョークを言ったり、フェミニズムが下品な言葉だとすることで、教授のイメージを反映している。ハラスメントは反映になりうる。いかに誰かが「イエス」と言うか。ほら、私たちはそっくりだ。そう《イエス》、私たちはそのうちあなたみたいになる。

ハラスメントに対して苦情を訴える人は、しつけや矯正が必要な、聞き分けのないわがままな子どもだとみなされる。ある女性が、困難なミーティングの際中にこんなことを言われたと教えてくれた。「確か、こんなふうに言われました。〝きちんと片づけるまで、この部屋から出られませんよ〟と。まるで、私たちがしつけが必要なおてんば娘四人組であるかのように」。また、苦情を申し立てた別の女性はこう話す。「私たちは、けんかばかりしている姉妹のように思われていると、いつも感じていました」。大学で起こるハラスメントやいじめが、家族間で起こる暴力のように説明されるケースは多い。それは、暴力は、取り除くことが可能なよそ者のせいだとするか（その人物を取り除けば暴力もなくせると言わんばかりに）、いつものこと（familiar）だから大目に見るべきだとする説明だ。

本書で一貫して論じている、説明（組織とはこういうものだ）を命令（こういうものを受け容れなければならない）にすり替える組織の運命論もまた、家族的であることが多い。言い換えると、あなたはハラスメントやいじめを受け容れて当然だとされる。それが家族というものだから。ある講師が、彼女の身に起きたことを説明した。

本当におかしな出来事でした。私たちは学校のオフィスにいて、彼が私のクラスを話題に出したのです。それで、「外部査察官がこう言っていた」と言ったので、私は「査察官の意見が正しいとは思いません」と答えました……すると、彼はこんなことを言ってきました。「なんだと、そんなのはくそくらえだ。全く何もわかっちゃいない。あの査察官は有名な教授なんだぞ。その人を人前でそんなふうに言うとは、お前、いったい何様のつもりだ」……その査察官が、彼が懇意にしている友人だったとのちに知りました。それで、私は校長のところに行って、こんなことがあったと報告したのです。すると、「まあ、[彼は]この学校の雷親父みたいなものだから。そういう人だから気にしないことね」と彼女に言われたのです。

ここで、雷親父が形象《フィギュア》として、おなじみの存在として登場するが、それは彼女への命令にもなっている。気にしないこと、苦情を訴えないこと、暴言や乱暴な態度を受け容れること。彼はそんな人だから、私たちはそんなふうだから、それが普通だから。すると、苦情は家族の秘密にすり替えられて阻止される。

苦情が家族に被害《ダメージ》をもたらすとされる。このように、家族は苦情の阻止に活用されうる。同僚に研究を盗用されたある女性研究者と私は非公式にやりとりをしている。別の女性も彼に研究を盗用されていたことを、彼女はのちに知った。学科長は二人に対して「まったく同じ言葉」を口にしたという。

それは、「[彼には]家族がいるのだから、この件は伏せておくように」というものだった。彼女は苦情の申し立てをおこなった。苦情手続きの第一段階では、「そのケースに調査すべき理由がある」かどうかが判断される。調査を担当した調停員は「レズビアンである私に向かって、[彼には]妻子がいるのだと何度も念を押しました」。その言葉に、彼女は自分が何を言われているかを聴き取った。つまり、苦情を訴えれば、彼だけでなく彼の家族にまで害が及ぶということ。あるいは、そのような念押しは、彼女が保護すべき家族を持つことはない存在だとみなされているがために出てきたのかもしれない。結局、彼女の苦情に対する調査はおこなわれないことになった。きっと、数多くの研究上の不正が調査されないままになっているのだろう。そのせいで、家族を守るという名目のもとに不正が可能になり再生産されている。

家族とのものであれ、同僚とのものであれ、絆を維持するために苦情が阻止されることがある。絆《ボンド》は拘束《バインド》になりうる。所属学科における人種差別と性差別に対して苦情を訴えた、有色人種女性の研究者の事例に戻ろう。HRの部長に「けんかを売っている」(第四章)と言われたあの女性だ。その言葉を彼女は以前にも耳にしていた。彼女がダイバーシティー・ワークにおける感情労働についての論文の発表をおこなった際(感情労働についての論文の発表は情動的労働になる)、発表を聞いていた白人女性教授が敵意に満ちた反応を示し、彼女が「けんかを売っている」と非難したのだ。その後彼女が苦情を訴えることになってHRの部長と面談すると、以前研究の場で遭遇したものにまたしても遭遇する。

その論文発表の聴衆のなかには彼女の賛同者《アライ》がいた。批判的人種研究をおこなう白人女性二人だ。

ところが、彼女によると、その女性たちは発言を耳にしても「気づけなかった」。そして、白人同僚の擁護に回る。「彼女は不意打ちをくらったから」、「よく理解していなかったから」、「私たちはあの人が好きだから」。不意打ちをくらうという表現を使えば、その白人女性同僚が言い誤ったのだと暗に示される。人種差別はしばしば、間違ったメッセージとして、表現不足として聴き取られる。その人物がこうだから、その組織がこうだから、ということではないのだ。あのとき彼女たちにこう言い返せばよかったと、その女性は私に打ち明けた。「人種差別の経験を表現した人に誰かが暴言を吐くのを目の当たりにしただけではないんです。問題は、あなたたちが、何が言われたのかを聴き取れなかったことでしょう」。彼女たちが聴き取ることのできない人種差別は、存在しないものとして扱われる。「きっと、彼女たちはそれを記憶から消去したのでしょうね」。そんなふうに消去すれば、白人同僚を裏切らずに済む。白人女性同士で支え合う一方で、同じく同僚でもある有色人種女性には背を向ける。第二章では、組織が抹消によって苦情をなきものにしていると論じた。消去は個人的なものにも、組織的なものにもなりうる。人種差別を認識することで他の白人同僚との仲間意識がおびやかされるとき、その人種差別は白人たちによって消去される。

何が邪魔をするのか、あなたは気づかない。白さを通して世界を眺めると、人種差別がドアの向こう側に追いやられることがある。別の事例では、ある黒人女性が、人種を理由にしたハラスメントを白人の学科長から長期にわたり受けていた。このハラスメントについては第六章でさらにくわしく説明する。あるとき、彼女は新しく学科長に就任した、白人の同僚と面談する。その同僚は、その黒人女性と、それまで学科長を務めた白人女性とのあいだの「歴史」を話題に出した。「あなたには彼女と仲直りしてほしいと思っています。何しろ彼女は私の友人であり同僚なのだし、あの人のしたことと言ったら、あなたに長文のEメールを送ったことぐらいでしょう」。ここで、前学科長が所有の形で表されていることに注意してほしい（「私の友人であり同僚」）。その要請が、現学科長とは旧知の仲の、友人であり同僚の白人女性のためにおこなわれたということは重要だ。その白人の友人に価値と意義が付加され、形象としてシナリオに入ってくる。彼女は訴えている。問題はただ単に白人女性が自分の願望を伝えている（「私はあなたに仲直りしてほしい」）ということにとどまらない。願望の表現はマネジメント戦略でもある。同僚であっても同僚としての対応はされない黒人女性に対して、何をすべきか、何を言うべきかの指示を彼女は出している。

　同僚性の該当者を特定のタイプの人に、私たちと同じタイプの人に限定することで、別の人よりもある人の保護を優先したり、さらにはある人を別の人から守ったりする手段として同僚性は機能しうる。その黒人女性はさらに付け加える。「苦情プロセスから学んだのは、白人中心の組織はどんなときも白人を守るようだということ。白人をひとり守れば、人種差別が存在するというクレームから組織全体を守ることができますから。そういう大掛かりなPRがいつでも展開されているのです」[★11]。組織を守ることについて私たちが語るとき、一部の同僚を他の人たちに優先して守ることだけでなく、一部の同僚を他の人たちから守ることも語っている。ひとりの人間を守ることが、組織全体を守ることにつながると語っている。誰が該当者になるのかには歴史がある。誰が該当者にならないのかには歴史がある。

苦情を訴える人は管理者《マネジャー》になる

本書では一貫して苦情が阻止されるメカニズムを追求してきた。ここに来て、同僚性がそのメカニズムのひとつだと示している。同情はその機構の一部だ。彼らの背中はドアになる。彼らの手は鍵になる。身体と機械が密接に絡み合い、鍵なのか手なのか、背中なのかドアなのかを判別しづらくなる。それらを見分けたり、ばらばらにするのは難しくなる。

組織内で高い地位にある者（学科長など）が苦情を阻止しようとするとき、その妨害行為が必ずしも管理《マネジメント》側からのトップダウンのいじめという形を取るわけではないと理解しておかなければならない。学科長自身の行為が問題になる場合もあれば、学科長の同僚や親しい友人の行為が問題になる場合もあるのだ。このことが、苦情の扱われ方や苦情が扱われない問題が安易にマネジメントやＨＲのせいだとされる一方で、それが間違っている理由でもある（それはしばしば問題の一部ではあるが）。私は強く主張したい。苦情とマネジメントの同一視が苦情を阻止する方法として利用されうるのだと。苦情を学術ネットワークに対する管理《マネジメント》だとみなすことで、学術ネットワークは保護される。

私はある学生グループから非公式に話を聞いている。その学生たちは、セクシュアル・ハラスメントに対する苦情を申し立てるのを思いとどまるよう言われた。どんな苦情であっても、上級管理職が「ラディカルな研究者」に対して行使する道具《ツール》にすり替えられるからと言われた。このような忠告は効果てきめんだった。学生たちが自分の意見を表明して、研究者に政治的忠誠を誓い、自分たちは同じ側にいるのだと、同じものに反対しているのだと示していれば、その研究者の行為に疑念を抱いたとしても、それに対して苦情を訴えづらくなる。ここで注意したいのは、訴えた苦情が悪意ある管理職に利用されて、自分たちなら下さない判断が正当化されるのではないかと、苦情を訴える側が懸念を抱きがちだということだ[★12]。それは無理もない懸念だと言える。ある人物やある学科における不正行為の証拠が、思ってもみなかった目的に利用される可能性はあるから。ところが、ここではその懸念が道具化されている。つまり、懸念が苦情を阻止するために利用される一方で、その苦情が申し立てられたら阻止できたかもしれない行為を可能にするためにも利用されているのだ。そのうえ、研究者によるハラスメントや嫌がらせに対して正式な苦情申し立てまでこぎつけた人はしばしば、「ラディカルな研究者」に制裁を加え、彼らの自由な表現を阻止しようとしている管理者《マネジャー》だとみなされる。苦情を訴える人をマネジャーだとみなすことは、苦情そのものが力への意志だという診断を下すひとつの方法なのだ。言い換えると、苦情は受けた傷を大げさに言い立てるようなものだとして扱われるということ。構造を利用して個人的なことを偽装しているだとか、他人に制裁を加え、その人の自由を制限して、欲望の表現方法を制限するものだとされる[★13]。

マネジャーとしての苦情を訴える人には、第四章で紹介したいくつかの形象が取り入れられ、それらをもとに構築されている。つまり、不満屋としての（ささいなことに不満をこぼす）、性格が悪い人としての（意図的にダメージを与える）、よそ者としての（私たちの仲間ではない）苦情を訴える人の形象。苦情を訴える人をマネジャーという形象でとらえることで、一見興味深い、ある発見が説明しやすくなるのかもしれない。それは、苦情を訴える人、特に苦情を訴える学生を退ける際にネオリベラルという言葉が利用されているということだ。修士プログラムである教授からハラスメントを受けたとして苦情を訴えた女性から、「苦情を訴えたらネオリベラルだと言われた」という話を聞いた。同じプログラムに在籍する他の学生たちから、彼女の苦情はネオリベラルだと指摘されたのだ。さらに、苦情を訴える人の側が「［教授に対して苦情が申し立てられて］教育が中断されている学生たちと〝連帯〟しなければならない。その逆ではなくて」とも言われた。苦情を訴える人の動機が自己中心的だという判断を下すためにネオリベラリズムが持ち出される。教授から受けたハラスメントを訴えないでおけば、共同の利益を分かち合う者だと判断される。それは、教授の暴力的な振る舞いを口外せずに、その教授にどこまでもついていくということ。さらに、苦情を申し立てるのは考えものだと彼女は言われた。苦情を申し立てれば「組織に頼る」ことになり、組織から「援助を得る」。つまり、苦情を正式に申し立てると、「主人の道具を使う」ことになると判断される。研究者のなかには、自らの姿勢を反組織的なものだと位置づけ、ネオリベ的組織に対抗するために働き、組織による官僚主義的押しつけに従うのを拒否する者がいるということを思い出してみよう（例えば、平等性も官僚主義的押しつけだとみなされる）。そんな姿勢でいるのは好都合だ。権力を濫用しても、反体制だからだと、さらには急進的《ラディカル》だからだということにしておけるから。苦情を正式に申し立てて組織のプロセスに入っていくのは、組織と共謀してその共犯者になるのに等しいおこないだと、苦情を申し立てる前からみなされる。[14]

　苦情にネオリベラルというレッテルを貼ることは、苦情を訴えると消費者になり、そのように振る舞うことになると示すためにも利用されうる。修士プログラムで教授からいじめとハラスメントを受けたとして苦情を申し立てた別の学生はこう語った。「［苦情を訴えたら］きわめてネオリベラルな人間なのだと思われるでしょう。学生を株主のように考えているのです」。ハラスメントに対して苦情を訴える学生が、教育を投資とみなし、大学をビジネスととらえている株主のように振る舞うと想定されると、製品が気に入らないから苦情を訴えているのだとみなされる。消費者の好みというフィルターにかけられるとき、ハラスメントに対する苦情は矮小化され、管理されうる。彼女はこうつけ加えた。「きっと、私はまごうかたなきネオリベ的主体に過ぎないんでしょうね。あるいは、ひどい扱いをされたくない人なのか」。彼女は驚くべきことを明らかにしている。ただひどい扱いをされたくないからと、暴力行為に対して苦情を訴えると、「まごうかたなきネオリベ的主体」という判断が下される。ひどい扱いをされたくないがために行動する人を説明するのにネオリベラリズムが利用される実態から私たちは学ばなければならない。

苦情が暴力に直面するよう強いるとき、その強制力《フォース》は苦情を訴えた本人に対して、苦情を阻止するために利用されうるということは既に指摘した。さらに、その強制力の発生源は苦情を訴えた本人だとされる場合がある。そのような発生源の断定に重要な役割を果たすのがネオリベラリズムだという診断なのだ。苦情を訴える人の形象は、より一般化された暴力の構造――それが組織的なものであれ、マネジメントに関わるものであれ、ネオリベラルなものであれ――に由来する症状だとみなされる。研究者に対して苦情が申し立てられると、懲罰レジームによって、コンプライアンスを強制されたり、そこから締め出されたりされたのだとして苦情はただちに強制されたものになりすます《パス・オフ》。ここで私は「パス（pass）」という言葉を意図的に使っている。パッシング（passing）〔あるグループに属する人物が別のグループの一員であるかのように振る舞い、それで通ることを示す言葉〕は、それが現実のものと類似しているがために機能することが多い。そのような懲罰レジームが存在するだけでなく、私たちの多くはそのような懲罰が教育の価値を損なうものだという共通認識を持っている。★15

ネオリベラリズムは教育の場には有害だという批判を教育機関で働く人の多くが共有している状況では、苦情を訴える人をネオリベラル呼ばわりすることが威力を発揮する。苦情がネオリベラルだとされると、その苦情を訴えた人は大学に被害《ダメージ》を与える存在だとみなされる。それは、苦情を訴える人が大学の評判を落とすからではなく（いかにもネオリベラル的な被害のモデルではあるが）、先進的な教育の価値や、公共善としての大学という考えそのものをおびやかすと考えられるからだ。★16 言い換えると、ハラスメントに対する苦情は、価値をおびやかすものになりすます《パス・オフ》。それは批評性、ラディカルさ、そしてフェミニズムの価値だ。ハラスメントを受けて苦情を訴えたある学生は、「革新的ワークが継続するせっかくの機会をあなたは台無しにしようとしている」と言われた。苦情を阻止する労力は、革新的ワークを支援するものとして正当化されうる。本書の読者のみなさんの多くが（私もそう思っているように）、革新的ワークを支援するためにできるだけのことをしたいという気持ちでいることを考えると、いかにこれが機能するかを理解するのは非常に重要だ。私たちは組織的暴力をあちら側で起こるものだと、批評理論家だとか、転覆的《サバーシブ》な知識人など、その暴力を私たちに向ける力を持ち、そうする可能性のある人たちが起こすものだと想定するかもしれない。だが、組織的暴力はすぐそこにある。それは居場所《ホーム》の近くに、同僚性という曖昧模糊とした生ぬるい領域のなかに、革新性《イノベーション》、急進性、批評性へのコミットメントのなかに、プロジェクトやプログラムを守《プロテクト》りたいという願望のなかに。

フェミニズム・プログラムで教えるスタッフに対して苦情が訴えられると、苦情を阻止する労力はそのフェミニズム・プログラムの継続のために必要なものだとして正当化されうる。だが、フェミニズムそのものが管理と懲罰のレジームの一部であり、それを他人に押しつけ、その人たちの自由を制限するとみなされる場合もある。言い換えると、フェミニズムはネオリベラルだとみなされることがあるのだ。[★17] 平等性は監査の文化だと、チェックボックスだと、管理だと、官僚主義だとみなされやすく、創造的で批判的研究から私たちの注意をそらすだけでなく、研究自体を妨害するものだと考えられ、いとも簡単に追いやられることがある。[★18] ネオリベラルという言葉はまた、フェミニスト、気取り屋、堅物、説教臭い、キルジョイ、ポリシングといった別の言葉とともに使われるものでもあるだろう。これらは一見かけ離れた言葉だと思われるかもしれない。だが、ネオリベラリズムが苦情を訴える人を自己中心的だと説明するのに利用されることを私たちは既に知っている。気取り屋で、堅物で、説教臭いということは、それと同じ構図なのだ。他人に対して譲らず、共有された文化に関わりたがらない人には自己中心的だという判断が下される。[★19]

　そのような言葉が利用されるのは、すでに流通しているから。それらの言葉は、すぐに使える状態で、自由に取り出せるように空気中に漂っている。そんな状態になっているのは、それらがこれまでもずっと利用されてきて使い途があるから。否定的な言葉の多用によって、ネオリベラリズムそのものが遊離基《フリーラジカル》（「不安定で反応性が大きい原子または原子の集団」という意味と、「自由でラディカルな人々」という意味をかけた表現）の活動を抑圧して封じ込めるために練られたフェミニストの策略に変えられることがある。まるで、ある行為を「ハラスメント」だとすること自体が、表現を支配し、抑圧する方法だと言っているようだ。お望みなら、苦情を訴える人は、不正義の言葉を操って自らの思惑をひた隠しにし、他人に倫理規範を押し付けるフェミニスト・マネジャーになれる。多くの事例で、苦情を訴える人をネオリベラルだとする診断は、過去にさかのぼって下される。それは苦情が訴えられたあとか、性暴力に関するフェミニスト活動家のワークに対する一般的な批判として下される。その一方で、ネオリベラリズムの診断が、苦情が訴えられる前から下されている場合もある。言い換えると、それらの診断は、説得のテクニックとして利用されうるということ。ある学部生は、年配の男性教授から性的関係を持つよう説得された。「最初に身体を触られたとき、彼はオフィスのドアを閉めました。そんなふうにドアを閉めるのはおかしいと私は思いました。何も間違ったことはしていなかったのだから。なぜ隠すのだろうと思いました。彼は、大学の〝セックス・パニック〟のせいだと説明しました。貪欲なネオリベ的ポリシーが私たちの自由を侵害しているからと。私はうなずきました。その後もドアは閉められたままでした」。ここでは、〝ネオリベ的ポリシー〟や〝セックス・パニック〟のためにドアを閉める必要があるとされているが、それらの言葉はネオリベラリズムを視野が狭く、モラルを押しつける、フェミニストの計画《アジェンダ》と結びつけている。ポリシーは警察《ポリス》だとみなされる。ドアが閉ざされるのは、行為の特定の形式（例えば役得で学生とセックスすること）のせいで正しいことが過ちになるせいだと暗示されている。

　フェミニズムがネオリベラリズムや管理主義と結びつけられる一方で、苦情をラディカルな研究者に向けられる懲罰技術だとするとらえ直しを一部のフェミニストが了承させられる場合があるということは、注目すべき点だ。セクシュアル・ハラスメントや性的不適切行為をしたとして告発された同僚のためにフェミニストが支援を表明するレターを何通も読んだことがある。なぜそんな事態になるのか理解しなければならない。ある事例では、ひとりの研究者に対して学生たちから複数の苦情が申し立てられた。それらはレイプ、性的暴行、家庭内暴力、セクシュアル・ハラスメントに対するものだった。ところが、その研究者は、自分のほうがハラスメントを受けているのだと多くの同僚に信じ込ませることができた。その苦情申し立てに関わった四人の女性たちと私は非公式にやり取りした。ある女性教授はこう話した。「彼の説明《ナラティヴ》は、性的発言をしたせいで責め立てられ、私たち〝フェミナチ〟が彼を捕えようとしているというものでした」。苦情のナラティヴの多くがいかにコントロールされるかということの重要性と、そのようなコントロール自体が苦情の対象になる地点に私たちは戻ってきた。彼に対する苦情は魔女狩りになぞらえられた。「フェミナチ」や「魔女狩り」などの用語の利用は、フェミニストにとってはおなじみのものになるだろう。#MeToo運動があっという間に、無実の男性をフェミニストの暴徒が迫害しているということにされた事実を考えてみなければならない。さらに、性暴力が発生しても、あれは性的発言だったとされてまともに取り合われないことがいかに多いかも私たちは知っている。苦情は彼の話し方、彼が自分を表現する方法の問題にされるようだ[★20]。

このケースで注意しなければならないのは、彼がフェミニストの同僚たち（なかにはセクハラに関する新たなポリシー作成に公的に関わっている者もいた）から多くの支援を受けていたということ。彼のためにレターを書いて支援した人たちの行動は、苦情を申し立てた学生側の言い分を聞いた上でのものではなかった。「六十八人とか七十人とか、多くの同僚たちが彼のために声を上げて、彼は〝善良な男〟で、粗削りのダイヤの原石みたいなところがあって、〝いきがっている〟だけだと訴えたのです……

その人たちは、彼が自分自身のナラティヴとして伝えたこと以外には、彼が何で訴えられているのか理解していませんでした」。性的暴行や身体的暴行がいかに乱暴な話し方の問題だとされるかを私たちはこれまでに耳にしてきた。「粗削りのダイヤの原石」だとか「いきがっている」という表現が、彼のために提出された、支援を表明する研究者たちが書いたレターのなかで使われている。その表現がどんな働きをするのか、私たちは聴き取ることができる。それらの表現には反論の意図が込められている。フェミニストたちが彼の表現方法を誤解したせいで苦情につながったのだと伝えるために利用されている。彼の表現方法の誤解は、彼を見下す態度や階級的な偏見の表れなのだと伝えるために利用されている。第四章で取り上げた、特権を持つ者として、ささいなことで不満をこぼす者としての苦情を訴える人の形象はここでその威力を存分に発揮している。その形象は存在しない人たちに対するものでもある。苦情を訴える人には中産階級の者もいれば、労働者階級の者もいる。労働者階級出身のある駆け出しの講師は、「労働者階級の女性たちは文句を言わない」として、苦情が中産階級のものだとされることに立腹していた。労働者階級の女性には自分たちで闘ってきたフェミニズムの歴史がないので、セクハラが職場における敵対的環境なのだとそもそも気づけないというのがその言い分だ。[★21] 苦情を訴える人は形象になるだけでなく、偏愛《フェティシズム》の対象にもなる。そして、自分たちの仕事をするために職場でのセクハラに対して苦情を訴えなければならなかった者たちの歴史から切り離される。

苦情を訴える人はささいなことで不満をこぼすという形象の有用性について、私たちはさらに理解を深めなければならない。別の事例では、有色人種男性が学生たちからハラスメントと嫌がらせで苦情を申し立てられた末に辞職した。彼の支援者たちは、ある白人学生がその男性の表現方法が気に食わなかったせいで、彼は辞職に追いやられたのだと外部に向けて発信した。その苦情プロセスに関わった学生に私は非公式に話を聞いた。そして、その苦情はひとりの学生が訴えたものではなく、有色人種学生も加わった学生グループが訴えたもので、セクハラや嫌がらせだけでなく、イスラム嫌悪、レイシャル・ハラスメントまで含むものだったと知った。「カレン」〔白人中心主義的考えを持った白人女性を表す呼び名〕とも呼べる特権的な白人の形象は、有色人種学生の声が聴き取られるのを阻止しうる。さらに、レイシャル・ハラスメントに対する苦情が聴き取られるのを阻止しうる。別の学生から、ある有色人種の男性教授が訴えた苦情について話を聞いた。その男性教授は、性的暴行まで含んだセクシュアル・ハラスメントをおこなったとして複数の学生から苦情を申し立てられていた。その事例では、苦情システムがまったく当てにならなかったので、学生たちはその男性教授の行為に関する情報を交換《シェア》し合っていた。[★22] 学生たちの行動は、教員たちから「同僚への攻撃」だとか「リンチ」だとされた。だが、そのような言葉の利用はいくつかの理由からきわめて問題だ。まず、その言葉はかつて黒人男性に向けられた人種差別的暴力の歴史を彷彿とさせる。さらに、苦情を訴える者たちは全員が学生であるにもかかわらず、リンチをおこなう暴徒だとしている点は看過できない。[★23]

暴行に対する苦情は暴行だとみなされることがある。そのようにして、苦情が公的経路を経たものであろうと、そうでなかろうと、苦情を訴えられた者こそが真に迫害を受けている者なのだとされる。苦情が提出されると、どんな方法で提出されたにせよ、多くの非難が飛び交うことになる。そのような非難は私たちにはおなじみのものだ。反フェミニズムの、昔からあるお決まりの形態。同僚を守るう要請されたときに、いかにしてフェミニストが同じレトリックを駆使できるのかということを私たちは説明する必要がある。それはどうやら、同僚や友人の行為が問題になったときに、人びとが自らの政治的信念とコミットメントを保留にするだけの話ではないらしい（だとしても、そのような保留は問題だが）。ここで、なぜそんなことが起こるのかを理解するために、わがままな子どもが登場するグリム童話を参照したい（Ahmed 2014, 2017）。

昔むかし、あるところにわがままな子どもがいました。子どもは母親の言うことを聞きませんでした。これはけしからんとお思いになった神さまは子どもを病気にしてしまいました。どんな医者もお手上げで、まもなく子どもは息を引き取りました。子どもが墓穴のなかに横たえられ、土をかけられたそのとき、腕が突き出ました。腕を土のなかに戻し、上から新しい土をかけてもだめでした。腕は何度も突き出たのです。とうとう母親が墓に出かけて、腕を鞭で打つしかなくなりました。母親がぴしゃりと鞭打つと腕は引っ込み、子どもはようやく土のなかで眠りにつきました。（Grimm and Grimm 1884, p. 125）

わがままな子ども。彼女には伝える物語がある。いかにもグリム童話らしいこの物語では、わがままな子どもは反抗的で、母親の思い通りに行動しない。権威が願望を命令に変える権利があると想定しているのなら、わがままさは権威が与えられている者に従っていないという診断になる。そのような診断の代償は高くつく。命令の連鎖によって（母親、神、医者）、その子どもの運命は幕を引かれる。

わがままさ《ウィルフルネス》には悪意《ウィル》をもって対応される。そして、子どもは、誰もが「お手上げ」の病を得る《ビカム・イル》のを許される。

物語中で子どものわがままさを継承するのが何度も突き出す腕だ。鞭で打たれるまで、腕は何度も突き出る。『フェミニスト・キルジョイ』(2017：邦訳二〇二二)において、私はこの物語を組織の寓話として再考した。苦情を訴える人たちが、矯正されなければならない、わがままな子どもとして扱われることはこれまでに指摘した。苦情は、何度も突き出る腕だと考えることができる。このグリム童話はもちろん、フェミニストの苦情の物語ではない。警告を与える物語だ。わがままばかり言っていると鞭で打たれることになりますよ。物語はあなたを誘う。鞭と同化すれば、大目に見てもらえるでしょう。ここでは多くの暴力が省略されている。この物語で説明されるのは暴力に対する圧倒的な沈黙だ。暴力を持ち出さなければ、それに気づかなければ、それを話題に出さなければ、あなたは大目に見てもらえるのかもしれない。

このグリム童話はフェミニストの苦情の物語ではないにしても、苦情のワークをおこなう人たちはそのなかに自分自身の経験を聴き取る。ある学生は、ハラスメントをおこなった者たちの氏名を公表した経験を私に書き送った。彼女はその投稿を削除するよう強いられ、申し立てを後悔しているという声明を出すように言われた。後悔などしていないのに。彼女はこう書いている。「『フェミニスト・キルジョイ』で紹介されていた、グリム童話のわがままな子どもになった気分です。鞭が彼女にふるわれ、腕を打ちますが、身体は死んでいるのに、その腕は生きようとして闘います。そして、彼女は永遠の眠りにつく。わがままな子どもは私です。私は和解するしかありませんでした。投稿を削除しなければなりませんでした」。彼らはできる限りの手を尽くしてあなたを止めにかかる。あなたが腕を突き出し、苦情を訴えるのを阻止する。私がインタビューをおこなった、嫌がらせに対する苦情を申し立てていたある女性は、あのグリム童話を読むことで彼女の身に起きたことを理解しやすくなったと語った。「あの話を読んだら心が痛みましたが、同時に腑に落ちたんです。私が傷つけられたのは、腕を突き出していたからなんだと」。暴力に対する苦情を申し立てるために腕を突き出せば、その暴力はあなたに跳ね返ってくる。

この物語をここで引き合いに出すのは、それによっていかになりすまし《パッシング》が機能するかをはっきりと提示できるから。ハラスメントをおこなったとして苦情を訴えられた者は、物語に出てくる腕になりすまし、自分こそが懲罰レジームによって鞭打たれる存在だとする。となると、苦情を訴える人は、腕を突き出して、暴力にあらがい、打ちすえられるのを拒絶しているとはみなされなくなる。かわりに、鞭そのものなのだと、マネジャーなのだと、警察《ポリス》なのだと、看守なのだとされる。このパッシングは成功しているのではないだろうか。なぜなら、多くの研究者が自分は物語に出てくる腕だと信じ込み、自分がどんな人物なのか、あるいはどんな信条を持っているかによって懲罰装置に傷つけられかねない存在だと考えているからだ。もしあなたが組織に圧迫された経験があるのなら、自分に向けられた苦情を組織の圧迫だとする人たちに同情するかもしれない。ハラスメントをおこなった者への同僚性が遂行されるとき、それはパッシングがどこまで成功しているかの指標になる。苦情がどんなふうにとらえられているのか、誰がナラティヴをコントロールしているのかを示すものとなる。腕と鞭が入れ替わる。ハラスメントに対して苦情を訴える者は、最後には途方に暮れることが多い——彼

／女らはますます途方に暮れることになる——、なぜなら、同情を寄せてくれるはずの、互いに忠誠を誓ったはずの仲間が離れて行き、苦情を訴えるそもそもの原因となった暴力を振るった相手に同情するからだ。

被害《ダメージ》の制限

暴力を封じ込めるためにドアがどのように利用されうるかについて、これまで論じてきた。ここで、閉ざされたドアの向こう側という表現が、一般の人びとには情報が秘密にされることを表す比喩として利用されるという点に戻ろう。ドアに注意を向け続けるうちに、苦情の周辺で起こる、一見異質で無関係だと思えるさまざまな活動を結びつけることができるようになる。このセクションで掘り下げるのは、苦情の解決（和解や調停の利用のような）がいかに暴力を封じ込めるドアとして機能しうるかということであり、さらに、苦情の申し立て以降に生じる数多くの活動（独立調査による報告書の作成など）がいかにドアを閉ざし、苦情を一般の人びとの目に触れないようにする働きをするのかということだ。

「ドアの物語1」に戻ろう。暴行をおこなった教授と「お茶でも飲め」ば学生への暴行という問題が「解決」できるはずだという考えは、私たちに多くのことを教えてくれる。起こったことが何でもないことであるかのように、問題の解決は他人任せにされる場合がある。解決を手軽なものにすることで、問題は軽く扱われる。さらに、その「お茶」というのは、何かを矮小化する手段であるだけでなく、シニフィアンでもある。それは、問題の解決法や和解を表す英語のシニフィアンなのだ。和解は、「それを解決する」方法として利用され、マネジメント・テクニックとして機能しうる。白人研究者が黒人研究者に伝えた、以下の発言を思い出してほしい。「あなたには彼女と仲直りしてほしいと思っています。何しろ彼女は私の友人であり同僚なのだし、あの人のしたことと言ったら、あなたに長文のEメールを送ったことぐらいでしょう」。黒人の研究者は、別の白人女性である前学科長から長年にわたりレイシャル・ハラスメントを受けていたという事実がある（第六章参照）。現学科長であるその白人女性は、和解してほしいという自分の願望を表現しながら（「あなたには彼女と仲直りしてほしいと思っています」）、その出来事の解釈も示している（「あの人のしたことと言ったら、あなたに長文のEメールを送ったことぐらいでしょう」）。ハラスメント矮小化のための重要な戦略は、ハラスメントをコミュニケーションの一形式として提示することだ。長文のEメールは確かに迷惑かもしれない。だが、それは有害ではないし、深刻でもないと暗に言っているのだ。

和解のワークがハラスメントを受けた側に一任されることも珍しくない。学科長在任時に自分にハラスメントをおこなった白人女性である「彼女と」和解するタスクは、黒人女性研究者に与えられた。ここで問題になるのは、ハラスメントを受けた側が、自分が置かれた状況と和解して（白人女性との和解は、ある状況との和解になる）当然だと思われていることだけではない。ただし、その状況が間違いないくハラスメントだということ（白人女性との和解は、彼女から受けたハラスメントとの和解になる）を考えれば、その問題自体は深刻なものではあるが。和解というのは、一連の過程のなかである段階に達すれば起こるものではないのだ。和解はしばしば最初から期待や要請としてそこにある。和解するように、和解に前向きになるようにという要請は、苦情を訴えないよう要請する方法にもなる。彼女はものごとを丸く収めるだろうし、そうし続けるだろうという期待は、被害《ダメージ》を与える関係性を維持するよう彼女に求めるということ。和解を望む気持ちの表現は、好意的《フレンドリー》なジェスチャーだと思われるかもしれない。ところが、そのジェスチャーに好意は一切込められていない。その黒人女性が和解を望む気持ちを踏みにじったりしたら、ものごとを丸く収めて歩き出し、周囲とうまく合わせてそのまま進んで行かなかったりしたら、彼女が自ら関係性を破壊しただけでなく、関係性の修復をも拒んだということにされる。

　和解を望む気持ちの表現が謝罪の形を取ることがある。嫌がらせとハラスメントをおこなったとして、ある教授が修士院生から苦情を申し立てられた事例では、教授が本人に謝罪した。この院生の経験については本書の第二部ですでに耳にしているはずだ。彼は大きな声を出して彼女をののしった。だが、彼の行動の証拠が一切なかったので、彼女は不安を抱く。教授の謝罪は一方的な押しつけだ。それは彼女の苦情ファイルに収められる。「それから、担当者はX教授からの手紙を私に送ってきました。あの男との連絡など、こっちは頼んでいないのに。彼は嫌がらせをした側ですよ。ずっと前から私の悪夢の住人だったのです」。その手紙が謝罪であるのなら、それは連絡とコミュニケーションの一形式でもある。その手紙によって、教授はずっと前からしてきたのと同じやり方で空間を占拠することが可能になる（「ずっと前から私の悪夢の住人だった」）。

　その手紙が謝罪であることがなぜ重要なのだろう。謝罪は、どんな言葉で表現されるかによって働きが異なる。[★24] 謝罪をする側は、何に対しての謝罪なのかをはっきりさせる必要はない。はっきりさせる場合でも、問題が矮小化されていたり、その人物が原因となった出来事には触れずに、いかに相手の心を傷つけたかが綴られる。まるで、問題は誰かの気分を害したことであって、それが和解への妨げになると言わんばかりに、そのことに対する謝罪がおこなわれるかもしれない。教授から届いた謝罪について、院生は以下のように説明する。「心からの謝罪として、私がそれを受け入れるだろうと思われていたのでしょうね。でも、手紙に目を通してみたら、それは謝罪などではありませんでした。それまでにゼミの授業でしてきたのと同じことを彼は繰り返しているだけでした……ここは折れることにしよう。だが、きみの言い分には全く賛同しかねるので、きみがまともなことを言っているとして尊重したりはしない、とでも言っているようでした」。嫌がらせに対する謝罪は嫌がらせの延長になりうる。一見容認しているようでも、相手の苦情が「まとも」なものだとは思ってはいないと伝えることで、相手を見下した態度でいることが露呈する。彼が起こした暴力が他人に見えない一方で、謝罪もまた暴力を不可視化する方法になりうる。さらに、教授の謝罪だけでなく、その手紙が彼女の苦情ファイルに収められることを彼女が問題視しているのも忘れてはならない（「私が受け入れるだろうと思われていたのでしょうね」）。ファイルのなかにその手紙を見つけるということは、手紙を受け入れ、それと共に一歩を踏み出し、やり過ごすようにというプレッシャーにさらされるということなのだ。

和解が統治の方法になると、権力の濫用は取るに足りない口論か、コミュニケーションを改善すれば解決する、コミュニケーション不足の産物だとみなされる。★25 ハラスメントがコミュニケーションの一形式とみなされ、矮小化されるとき、和解はコミュニケーションの押しつけとして経験されうる。ある学生は、過去にチューターがおこなった性的不適切行為に対して苦情を申し立てることを検討している。彼女に与えられた選択肢は、「身体的暴行の具体的な証拠がない限り、どうにもならない」と思われる正式な苦情申し立てか、「直接彼に手紙を書く」かのどちらかしかないと言われている。彼女はそのような手紙を書く気はない。「Xとのコミュニケーションを再開するようなことは全く望んでいません。彼との接触を断つことに成功したばかりですし、彼と話をして釈明する機会を与えたくはないのです」。ハラスメントをおこなった人物と手紙か対面でコミュニケーションを取るよう指示されるのは、あなたが自分を守るために遮断したコミュニケーション回路を開け直すように言われているということだ。

第三章で、ハラスメントと嫌がらせは二者間の衝突だとみなされやすいと指摘した。同じ物語が別の角度から語られるのに耳を傾けるように、異なる見解は聴き取るべきだと考えられる。ハラスメントや嫌がらせを見解としてとらえることが、ハラスメントやいじめの被害者にとって実際にどんな意味があるのかをさらに分析してみよう。学科長が嫌がらせをおこなったあるケースでは、学部の教員が調停役をつとめることになった。「それから、副学長に言われたんです。きみにプレゼントがある。このホテルに行けば、交渉人に指定した誰それが待っているから、相談してこの件を解決するといい、と。その人物に何度呼び出され、嫌がらせをされたことか。そんな人が待っている、調停のための話し合いに出かけるもんか、と心のなかで思いました」。調停を受け容れるようにという指示がプレゼントだとされることがある。そのプレゼントは、暴力行為をおこなう人物のそばに行くということ。時間を取り、その人に近づけば問題は全て解決するからと、その人物と同じ部屋に入るよう彼女は要求される。言葉によるものであれ、身体的なものであれ、ハラスメントが自己表現として提示される場合があるということを思い出してほしい。嫌がらせをした人物と同じ部屋に入るよう指示されるのは、嫌がらせをする側が自己表現の機会をさらに与えられるのを目の当たりにするよう言われているということだ。

嫌がらせ行為も議論における一方の側であり、そちらの言い分にも耳を傾けるべきだとして、どちらかの側につくのを拒否すれば、嫌がらせをする側の味方をすることになる。別の女性教授はこう語った。「教員同士での嫌がらせがあっても、みんなどちらかについたりはしません。そんな状況には我関せずなのです。何が起きているのかを直視しません。そして例えば、受け容れがたい行為があるから、こうすればその人物にプレッシャーを与えられる、とは言ったりしません。せいぜい、その状況をちらっと見て、きみの説明は相手の説明と食い違っている、私には関係ないことだがね、と言うぐらいです」。説明の食い違いを指摘することは、何もしないでいる方法になる。それは、その状況に介入しない方法になる。彼女はさらに続ける。「管理職になったときに、職員間の衝突に関わることだけはしてはいけないと、事実上何度も釘を刺されました。それは白紙委任のようなものですよ。いじめる側にやりたい放題にする特権が与えられるのです」。どちらの側にもつかず、介入しない態度を取ることで、いじめは可能になる。それは、いじめる側に「やりたい放題にする特権」を与えるということなのだ。

権力の濫用を、非公式なコミュニケーションによって解決可能な意見の相違としてみなすことは、ダメージ・コントロールの一形態として機能するだけではない。むしろ、そのようにみなすこと自体がダメージを与えるのだ。正式な調査もまた、そこからダメージが生じる形で、ダメージの制限に利用されうる。「ドアの物語1」と、それに続いて、学部生のときにハラスメントを経験してから何年も経ったあとで学生たちが申し立てた苦情へと戻ろう。苦情の申し立てを受け、大学側は独自調査をおこなった。そして、三名の女性全員が証言をした。ところが、その後作成された報告書では、そのうちの一名の証言しか取り上げられていなかった。女性のひとりは証言についてこう述べる。「完全になきものにされました。そこに存在しないのですから」。別の女性は、「一行だって書かれていない」と言った。その報告書は、在学生からの苦情の申し立てがないため、学部の現状を調査する必要はないとしていた。それどころか、彼女たちが九〇年代の出来事を報告しているにもかかわらず、証拠の提出義務は彼女たちの側にあるとほのめかしていた。「ドアの物語1」を語ってくれた元学生も言っているように、「その報告書を出すことで大学側が実際におこなったのは、不心得者の教員を見つけだして退職勧告をすることでした。もちろん、それで〝大学はその状況に対処した〟ということになります。そして、大学側が私たちの証言を排除した理由は、私たちが大学と話し合いたいと思うようになったまさにその理由が受け容れがたかったから。つまり、全てが上っ面な文化だということです」。その報告書は実のところ、大学がある状況に対処したと見せかけることで、その状況に対処しないでおくことを可能にする方法だった。

単なる手違いで元学生の証言の一部が報告書に盛り込まれなかったのではなかったとここで言い添えておくのは意味がある。報告書は組織への同情をにじませるような書き方になっていた。その大学に対する推薦状のようにも読める。そんなふうに読めるのは、おそらく本当にそうだからだろう。例えば、その報告書では、組織による調査の委託が問題に対応している証拠だとされた。調査はポリシーと同様に利用されうる。何かがおこなわれていることの証拠として、あるいは、自明のこととして。現在は大学教授になっている元学生のひとりは、大学側がそのような行為を状況に対処した証拠としてその後利用したのだと説明する。「[その大学は、]学内ネットワーク上で何が起きたかを職員向けにうまく取り繕って説明していて、過去六か月間に大学側が取った措置によって表面上は全て片がついたかのようになっています。でも、正直なところ、大学側はその状況に全く向き合っていませんでした」。彼女が学内ネットワークの話を出したことに私は興味を引かれた。その家に関わるコミュニケーションは家の内部にとどめられる。コミュニケーションは、散らかったものを片づけるために利用されうるが、それはハラスメントに対する苦情がゴミ同然の扱いを受けるということであり、メアリ・ダグラスによる穢れの古い定義を再利用すれば、「場違いな問題」となりうるということを意味する。それは、おこなわれた数々の活動が問題に対処していないということだけにとどまらない。それらの活動は問題に対処しない方法になるということなのだ。

報告書が組織への同情をにじませるようにして書かれる一方で、唯一名前が挙げられている現職教員のハラスメント加害者（ただし、彼はその後ひっそりと退職した）にも同情が示される。学生の日記に当時の会話が記録されていたにもかかわらず、その講師がグルーミングをおこなったという主張を裏付ける証拠はないと調査は判断した。私がここで取り上げたいのは、講師による自分の行為への説明を報告書がそのまま採用し、彼に同情が示されているという点だ。例えば、以下の段落のように。

> 彼女は日記に、X講師が彼女の口紅について口を出したのは一度だけではなかったと書いている。

だが、彼女に下心を抱いていたのではなく、フレンドリーにしていただけだとする講師の説明を私は受け入れる。日記からは、彼の行為にたびたび不安を抱きつつも、彼女が彼に惹かれていた様子がうかがえる。彼のフレンドリーな態度が、彼女に対してはおそらく度を越して馴れ馴れしいものになっていたというのが私の見解だ。彼が、性的搾取目的で信用を得るために情緒面でのつながりの構築をもくろんでいたという主張は受け入れがたい。X講師の好意の伝え方は、通常の指導の過程で適切とされる範疇を超えていたのかもしれない。だからといって、それが性的あるいは虐待を目的としたものだとは必ずしも言えない。客観的な見地からすると、彼の行為は信頼を高める手段の表れだと言えるだろう。

これは、同情的同化の好例だ。報告書は、「フレンドリーにしていた」という彼の説明を疑うことなく受け入れただけでなく、彼の行為が客観的な見地からすると「信頼を高める手段」だとする。その講師は彼女に対して「馴れ馴れしい」態度で接しており、「おそらく」その態度が「度を越して」いたと執筆者は結論づける。ハラスメント（暴行も含む）が「フレンドリーにしていた」として正当化されやすいということは既に述べた。そのため、そのような行為を暴力として、ハラスメントとして、さらには性的搾取やグルーミングとして経験した人たちは、フレンドリーな態度を誤解したとみなされる。さらに、ここで見逃せないのは、双方に見解の相違があると認め、報告書内で中立的立場を取ろうとする姿勢が明確な試みによって、ハラスメントで告発された側の見解《ビュー・ポイント》が客観的なものにすり替えられているということだ。彼に視点《ビュー》が与えられるとき、彼の視点は視点ではなくなり、何かが記録される方法になる（「客観的な見地からすると、彼の行為は」）。

ハラスメント加害者との同情的同化には、同情する以上の働きがある。「フレンドリーにしていた」と認められれば、加害者は何も間違ったことをしていないことになる。暴力を封じ込めるために組織がドアを利用していることは既に指摘した。調査もまた、ドアと同じ働きをする。つまり、そんなことはしていないと見せかけながらもハラスメント加害者の見解を取り入れることで、暴力を封じ込めるために調査が利用されることがあるのだ。例えば、「ドアの物語3」では、身体的暴行の報告書のなかで暴行が「握手のようなもの」とされた。これは、学科長が自分の行為を説明するのに使った言葉だ。そのような接触が「好ましくない」のは承知の上だが「励まそうとした《フレンドリー》」のだと、彼は調査の担当者に語っている。組織が暴力行為を説明する際に好意的な言葉を利用するとき、暴力行為が可能になるまさにその言葉がこのように反復される。私のファイルには、ハラスメントへの同情的同化が認められる報告書が、公開されているものも、非公開のものも含めて数多く収められている。そのような同化はしばしば、落ち度がなかったことにするために利用される。それはつまり、組織に一切の落ち度はないとする方法でもある。

独立調査が組織に落ち度はなかったとするために利用されるのであれば、調査は独立性を失う。ある研究者によると、同じような人たちをコンサルタントとして雇用する際に大学側が「外部」というカテゴリーを利用する状況において、これは広く見られる問題なのだ。大学側がいかに「心地よい関係性」を構築しているかについて、彼女は語った。外部の人材がいかに任用され、なぜ任用されるのかによって集団は閉ざされたものになりうる。例えば、別の事例では、セクシュアル・ハラスメントをおこなったとして複数の苦情を申し立てられた年配の教授の調査の責任者に任命されたのは、平等性やセクハラの分野での専門知識を持たない白人男性だった。なぜ相応の専門知識を持たない人物が任用されたのかと訊ねられた事務職員は、「魔女狩りをしているような印象を持たれるのはまずいから」だと答えた。このように、任用を正当化するために反フェミニズムのレトリックが利用されることがある。印象操作のための労力が費やされるとき、そんなふうに見られるのを避けることで、そこから逃れることが可能になる。

苦情の申し立てに対処するために着手される正式な調査は、苦情による被害《ダメージ》を抑えるために利用されうる。別の学生によるセクハラについて苦情を申し立てた、四名の学生の事例に戻ろう。彼女たちの苦情申し立てを受けて、学部は報告をおこなうことにした。調査により何が判明したのだろう。調査は、その学科が温かい雰囲気の包括的《インクルーシブ》な環境だとした。報告書の執筆者は、苦情を申し立てた学生たちには誰ひとりとして話を聞いていない。学生のひとりが言うように、「セクハラの苦情に関わったり、学部の人種差別に対して声を上げたりしていない人が〔話を聞く相手として〕ランダムに選ばれていました」。その学科がインクルーシブだという見解に異議を唱える人の見解を取り入れないでおくことによって、あなたはその見解を維持できる。言い換えると、排除すればするほどインクルーシブだと思われる。

その報告書では、セクシュアル・ハラスメントが「その（it）」問題と表現されていた。彼女がさらに説明したように、「調査で一貫して重要なテーマとなっていたのが、〝それ（it）〟、つまりその決定的な出来事が引き金となった問題についてでした。その決定的な出来事についてコメントするのは報告書の権限外でした。その上で報告書は〝その問題〟について述べています。〝その問題〟とは、侮辱とセクシュアル・ハラスメントがおこなわれた、恐ろしい瞬間の問題ではありませんでした。〝その問題〟とは私たちや、私たちが申し立てた苦情を指していました」。報告書は問題に名前をつけないでおく一方で、問題に名前をつける人たちのほうに問題があるとすることができる。報告書は修理を担うことができる。その場合、修理対象となる損傷《ダメージ》は、ハラスメントによってもたらされたものではなく、苦情によってもたらされたものなのだ。レイラ・ウィットリー（この先で登場する）は、セクシュアル・ハラスメントの苦情申し立てに対して組織がいかに「損害のすり替え」をおこなうかについて、参考になる説明をしている。ハラスメントを受けた人が被った損害は、組織が被る損害にすり替えられる。苦情に対応する戦略としての被害《ダメージ》の制限は、損害の矮小化と損害のすり替えとして機能しうる。

被害の制限は、非公式あるいは公式な調査における苦情の取り扱い方によって遂行されるだけではない。被害の制限はひそやかに、あるいは沈黙を介して達成されるものでもある。沈黙によって沈黙するよう促されることがある。ある事例では講師が、学科の年配の教員による性的不適切行為に対して苦情を申し立てた学生と連絡を取るのは契約違反に当たると忠告された。彼女によると、大学側の初期反応は指示という形で現れた。「このケースに関わるEメールは全て消去すること。いかなる状況でも、どんな方法でも、どんな形式、どんな様式でも申し立てに対して反応してはならないと。つまり、黙っていろと。静かにしていろと……私は苦情を申し立てた学生たちの多くを知っていました。彼／女らを教えたことがありましたし、支援したかったのです。それなのに、連絡を取るのは契約違反になると言われました」。おそらく、彼女はこんな説明を受けるべきだった。学生とのやり取りが契約違反になるのは、彼女が実際に学生とやり取りしていたか、少なくともそうしようとする意図や意向を示したせいに他ならないと。苦情申し立てに対する支援ですら、義務の怠慢だとみなされる。それは、掟に従わなかったら懲罰が下されるということだけではない。むしろ、掟に従わなければ、その掟を思い知らされるということなのだ。

このため、人びとがどんなワークをするかや、どんなワークをして当然だと思われているかによって被害の制限は達成されうる。職業上の行動規範が「それに蓋をする」ことに関わるものになる場合がある。それはつまり、組織の評判にダメージを与えかねない発言や行動は慎んで仕事をするということ。苦情への反応に関しても、あなたはそのような沈黙を貫くよう求められる可能性がある。すると、沈黙は保護にまつわるものになりうる。それは組織や同僚の評判の保護のためであり、あなた自身の評判やリソース、組織や同僚との関係性の保護などの自己保身のためである。私はロード（1984, p.41）の言葉を思い浮かべる。「沈黙したところで、あなたは守られない」。沈黙したところで、あなたは守られない。だが、暴力行為をおこなう者、暴力に対する沈黙から何らかの形で恩恵を受ける者は守られるのかもしれない。

沈黙するよう指示を出すのは事務職員や管理職だけではない。別の事例では、ある学生が提出した文書《レター》が、その学部の教員のあいだで「MeToo レター」と呼ばれていた。そのレターには、広く尊敬を集めるある学科教員の虐待的行為に関する情報が含まれていた。さらに、その学科教員には過去に苦情を申し立てられた前歴があることも指摘されていた。学科の教員たちに向けて、書面と口頭の両方でそのレターの話をしないようにという指示が出された。ある講師はこう書いている。「［ある教授が］そのレターについての議論は学科にとって好ましくない影響があると主張したのですが、学科は事実上その教授と共闘体制を取っていました。そのため、レターに関する話をする人は皆無でした——少なくとも、私にその件を話してきた人は皆無でした」。「学科に好ましくない影響がある」として、レターについて議論しないよう指示を出した教授は年配のフェミニズム研究者だった。たいてい年配で白人であるフェミニストの同僚が、セクハラについて公の場で話してはいけないと指示をした事例が、私の元には多く集まっている。言い換えると、フェミニストたちは「それに蓋をする」よう指示をしたのだ。

うわべは話したり、議論を始めたり、批判していると見せかけて、「それに蓋をする」ことも可能だ。ある大学院生によると、彼女の学科では批判が当たり前だとされているが、それは、批判の矛先がどこか別の場所に向いている場合に限られるのだそうだ。「私の学科では批判が盛んにおこなわれるのに、足元で起きているできごとについては口をつぐむだけです。別の場所で起こった出来事であれば容赦なく攻撃するのに」。批判には、被害を制限するモードとしての特定の有用性がある。人びとはそのおかげで、「足元で起きているできごと」にはだんまりを決め込むにもかかわらず、自分たちは批判的なのだと思っていられる。彼女はこう付け加えた。「批判が拠点《ホーム》に近ければ近いほど、彼／女らは行動を起こさなくなります」。批判的になりながらも、あなたはそれを、その家を維持することができる。ところが、他人の家なら容赦なく焼き尽くす。ある事例では、フェミニズム系の学科がセクシュアル・ハラスメントの文化を「解体する」というテーマのイベントを組織した。そのイベントの試案には講演者候補のリストが入っていた。リスト上のある人物は、大学内の問題に「言及」することはあっても「露骨ではない」とされ、マーカーが引かれていた。彼／女らはそのイベントを開催する大学における問題を大事《おおごと》にしたくなかったのだ。構造に批判的立場を取っているように見せかけながら、構造そのものを再生産することは可能だ。構造が再生産されていない証拠として批判が利用されるとき、構造は再生産されている。

家《ハウス》、拠点《ホーム》、建物、シェルター。ここで、鳥の巣になった郵便受けのイメージに戻ろう。組織におけるフェミニズムについて考えるとき、フェミニストは巣づくりをする鳥だと私は思っている。ところが、苦情によって得られたデータを伏せておかなければならないものとして部外秘扱いにして、フェミニストたちが苦情を家のなかにとどめるとき、彼／女らはもはや巣づくりをする鳥ではなく、投函される手紙《レター》そのものだ。★26 苦情を訴えた者は、フェミニズム環境をかき乱す闖入者《ちんにゅう》だとみなされる。そして、苦情はフェミニズムの巣の一部となる藁ではなく、やっかいな代物だとみなされる。

被害《ダメージ》の制限は、苦情が組織や同僚の名誉にもたらすダメージを制限する。だが、ダメージの制限は、幸福な多様性、見栄えのするパンフレットの作成、大学やそのコミットメントに関する前向きな物語を語るようにという要求（第一章）だけにとどまらない。ダメージの制限は、私たちがさかんに批判的研究を行うのと同じ場所で遂行されうる。それだけでなく、批判的同情を通じて遂行されることすらある。苦情を訴えている人たちへの支援が、苦情によってもたらされたダメージを制限する形でおこなわれる場合がある。セクハラに対して苦情を申し立てたある学生はこう語った。「支援はすべて散発的なものでした。本来ならおこなわれて当然の支援のレベルにはまったく達していないと感じました。まるで、何とかしなくてはならない、ちょっとした秘密のような扱いでした」。支援もまた、苦情を秘密にして、その秘密を維持することができる。閉ざされたドアの向こう側で支援が与えられるとき、ハラスメントが発生したまさにその場所で支援が与えられることになる。★27

閉ざされたドアの向こう側で。この表現は、苦情を訴えた人がいかに最後には封じ込められるかということを表す。ダメージ・コントロールという言葉は、封じ込めの暴力性を説明するのに役立つ。これは、非常事態でよく使われる言葉だ。例えば、ある船が配管の破裂や水位線以下の船体の損傷が原因で沈没の危険にあると考えてみよう。損傷を受けた区域を封鎖して船の別の部分と隔絶するダメージ・コントロールが、船を沈没から守る手段として利用される。船を沈没から守るためにはダメージを封じ込めなければならない。苦情を訴える人たちは、おそらくそこにいる。損傷を受けた船室にとどまって、彼／女らが理解して引き受けて当然とされていることに従い、船全体が沈まないようにしている。ドアが苦情をそこにとどめ、封じ込めるために利用されるときドアは全体が沈まないために機能している。それらのドアを開けるのに政治運動が必要になるのなら、その結果を乗り越えるのにも政治運動が必要だ。

5-2　学術機関におけるフェミニズム（投函された手紙）

第6章　ドアを押さえる　HOLDING THE DOOR

権力、昇進、前進

ある修士院生が、学部の教授の行為に対して苦情を申し立てた経験を語ってくれた。修士プログラムに入った当初は、博士課程に進んでいずれは研究者にという希望を彼女も多少なりとは抱いていた。ところが証言の終盤にさしかかるとその見込みについて、「ドアは閉ざされた」と表現した。★1 彼女に話を聞いた時点で、私はすでに十四人から証言を聴き取っていた。そして、彼女たちの話のなかにドアが頻繁に登場することに気づいていた。実物のドア、堅牢なドア、取っ手が使いづらいドア。何かが登場すると気づいたら、聞き逃さないように耳をそば立てるようになるものだ。彼女の表現のなかにドアを聴き取れたのは、私がドアに耳をそば立てていたから。それはもちろん、ごくありふれた表現だ。何らかの道がたどれない状況を表すのにドアは比喩として用いられる。そして、私たちは「ドアは閉ざされた」と表現する。私がこの章で追及するのは、道や可能性を開いたり、閉ざしたりするドアの概念だ。「ドアを開ける」には、他人をなかに入れてやるために実物のドアを開けるという意味がある。それ以外にも、他人のために機会をつくるという意味にもなる。「機会（opportunity）」という言葉は、「ドア（doors）」が「港（port）」に由来するということを連想させる。「港」は「入り江（harbor）」だけでなく、「門（gateway）」や「入口（way in）」も指す。ある道を通行可能にするためにドアを開けなければならないのであれば、ドアは前進を妨げるものにもなるのだ。

機会を表す比喩として窓（window）が用いられることがある。「機会の窓（A window of opportunity）」（「好機」を意味する成句）とは、あなたが何かをすることができ、何かが可能になる瞬間を意味する表現だ。その窓が閉ざされると可能性には手が届かなくなる。窓はドアと同じく通り道《パッセージ》なのだ。窓は開け閉めされるが、人が通り抜ける用途は必ずしも想定されていない。「窓（window）」という言葉は、「風（wind）」と「目（eye）」が組み合わされてできたもので、古フリジア語の「andern」という言葉になぞらえられる。この言葉の文字通りの意味は「息のドア（breath-door）」であり、光や音とともに空気の通り道にもなる穴型の窓を指す。窓によって新鮮な空気が循環する。「息のドア」という表現は、部屋が呼吸するさまを表しており、それは私たちが部屋に入ったときの呼吸のしやすさにつながる。第五章では、部屋が歴史に占拠されるとその場の空気が淀むということを論じた。歴史は息苦しいものになる。淀んだ空気になる。いかに部屋が歴史に占拠されるのかを理解することで、人がその歴史に対して持つ関係性の違いにより部屋での体験がいかに異なるかを説明できる。同じ部屋のなかで息ができる人がいれば、できない人もいる。窓やドアを手がかりにすれば、一部の人たちが他の人よりも呼吸しやすいように世界が構築されているということを考えやすくなる。さらに、難所を切り抜けるための経路《ルート》という意味だけでなく、手の届く可能性という意味での道《パス》を与えられるのは誰なのかということについても考えやすくなる。

組織に入るための「ドアを押さえる」のは誰なのかと私たちが問うとき、私たちはいったい何を問うているのだろう。ラタ・マニはルース・フランケンバーグとの対談で、勤務時間外に大学の建物に入ろうとした際に起きた二つの別の出来事について語っている。彼女は自らが置かれた立場《ロケーション》のポリティクスにもとづき執筆活動をおこなっている。それは、アメリカ合衆国で働く、インド系フェミニズム研究者としての立場だ。最初の出来事では、ドアを開けたのは白人男性教授で、彼女は建物のなかに入るのを拒まれた。「彼は素性の知れない者を入れるわけにはいかなかったのです。私が誰なのかご存じないようでした」(Frankenberg and Mani 1993, p. 296)。次の出来事では、廊下の清掃作業中だったフィリピン人女性がドアを開けてくれた。「彼女は私を見上げ、ほほ笑んで、何も言わずにドアを開けてくれました」(p. 296)。人種、ジェンダー、階級が交差するとき、その影響は起伏の富んだものになる。あるときは、自分の外見のせいでなかに入ってはならないと言われる(素性の知れない者はどんな者にだってなりうる)。また別のときは外見のおかげでなかに入るのを許される(教授であればあなたは特定の誰かになれる)。同じドアでも、それを押さえていたのは別の二人だ。誰が人を招き入れるのかによって、あなたはそこに入れたり、入れなかったりする。だが、言わば組織に通じるドアを押さえているのは教授のほうだ。誰が大学の住人になれるのか、誰が正当に採用されるのかについて決定権を持つのは清掃員ではなく教授だ。組織に通じる「ドアを押さえている」のは誰なのかを考えるに当たっては、いかに実物のドアが誰かがなかに入るのを阻止するために使われるのかということを考えることにつながるのかもしれない。そして、権力と正当性についても考えることになるのかもしれない。誰が住人になれるのかを決定するのは誰なのか。この章では、「ドアを押さえている」という表現の文字通りの意味だけでなく比喩的な意味も手がかりにして、研究者としてのキャリアのさまざまな段階にいる人たちから寄せられた証言をもとに、権力が機能する実態を解き明かしていく。証言を寄せてくれたのは、大学院生、駆け出しの研究者、中堅研究者、教授、退職した研究者などだ。

入り口のドア

現役の研究者や、かつて研究に従事していた人ならご存じのように、研究者になるためには数々のドアを通り抜けなければならない。ドアをひとつ通り抜けたと思ったらまた別のドアが現れるといった具合だ。このセクションでは入り口《エントリー》のドアを取り上げる。それは、あなたが研究者になる前の段階か、研究者になるために通り抜けなければならないドアだ。[★2] ドアが障害物《ハードル》のように感じられることがある。なかに入るために乗り越えなければならないものに。あなたは採点され、判断《ジャッジ》され、評価される。目指す職業に道筋をつけるために数々の試験に合格しなければならない。採点システムは支配のシステムになる。確かにあなたは学びを深め、特定の分野内での知識やスキルを習得するだろう。だが一方で行動のルールも身につける。それらのルールは明文化されているものも、そうでないものもある。（暗黙のルールについては、そのルールに違反してはじめてその存在に気づくというケースが多い）。例えば、論文執筆や引用の作法、誰を引用すべきか、どこから出版したらいいのかということを学ぶ。あなたが与えられる身のこなしは、しばしば領域《テリトリー》と表現される分野《フィールド》を進んでいく方法になる。あなたが教えられるのは、自分を提示《プレゼン》する方法、話し方、質問の仕方、誰に話しかけたらいいのかということ。キャリアのなかでより速く、より遠くまで行くには何をすべきなのか（そして、何をしたらいけないのか）に関するアドバイスが与えられる。キャリア・アドバイスを受け取るときにあなたが伝えられるのは、どこに到達できるのかということだけではない。そこに到達するチャンスを増やしたいのであれば、何をすべきかということも教えられる。

何かをするときに「経歴書に有利だから」と言われる場面を思い浮かべてほしい。それは、研究者としてのキャリアを外形を持つものだとみなし、どこかに到達するために大切に扱わなければならないものだと考えるよう促されているということ。キャリアは潜在性《ポテンシャル》であり、不安定で壊れやすいものだとみなされている。私に言わせれば、研究者としてのキャリアとは、あまりに端に近いところに置かれるといとも簡単に割れてしまいかねない水差しのようなもの。研究者としてのキャリアの不安定さはフィクションとはほど遠い。安定した立場を築くのは非常に難しい。それに、ご存じのように学術機関に職を得る人は大勢いると言っても、そこまで到達できなかった人はさらに多いのだ。不安定さがフィクションでないにしても、不安定さは特定の目的を達成するための手段として利用され、何かをしたり、しなかったりする理由になる。

第二章では、誰かが苦情を訴えたら何が起こるかについて警告される事例を多数紹介した。苦情に対する警告は例外的な発言ではなく、私たちが「キャリア・アドバイス」と呼ぶ発話行為の一部であり、あなたがなかに入るチャンスを最大化するために何をすべきかの一連の指示なのだ。キャリアを壊れやすいものとして扱うよう促されると、自分の立場を築くためにどんなものや人が必要となるかをあなたは過度に意識するようになるかもしれない。そのような意識過剰は苦情に対するノーとして内在化されうる。ある博士院生が語ってくれた。「指導教員に対して苦情を申し立てるなんて不可能です。指導教員に苦情を申し立てたらその課程の大学院生ではいられなくなりますから。これからずっとお世話になる人なのです……ある研究者に言われました。指導教官は博士号取得のためだけの存在ではなく、人生全体に関わるのだと」。指導教官が人生全体に関わるのであれば、指導教官に対して苦情を訴えれば、あなたの人生、少なくとも研究者としての、組織の一員としての人生は終焉を迎えることになる。苦情が前もってキャリアの自殺だとか、私が組織の死と呼ぶものだとみなされるのは（Ahmed 2019, p. 195）、このためだ。苦情とは、あなたがいかに終点に達するかということ。

この院生は最終的には指導教官に対する苦情の申し立てをおこなったが、それは修士課程プログラムとその大学を去ると決心したのちのことだった。「苦情の申し立ては最終手段でした。それに、そこを出て行くと決めていたので申し立てができました。そうでなかったら無理だったでしょう。そのうえ、すでにその時点で苦情の申し立てによって私の推薦状に悪影響がありましたから。経歴書上はその期間だけ大きな空白《ギャップ》になっています」。ギャップとして、経歴書上の空白として、苦情は痕跡を残す。空白になっている箇所では多くの活動がおこなわれている。だが、それはキャリアをあきらめない限り記載できないたぐいの活動だ。経歴書に「苦情を申し立てた」とは書けない。それでも、私としてはそうできたらいいのにと思っている。なぜなら、苦情の正式な申し立てには、数多くの組織的スキル、知識、抜け目のなさが欠かせないから。

苦情に対する警告をキャリア・アドバイスと呼ばれる発話行為の集合体の一部だとみなすことで、それらの指示の働きが理解しやすくなる。ある修士院生は、学科の重鎮である教員に対して苦情を申し立てるかどうか検討していた。博士課程に進む「ドアは閉ざされた」と語ったあの院生だ。本書の第二部で、彼女が苦情の申し立てを検討するきっかけとなった経験の一部を紹介した。彼女はプログラムの責任者に相談する。すると、「慎重に。彼は重要な存在だから」と言われる。慎重に。そのまま進んではいけないという警告は、誰が重要なのかを伝える発言になる。重要性は判断《ジャッジメント》になるだけではない。それは指示なのだ。

苦情を訴えてはいけないという警告は、ドアの物語と同じように機能する。「重要な存在」に対して苦情を訴えたら、自分のキャリアのドアが閉ざされるとあなたは警告されている。目指す将来としてのドアの重要性に注意してほしい。ドアを閉ざさないでおくために、将来をオープンな状態にしておくために、今の段階で特定の選択をしてはいけないと言われる。「慎重に。彼は重要な存在だから」という警告は、約束として聴き取られることがある。苦情の申し立てを慎めば、いずれ「重要な存在」に便宜を図ってもらえるかもしれない。それだけでなくその警告は脅しとしても聴き取られる。「重要な存在」に苦情を申し立てたら、彼女のドアが彼の手で閉ざされかねないという意味になる。同じ会話のなかで、責任者はその院生に向かって「この修士プログラムの教え方が気に入らないのなら、いつでも出て行ってもらってかまわない」と言い放った。その言わんとするところをこの院生は理解した。「最後通牒を突きつけられたのです。黙っていろ、我慢しろ。それができないのなら去れ、と」。我慢できないのなら去れが鉄則になる。以前からほのめかされていたので、それがはっきりとわかる。自分は黙らないし、我慢もしないと伝えればドアの裏側を見せられるということなのだ。

ドアの裏側。私たちはまたドアへと戻ってきた。結局、彼女は修士プログラム在籍中は苦情の申し立てを控えることにした。何を言われたのか彼女は理解していた。「重要な存在」への苦情の申し立ては、彼女自身の実績として幸先の良いものではないということ。そして、修士プログラムで学ぶあいだ彼女はそれに耐えようとする。「結局、私は黙って耐えることになったのです。残りの修士課程の期間中、私はただ頭を低くして、目立たないようにして、その教授をできるだけ避けるようにしました」。あなたが苦情のまっただなかにいるとき、つまり、その苦情が対象とするまさにその状況（もしくは、苦情を訴えたあかつきにはその対象となるであろう状況）のなかにいるにもかかわらず、苦情の訴えを避けるのなら、他の多くのものも避けることにつながる。特定の場所、とりわけ非公式な場所を避けなければならなくなるかもしれない。さらに、教授がその場にいると気まずいので、セミナーやイベントへの参加を控えるようになる。そして結局は事実上その修士プログラムに参加できていないという状況になる。彼女も言うように、「教授がそこで教えているせいで、このコースにアクセスできないと感じていました」。ハラスメントはアクセスの問題になる。

彼女が警告を受けたときに、うまくやるためにしてはならないことに関するメッセージを受け取っただけではなかったと言い添えておくことには意味がある。特定の研究に従事していると、うまくやっていないということになるのだと彼女は気づいていた。「人種やジェンダーについての論文を書いた学生は、他のテーマを選んだ学生と比べてそこまでよい評価を取れていないようでした」。採点システムは権力維持の方法になる。イエス、ノー、これをしなさい、あれはだめだ。修士院生が「そこまでよい評価」が得られなければ、それは博士課程への進学が厳しくなるという状況を意味しうる。「人種やジェンダー」について執筆する学生がそろって好成績を納められない状況では、その種の研究が学問領域や分野に根づき、盛んになる可能性は低くなる。とりわけ、あなたが研究者としてのキャリアの出発点にいる場合は、研究が根づいていなければそのルートをたどるのは困難だ。従来教えられてきたことを反映している「それ以外のテーマ」に意欲的に取り組んでいれば、学生たちにルートが与えられる。それらのテーマは人種やジェンダーではない。ハラスメントは反映（第五章）になりうるということを思い出してほしい。

うまくやるために何をすべきかの指示は、私たちに価値体系を伝える。自分に評価をつける人たちの価値観を共有していなかったら、あなたはどうするだろう。ジェンダーや人種をテーマにしていてはよい評価が得られそうにないとわかっていて、あえてそれらのテーマで論文を書くだろうか。このような戦略的になるべきか否かのジレンマは、評価者と価値観を共有しない多くの人たちにとってはおなじみのものとなるだろう。私は苦情のジレンマをそこに置く。ジェンダーや人種のようなカテゴリー（カテゴリーは苦情の容れ物や苦情フォルダになりうる）の研究をおこなっているせいで、あなたの進捗が阻害されるのであれば、より速く進むためにはそれらのカテゴリーに関わらないでおかざるをえないのかもしれない。そんなプロジェクトに関わっていてはたいして遠くまで進めないという忠告を受け、特定のプロジェクトから離れざるをえなかった経験を多くの学生たちが語ってくれた。

そのようなメッセージを苦情のまっただなかで受け取ることがある。ある大学院生は、所属するプログラムにおけるセクシュアル・ハラスメントに対して他の学生と共同で申し立てた苦情について、学科長と話し合うミーティングに出席した。このミーティングについてはすでに耳にしたはずだ（第二章）。彼女によれば、その際に学科長は「フェミニズム研究とセクハラに対する苦情の申し立てを混同しだした」ので、学生たちは「フェミニズムの研究手法が妥当なものかどうかを議論するためではなく、暴力行為とセクハラについて話し合うために私たちはここにいるのだと説明して、ふたつが別のものだと指摘しようとした」。ハラスメントに対する苦情の申し立ては控えるようにという警告は、フェミニズム研究を含む特定の研究に関わってはならないという警告にたやすくすり替わる。「フェミニズム、ゲイ、黒人学の理論は時代遅れだと彼女は言いだしたんです……そんな研究に関わっていたら仕事を得られないと」。時代遅れという言葉は、判断《ジャッジメント》としての機能をおおいに発揮する。その手の理論、その手の研究は古臭く、進歩がなく、それに関わればあなたは遅れをとると言っているも同然だ。仕事を獲得するために遅れずについていかなければならないのであれば、仕事を獲得したければその手の理論はあきらめなければならないということ。第二章では、警告の裏面が、苦情を控えれば遠くまで行けるという約束になっていることを追求した。第四章では、システムの再生産を阻止しようと試みる人たちが阻止される実態を指摘した。ここで、この二つの議論を合流させることができる。システム内でより遠くまで進むためにしなければならないと言われることが、そのシステムを再生産する。

システムの再生産に関わらない者は通過《パス》できないばかりか、前進できないリスクを負う。通過できないと、一部の者は苦情を訴える人になると第四章で指摘した。ジェンダーや人種について論文を執筆したいという意思表示をするだけで苦情を訴えているとして聴き取られる。苦情を訴える人の形象をここまで追うあいだに学んできたことを参考にして、苦情を訴える人として聴き取られることが、より正確にはどんな意味を持つのかをじっくりと考えてみることが重要だ。ジェンダーや人種についての論文執筆が苦情として聴き取られるのであれば、ジェンダーや人種についての論文を執筆すれば、ささいなことで不満をこぼしていると（ジェンダーや人種を取り上げる学問は不満の多い学問だとされる）、性格が悪いか、破壊行為をおこなっていると（カリキュラムの脱植民地化は破壊行為になる）、あなたがよそ者である証拠だと（あなたはここに所属していないか、ここの出身ではない）、他人の表現や自由を制限しようとしている（ジェンダーや人種が、学問分野だけでなく他人に対するカテゴリーの押しつけだとされる）として聴き取られるということだ。

「重要な存在」について警告を受けた修士院生の事例に戻ろう。うまくやるチャンスを最大化したかったので、彼女が修士プログラム在籍中は正式な苦情の申し立て手続きに進まないことにしたとすでに述べた。「この段階で苦情を正式に申し立てたら、成績に大きな影響があるかもしれないと思うと不安でした。私の研究を教授が公平に評価できるはずがありませんから。修士課程が修了して成績が全て出そろい、苦情を申し立てても悪影響を被るおそれがなくなってから、正式な苦情の申し立てをしようと決心しました」。ところが、修士課程在籍中は苦情の申し立てをおこなわないという彼女の計画は、彼女がすでに苦情を訴える人だとすでにみなされていたせいでうまく行かなかった。その教授に修士論文の評価を担当しないよう要請したにもかかわらず、教授はそれを無視した。その結果、彼女の修士論文の評価は、彼女がそれまでに書いたどの論文と比べても相当低いものになった。その後実際に彼女が正式な苦情の申し立てに実際に進んだのは、その教授が修論評価に関わったことも一因だった。適切ではないテーマの論文を執筆するという、院生としてあるまじき行為におよんだせいで罰を受けることになると予想されたために、事前にそうならないように彼女は要請したのだ。にもかかわらずそんな事態になった。すでに苦情を訴えているとみなされていたことから起こった出来事のせいで彼女は結局苦情を申し立てることになった。

苦情を訴えた人の多くが直接的な形で報復を経験している。だが、そのような経験の立証は難しい。報復は具体的になりうるが（低評価など）、それを訴えたところでたいていは信じてもらえない（彼がそんなことをするはずがない、そんなことはありえない）。因果関係があるのだと立証するのはきわめて困難だ。苦情を申し立てたせいで低い成績をつけられたのだと。だが、多くの場合、報復はあなたが受け取らない物事と関係している。つまり、報復は機会の損失に、開かないドアに、あなたのところにはやって来ないものになる可能性があるのだ。苦情を訴えたらあなたは機会を逸しかねない。何が失われたのかを立証するのは困難だ。[★3] この院生も言うように、彼女は「推薦状を犠牲にした」。そして、博士課程に進む見込みについては、「ドアは閉ざされた」のだと言葉を継いだ。推薦状はドアになりうる。それは誰かの前進を阻む方法になりうる。そのドアは閉ざされた。つまり、苦情を申し立てた罰としてアカデミアの一員になるのを阻止された（成績が足りず、推薦状も書いてもらえない）のだと彼女は理解している。

ある行為のせいでドアが閉ざされたのだと指摘するのは難しいだろう。その教授が「不適切なテーマ」と呼んだ、人種やジェンダーについて論文を書きたいと彼女が意思表示した時点でドアは閉まりかけていた

6-1　推薦状がドアに、誰かの前進を妨げるものになることがある。
写真：キム・オルブライト/Phrenzee

のだろうか。それとも、シラバスに存在しない人たちについて彼女が質問したあのときからだろうか。教授の教え方に問題があると、彼女がコースの責任者に相談したときから？　これらの問いは全て、ドアが閉ざされた原因は彼女の行動にあるとする。そして、あまりに多くの閉ざされたドアがそんなふうに説明される。誰かがそれに前向きではなかっただとか、それをしないことに前向きではなかったせいでドアは閉ざされたのだと。閉ざされたドアを説明するのに、私たちはそれとは別の説明をしなくてはならない。それらのドアが話せたら、そういうことを伝えてくるだろう。権力とはそれ自体が所有されるものではないにもかかわらず、いかに権力が保持されうるのかということを。誰によって権力が保持されるのかということを。「イエス」や「ノー」になる権力について。開かれたドア、閉ざされたドアについて。誰が前進できて誰ができないのか、誰に対してドアが開かれ、誰に対しては閉ざされるのかということを決定するものになっている権力について。[★4] 単純に権力が誰かの持ちものではないとされる状況にあっても、権力は獲得されうる。ドアが私たちに伝えるのは、そのような獲得の性質だ。教授がドアを押さえていて、院生が苦情を訴えたので罰としてドアを閉ざしたというだけの話ではない（それは間違いなく物語の重要な部分ではある）。彼女に対してドアが閉ざされても、彼に対してはドアは開け放たれたまま。彼に対してドアが開かれたままになったのは、院生の苦情に対してドアを積極的に閉ざそうとしたある同僚のおかげだ。それは、私が第五章で取り上げた組織のドア。彼の行為を閉じ込め、引き続きその行為に及ぶことを可能にするドア。

「彼は重要な存在だ」という発言を耳にすると、その言語行為の矛先は話を聞く相手に向けられていると受け止められるかもしれない。第二章で指摘したように、警告の目的とは結局、それを受け取る相手が考えている一連の行動を改めるための時間を与えることだから。だが、他の誰かが彼女に対して積極的にドアを閉ざそうとすれば彼に対してドアが開かれたままになるのであれば、その言語行為の目的は警告を発すること自体にあるのかもしれない。その警告を口にした講師についてさらに深く考えてみよう。彼女がその院生に対してドアを押さえていたのは間違いない。それは、プログラム責任者である彼女が、院生が進んで行けるかどうかに影響を及ぼしうる存在だったということだけではなく、院生が難局を切り抜けるために何をしなければならないか（あるいは、何をしたらいけないか）についての指示を与えたという意味において。ドアは決まって指示の場面になる。その講師は学部内では若手で、教授よりもずっと年下だった。彼女は有色人種女性で、教授は白人男性だ。この講師自身に対するドアが開かれ、彼女が進んで行くためにはいずれ教授の支援が必要になるかもしれない。彼女がその院生のために押さえているドアとは、若手研究者として彼女が通り抜けなければならないドアでもある。そのため、彼女が与える警告は、通り抜けるためには何をしなければならないかに関して彼女が受け取ってきた警告と重なるのかもしれない。

　警告を口にする者が、彼女が口にするものを受け取っているのだと考えると、「ドアを押さえている」場面はさらに複雑になる。一部の者にとって、苦情に対するドアを開けると、その人たち自身のキャリアへのドアを閉ざされかねないということ。この可能性を心配事として挙げる人は多い。年配教員のハラスメントに対して学生たちが申し立てた苦情を若手教員が支援すれば、彼／女らのキャリアが傷つくのではないかという心配を多くの学生が語っている。ある大学院生が、若手女性教員が支援してくれたことを語った。「女性は苦情の申し立てに伴う感情労働を担うよう要求されることがあまりに多いので、申し訳ない気持ちになります」[5]。彼女はさらにこう続けた。「私のせいでキャリアに影響が出かねない、そんな気まずい立場に彼女を置きたくはないのです」。苦情をいちばん支援してくれそうな人たちが、苦情の支援によってダメージを受けかねない人たちでもあるという心配から、苦情が行きづまることがある。

プログラム責任者から「慎重に。彼は重要な存在だから」という警告を受け取った修士院生の事例に戻ろう。彼女もまた、指導教員（期限つき雇用の若手教員）が支援と連帯を表明してくれたと語っている。それは、その教員と偶然階段ですれ違ったときに教授の乱暴な態度を打ち明けたときの出来事だった。ところがその後、指導教員からそれ以上の話は電話でしたいという申し入れがあった。「会話の記録を文字の形で残さない」ようにするためだった。「電話の向こうで彼女はおびえているようでした。そして、彼女が支援を撤回するに至って私が思ったのは、誰に言われたのかということ。私が教授の虐待行為について階段で打ち明けたときに私たちが共有していた連帯の言葉をなぜ翻したのかということ」。指導教員の翻意に関して院生には心当たりがあった。「彼女自身がすでに不安定な立場にありました」、「住宅ローンと、ふたりの子どもを抱えていましたから」。そのように不安定な立場にあると、苦情の申し立てだけでなく、苦情の支援もしづらくなるのだということに注意してほしい。とりわけ、その苦情が正職員や年上の教授に向けられたものであれば。第三章で論じたように、苦情が学科の内部政治に巻き込まれるだけではない。苦情の道筋は、内部ヒエラルキーによってつくりだされた道筋と同一であるかもしれない。組織内を通る直線《ライン》をたどれば上がっていける（下がってもいける）。そこを通り抜けなければならないのは誰なのかによって、ドアは開いたり閉まったりする。あなたが組織のヒエラルキーの末端にいるのなら、そこから抜け出すには立場が上の者の支援が必要となるだろう。それはつまり、何かを言ったり行動に移したりすれば自分の先行きが危うくなることが少なからずあるということ。もちろん、私たちの多くがそれを知っている。だが、知っているだけでは状況は変えられない。

権力を「ドアを押さえる」ものだとして私たちが語るとき、それによって誰が資格を与えられて、誰が妨害されるのかということだけでなく、資格を与えられた人たちがいかに借りをつくるのかということについても語っている。借りは下へ下へと伝達される。そして、ドアが取引になることがある。その講師自らが進んで行けるようにドアを開けておくためには「重要な存在」に対してドアを開け放しておかなければならないのかもしれない。彼が重要な存在だと認めることによって、彼に対する忠誠心を表明する必要があるのかもしれない。その院生の非公式な苦情の訴えに対して、その講師は教授が「思いやりのある人。とてもいい人」だと言っているが、それはまるで苦情を訴えた学生が教授の意図を誤解したのだと、そのようないい人に対して苦情を訴えるのは良いことではないと伝えているようだ。肯定的《ポジティブ》な情報がいかに他人の擁護に利用されるか、それが関係性や投資の擁護になっている（第三章）という点に戻ってきた。ドアが取引になるとき借りは義務になる。苦情に対してドアを閉ざすことが、彼を守ることに積極的になっているという意思表示に関わるものになりうる。「彼は重要な存在だから」という発話行為は、「私は彼が重要な存在だと積極的に認める」と言っていることになり、そのために「私は積極的に彼を守りたい」と言っているも同然になる。いかに支援《バック》がドアになるかというところに私たちは戻《バック》ってきた。あなたはドアを押さえている人を支援すべきだとされる。誰かを支援するということ、バックアップするということ。

借りの獲得はほのめかしによって達成されうる。所属する大学の「名物教授」が性的不適切行為とセクシュアル・ハラスメントをおこなった事例について、私はある講師から非公式に話を聞いた。その教授もまた「重要な存在」だった。その講師が口にした短い言葉がとても印象的だった。「彼はどこにでもいた」。それは、こんな意味だ。その教授の影響力があらゆることに及んでいるかのようだったということ。教授の影響力は組織の隅々にまで行き渡り、学生や若手教員に与えられるあらゆる賞、奨学金、優等賞や達成が彼の名前を冠していた。私はそれを聞いて、指導教員にハラスメントを受けていた別の学生と話したときのことを思い出した。彼女が何らかの成果を挙げるたびに、その指導教員は「自分と関係がある」とほのめかしていたそうだ。彼女が挙げた成果には自分の影響があるのだと、彼もほのめかしていた。ほのめかしのおかげであなたは権力を獲得できる。ドアを開けてやったのは自分だとほのめかすだけで相手の心に負債と義務の感覚が芽生える。

私は狭い廊下を思い浮かべる。どこかに到達するために、開け放たれたドアにたどり着くために、あなたはそこを通らなければならない。教授はその狭い廊下になりうる。どこかに到達するために、開け放たれたドアにたどり着くために、あなたが通っていかなければならない存在に。しばしば、そこを通れるということ自体がギフトなのだと語られる。地位によって与えられた権力を濫用する人は、自分は他人のためにドアを開けてやれる存在なのだと自らを提示する傾向にある。開け放たれたドアがギフトになるときそれはまた脅しにもなる。自分はドアを開けられると誰かが言うとき、それは、あなたが彼らの望みどおりにしなかったらドアは閉ざされる可能性があると言われているということ。★6

このように権力は肯定的、否定的双方向に機能する。「イエス」と言われたのに撤回される可能性がある。開いているということは、そのうち閉まるかもしれないという可能性にもなる。「重要な存在」からの肯定的な推薦状には大いに価値があるのだと、そのおかげで遠くに行けるのだと、有名大学に在籍できるかもしれないとあなたは言われるかもしれない。ところが、肯定的な推薦状にどんな力があるのかという物語には、その推薦状がなかったら何が不可能になるかという不吉な物語が同時に存在する。

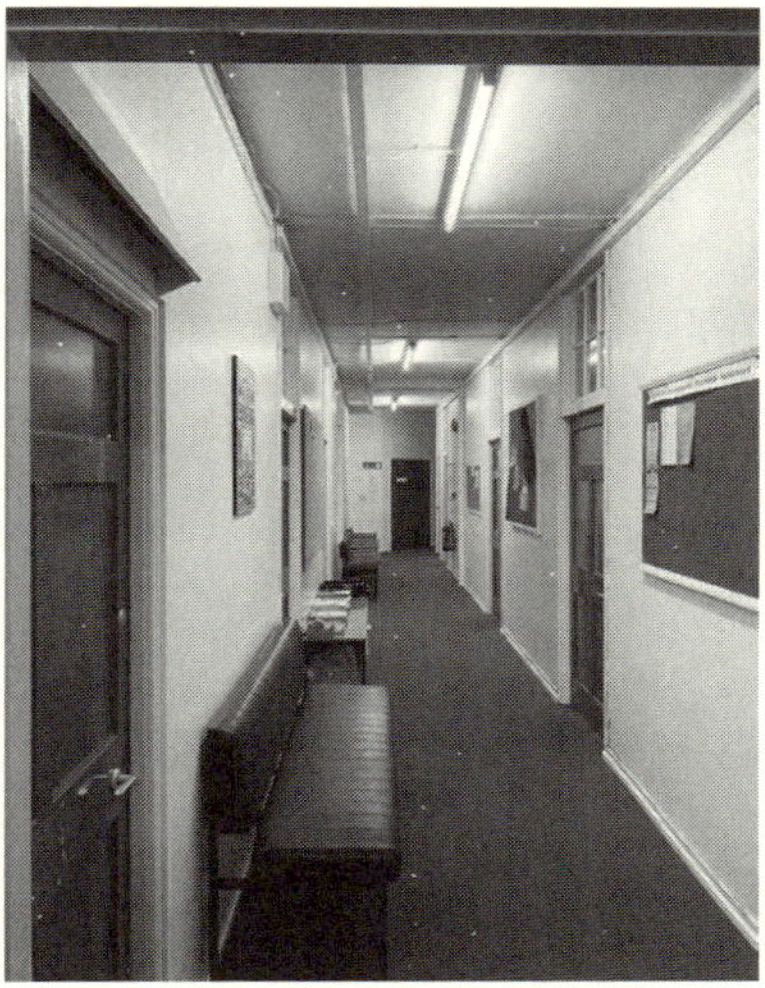

6-2　あなたは誰を通っていかなければならないか。

推薦状が誰かの前進を阻止するのに利用されうるということを私たちは知っている。なぜなら、それらは実際に誰かの前進を阻止するのに利用されてきたから。例えばそれは、あの修士院生が経験したように、誰かが推薦状を犠牲にしたということなのかもしれない。もしくは、執筆を依頼した推薦状のせいでドアが閉ざされたということなのかもしれない。ある博士院生はこう語る。「推薦状の執筆を依頼したら相手は〝イエス〟と快諾しておいて、ひどい内容のものを送りつけたという恐ろしい物語を耳にしたことがあります」。恐ろしい物語のなかに警告を聴き取らないでいることは難しい。他人の身に起きたことは自分にも起こるかもしれないと心配しないでいるのは至難の業だ。

「私はそれも恐れているのです。誰かが〝イエス〟と言っておきながら、良い内容の推薦状を書いてくれないということを」。イエスとは、そこから身を引きながら、いかにノーが成立するかということになりうる。

学問の世界で前進していくためのドアが推薦状によって閉ざされるとき、たいていそれ以前にすでに別のものが閉ざされている。イスラム教徒の有色人種女性が、他の学生と同じ数だけの担当授業を割り当てられず、フェローシップも得られないという事例を第四章で紹介した。彼女は留学生であり、子どものケアに責任を持つ母親でもある。授業を他の学生と同じだけ担当できず、フェローシップも得られなければそれはつまり、生活していくだけのお金が充分に得られないということ。彼女が人種差別を受けたとして苦情を申し立てたとき、多様性の仮面がはがれ落ちて状況は悪化した。彼女は所属プログラムを移ることにする。だが、別のプログラムに移るためには教授からの支援が欠かせない。そこで何が起きたかを彼女は語った。

そのプログラムをやめて別のプログラムに移ることにしたとき、ほとんどの教員が私のために推薦状を書くのを嫌がりました。書いてもいいと言ったのは二人だけでした。ところがひどいことに、出願した十のプログラム全てに不合格になったあとで、その推薦状の内容が肯定的なものではなかったと判明したのです。推薦状を共有してくれるように頼んだところ、ひとりの教員には拒否されましたが、もうひとりはそれを私に送りました。彼女は私が「データ起こしが得意」だと書いていましたが、私の研究のことや、獲得した賞、彼女と共同で執筆した論文や、彼女のもとで学んだ授業についてはひとことも触れられていませんでした。それは短く、熱意に欠けた推薦状だったのです。

推薦状執筆の拒絶によってドアは閉ざされうる。どんな内容の推薦状を書くかによってドアは閉ざされうる。短く、熱意に欠けた推薦状は別の種類の「ノー」であり、熱意に欠けた「イエス」として遂行される「ノー」でもある。権力は、一見軽いタッチに思われるものを通じて機能する。ドアを閉めるには、あまり熱のこもらない推薦状を書くだけでいい。そのような推薦状の内容は重要だ。彼女が得意とすることはちゃんと書いてある。「データ起こし」が得意だと。多様性を身体化する者がいかにデータになるのか、データ・コレクターとしてのダイバーシティ・ワーカーになるのかというところに私たちは戻ってきた。そうなる過程で多くのものが失われる。知的労働、学習、共同作業が失われる。ドアとは、いかに私たちが失われたものを——消去されたり、見えなくされたものを——説明するかということ。ドアが閉ざされるとき、消去の消去がおこなわれる。

彼女がそのような苦情を訴えざるをえなかったのは、ドアがすでに閉ざされていたから、イスラム教徒の有色人種女性であるがために手が届かなかった機会があったからだということを私たちは覚えておかなくてはならない。組織的パッシングは、ドアを見逃《パス・オーバー》すのに前向きになるということを意味するのかもしれない（阻止されることについて自分たちが語るのを阻止するということ）。同等の機会に手が届かないということは、そこを通り抜けられないだけでなく、生活をしていくだけの資金が得られないということを意味するので、あなたはときに通過《パス》する余裕がなくなるのかもしれない。ところが、そんな状況にあってドアが閉ざされているとして苦情を訴えると、さらに多くのドアが閉ざされることになる。ドアを閉める行為は、閉ざされたドアの向こう側でおこなわれるという点にここでも注意してほしい。誰がデータにされるのかを含む大量のデータは、誰かがその情報を得ようと骨折らないかぎり公開されないままになる。それは、こういうことだ。ドアを閉める行為が他人に認識できるものであるとは限らない。ドアが閉ざされていると他人にはわからない可能性がある。誰かがなかに入ったり、通り抜けたりするのを阻止するものなど何もないと思われるかもしれない。その行為の影響には気づいても、行為そのものが見えないということなのかもしれない。となると、誰かがそれを阻止しても、自分で自分を阻止しているように見えるのかもしれない。

昇進しない

研究者になるためにあなたはいくつものドアを通り抜けなければならない。それらのドアは苦情を阻止するために利用されるドアと同じものだ。研究者になって以降もあなたはさらに前へと進み一定の地点まで到達する。それは、昇進と呼ばれる地点。ひとつひとつの昇進がドアになる。そのドアがひどく重たく感じられる場合がある。それを開けるためにあなたは懸命に努力しなければならない。ところが、いくら努力してもどうしても開かないことがある。開けにくさから、それが自分用のドアではないのだとあなたは悟る。このセクションでは、昇進しないことに対して苦情を訴えた人たちの証言を取り上げる。

研究者になって安定した地位を確実なものにしてからも、「キャリア・アドバイス」と呼ばれる一連の指示は重要であり続ける。約束として、警告の裏側として、それらの指示は重要であり続ける。学問の世界での階段を上がっていきやすくするためにはどうしたらいいのかあなたは解き明かさなくてはならない。その指示が意図するところを私たちが理解するのは、おそらく指示に従わなかったときだろう。あるトランスジェンダーの講師は昇進できなかったことをきっかけに苦情の申し立てを検討するようになり、組合に出向いた。そこで、「[彼が]トランスジェンダーだから昇進の見込みはない」と言われた。このような発言は運命論の一形態だ。あなたが前進する見込みはないという予測の形で差別的な現実が受容されている。何かが影響した結果であるにもかかわらず、それが原因だとみなされる。「私がトランスジェンダーだから」。この、だからの重みを考えてほしい。あなたがあなた自身であるために差別されるのは、あなたがあなた自身であるせいだと言われているようではないか。このため、あなたがあなた自身であることは苦情のステータスを獲得する(存在そのものが苦情になる)。トランスジェンダーだから、あなたは自らドアを閉ざし、苦境に身を置いているのだとされる。彼は証言のなかで、性別移行によって差別の異なる領域《ゾーン》を行き来することになったと語った。性別移行をする前は、これまで本書で取り上げたようなありふれた日常的な性差別を経験していた。「キャリア面では隅に押しやられ、顧みられませんでした」。早く昇進するために「性的ジョークを利用する」同僚たちの姿を目の当たりにするのはどんな経験だったのかを彼は語った。性別移行を開始した彼はまた別のゾーンへと足を踏み入れた。「性別移行を始めると彼は私を解雇しました」。トランスジェンダーの人たちに対する差別には「青信号が点灯している」のだと彼は指摘する。青信号はイエスということ。いかに差別が可能になるかということ。ああ《イエス》、それをしたってかまわない。ああ《イエス》、そこに行ってもかまわない。青信号によって彼に対してドアを閉ざすためのドアが開かれる。ああ《イエス》、彼を阻止したってかまわない。

阻止されることを阻止するために、つまり、彼らがあなたを阻止するのを阻止するために、かなりの労力を費やさなければならない人がいる。差別を阻止するための労力は、いかに差別が差別的になるかの一因になっている。彼はこう続ける。「昇進［の拒否］に抗議したところ、さらに仕事量が増えました」。第一章で紹介したように、彼の苦情申し立てをきっかけにして、その大学に平等性ポリシーがないことが発覚し、結局彼自身がダイバーシティ・ワーカーとなってポリシー執筆に当たることになった。これまでに示してきたように、苦情は遅々として進まず、骨の折れるものになる。昇進しないことに対して苦情を申し立てなければならないということは、あなたを減速させ、阻止するものに対して苦情を訴えるということ。それはまた、あなたを減速させるものに対して異議申し立てをしなければならない状況に追い込まれて、さらに減速させられるという意味にもなる。これまでと同様、私たちは堂々巡りから学ぶ。速度を介して、あるいは速度そのものとして多くの不平等がつくりだされる。誰がより速く進める者になるのかは、速く進んで行けるという期待に沿うのは誰なのかということに左右されがちだ。あなたに対してドアが開かれていたらドアの存在に気づく必要すらない。このこと自体が、苦情の証言がドアだらけになる理由の説明になるのかもしれない。自分が望む仕事をするのを阻止されているがために（あるいはそのような場合に）あなたは苦情を申し立てなくてはならなくなる。★7

通り抜けるために「余分な仕事」をしなければならないのは誰なのか、そして「余分な仕事」を免れるのは誰なのかということを苦情が教えてくれる。そのような仕事を免れない人たちと話して、「余分な仕事」を免れるということが何を意味するのかを私は学んだ。『フェミニスト・キルジョイ』（2017, p. 125：邦訳二〇二二、二一〇頁）のなかで、私は特権をエネルギー節約装置だと定義した。苦情を訴えざるをえない状況を免れているということは、それだけエネルギーを節約できるということなのだ。あなたが昇進できていたら、昇進しないことに対して苦情を訴える必要などない。苦情を訴えざるをえないという状況は、別の人であればしなくても済むようになっていることをするのに時間とエネルギーを費やすということ。苦情の申し立ては「エネルギーをいたく消耗させるもの」と語った学生がいた。昇進しないことに対して苦情を訴えざるをえないとき、あなたは進んで行けない状況に対して異議申し立てをするために多くの時間とエネルギーを費やすことになるが、そのあいだあなたはまったく進まない。それどころか、昇進がないことへの抗議に時間を費やせば、昇進の加速につながる仕事に割く時間が減るということなのだ（例えば、研究のための時間がなくなる）。

話は、昇進しないせいで仕事を余分にするように要求されて減速させられるということだけではない。減速させられるたびに、それがその後に起こる（あるいは起こらない）出来事に影響を及ぼすということなのだ。彼は新たなポストを得る。「昇進していないという事実のせいで彼らに見くびられたのです」。減速は蓄積するものになりうる。つまり、減速するたびにあなたの動きはままならなくなるということ。そして、しまいには身動きがとれなくなりかねない。あなたがひとつのことを得られないのであれば、その後さらに別のものも得られないという事態につながる場合がある。彼も言っているように、「ものごとは繰り返される」。
苦情の来歴は何が繰り返されるのかということになりうる。何が行きづまるのか、何が行きづまりかけているのかということになりうる。現在では退職している元研究者が、自身の苦情の来歴を三章にわたってまとめたものを私に託した。彼女が在籍した別々の機関ごとに章が分かれている。彼女のキャリアにおいては性差別とエイブリズムが交差して減速につながった。彼女とともに進むことで、彼女が歩んだ経路を証言のなかになぞることで、いかに苦情がキャリアの軌跡の一部になるかという感覚を伝えられたらと思う。その来歴は、ポスドク研究者としての経験から始まっている。彼女を指導する立場にある上司のせいで、不快な思いを抱くようになったところから。

彼が私に執着しだしたというはっきりとした感覚がありました。何やかやと口実をつけて私のオフィスにやって来ては一時間も居座り、自分が抱えるありとあらゆる問題を打ち明けるようになったのです。私は彼の感情を受け止める侍女になった気分でした。そのような関係に少なからず居心地の悪さを感じていましたが、おそらく彼にとっては仕事上の関係に過ぎなかったのでしょう。

ハラスメントの物語の多くは何かを感じることから始まるのだと第三章で述べた。それはときにはっきりとした感覚として表れる不快な気持ちだ。彼女がまるで「感情を受け止める侍女」であるかのように接する彼の態度は適切な姿だと言えず、「仕事上の関係」を超えていると彼女は感じる。彼女のオフィスは彼が居座る場所となった。研究者からハラスメントを受けた学生の物語の多くがこんなふうに始まる。教員側の要請から、「自分が抱えるありとあらゆる問題」を打ち明けるために彼が時間を、あなたの時間を奪う場面から。

居心地の悪さから賢明になりうる。そのような状況から離れなければと、彼女は悟る。苦情の申し立ては考えなかった。「駆け出しの研究者だったころ、私は雇用の不安定さという問題を抱えていました。より安定した仕事を得るまで何年も契約研究者でしたから。苦情は申し立てませんでした。何かが起こっているのに苦情を申し立てなかったので、とても心細い思いをしました」。多くの人たちが、苦情を訴える余裕がないと感じているために苦情の訴えを控える（ところが、これまで見てきたように、苦情を訴えないでおく余裕がないために、そんな余裕がなくても苦情の訴えに踏み切る人は多い）。人びとに苦情を訴える余裕がないせいでハラスメントはしばしば発生する。その人たちは「心細い思い」を抱える。権力を濫用する人が、弱い立場にある者、弱い立場にあるとみなされる者を選んで嫌がらせの対象にするのは、それが理由だ。★8

そのポジションに留まり続けるのは安全ではないと彼女ははっきり理解していた。苦情を訴えられないせいで辞職する場合がある（苦情を訴えたせいで辞職することがあるのと同じく）。彼女が新たな研究のポストを探すとなると、その上司に推薦状を書いてもらわなくてはならない。キャリアへのドアを閉ざさないように、彼女は彼に対して（あるいは、誰にも）職場を移る理由を明かさなかった。以前のセクションに登場した修士院生の言葉を借りれば、「推薦状を犠牲」にする余裕がないので苦情の訴えを控える人は多い。素晴らしい推薦状にはドアを開ける力があるということだけではない。素晴らしい推薦状を手に入れるチャンスを棒に振らないために、あなたは苦情のドアを閉ざさなければならないということでもある。移籍先を確保するために、彼女はそこを去る理由を明かすのを控える。ハラスメントを受けていてそこを離れなければならないという事情があるので、次の仕事で給与面での交渉までできると思えなかった。「ある意味、向こうの言いなりになるしかありませんでした。転職先を探すのに必死になっていることがばれていましたから。もしこれが男性だったら前職よりも悪い条件を提示するでしょうか。ですが、そんな状況で私は選り好みなどできなかったので、その仕事を承諾することにしました。それでも、すぐに昇進を申請して仕事の条件を以前の水準に戻せばいいと言われました」。その場を離れなければならない状況にあると、あなたのスキルと経験に見合った給与の交渉はしづらくなる。ハラスメントが原因でその場を離れなければならないのなら、ハラスメントのせいであなたのスキルと経験に見合った仕事のオファーが受け取れない可能性が高まるということだ。ここでも、減速は蓄積するものになりうる。

　すぐに昇進を申請すればいいと言われたこともあって、彼女はその仕事に就くことにした。新しい仕事、ひとつのドア、新しい仕事、また別のドア。「私は言われた通りにしました。申請書類も完璧だったから、昇進に自信を持っていました」。昇進を申請するためには推薦状が必要だ。彼女は以前の上司に依頼する。「私の推薦者になってくれるか彼に尋ねたのです。すると、推薦者が必要なら、よろこんできみの力になろう。推薦状は送っておくと返事がありました」。ところがその後、彼女が彼と話した際、「きみは昇進できないよ」と言われる。発言の真意を彼女が訊ねると、「きみは昇進させないほうがいいと推薦状に書いたから」という答えが返ってきた。彼女にとってはショックな出来事だった。「本当に、はっきり言って打ちのめされました。ショックのあまり言葉を失って。駅までの道すがら三度も転びました。完全なショック状態で身体の震えが止まりませんでした。きっと周りの人には酔っ払いか何かだと思われたでしょう」。物語のこの部分だけ切り取ると、苦情や苦情による結果の物語らしくないのかもしれない。彼女は苦情の申し立てを控えた。申し立てをしないままその場を離れた。彼の振る舞いが問題だったとは伝えずに、ドアを開いたままの状態にして。ところが、その場を離れるだけで苦情として聴き取られることがあるのだ。誰かに「ノー」を表明し、彼らから遠ざかり、彼らの思惑通りに動かず、彼らの望むような「感情を受け止める侍女」にはならなかったせいで。そこから離れて、彼が手を出せない状況に身を置いただけで、彼女が懲らしめられ罰を受けるには充分だったのだ。

推薦状を書いて力になろうと言っておきながら、その推薦状を利用して彼女を昇進させないよう伝えるという昇進阻止の試みは、ハラスメントがどのように機能するかを教えてくれる。もしあなたがそれに合意しなければ、誘いに応じなければ、あなたに対してドアが閉ざされるか、ドアを閉ざす試みがおこなわれる。「よろこんできみの力になろう」という「イエス」は、いかに「ノー」が成立するかに、いかに彼が彼女を阻止する権力を手に入れるかになりうる。その「ノー」は、彼女がそこから出て行ったことに対する報復になりうる。ところがこのケースでは彼女のキャリアのドアを閉ざす労力は失敗に終わっている。審査の前に学科長が推薦状に目を通したからだ。「昇進はほぼ決まりだと思っていたと学科長は言いました。ところが、推薦状に目を通して、これは自分が審査の場に出向かなければと思ったそうです」。彼女はさらに続ける。「そして、実際に審査に加わり私を擁護したのです。自分がこの大学に彼女を引き抜いた、この推薦状には負け惜しみが書いてあるのだと」。その行為の働きを阻止するためにはそれが「負け惜しみ」だと誰かに名づけてもらわなくてはならなかった。「学科長は他の委員たちを何とか説き伏せて、推薦状を判断材料から外させました」。だとしても心に留めてほしいことがある。動いてくれる人がいないせいで、届けられた推薦状が誰かの前進を阻止する事例が数多く存在するということを。他人のために審議の場まで赴き擁護する人がいないせいで。彼女はこう語る。「高等教育機関に身を置くあいだに特に女性に対して、好ましからざることがおこなわれるケースを数多く目の当たりにしてきましたが、実際に自分がとても卑怯な手でキャリアを妨害されかけて唖然としました」。妨害行為に遭遇するとき、つまり下される手に、ドアにかけられる鍵に、あなたを阻止し、締め出そうとする試みに遭遇するとき、あなたは何が実現可能なのか、どんな不正義が実現するのか、可能性として起こり得ることがいかに組織を形づくるのかについて学ぶ。それらの一因となるのは、すでにそこにいないのは誰かということだ。

彼女の苦情の来歴第二章では、二つ目の機関でも昇進できなかった経緯が説明される。あるとき、教授への昇進申請に必要な資料を提出するよう彼女は指示される。ところが大学は途中で方針を変え、昇進を申請するよう言われた者が複数いるのに、昇進できるのは一名だけだとした。昇進のために彼女がおこなった作業《ワーク》は全て無駄になった。「私が用意した申請書類はゴミ箱行となりました」。申請書類がゴミ箱に入れられると、あなた自身がそこに閉じ込められたような気になる。もちろん、そんな目に遭ったのは彼女だけではなかった。昇進を認められた一名を除く全員が申請を却下された。彼女は他の人たちと連絡を取る。「同じ境遇に置かれた人たちと……［ところが学科長は］私たちに集団で面会するのを拒否して、ひとりずつなら話を聞くと言いました」。第一章で指摘したように手続きは細分化され、個別化され、バラバラにされることがある。そして、もし彼女たちが共同で苦情を申し立てられていたら、その訴えの対象となったであろうことが細分化によって繰り返される。「それで、結局昇進したのは誰だったのでしょう？　もちろん、昇進を申請したどの女性よりも条件面でははるかに劣る男性でした」。ある人物を優遇する際の正当化は多くのフェミニスト研究者にとってはおなじみのものだろう。「学科長の言い分は、彼には強力な人脈があるからと。その分野において。……昇進させるより他に彼を引き留めておく手だてがなかったのだと。彼にいなくなられたら困るのだと」。

大学側はその男性を失いたくなかった。誰かを引っ張ってくる力のおかげで、彼に対してドアが開かれた。またしても、「とても重要な存在」のお出ましだ。人脈のおかげで彼は重要だとみなされるのだと私たちは学ぶ。彼には開かれるそのドアは、他の人たちには閉ざされるドアでもある。誰かを引っ張ってくる力を持たないせいでドアが閉ざされることがある。そして、その人たちに対してドアが閉ざされるとき、ドアは何らかの働きをする。閉ざされたドアが伝えるのは、あなたがいかに大切にされていないかということ、あなたが他の人よりも大切にされていないということ。彼らはあなたを失いたくないと思うほどにはあなたのことを大切にしていない。「その一件の影響は深刻なものでした。強い怒りの感情が湧き、気落ちして不安にかられ、重い鬱状態に陥りました」。またしても、影響は積み重なる。私たちは減速させられ、阻止され、鬱状態に陥る。

それでも彼女は前に進み続ける。再び昇進に挑む。今度はうまく行く。ところが、あるとき彼女のもとに通知が届いた。「教授への昇進が審査委員会で決定されたにもかかわらずHRはその執行を認めないという内容のレター《レター》が届きました。私は精神障害を抱えているので、教授としての責務を全うできる状態ではないと判断されたのだと」。そのようなレターの送付は法律違反であり、間違いなく障害者差別の一例だ。ところが、そんな事実をもってしてもレターの送付は阻止できなかった。その結果に彼女が対処せざるをえない事態を阻止できなかった。そのような決定に対して彼女は抗うか、受け入れるかのどちらかだ。「ふざけるんじゃないよ、と思いました。法律違反をしているのはそっちなんだから、この件についてはどこまでも闘ってやると」。当然の権利であるものに対してあなたは闘わなくてはならない。一部の者は当然の権利を得るために闘わなくてはならないという状況では多くの不正義が成立している。

彼女はこのときすぐに苦情申し立て手続きを開始する。本書の冒頭で取り上げた、「組織的会話」をおこなう。「それで、私はまず学科長のところに行って、これは法律違反ですと訴えたのです。違法な差別であることは明らかですと。すると学科長は、できることは何もないと言いました。HRがそう決定したのだからと」。彼にできることは何もないという発言は、もちろん何らかの働きをする。その後、「学科長がHRに教授への昇進がおこなわれるべきだという申し送りをする」という動議が認められたのに彼は何もしませんでした」。彼女の苦情の来歴の冒頭では、以前の職場から送られた推薦状に彼女は昇進を阻止されかけた。今度は、申し送りの手紙が出されないことによって彼女は阻止される。その影響は破壊的なものになりかねない。ドアを閉ざすために手紙が送られることがある。手紙が出されないことによってもドアは閉ざされうる。それぞれ別の行為なのに、その影響は似通っている。

同じドアを通り抜けるのに他の人たちよりも努力をしなければならない人たちがいる。権力とは、この区別をいかに名づけるかということ。労力を費やせば、危ない橋を渡ることになりかねない。つまり、通り抜けるのにさらなる努力が必要になるのなら、そのせいであなたは多くのものを失いかねないということ。必要とする支援が得られずに彼女は体調を崩した。「当時私は療養休職中で復帰を計画していました。ところが、その一件をきっかけに症状がまた悪化したのです」。彼女のために仕事へのアクセス報告書〔an access-to-work report. 障害や精神疾患がある人たちに対するイギリス政府による就労支援〕を書いた担当者は、「自分がこれまで見てきたなかでも、最悪の部類に入るケース」だと断言した。その担当者のもとにHRから電話がかかってきて、「報告書が大学側に不利な証拠として裁判で利用される事態を避けるために報告書を撤回するように」と言われたということを彼女は知る。そのとき私はこうコメントした。「それが証拠として利用されるのは、それが証拠だから」。独立産業医はHRに宛てた手紙のなかで、彼女が教授の責務を引き受けられないというのは「全くの妄言に過ぎない」とした。それは長期間にわたって時間を奪う、消耗するプロセスだった。「HRは始終敵意をむき出しにしていました。守りの姿勢に入って態度を変えませんでした」。組合の支援のもと、労働裁判所にこの事案を持ち込むと彼女が表明するに至ってようやくHRは引き下がった。

無事に通り抜けられたとしても、通り抜けるためにあなたがしなくてはならないワークは何かを破壊しうる。同僚との関係、学科との関係、大学との関係が破壊されかねない。「周囲の人たちがそんなふうにあなたを支援する準備ができていない状況では人間不信に陥ります」。自分の仕事が周囲に評価されているということを彼女は知っている――結局、教授への昇進は認められたのだ。「自分が教員として学科内で高い評価を受けていることはわかっているのです。私は研究機関の格付けに多大な貢献をしましたから。イギリス国内でも、国際的にも、私は研究をリードする立場にあります。私たちの学科が高評価を受けたのに一役買ったのです」。あなたがもたらすものが高く評価されているからといって、あなたの行動に支援が集まるということではないのだ。支援が集まらないのは、個々人が何かをしないということではなく、組織の文化の問題なのだと彼女は気づいた。ことを荒立てず、苦情の訴えを控える姿勢が、自分の身とキャリアを危険にさらすのを回避する方法になっている。「どんな形であれ上層部に盾突くことになりはしないかと恐れるあまり、少しでも自分の身に火の粉がふりかかると思えることはしない、ということなのだと私は解釈しています」。

彼女は転職を考えるようになった。ここで苦情の来歴は第三章へと進む。今度はより多くの支援を得ていたし、フェミニズムに関する知識も増えていた。女性教員の給与が低く抑えられている実態があると彼女は気づいている。自分の専門知識に見合ったレベルの仕事を確実に得るためには闘わなくてはならないとわかっている。「女性教員の置かれている状況はよくわかっていました。男性教員よりも給与が低く抑えられています。でも、それは女性たちが給与の引き上げを訴えてこなかったことにも原因があるのです。だから、私は到底通るとは思えなかった高給を要求しました。すると、満足できる給与で雇われることになったのです」。だが、昇進したからと言って、教員として高給を得ているからと言って、待遇が良くなったり、教授として遇されるようになるとは限らない。「それでも新しい職場で働きはじめてすぐに男性同僚からなんとなく排除され、嫌がらせに直面していると気づきました」。重要な決定は全て、内輪で話し合う男だけの小集団によって決定され、第一章で紹介した影のポリシーが、男だけの影のミーティングで作成されているという実状に彼女は気づく。「それで、男性陣がランチを食べているところに混ざろうとしたんですよ。彼らの輪のなかに入って、認めてもらうために闘わなきゃと思って。でも、うまく行かなくて。彼らはさっさと立ち上がって行ってしまいましたからね〔ここで二人とも笑う〕。全く意外ではなかったけど。ボーイズ・クラブに女の子を入れたくなかったのですね。だから別の場所に移った」。あなたは輪の中に入れない。テーブルはドアになりうる。あなたが彼らのテーブルに加わると、あなたの参加は彼らにとっては出口となる。彼らは裏口から出て行ったのかもしれない。そんな風に利用される「裏口」は、秘密にしておくことでいかに決定が下されるのかということを示すものだ。

これらの物語には数多くのドアが登場する。あるとき、年配の男性教授が彼女の給与について知った。「彼はオフィスのドアをノックして回り、みんなに給料をいくらもらっているのかと訊ね始めました。私が自分よりも高給を受けていると知り、腹を立ててドアをノックして回ったのです。そして、この大学でもっとも給料をもらっている上位二名がどちらも女性だと知っていたかと訊ねて回りました。その事実に腹を立てた彼は、他の人たちも腹を立てるはずだと思ったのでしょう」。そのドアの物語から別のドアの物語につながることを私は考える。私たちがどこかに無理やり入り込まなければならないのであれば、輪の中に入っていかなければならないのであれば、それと同じドアを彼らは無理やりこじ開ける。女性同僚が男性よりも、自分よりも、多くの人以上に給料を得ているという怒りからドアがノックされ、こじ開けられる。彼女の給料はニュースになる（知っていたか？　聞いたか？）、怒りが共有されて当然だという決めつけになる――そんなことがあってはならない。

ヒエラルキーが再生産されないと混乱の原因になる。昇進しないということは、誰がその資格を得て誰は得ないのかという単純な物語ではない。それは組織にまつわる物語。一歩ずつ進むたびに苦労して闘わなければならない者がいるという物語だ。第一章で、Eメールの件名で「これは苦情です！これは苦情です！」と強調しなければならなかった先住民研究者の事例を取り上げた。彼女の証言では、入植者による植民地組織としての大学が振るう暴力が明らかになり、昇進するための苦闘がいかに白人至上主義に対する闘いになりうるかということが明快に説明される。与えられたワーク（雑務、委員会、ダイバーシティ・ワークなど）、与えられなかったワークについて彼女は語った。「私は学務関連の雑務ばかり押しつけられていました。いったいどういうことなんでしょうね。そういう仕事で手一杯で研究が進められません。担当する授業の他に、さまざまな責任や委員会、膨大な量の雑務に追われていました」。多くの不平等が速度という形で成立するとこれまでに指摘した。指示される仕事によって減速させられる者がいる。そして、彼／女らが指示される仕事は、彼／女らがどんな存在として認識されているかとも関係している。先住民族女性として、人種化された、褐色の肌の女性として、彼女はあらゆることに対して闘わなければならなかった。とりわけ、彼女の昇進を可能にするであろう、仕事をする時間を確保するために。

時間を確保するために闘うとは、認識のされ方に闘いを挑むということ。それは、あなたがどのように認識されているのか、あなたの物語がどのように語られるのかに対する闘いとなる。彼女はこう語った。「学科長は、先住民族のステレオタイプにもとづいた物語《ナラティヴ》を学科内で広めていました。そのなかで私は信用が置けない人間であり、学科を利用していて、全く貢献していないとされていました。それは間違ってますし、私は証拠となる文書を持っています」。そのような間違った物語に異議申し立てをおこなうために証拠を押さえたり、集めたりするのには時間がかかる。組織が情け容赦ないと彼女は表現した。そのような情け容赦のなさに闘いを挑むと、さらに情け容赦のない扱いを受けるリスクを負う。[★9] 第四章で指摘したように、苦情の正式な申し立ては組織との闘いの一部だとみなされる。組織の収容能力を高めるために私たちは変化を求めて闘わなければならないだろう。その組織を通り抜けるために、昇進と呼ばれるドアを通り抜けるために闘わなければならないだろう。それらは同じ闘いなのだ。一部の者はシステム内を通り抜けるためにシステムそのものを変えなくてはならない。

彼女が起こした不服、あるいは苦情の正式な申し立ては、昇進を申請した際に起きたことに関わるものだ。その出来事について詳しく説明しよう。研究業績評価のために彼女は経歴書を提出した。「ファイルが常任委員会に回されたあとで電話がかかってきて、経歴書について至急確認したいことがあると言われました。そして学科長との面談がおこなわれました。その経歴書は、私が提出したものではありませんでした。そこには大きな空白がありました。誰かがリターン・キーを押してしまったかのような。明らかな妨害行為でした。私が提出したものではありませんでした」。「妨害（sabotage）」という言葉には、「何かを故意に破壊する」という意味があり、それは誰かを妨害する狙いでおこなわれることが多い。私が集めたデータのなかに妨害行為は何度も登場する。苦情を訴える者は何が消されたのかに気づく。消去の証拠を摑む。痕跡としての書類上の空白を。だが、それが早急に対応が必要な緊急事態だとはみなされず、彼女が問題を知らされなくてもおかしくなかった。その場合、自分が提出した書類にもとづいて審査されるのだと彼女は疑わなかっただろう。これが、そのような語りのなかに必ずしも手が出て来ない理由だ。妨害行為の多くは閉ざされたドアの向こう側でおこなわれる。

その後、彼女は経歴書を再提出するチャンスを与えられて幸運だと言われた。彼女は常任委員長と面談することになった。

何も言わないように、口外無用だと言われました。経歴書の再提出が認められたのだから、きみは幸運なのだと。彼は三十分にわたりそこに座り込み、大きな声で私を侮辱する発言をおこないました。きみが何か言ったら私はそれを報告するし、反抗的態度だったと伝えると。彼はそれまでに三名の先住民教員に対して妨害行為をおこなっていました。ひとりは終身在職権《テニュア》を失いました。もうひとりはテニュアを得られませんでした。そして、授業だけを担当する立場に追いやられたのです。彼にはこうすれば大丈夫だからと指示されました。私はその言葉に従いました。それ以降、どんな質問もしませんでした。私がテニュアの地位にはふさわしくない、不完全な存在だという物語が定着するのではないかと気分が沈み、不安になり、おびえました。その後動きがありました。学部長と学長から手紙が届いて、私の業績に関する証拠はあるが経歴書に問題があるので、次の審査までに改善されなければそのまま判断されることになると伝えられました。その手紙を受け取ったことをきっかけに、私は深刻な精神と感情の不調をきたすようになりました。そ起こったことに対して強い怒りを感じていても、それをすぐには言葉にできませんでした。あるとき、同僚が私の経歴書に目を通して言ったのです。これ、何かの冗談でしょう？　こんなものを提出しただなんて信じられない。それは委員長に指定されたテンプレートでした。そんなものではお話にならないし、このままでは上位の委員会の審査は絶対に通らないから一緒に書き直しましょうと彼女は言ってくれました。それ以降彼女は私のメンターになったのです。

ハラスメントが閉ざされたドアの向こう側で起こるということはすでに指摘した。それはここにも聴き取れる。組織内で権威的立場にある人物との面談で、彼女は大きな声で侮辱された。その後、その人物は彼女にテンプレートを与えた。その行為は、彼女が提出した経歴書は要求を満たしていないということを意味し、彼女はその指示に従った。彼女の業績の記録があったにもかかわらず、その経歴書のせいで彼女は「テニュアの地位にふさわしくない」と判断されるところだった。あなたは人を閉ざされたドアに通じる道へと導くことができる。組織と闘わなくてはならないと、あなたはパターンに気づく（同じものに繰り返し遭遇するから）。彼女はずっと同じ人を見てきた。その年配の白人男性は、先住民教員に対して同じことを繰り返してきた。彼が何をしようとしているのか、その理由は何なのか、彼女にはわかっていた。

時にヒエラルキーはパターンをつくりだし、それが習慣となる。例えば、余分な仕事や努力をしなくても、同じような人ばかりが昇進を果たす。そして時に、そのパターンからの逸脱を阻止するために手が下される。不適切だとみなされる昇進、怒りの原因、整然とした秩序を乱すものを阻止するために。適切であること、白さ、白い秩序がものごとの秩序に、植民地の秩序になる。昇進を求める闘いは、歴史に対する闘いになりうる。白人入植者の植民地の歴史は土地だけでなく大学をも占拠する。

多様性のドア

昇進しない経験とハラスメントの経験は分かちがたい。ハラスメントはドアの向こう側で起こるだけではない。ハラスメントはドアの周辺で起こる。なぜなら、何かが前に進むたびにドアは開け閉めされるから。昇進を申請するとハラスメントを受ける者がいるのは、その人物が昇進を申請するなど思い上がりもいいところだと思われるから。

白人男性教授から大学の建物に入ってはいけないと言われたラタ・マニの話に戻ろう。その教授の言い分は、「彼女が誰であってもおかしくなかった」だ。誰が誰をなかに入れるのかということよりも、「ドアを押さえていること」のほうがはるかに危険だということを私たちはこれまでに学んできた。その白人男性はただ建物に入るドアを押さえているだけではない。彼はその職業そのものへのドアを押さえている。誰かが建物のなかに入るのを阻止するために使われるドアは、誰かの昇進を阻止するドアと同じなのだ。カテゴリーがドアを伴う場合がある。教授に昇進するために私たちはドアを開けなくてはならない。

そのドアを開けることが闘いになりうると、私たちはこれまでに学んだ。有色人種女性が教授に昇進できたとして、その後どうなるだろう。ドアは引き続き現れる。ハイディ・ミルザ（2017, p.43）は、教授就任後の初講義のあとで催された食事会で交わされた会話について述べている。「乾杯するとき、ある白人教授が身を寄せてきて、〝最近じゃあ誰であっても理由をつければ教授の地位をもらえるみたいだな〟と苦々しく耳打ちしてきたのです」。この「誰であっても」というのは響き《エコー》だ。白人教授が褐色の肌の女性をなかに入れなかったのは彼女が誰であってもおかしくなかったから。そして、白人男性教授は、褐色の肌の教授に向かって、彼女が教授になれるのなら誰であっても教授になれると言い放つ。教授は建物になりうる。私たちの一部は、そこに入るものだとされていない。教授になれると思われていない。そのため、教授就任はなかに入る物語になる。彼がもらえると言ったことについて私は考える（「教授の地位をもらえる」）。多様性は自分で獲得するのではなく、ギフトとして、誰かから与えられるものとして想像されがちだ。そして実際に多様性がギフトだと想像されるとき、私たちが手にしているものは価値を失う。彼女が教授になれるのなら誰だってなれる。

　多様性はしばしば開け放たれた《オープン》ドアとして表現される。きっとそのようなドアはギフトなのだ。さあ、どうぞお入りください！　私たちはノンパフォーマティブに戻ってきた。鳥を歓迎します！　歓迎はしばしばキャッチフレーズになる。我々は雇用者として平等な機会を保証します。マイノリティのみなさんを歓迎します。少数派のみなさんもどんどん応募してください。私が第四章で展開した議論を言い換えると、空間の占拠のされ方によってドアは閉ざされうる。それはつまり、開いていると見せかけてドアが閉まっている場合があるということ。ある有色人種女性は、所属する学部を回転ドアになぞらえた。女性やマイノリティもそのドアから入る。それどころか、入るように促されさえする――さあ、どうぞお入りください。ところが、入ったら出口に直行することになる、ヒュッ、ヒュッ。あなたがそこに見出すものによって、あなたは相変わらず締め出されたままになりうる。なかに入るということは、あなたがいかに出口に案内されるかということなのだ。

オープン・ドアとしての多様性には何らかの働きがある。ある大学が、大学構内のドアの表面に、黒人やエスニック・マイノリティの職員や学生の写真を掲げる「オープン・ドア」というプロジェクトをおこなった。そこでは、黒人や民族的マイノリティの学生や職員が、ドアを通り抜ける存在としてだけでなく、ドアに貼られる存在として想起される。オープン・ドアが大学のコミットメント表明に利用され、また違う形のうわべの飾りになることがある。あるいは事実に即してこう表現できる。オープン・ドアとはドアを飾り立てることなのだと。プロジェクトの一環で作成された動画のなかで、その大学の学長が黒人の顔のついたドアを開けている。ドアを飾り立てるとき、あなたはそのドアに迎えられることはない。ここでも、ドアを押さえているのは白人男性だ。

多様性がオープン・ドアとして思い描かれるとき、多様性はドアに、つまり同じ建物に入る別の方法になるのかもしれない。多様性のドアは裏口なのかもしれない。そのドアから入るということは、あなたが特別に受け入れられたということ。正面ドアから入れるほど優秀ではないために、裏口から入るのだと思われるかもしれない。そのような想定には実用性がある。そのおかげで、正面ドアを通ってきた人たちは、そこを通って入れたのは自分が優秀だからだと思える。大学の正面ドアに「優秀！」と掲げてあるようなものだ。ドアは、誰の入場が正当だとみなされるのかを教えてくれる。優秀さのおかげでそこにたどりついたとみなされる人たちは、そこに到着するに当たり負債を免れている。

一方、有色の人がどんな経緯でそこにたどりついたとしても、多様性のドアを通って来たのだと思われる。多様性のドアを通って来たとみなされるとき、あなたの到着は借りとみなされる。多様性は、また別の形のドアの取引になる。負債を返済しなかったらドアは閉ざされかねない。以前指摘したように、負債に伴って一定の態度を取るよう要求される。それは、障害のある学生の「卑屈な感謝の気持ち」という言葉によく表されている。さらに、負債が義務として経験されることがある。第四章で紹介した、ダイバーシティ・プログラムの一環として雇用されたポスドク研究者の、「教員の多様化を促進するプログラムを危うくするような真似はしたくありません」という言葉を思い出してみよう。その言葉から、多様性のドアによって何が閉ざされたのかを聴き取れる。そのドアを他の人たちのために開けたままにする責任を負わされているせいで、苦情へのドアを結局は閉ざさなくてはならないことがある。

6-3　多様性：あなたは出口に案内される。

開け放たれている、温かい雰囲気のオープン・スペースだという印象をつくることによって、多様性のドアは誰が締め出されるのかに関する証拠を締め出す。以前のセクションで紹介した、先住民族の女性研究者の経験に戻ろう。彼女の勤務する大学は多様性に対して積極的なコミットメントを表明していた。彼女は、先住民族研究プログラムで研究に従事する先住民族だ。彼女がそこにいて当然だということに何ら疑問はないはずだ。ところが彼女の証言から浮かび上がるのは、そこに留まるためにことあるごとに闘わなければならない状況だ。彼女の昇進に対して閉ざされたドアは、彼女の学科で閉ざされたドアと同じものだ。会議室の、談話室の、オフィスのドア。彼女は年配の教員たちからしょっちゅう疑問を抱かれた。「年配の教員たちは、私の話し方や癖などに対してしょっちゅう疑問をぶつけてきました」。とりわけ、「親や祖父母の世代がイギリスから移り住んだ、旧世代に属するイギリス系の人類学者の白人女性三名」がそんな態度を取った。そのような女性たちが彼女の同僚だ。女性たちは彼女を同僚だとみなしていなかった。先住民族研究は慣れたものだっただろう。一方で、先住民族の同僚がいる状況には不慣れだったのかもしれない。

そのうちのひとりが学科長だ。本書の「はじめに」でも紹介したが、「不適切な」という、彼女を苛立たせる言葉を口にしたのは学科長だった。彼女の言葉をここでもう一度共有しておこう。「学科長がいつも使う言葉がありました。彼女はことあるごとにその言葉を口にするのですが、とりわけ年次評価面談や他の面談で私とやりとりするときに、この〝不適切な〟という修飾語を多用します。そのせいで、私は大きなレンズで自分をのぞき、私のどこが不適切なのか、それはどんな意味なのか、彼女には何が見えているのか、その定義はどんなものなのかを考えることになります」。不適切の烙印を押されるのは、どんな気持ちになるものだろう。そして、どんな働きをするのか。あなたの身体、話し方、自己像、あなたらしくあることが、何とかしなければならない問題となる。彼女たちの視線があなたに向けられるとき、それはあなたが自分を覗き込む「大きなレンズ」になる。疑問をぶつけられてばかりいたら、あなたはしまいに自問するようになる。もしかしたら、話し声が大きいと思われていたのかも。「自分の話し声が少々大きいとは思っていました。それに、子どものころに聴力が低下したことをずっと隠していたんです。そうしなければ、先住民である私がアメリカで主要なリソースにアクセスできなかったでしょうから」。聴こえづらいということ、必要とするものを得るため先住民族女性として闘わなくてはならないということ――それは彼女がいかに声を獲得するかということでもある。彼女の声は過剰で、間違ったものになる。大学院生のときは空間の占拠が当たり前の状況にいたと彼女は語る。「私の出身の学科では、大学院生のオフィスは教授たちのオフィスの中心部にありました。私たちは全員女性で、多様なバックグラウンドがあり、フェミニストであることに誇りを持っていて……そして自信満々でした。よく廊下を挟んで話していました。威勢のいい言葉がいつも飛び交っていました。そのような環境が私にとって強力なよりどころとなったのです。私はそういう場所から来たのだと、そういう状況に慣れているのだと」。そんなふうに空間を占拠すること、そんな話し方をすること、まるで家にいるかのようにくつろぐこと、そういうことは全て不適切であり、過剰であり、威勢がよすぎるのであり、よりどころにしすぎている。あなたが多様性を身体化する存在であれば、目立たないようにすべきだとされる。そうしなさい、そういう存在でいなさい、ただし、部屋の中心ではなく隅のほうで。あなたはそっと動き、低姿勢でいればいい。あなたは空間が自分のものだと主張しないし、そこに根づくこともない。一部の者は存在するだけで過剰になる。おそらくあなたはそこにいるべき存在だと認められていない。あるいは、たとえそこにいてもいいと認められていても、大人しくしていなければならず、そこでのやり方に口を挟んではいけないとされている。

認識によってドアが閉ざされることがある。あなたが何者だと、どんな存在だと認識されるかによってドアは閉ざされる。感覚的に、あるいは別の形で侵入者だと認識されればあなたは締め出される。多様性のドアが一見開いているように思えるのは、あまりに多くのことが見えていないということだ。あるとき彼女は助成金給付の決定の経緯について質問をした。すると、返ってきた答えは極端なものだった。

いいでしょう、わかりました。お金と人種についての話をしましょう。私は勇気をもって踏み出し、声を上げ、学科のやり方に疑問を投げかけました。そして、白人男性たちに物申したのです。ところが、その行為が、私をいじめ、嫌がらせをおこなっていた女性たちをさらに駆り立てることになったのだと気づきました。彼／女らが整えたシステムを私が乱したから。私が受け身でいる先住民女性ではないから。

金と人種。リソースの分配が人種に関わるものになることは珍しくない。人種によって、誰が何に取り掛かるのか、誰が何を得るのか（そして誰は得ないのか）が決まる。その人たちはこんなふうに空間に存在すべきだという想定のなかにヒエラルキーは生まれる。そのようなヒエラルキーには歴史がある。植民地の歴史はステレオタイプとして継承されうる。彼女は「受け身でいる先住民女性」という、あるべき形象から外れている。その空間に誰が存在するのか、どんなふうに存在するのかによってヒエラルキーが脅かされると、それに続いてハラスメントが起こる。

多様性を体現する者が分配に疑問を呈すると多様性のドアは閉ざされる。リソースを保護するために多様性のドアが閉ざされる。これまでに学んできたことを思い出せば、これはちっとも驚くようなことではない。ドアを押さえるとは、情報、エネルギー、リソースを得るために誰を通過しなければならないかという問題だ。[★10] ドアを押さえる者はしばしば門番と呼ばれる。多様性が、リソースが豊富にある部屋へ続くドアとして出現する場合がある。プロジェクトやプログラムへの助成金給付が、大学によって定められた規定にもとづいておこなわれることがいかに多いかを考えてほしい。いわゆる「多様性関連」のプロジェクトからいかに有色人種女性が締め出されるかということを第四章で取り上げた。助成金への応募書類に彼女の名前は記載されていた。彼女はその分野では有名で、尊敬を集める存在だ。彼女の名前があればプロジェクトが助成金を獲得できる可能性が高まる。ところが助成金の獲得が決まると彼女は締め出される。「本当に苦痛でした。私にとっては信じられないほど苦しい経験でした。そんな仕打ちを受けたら、怒りにまかせて家に火をつけたくなってしまうと思うほどに」。家とはリソースだ。彼/女らはリソースを必要としている。知識があり、理論に精通していて、色を添えてくれる研究者には利用価値がある。家を維持するために、彼女は利用され、捨てられた。プロジェクトのディレクターたちは助成金獲得のために多様性のドアを開けたものの、金を手にするやいなやそのドアを閉ざした。ディレクターのひとりで、ある年配の白人女性は植民者の子孫だった。「彼女は植民地高官を務めたイギリス支配層の家系で……彼女の祖母の墓はコルカタにあるそうです。それは珍しいことで、支配層のなかでも特に高い地位になければありえないことです」。この祖母の墓については第八章でまた触れる。ここで、私たちがこれまでに発見したことをまとめてみよう。助成金獲得についてまとめると、こういうことになる。多様性アワードを受賞するのは植民者だ。[★11]彼女が家に火を放ちたくなるのも無理もない。多様性とは、あなたがいかに再植民地化されるかということ。あなたが所有するものは奪われ、あなたはあなた自身でいられなくなる。植民者は多様性のドアを通ってなかに入らない。彼らはドアを押さえている。そのドアを通ってなかに入る者たちの知識（その存在にも）にアクセスできている限りはドアを開けておくが、そのドアは最後には閉ざされることになる。

多様性のドアから入ると、あなたはリソースの分配から締め出されることがある。あるいはもっとシンプルに表現すれば、多様性のドアから入るとあなた自身が締め出されることがあるということ。バイレイシャルで障害のあるクィア女性のある研究者に私は話を聞いている。彼女は自らを「多様性の看板娘」と呼ぶ。「全ての項目に当てはまる」からだ。第一章で、この女性がある機関に雇用された際、そこで遭遇したものにショックを受けた話を取り上げた。性差別、人種差別、健常主義《エイブリズム》が蔓延する大学は彼女にとっては敵対的環境だった。大学のマネジメントが依然として白人ばかりだということに彼女は気づく。先住民研究者を含む、多くの研究者たちが「姿を消した」ので、そんな状況になっていた。回転ドアとしての多様性に私たちは戻ってきた。それは、人びとがなかに入ったとしても、そこに見出すもののせいでそこからまた出て行く物語だ。彼女は次のように補足した。「大学のやり方に従わなかった人たちが姿を消しました」。多様性のドアは懲罰のドアになりうる。それは、あなたがその人たちと同じ対象《サブジェクト》にはならないとみなされているがために、ますます規範や慣例に従《サブジェクト》わざるをえなくなるということ。彼女は大学のやり方に従わない。見過ごすべきだとされているものに彼女は気づく。そして、その気づきを口にする。「不正行為」や「縁故主義」について。すると、彼女にたいする「敵対的苦情」が持ち上がり、懲罰プロセスに発展する。第四章で指摘した通り、苦情を訴える人はマグネットになる。敵対的環境に対して苦情を訴えれば、その苦情はたちまちあなたに跳ね返る。環境が敵対的であるとき、苦情は敵対的になりうる。

多くの人がこんなことを語ってくれた。マネジメントに目をつけられるとそれとわかるのは、決定済みの事項を正当化するための何かを彼らが探しはじめるからなのだと。彼女の場合はこうだった。「現実的なことでは彼らは私に難癖をつけられませんでした……ポリシーに関しては、私に落ち度があることにはできなかったのです」。そこでマネジメントは会計監査をおこない、彼女のファイルをくまなく調べた。そして、探し求めていた「違反」を見つける。彼らがそのような「違反」を見つけられたのは組織文化のおかげだ。「私たちは皆友人で仲間なのだという思い込みがありました。だから、公式な手続きなど踏まなくてもいいじゃないかと。助成金を申請しても、公式な取り決めはありませんでした。全て口約束でおこなわれました。それは、いかにもいいことのように思われていました。管理など不要だと皆が思っていたのです。集産主義的でしたね。そのせいで自分が痛い目に遭うだなんて夢にも思いませんでした」。手続きを重視せず、紙の記録を残さない。そのような格式張らない文化では皆がそこで仲良くしているようで一見好意的だ。ところが、実際にはそこで仲良くしておらず、一枚岩でなければ、公式な手続きを省略したことであなたは足をすくわれる。わざわざ紙の書類を破棄する必要はない。何らかの合意を紙の記録として残さなければ、その証拠を排除できる。記録に残しておけば、のちに自分が助けられるのだと彼女が指摘できていたら（だが、これまで学んできたように証拠があるからといってうまく行くとはかぎらない。証拠隠滅がおこなわれるのは、証拠が存在するから)。彼らは彼女のファイルを調べる。彼女は結局ますます厳しい目を向けられることになる。「人生のすみずみまで調べられます」。

そして、彼女に起きたことは、他の人たちを沈黙させる。「そんなことが彼女の身に起こったのならもしかしたら、と皆考えていました」。もちろん、彼/女らがあなたに目を向けるとき、自分のことを顧みる必要はない。「彼/女らは不正を直視したがりません。長年にわたり、おかしな慣習、金銭面での不正、性差別的方針、縁故主義だとか、そういう問題を繰り返してきた白人男性たちを直視したがりません。そのせいで集団として完全に閉ざされました。そういう問題にはまったく目を向けようとしないのです。そんなところにいたら自分がいずれ浮いてしまうとわかっていました」。多様性とは、あなたがそこでの方針に従わなかったら、行き着くところまで行くということ。彼女は辞職する。彼女の居場所《ホーム》は奪われ、人間関係は終わりを迎える。彼女は語る。「十か月前は副学部長だったのに、今ではフードバンクのお世話になっています」。多様性のドアが閉ざされることについて語っていると、何とかして生計を立てる術《すべ》を失うことについて語ることになる場合がある。私たちが語るのは、組織的暴力について、社会的暴力について、経済的暴力についてだ。

あなたが多様性のドアから入るとき、その開いているドアを頼りにしているとみなされると、いつドアが閉まってもおかしくない。あなたがなかに入るのを阻止するためにドアが閉ざされることがある。あなたがなかに入ったからドアが閉ざされることがある。ある黒人女性研究者は学科長である白人女性から人種を理由にハラスメントや嫌がらせを受けている。「教授就任を目標にして努力したいですと言ったら、彼女に鼻で笑われました」[★12]。その笑いは、別のドアが閉ざされた音なのかもしれない。一部の者が教授になるのは不法侵入者になるということ。あなたはその許可を得ていないと示されることで、あなたがそこに入るためには許可を得る必要があるのだと言われている。

認識はドアになりうると先ほど指摘した。それは、あなたがいかに前進を阻止される存在だと認識されるかということ。私たちは必ず阻止されると言っているわけではない。認識のドアを通り抜けるためにあなたは懸命に努力しなければならないということなのだ。教授を目指していると表明するだけで疑いの目を向けられる。そんな笑いが漏れる場所が閉ざされたドアの向こう側だという点も考えてほしい。閉ざされたドアは、私たちが閉ざされたドアから学ぶことを阻止する。私は多様性のドアについて考える。うなずき、うなずき、イエス、イエス、そして、バタン。目の前でバタンと閉められてはじめて、あなたはドアの存在に気づく。そして、ドアに気づくということは、どんな事態になっているかの説明にも関係する。「彼女は学科長の座にずっと留まっていたかったのでしょう。それで私は下っ端扱いでした。それがどういうことなのかご存じですよね。彼女はボスでなくてはならず、一方私は召使いのような存在でなくてはならなかった。それが、彼女なりの白人至上主義の働きだったから。そのせいで、私の学歴と研究能力を過小評価しただけでなく、学生や事務職員たちの前で私を小馬鹿にする態度をとったのです」。これが人種に関わることだと、どうしてわかるのか。これは、私たちが頻繁に投げかけられる問いだ。人種差別とは、いかにそれが人種に関わることだとわかるかということ。その壁や白さ、あるいは彼女の場合のように白人至上主義と呼べるものに繰り返し遭遇することで、よくわかるようになる。そこまで到達すること——白人中心的組織で働く黒人女性、講

6-4　教授就任を目指すと一部の者は侵入者になる。写真：キム・オルブライト/Phrenzee

師から上級講師になり教授を目指している（彼女は現在では教授だ）――それは、身の程知らずで思い上がっていて、甘い考えだとみなされる。

誰かを過小評価し、ちっぽけな存在だとみなすことは命令として機能する。「小さくなれ！」と。そして、その命令は彼女に向けられるだけでなく、従属的立場を共有しているとみなされる学生や事務職員にも向けられる。レイシャル・ハラスメントはヒエラルキー修復の労力になりうる。それは、あなたが本来いるべき場所はそこではないと、あなたは本来いるべき場所よりも上がって来てしまったのだと、あるいは私がいるべき場所にいるのだと、私の場所を横取りしたと言われるということ。実際に、学科長によるハラスメントと嫌がらせは学生たちの目の前でおこなわれただけではない。それらは学生たちにも向けられた。「私が指導するアジア人の博士院生がアップグレード（英国の大学院で博士候補生となるための審査）を初めて申請したら却下されるなど、ひどいことが横行するようになりました。目的は私への嫌がらせです。その院生も私も苦しみました。でも、彼女については何とかしてあげられました」。ある人物が指導する学生に嫌がらせをすれば、その人物に嫌がらせをすることができる。誰かの指導を受ける立場にある、より脆弱で標的にしやすく、阻止や却下が容易な存在を標的にすれば、その誰かを標的にできる。ハラスメントが人びとを減速させるものだととらえると、学問の家の構造についてさらに理解を深められる。彼女はまた別の経験をシェアしてくれた。

ある白人男性と研究室を共有するように〔学科長に〕言われました。全く知らない人なのに。建物内にはたくさん部屋がありました。博士院生にも、院生室があっても誰も使わないからその部屋が使えると言われました。さらに、私の研究室の隣には、使われたためしのないフェローのための部屋がありました。学科長は彼にその部屋を使わせることだってできたはずです。私は彼女に返信し、その男性が私と部屋を共有するのは適切だとは思えない。面識がありませんから、と書きました。ところが、ある日出勤して、階下に飲み物を用意しに行って戻ってくると、白人男性が私の椅子に座り私の机に向かっていました。そう表現するしかない状況だったのです。童話『三匹のくま』〔女の子が熊の住む家に迷い込み、用意してあったスープを飲んだり、椅子に座ったりするイギリスの童話〕の一場面のようでした。彼とは初対面で、どんな人物なのかさっぱりわかりませんでした。私が部屋に入って行くと、彼は〝誰なんだ?〟とでも言うような視線を私に向け、その後「誰だ?」と訊きました。この部屋を使っている私に向かって〝誰だ〟、と。そしてきわめつけは、彼の連れの女性が私の本を手に取って勝手に読んでいたことです。私は彼らを部屋に招き入れてはいません。それで、「ああ、あなただったんですね。フェローのための部屋の鍵を取ってくるから、そちらへどうぞ」と伝えました。その日のうちに学科長からメールが届きました。

彼が私の部屋に入ることを彼女が許可したのだと書いてありました。私は返信で、彼と部屋を共有する気はないし、そんな必要もないと書きました。私が自分の部屋に入っていったときの、彼の態度が気に入りません。まるで、私が清掃員か何かのような、その部屋にいるべき存在ではないという態度でした。

あなたは姿を現す。自分自身のオフィスでよそ者になる。白人男性が自分の椅子に座っているのを目撃する。そして、「誰だ?」と訊かれる。部屋の掃除に来た清掃員だと勘違いされて。あなたは姿を現す、自分のオフィスに入って行く、すると彼/女たちはあなたの本を読んでいる。男性とその連れがあなたの本を勝手に読んでいる。彼が使える部屋は他にもある。他にも空いている部屋がある。黒人女性は自分のオフィスで、自分の研究をおこなうそのオフィスで、よそ者に、場違いな身体になる。学科長である白人女性は彼女に何かを伝えている。ドアを押さえているのは自分だと。誰かがその部屋に入るのを許可し、入らせ、住まわせる決定をおこなうのは自分なのだと。私たちはまた特権としてのハラスメントに戻ってきた。それは、使用の権利であり、誰かをそこに住まわせたり追い出したりする権利を持つということ。

多様性がドアの取引であるのなら、あなたが従順な態度を積極的に取っていたらドアは開かれる。「従順 (compliant)」と「苦情 (complaint)」は同じ文字から成り立っている。ある有色人種の学生がこんなことを書いてきた。「これを書いているあいだ、〝苦情 (complaint)〟と書こうとして〝従順 (compliant)〟と何度かミスタイプしてしまいました。そんなふうに何かを生み出す偶然について、私はずっと考えています」。文字が入れ替わることで生まれる偶然は、いかにドアが閉ざされるかということになりうる。従順《コンプライアンス》だけでなく同盟《アライアンス》もまた開かれたドアと引き換えになるということについて私は考える。この学生の指導教員は有名な教授だ。有色人種女性でもある。彼女は指導教員を尊敬しており、彼女のもとで研究をおこない学びを深めたいと切望していた。「対象となるものが文学であれポップ・カルチャーであれ、アメリカや世界に存在する不正義であれ、彼女の読み解きや批判、権力構造や抑圧、人種、ジェンダーが絡み合うシステムに対する分析は、エレガントで挑発的で皮肉たっぷりでとても辛辣で、断固として声を上げるものでした」。

　自分が批判の対象とするものを、あなたはそれでも実行できる。セミナー・ルームのなかで、オフィスのなかで、その有色人種女性の教授は、自分とよく似た「民族人種的バックグラウンド」を持つ女性を攻撃対象にしているようだ。「彼女の攻撃は、まだ私が練っている段階で、未完成の考えや分析、授業で発表したアイデアなどに向けられました。その一方で、他の学生たちは励まされ、支援を受けていました。私が書いたものは、中途半端に批判され、一貫していない、不明瞭で矛盾しているフィードバックが返ってきて、私には何らかの障害や問題があって、そのせいで理路整然とした思考ができず、主張の一貫した文章が書けていないと言われました」。その指導教員は自分が指導する、自分と同じような有色人種女性学生のためにドアを開けるどころか、閉ざしてしまう。彼女を過小評価し、批判して、自分は取るに足りない存在で間違っているのだという気持ちにさせる。対照的に、クラスの白人学生二名を褒め、励ましていた。「その二人は学科の有名人で人気者でした。受賞歴があり、出版実績があり学会経験もありました。だから私のような経験は全くしていませんでした。しかも、その人たちは指導教員の振る舞いをほとんど気に留めていないようでした」。攻撃的な人たちとの関係から利益を得る人たちは、利益を確保しておくためにその人の攻撃行為を気に留めないでいることが多い（第三章）。これはまた別の多様性の取引になるのだろうか。有色人種女性でも教授になれる。卓越した有名教授にだってなれる。主人と同化することで、彼のようになることで、彼のお気に入りをお気に入りにすることで、彼が標的にする存在を標的にすることで。ドアの取引としての多様性。それは、そこに入ったらすぐにドアを閉めるようにするという条件で一部の者に対してドアが開かれるかもしれないということ。他人に対してドアを閉ざすことに前向きになれない人にはドアは閉ざされるだろう。

多様性のドアはさまざまな方法で閉ざされる。私たちが教授になるのを阻止するためにドアが閉ざされることがある。限られた者しか教授になれないようにするためにドアが閉ざされることがある。私はある黒人女性に話を聞いている。彼女は以前は教授だった。学部長も務めていた。過去形にしているのは、彼女はすでに教授でも学部長でもないから。彼女は地位を追われた。教授になることについて私たちがシェアする物語は教授職を追われる物語によって補足されなければならない。彼女のケースは、運営上の意見対立として始まった（第一章）。その手続きが懸念されるもので、ルール違反だという証拠もあったので、彼女はその件について司法の判断をあおぐことにした。その結果、不適切行為に及んだとして彼女は地位を追われる。「品位を落とし、スキャンダルになりかねない」と表現される行為をしたとして（実際に彼女が勤めていた大学の憲章にそのように書かれていた）[★13]。その決定には、彼女がその件を法廷に持ち込んだ事実も影響をおよぼしていた。「スキャンダルとは、その件を公の場に持ち込んだということ」、「お前がスキャンダルの原因になったと言われているのです」[14]。さらに、彼女の雇用契約上の一項目に、「大学の評判を落とす行為をしてはならない」とあったと彼女は説明する。スキャンダルの原因になることは、大学の評判を落とすことだとみなされる。だが、彼女がその一件を法廷に持ち込んだことを大学の評判を落としたことの証拠にはできなかったので、彼らは別の証拠を探さなければならなかった。それで、学生たちが試験結果に対して苦情を申し立てたことを、彼女が学生に対して情報を漏洩していた証拠だとした[15]。彼女は内部規定違反をしていたと言われた。そういうことだったのかと彼女は腑に落ちた。「それを内部問題に留めておくのは、黙って言われた通りにしろということです。あくまでも内部のことだとすること」。家の内側、主人の家の内側。情報を内部にとどめておけば、外から見たかぎりはその家は整っているように見える。

彼女は引き下がらない。引き下がらなければ壁が現れる。苦情が性差別や人種差別に対するものではないときでも性差別や人種差別はやってくるもののなかに紛れ込む。彼女はこう説明する。「人種とジェンダーはいつもそこにあります。こんなこと、今までは起こらなかったのにと私は思いました。黒人女性が学部長を務めるようになってはじめて起こったのです」。人種とジェンダー。それらはいつもそこにある。自分が置かれていると気づく状況のなかに、白人ではない者、男性ではない者のなかに。あなたはいつ何時それに捕らえられてもおかしくない。どれだけあなたがうまくやっていて、遠くまで到達しても。思い出してほしい。あなたが「白人よりも白人らしく」しなければならないとき、そもそもあなたに必要だとみなされるものを手にしていないということなのだ(第四章)。従順な態度を取らず、反抗的であれば彼らは手を尽くしてあなたを阻止しにかかる。ドアをバタンと閉めることは、絶え間ない脅しとして経験されるため、それは存在の形態になることすらある。あなたがどれだけ遠くまで到達しても、どれだけうまくやっていても、ドアはバタンと閉ざされることがある。

結論　苦情からの距離

権力に対する苦情から私たちは権力について学ぶ。誰かが、組織や職業、人としてのカテゴリー分けに通じるドアを押さえているということにどんな意味があるのかを学ぶ。例えば、人類は歴史のドアだ（おびただしい数の生き物が人類により締め出されてきた）。ドアは取引になりうるとこれまでに指摘した。沈黙の見返りとしてドアが開かれることがある。組織内で上の立場につくということ、あなた自身のキャリアを進展させること、それらが組織的問題だからと、特定の問題に沈黙するよう要求するのかもしれない。苦情や苦情を訴える人からどれだけ距離を取れるかにあなたの昇進はかかっているのかもしれない。所属する学科で人種差別、性差別やハラスメントを受けたある有色人種女性は、別の学科の長だった年配の白人女性でフェミニズムの教授が「助けてくれなかった」経験を語ってくれた。その状況を抜け出す道を模索していた彼女は学科の異動に希望を見出していた。ところが、その白人フェミニスト女性はドアを開けようとはしない。それどころか彼女の学科には余地《ルーム》がまったくないのだと説明した。「彼女によれば、学科の異動は非常に難しいことなので、そんなことは誰も考えないということでした。それなのに、私が辞職した一年後に、十二名の教員が彼女の学科に異動しました」。オフィスはあなたのものではないのだと、大学はあなたのものではないのだと、人員の配置は彼らの意のままにできるのだと伝えて誰かにハラスメントや嫌がらせをおこなうことにドアは利用されうる。その同じドアが、ハラスメントや嫌がらせを受けた人に余地を与えないことにも利用されうる。その白人女性がドアを開けないとき、彼女はこれまで他の人たちがしてきたやり方にならってそのドアを利用している。

誰かに救いの手を差し伸べなかったら、それだけでその誰かを阻止できる。その有色人種女性は学科を去っただけではなく大学そのものから去った。「論文でラディカルさを装うのは簡単なことです。でも現実はまったく違います。彼女のポリティクスは自分のキャリアを進展させることであって、女性を取り巻く状況を変えることではないのです」。苦情を訴えるに当たって支援を求める人たちは、たいてい論文フェミニストのことをよく知っている——それは、論文のなかではフェミニストなのに現実の実践が伴わない人たちのことだ。これはリベラル・ホワイト・フェミニズムと呼べるかもしれない。女性個人のキャリアの進展が、いかに積極的に組織の問題にかかわらないようにするかということにかかっている状況を指す。沈黙は昇進なり。

苦情はべたつくデータになると以前指摘した。苦情と関わりを持てば、それはあなたにまとわりつく(第一章)。その後、べたつくのは苦情を訴える人本人なのだと論を展開した。苦情を訴える人がもれなく苦情のネガティブなデータにまとわりつかれるわけではない(第四章)。年配の白人男性に剽窃されたとして、非公式に苦情を訴えた白人フェミニストの同僚を支援したと語る、ある有色人種女性研究者と非公式にやりとりをした。彼女は私にこう書いてきた。「その男性に研究を盗用されたと正式に公表はできないと彼女は考えていました。それについて以前打ち明けた時点で、すでに彼のキャリアは確実に傷ついていましたから。結果として自分のキャリアも傷つくのではないかと彼女は恐れたのです。将来職を得るためには彼に推薦状を書いてもらわなければなりませんから。それで、今ではその苦情は公開されているのですが、彼女は苦情から離脱しました——文字通り放り出して。それで、その件の関係者は数名となったのですが、私が中心人物だとされています。自分のキャリアに対してドアを開けたままの状態にしておくために白人女性同僚は苦情を放り出した。その男性による研究の盗用を公表すれば彼のキャリアが傷つくと彼女はわかっていた。彼のキャリアが傷つけば彼女のキャリアも傷つくことになる。彼に推薦状を書いてもらわなければならないのだから。そう、推薦状はドアになりうる。それでも苦情が公の場からなくなったり姿を消したりすることはない。それは、白人女性を助けた有色人種女性にまとわりつく。誰かが自分の苦情から自由になる一方で、そこで身動きが取れなくなる者がいる。他人の苦情に巻き込まれて身動きが取れなくなることがある。

リベラル・ホワイト・フェミニズムはこのようなものにもなりうる。白人女性のキャリアの進展は、苦情や苦情を訴える人には近づかないでおく態度にかかっているということ。「ドアを押さえている」ことについての考察を進めるうちにリベラル・ホワイト・フェミニズムの問題に到達するのは意外でも何でもない。だが、リベラル・ホワイト・フェミニズムは私たちの唯一の問題ではない。それはこういうことなのかもしれない。多様性を体現していて、白人中心の組織に色を添える存在としてのあなたは、ドアの取引を受け入れるかぎり、苦情プロセスか、あるいは私が以前苦情の容れ物だとか苦情フォルダと表現したものを利用して苦情を訴えないかぎり（ところで、これらの言葉、用語、カテゴリーから私たちが立ち向かうものがよく理解できる）、より速く、より遠くまで到達できる。ドアの取引としての多様性。入ったらすぐにドアを閉めること、自分とよく似た人にはドアを閉ざすこと――これらの条件を飲めばあなたはドアを開いてもらえるかもしれない。この場合、「ドアを閉ざす」というのは、他の人たちが入ってくるのを阻止するために手を尽くすということだけでなく、自分も他の人たちの仲間なのだという考えを捨てるということを意味しうる。そのような取引を受け入れるということは、苦情を訴える人たち、「人種差別」だとか「白人至上主義」という言葉を使うのをやめない人たちとは距離を取るということだけにとどまらず、私たち自身の苦情から、私たち自身の人種差別の経験から、つまりいまだ解決されていない植民地のトラウマから距離を取るということでもある。それは自分の真実に目を背けるということ。私たちのうちの一部がこの誘いに応じているのを、私たちは知っている。その理由も、どうやってそうするのかも。この章でもそのような物語をひとつシェアした。他にも同様の物語をたくさん知っている。さらに、あなたがその取引を受け容れても、取引に応じて利益を得ていても、あなたが積極的におこなうこと、おこなわないことによってドアが開かれても、それでもあなたは締め出されかねない。

ドアを押さえておくこと、それはどんな時でも社会的および組織的達成になる。苦情を訴える人、思い切って苦情へと踏み出す人は、私が先ほどその証言をシェアしたある教授の言葉を借りれば「枯れ木（dead wood）」（dead woodには「役立たず」「厄介者」という意味もある）になる。彼女の物語はシェアしても、その結末をまだお知らせしていなかった。少なくとも、彼女の苦情が、組織の物語がどんな結末を迎えたかについては。彼女によれば、最後の職場で学部長から嫌がらせを受けた。そのことで組合に相談すると、「学部長から嫌がらせを受けていて、自分がいじめられていると感じるまでになった人」は彼女で六人目だと言われる。そのようなケースに備えて事前に準備されていた。「組合がHRに連絡を入れ、私は不服を申し立てる長い手紙を書きました。すると、HRからすぐに返事があって、何も聞かずに金を支払うと言ってきたのです」。この時点で彼女はもううんざりだった。苦情の来歴はもううんざりだと感じる地点に達する物語になりうる。彼女はその金を受け取る。そして、そこを出て行く。彼女はこう語った。「結局あなたは使い捨ての駒なんです。あなたの後ろにはさらに大勢の人たちが控えていますから。見え透いた態度でした。私はただの原材料で、原材料ならそこにたくさん転がっているからと。もしそれがいやなら、高等教育機関での職を切望する者はいくらでもいるのだと。大学側は〝枯れ木〟だとみなす人たちを追い出すのです」。この〝枯れ木〟のイメージに私たちふたりは笑った。「枯れ木だったら、どこまでも遠くに漂って行けばそのうちうまく漂えるようになるじゃない」と私は言った。すると彼女は、「それで、どこかの浜に打ち上げられる」と言った。それに対して私は、「どこか別の場所、別の人の浜辺にね」と答えた。枯れ木になるということ。苦情を訴える者は結局はどこか遠くへ向かうことになる。別の浜辺に。別のドアに。

　ドアのシステムは分別システムだ。一部の者を締め出すことであなたは人びとを分別する。ドアを閉ざすということは、誰が残るのか、誰が残ることになるのか、誰が残ることを許されるのか、そして誰が出て行くのかということだけではない。それは特定の態度を、質問の仕方を、抗議の形式を、苦情が繁茂し根《ルート》を張るだけでなく経路《ルート》となるのを阻止することでもある。第八章で、苦情がいかに代替のコミュニケーションシステムになるかということに戻る。誰もそこを通らないせいでわかりづらくなる小径は消えてしまうわけではない。おそらく消えたように見えるだけなのだ。

第4部
結論
CONCLUSIONS

いつ苦情が始まるのか知るのは難しいため、苦情の物語の始め方を知るのは難しいのかもしれない。苦情がいつ終わるのか知るのは難しいため、その物語の終わらせ方を知るのは難しいのかもしれない。この本で私が論じてきたたぐいの苦情には、一度たどり着いたら苦情が終了する、または苦情「後」を意味するような地点はない。正式なプロセスを通じて苦情が取り上げられるとき——あなたは手紙や決定を受け取るかもしれない。それらを受け取ることさえなく、宙ぶらりんのままにされるときもあるけれど——そのプロセスの終了は必ずしも苦情の終わりではない。苦情の物語を終わらせることは、それをある恣意的な地点で切り離すことかもしれないのだ。たぶん、苦情の物語を語り続ける時間やエネルギーをもはや持たないときに、その物語は終わるのだろう。

苦情の物語を語るにはたくさんの方法がある。私が集めた物語には引っ張るべき多くの糸があるのだ。これまで、この本における各部の二つ目の章には結論部があった。それぞれの結論部はそれ自体の物語を語っている。「センシティブな情報」「箱のなかの手紙」、そして「苦情からの距離」。この本の結論へと向かう前に、これらの結論部に戻らせてほしい。苦情が閉じ込められ、結局は容れ物のなかに押し込められることをこれらは説明していた。苦情が「センシティブな情報」または「べたべたするデータ」を含んでいることが、苦情が容れ物にたどり着く理由なのかもしれない（第二章）。言い換えれば、苦情が暴露すると脅かしている物事のせいで、苦情は閉じ込められるのだ。自分が暴露しようとしている物事を理由に苦情を訴える人物になる人もいる。自分のやり方や言葉で私たちが表現する苦情は、苦情が訴えられた対象や、苦情が対象としている空間に結局は閉じ込められてしまいうる（第四章）。あるいは、その他の人びとへとドアを開くために、ドアが苦情や苦情を訴える人物に対して閉ざされるということなのかもしれない。開かれたドアは苦情から距離を取ることを想定しているのかもしれないのだ（第六章）。苦情を訴える人びとは、行くべきところがなく終わってしまうことがある。だから、どのように苦情が閉じ込められるか説明することは、組織の再生産や、物事の成り行きに異議を唱えたり異なる道を行ったりしようとする人を止めることで、たどることのできる道筋が狭まるあり方を説明することなのだ。

たとえ苦情が閉じ込められ、苦情を訴える人の進める道がなくなろうとも、苦情はどこかに行くのかもしれない。苦情はそれが出会う人びとに影響を与えるので、どこかに行くかもしれないのだ。苦情のせいであなたが去ることになっても、あなたは問題をただ置き去りにするのではない。自分がどこにも行けないように思えたとしても、その問題に対処しようとあなたが費やした労力は組織や組織の歴史の一部になるのだ。どれほど隠されたとしても、たしかにそれは生じた。その物語やあなたの集めた情報は、偶然にせよ意図的な行動を通じたにせよ、表に出るということなのかもしれない。やがてそのような偶然や行動について私たちは聞き及ぶだろう。けれども、苦情の結果として漏洩しうる物事は情報以上のものだ。その情報を集めるためにしなければならなかったことや苦情のワークは、さらに閉じ込めるのが困難だ。苦情は外向きの行動なのだ――苦情は人びと、つまりお互いに会うことさえないような多くの人びとを巻き込む。その関わり合いこそが重要だ。

この本は二つの結論とともに終わる。ひとつめは私が参加する幸運に恵まれたコレクティブのメンバー、レイラ・ウィットリー、ティファニー・ペイジとアリス・コーブルによって、ハイディ・ハスブロック、クリッサ・エスディロリアらの支援のもと書かれたものだ。そのコレクティブに参加した全員が筆者として名指されているわけではないけれども、苦情のワークについて書くことがそのワークの続きであることを考えると、コレクティブの一部であった誰もがこの記述を形づくっている。それは彼／女ら、私たちにとって重要だし、みんなが自分の言葉や方法で物語を語るというのはこの本にとっても大事なのだ。それぞれが共有できるところまで自分の物語を持っていて、軽やかで、希薄なものだったとしても、差異からひとつの「私たち（a "we"）」が形づくられるという彼／女らの描写から私はとても多くを学んだ。どこかに行くために力を組み合わせなければならないとしたら、その組み合わせには歴史があり、それ自体の生があるのだ。物語を語ることでさえ力を組み合わせるまた別の方法になるかもしれない。

第八章では、苦情にシステムを突破させるために共働した学生と研究者の多くの事例を含む、この本のために私が集めた物語に戻ってくる。そこで、苦情を訴える人びとが、しばしば苦情によって政治化され、苦情のアクティビストになり、組織にプレッシャーをかけ、苦情を生かしておくために自分の時間やリソースを用い、時間やリソースを無駄にすることになってしまうと示そう。第八章の最終節――たぶん結論の結論と言える部分――は「生存と亡霊」と題されている。私たちは苦情の墓場というイメージとともに、そのイメージについて再び考えることもできるだろう。地面の下に埋葬され、苦情の墓場に行き着いた苦情でさえもどこかに行ったのだ。しまい込まれたものでさえ戻ってくることがある。漏れやすく、亡霊的で、とり憑くような苦情の物語を語ることは、成功しなかったかのように思えた行動から引き継がれる物事もあると思い起こさせてくれる。どこに苦情が行くのか、私たちはいつでも知っているわけではないのだから。

第7章　集合的な結論

COLLECTIVE CONCLUSIONS

レイラ・ウィットリー、ティファニー・ペイジ、アリス・コーブル
ハイディ・ハスブロック、クリッサ・エスディロリア他

私たちのコレクティヴの成立に関して、唯一の物語というものはない。その部分的な理由としては、私たちの集合性は何年にもわたって築かれた信頼と関係性に基づいてゆっくりと形づくられたことが挙げられる。仲間や同期の学生として一緒に作業するという地点から、友情や集合性へと向かう変化をもたらしたターニング・ポイントというものはない。むしろ、そう気づく前から私たちはコレクティヴだったのだ。

私たちのコレクティヴは異なる経験を介して生み出されたため、その始まりを示す唯一の物語というものもない。私たちは別々の学年に、別々の機会に私たちの大学の学科に足を踏み入れた。私たちの在学期間の多くは重複していたけれども、全員が同じ時期に学生であったわけではない。全員が同じ学位を修了したわけでもなかった。そして、全員が同じたぐいのハラスメントや、〔大学の〕文化や教育環境を特徴づける、性的で人びとをむしばむような諸条件、そして権力の濫用にまつわる同様の経験をしていたわけではない。何人かは、何年ものあいだこのような状況とともに、その内部で生きてきた。この年月を経験した私たちの一部にとって、私たちの集合性はこのような経験から切り離す

ことはできない。私たちの集合性は、私たちが直面した物事に応えるべく形づくられたのだ。

苦情への道のり

苦情を訴えることはもとより、その暴力を名づけることさえできずに、あなたは暴力と向き合うことにもなりかねない。私たちの学科を構築していた性的な形での権力の濫用は、学科のレセプションや毎週の院生セミナーといった開かれた場で起きた。私たちの身体が摑まれたり、触られたり、他人の身体が摑まれたり触られたりするのを見たのだ。べたべたした注目——指導を必要としたときの、性的な視線など——が私たちに向けられたり、性的な視線が向けられるような場所にいなかったため、指導を求めたときに注意が向けられなかったりするのを感じたものだった。セックスや私たちの身体について語られる物事や、誰と誰が寝たといったことについてほのめかされた物事を聴き取ったものだった。時には私たち自身がほのめかされる対象になり、話題は私たちのセクシュアリティや身体についてだった。それが他人についてのこともあったけれど。これらの暴力は暗黙のうちに学科内で大目に見られた。あらゆる物事が開かれた場で生じていたなら、問題は誰もそれらの出来事が問題だと思っていないように見えたということだ。私たちが苦情のコレクティブをつくるにいたった物語は、この学科の文化にまつわる物語でもある。

進行中の出来事が意味をなし可能となるには多くの手段があった。物事を理解し飲み込むためのこれらの方法は変化し、驚くほどフレキシブルだ。許可にはさまざまなバージョンや正当化がある。私たちに起こったようなことが起きた場合、「でも、彼はいい人だから。悪意はないんです。これがあの人だから」と言われた。私たちに起こったようなことが他人に起きた場合、「たぶん彼女もそれを気に入っていたんでしょう。彼女も大人だし、口を差し挟む問題じゃありませんよ。彼女が何も言わないのに、どうして私たちが口を出す必要が？」と言われた。でも、私たちは声を上げた。私たちがされたことが気に食わない、それは私たちだけの問題ではない――学科の内部でいかに私たちが扱われたかは、私たちにとっては学科の問題だと言ったのだ。全員がそう感じていたわけではないにしても、確かに私たちはそう感じていた。そして非難の声を上げたとき、「学科に何をすることになるのか考えなさい。彼に何が起こるのか考えなさい。力を抜いて。フェミニストとやらはセックスに否定的で、ひどく神経をとがらせているんだから。オーバーにリアクションするな、そう対立的になるな」と言われた。

　このような環境下で、しばらくのあいだ、この状況をやり過ごすにはひとりひとりが静かに抵抗することが唯一の方法に思えた。そうしていた仲間はたくさんいる。私たちはこのような状況の傍らで研究をし、侵入的な働きかけを静かに避けることを学んだ。何世代もの学生のあいだで受け継がれてきたささやきのネットワークのなかで、私たちは警告されていた――「長い手」を持っていると知られた人とは決して二人きりになるな、パートナーがいるなら、あなたが「入手不可能」であることを知らせるために、緩衝物としてイベントに連れて行きなさい。私たちのなかでもそうできると感じた人は、夕食の席での個人指導《チュートリアル》の誘いや、指導責任を持つ人の家で週末に行われるチュートリアル、酒の席でのチュートリアルを断った。自分たちが与えられた条件をやり過ごすのに努め、引き下がった。

けれども、「ノー」と言うことは、学科主催のイベントに参加できない、教育や指導、あるいはガイダンスへとアクセスできないということを意味していた。だから時々、酒の席や夕食の席でのチュートリアルや、居間でおこなわれる指導に「イエス」と言った。引き下がろうが参加しようが、私たちはこれらの条件に捕らわれてしまうのだ。私たちが経験した条件は心理的・身体的な権力の濫用だった。

日常的な実践としてのハラスメントとともに生活しながら、なんとか間に合わせよう、学科内でやりすごそうという静かな方法、つまり私たちの教育に交渉の余地があるかもしれない唯一のやり方は、苦情の一形式には見えないかもしれない。ひとりひとりが「ノー」とはっきり伝える方法、けれども私たちの「ノー」が唯一の「ノー」ではないとお互いに知っているような状況というのも、現れることはないのかもしれない。けれども、このように生きてきた私たちの一部にとっては、苦情はここから始まるのだ。生き残るための、そして引き下がり参加しないための、自分たちを守ろうと試み、互いに戦略を共有するための方法は、与えられた条件を拒絶し、抵抗するための方法でもあった。「ノー」と言う経験をめぐる物語なしには集合性に関する私たちの物語は成立不可能なのだ。たとえ、私たちが黙ったままで、ハラスメントのシステムが私たちを孤独に感じさせていたのだとしても。

現在進行形の出来事に関して、私たちはお互いに語ることを決してやめなかった。何年にもわたって、私たちはお互いの物語を集めてきた。多くの人びとに起こった出来事をそれぞれ聴き取り、手放さずにいたのだ。それぞれに異なる限界点《ブレーキング・ポイント》、つまり物事が手に負えなくなる瞬間があった。けれども、たとえ別々に経験されたとしても、これらの限界点は私たちをともに動かしたのだ。すでに起きた出来事と、まさに起きている出来事が再びお互いに起こるのを見ながら、そこにはパターンやシステムがあることを私たちは認識しつつあった。それを避けることによって対処するのはやめ、抵抗しともに闘おうと決意したとき、それは私たちのなかの一個人の問題ではなかった。それは事態が私たち自身よりもはるかに大きなものであると理解することだったのだ。私たちや私たちの知人に起きた出来事に、未来の学生仲間が直面してほしくなかった。この事態が通常営業になるべきではないと知っていたから。限界点《ブレーキング・ポイント》がターニング・ポイントになることもある。

コレクティブとしての私たちの起源に関するもうひとつの物語はここから始まる。お互いに向き合うことや、一緒に集まるだけでなく、お互いのために、そしてまだ知らない誰かのために集まるという この行為から始まるのだ。私たちはミーティングを開き始めた。一緒に執筆し始めた。この作業《ワーク》をするにあたって、私たちの何人かはお互いをよく知っていたけれど、今まで会ったことのない人たちもいた。執筆し始めた時点で集まった人びとのうちの何人かは、この章を書くために集まった人びとと同じだけれども、そうではない人たちもいる。

最初に共同執筆したのは、私たちの研究環境の複雑さを特徴づけるような、権力による性的嫌がらせや権力の濫用を記録するための学科に関する報告書だった。その報告書を執筆する目的は、組織が可能にしている物事に対して組織に責任を取らせることだった。つまりそれは、現在起こっている物事を認識し、名前を与えろという主張であり、それらの物事を可能にする組織の共犯関係に関する主張だった。対面で、そして書き物のなかに集まることで、私たちはお互いに経験や理解をシェアしていた。身の回りで起こる出来事や状況に関する理解を、異なるやり方で明確に伝えるために私たちは集まった。これらの状況を必然的なものとして受け入れるのではなく、それらを拒絶する集合的な立場を組み立てようとしたのだ。集合的におこなった作業の多くは、物事の理解を変えることだった。私たちの研究環境を形づくる性的な形での権力の濫用は開かれた場で生じていたため、課題はただ現状を指摘することや、単に権力の濫用が存在していることの暴露ではなかった。私たちが直面していたのはむしろ、このような権力の濫用が理解され、意味をなし、価値づけられるあり方を変えるための闘い、つまり標準化された知の再転換だったのだ。私たちがおこなおうとしていたのは、これらの暴力が許され必然的なものとして受容されていることに対する挑戦だった。私たちは集合的な結論を導き出そうとしていた。

それに対する反応として、私たちは誤った結論に到達していると言われた。あまりにも頻繁に、私たちの経験が逆に説明し直されることとなったのだ。落ち度があるのは私たちの誤解なのだと。そして、この誤解こそが教職員の振る舞いよりも危険なのだと。私たちの誤解は学科に、教職員に、そして組織の評判に被害を及ぼすと言われた。このような経緯で、学科で性的な形での権力の濫用が生じる構造に対する理解と、構造的な被害を名づけて可視化するという主張を生み出したいという共通の望みによって、私たちのコレクティブは形づくられたのだ。それは異なる立場のあいだを横断しお互いをサポートしたいという欲望に基づいたものでもある。誰も一人きりでは完全に理解できない物事を理解するため、そして自分が置かれている状況の程度をともに理解するための視座を与えてくれたのは、私たちのあいだの差異だったのだ。

苦情を経由する

最初の報告書を、私たちは一緒に匿名で執筆した。組織によって規定された苦情の道筋には従わなかった。組織には正式な苦情の手続きがあることは知っていた。その過程を調べると、大学はポリシーとして教職員と学生の関係を私的な問題だと考えていることがわかった。これは私たちにとって、ポリシー上組織は権力の濫用について積極的に知るのを拒んでいたということを意味していた。私たちの一部は以前、組織に説明責任を取らせるため苦情のプロセスを用いようとしていた。これはつまり、苦情には効果がなく多大な負担になると知っていたという意味だ。組織による道筋に従えば、お互いがばらばらにさせられるということも。個人ごとの、記名された苦情を書くことも要求されかねなかった。そして、たとえお互いを重ね合わせて複数の苦情を訴えたとしても、苦情のプロセスは私たちをばらばらにするために設計されているということも知っていた。それぞれの苦情は個別に、そして個人は一個人として扱われることになっただろう。私たちをばらばらにするということは、私たちのあいだに亀裂を生むための方法だ。それは個別にではなく一緒であれば見ることができた物事を、より見にくくするための方法だったのだ。個別に苦情を執筆すれば、組織は私たちを引き渡すだろうということも知っていた――組織は記名済みの個人の苦情を、苦情の対象である人びとに引き渡すからだ。そのような人びとは自分を擁護するように促される。そこに説明責任というものはない。

私たちは組織を信用していなかった。組織が私たちを保護してくれるとも、私たちのために行動してくれるとも信じていなかったのだ。その判断やモチベーションも信用していなかった。結局、学科を維持し、開かれた場で生じた出来事から組織的に目を逸らしているのも組織そのものなのだから。権力を濫用する人びとにまさにその権力を与え、雇用すると決めた人びとに投資し、その人びとと連携するのも組織そのものだ。私たちの多くにとって、報告書の執筆はさまざまな恐怖をもたらした。彼／女らに名前を明かすつもりはなかったし、私たちはお互いの発言に寄り添おうとしていたけれども、それだけでもリスクがあったのだ。私たちの名前を明かすかどうか不確かなまま、私たちはこの行動に踏みとどまった。私たちが苦情を訴えた教職員が報復するのではないかと恐れていた。学科で今現在も生じている学生の性的対象化を特徴づける、多大な不安に満ちた権力闘争を導きつつも学位を取得しようという試みは、どう考えても非常にあやうかった。〔望まない〕接近を拒絶することは、私たちに対して権力を持っている人びとを阻害するリスクを意味している。このような環境に組織が気づき、応答し、これ以上暗黙のうちに見逃さないべきだと主張することは、私たちがすでに傷つきやすいという状態を強化することを意味するのだ。

集合性は、苦情のコストをシェアするための方法だ。それぞれが個人としてはたらきかける代わりに、私たちはともに立ち上がった。集合的な記述を通じて、一人で声を上げるコストが大きすぎるときにはお互いのために声を上げるべきだ、という視点からも書けるはずだと主張したのだ。報告書の執筆に付随するコストが執筆者一人にすべてのしかかるような、一人称の証言という視点だけでなく。集合的に書くことや、一緒に見たときに初めて見ることのできる物事をはっきり表すことは、今生じている出来事が環境の問題であり、私たち全員に起こっているという主張でもあった。私たちは単に個人の集合体ではなく、身体を摑まれたりグルーミングされたりしている人びとだけがこの学科を印づける権力の濫用によって影響を受けているわけではない。匿名性もまた、苦情のプロセスにおける個人化のロジックへの拒絶なのだ。匿名性を主張することで、これは個人間の衝突や、一人の人間が他人との和解を必要とするといった問題、そして同じ立場に属する二人のあいだの論争などではないと私たちは主張していた。加えて、組織を完全に信頼し、身を委ねるよう要求されるべきではないと主張していたのだ。私たちは自制していた。

組織が私たちに応答したやり方は、私たちをコレクティブとしてさらに強固にした。組織の構造は、私たちの報告が彼／女らにとってはほとんど判読しがたいということを意味していた。報告書が提出されたあとにおこなわれた非公式の調査の終結に伴い、私たちは「包括的な権力の濫用と不適切な言動について明確な説明」をおこなったにもかかわらず、具体的な苦情を提示しなかったと彼／女らは書いてよこした。そのような苦情なしには、組織が「行動すべき特定の対象はない」と言われたのだ。端的に言えば、組織は行動「したかった」にもかかわらず、それを拒んだのは組織のプロセスに対する私たちの拒絶だったと伝えられたのだ。組織にとっては、記名済みの個人による苦情だけが私たちの記述を認識するための方法だったのだ。それは組織が知るための唯一のメカニズムであり、権力の濫用を伝えるためのその他の手段は拒否された。そのため苦情の構造は、現在生じている物事を組織が認識するのを妨害する方法になる。記名済みの個人による苦情を要求されることは、まさに権力の濫用のただなかにいる人びとにとっては、ほとんど近寄りがたいほどのコストがかかるのだ。また、権力の濫用の近くで生き、多大な影響を及ぼされているけれども、直接的なハラスメント被害の経験のない人にとって、それは彼／女自身の経験を報告するための手段が残されていないことも意味する。このように、組織による集合的な苦情を「聴き取る」ことの拒絶は、組織が引き続き可能としている状況に対応し、認識することの拒絶が凝り固まったものなのだ。

労働とそのコストは、再び私たちに戻ってくる。コレクティヴのメンバーは上級管理職の一員と会うことになったけれども、それは非公式の調査による結果報告を私たちが受け取るための唯一の選択肢だった。組織はその知見、つまり私たちが受け取る予定の学科の公式見解を記した書類を手渡すはずだった。その代わりに私たちは、大学は私たちそれぞれが組織をいかに経験していたのかという事実を直視すべきだと主張することに決めた。何時間も続いたそのミーティングでは、個人個人がセクシュアル・ハラスメントの経験について語り始めた。そうすることによって、この学科で学んでいた人びとのナラティヴや言葉、声、感情、そして経験を中心化し、被害を受けた女性たちの前で、組織が自らの行いに意図的な無関心を貫いてきたことの責任を取らせるため、コレクティヴは方向転換をはじめたのだ。ミーティング後、大学は学生からの記名済みの苦情とともに、またその代わりに匿名の苦情を受け付けることに同意した。

その他の決断と同様、個人の苦情を書くというプロセスに進むという決断は、お互いの関係のもとに下され、お互いによって可能になった。組織は権力の濫用に関する一人称での証言を私たちに要求した。それを提供すれば行動してやろうと組織は示唆したのだ。この文脈において、私たちの経験に関する個人の証言を執筆するというリスクを取り始めたのは、これらの証言が構造的な変化のために用いられることを願っていたからだった。

それに続いて、私たちは一緒に集まり始めた。苦情のワークよりも、ケアはつねに優先されていた。集合的な取り組みやお互いを聴き取る時間を通じて、私たちはそれぞれの物語を知ることになった。

個人で苦情を訴えることができた人はもちろんそうした。匿名でなくては自分の経験について報告できないと感じていた人は、匿名性という選択肢が手に入るとリスクを負って報告した。苦情に自分の名前を記載しないと決めた人もいた。私たちの苦情は私たちに起きた出来事を記録するために書かれていたけれども、それは自らの経験を伝えることができない人びとの記録をつくるためでもある。性的な、またはその他の形で権力の濫用を経験した学生たちにも私たちは連絡を取った。組織的なコミュニケーションが彼／女らには届かず、大学から身を引くことが勉強し続ける唯一の方法であるような人もいると知っていたから。組織から自分を切断し、その暴力を拒むことは生存のメカニズムだ。

それは、苦情を訴えられたことすら組織は聴き取らないということも意味する。苦情を書こうとするならそれぞれが支援されたし、そうでなくても同じく支援されていた。

出会いを通じて、私たちは組織が使用する言語について学ぶことになった。口頭と書類上の証言に対する大学の反応を目撃し、聴き取ってもらうためには私たちの経験を大学にとって読みやすいものにしなければならないと気づいたのだ。組織が私たちの感情や傷つきの表明を想定していると考えた仲間もいた。異なる経験を持つその他の人びとにとって、そのような感情的な表現は無関係か、苦情を訴えるにあたっては有害なものだと見なされた。私たちが身体的な暴力を経験していたとしても、苦情個人の行動における動機を示唆することには抵抗があったのだ。私たちはそれぞれの苦情の文書を読み、苦情の執筆から学んだことをシェアし、用いた言語についてコメントし、忘れていたかもしれない物事や重要だとは思っていなかった物事をお互いに思い出させ、口調《トーン》を決定した。このプロセスにおいて、人びとが標準化していた暴力的な振る舞いや、葬り去られていた経験についての気づきがあった。私たちの証拠に異議が唱えられることのないよう、そして私たちの知見が拒絶されることのないよう、苦情を書き留めることにした。詳細に記述した振る舞いが私たちにどのように感じさせ、私たちの研究にどんな影響をもたらしたか描写したのだ。しばしば、これらの苦情は私たちらしくない感じがした——私たちに起こった物事やその意味、その影響を描写するためのチャンネルはあまりに狭かったのだ。この翻訳作業は、私たちを沈黙させようとする組織の言語のやり方に抵抗するため、まさにその組織の言語を用いる手段となった。

組織のおこないを組織に納得させるために費やした時間は驚くべきものだ。苦情を訴えることは、性的な形での権力の濫用を経験した時間と、組織の時間が衝突するのを目撃すること。学部生としてそのような暴力を経験した人もいた。それは博士課程においても続いていた。暴力の緩慢な時間性は、高等教育における私たちの時間に覆いかぶさっている。それは、暴力の時間性を私たちの研究課程と密接に結びつけるような構造を維持する、組織のはたらきを目撃することと並存していた。その場を去り、代替の指導教員を探し、あるいは私たちに起きたことを明らかにするため、私たちが動いたり自分を順応させたりするといつも、暴力の揺るぎなさを思い知らせようと、私たちをその場に留めるために組織は動くのだ。

苦情を表に出す

大学はそこで起きた出来事を公式に認めることは決してしなかった。組織の沈黙はそのアプローチを構成するものであり、一貫していた。私たちが自分たちの役割を何年も集合的におこなってきたあと、限られたやり方であっても、組織がこの学科の文化を形づくってきた性暴力について言及する意思を見せた瞬間があったときでさえも、これまでの出来事や現在進行中の出来事が公に認められることはなかった。この沈黙は、コレクティブとしての私たちにとって重大だった。私たちとそれ以前にここにいた人びとになされたことや、私たちが直面していた物事を無視することが、それらの物事を可能にするのに必要不可欠だったというのがその理由の一部だ。私たちの状況は、権力を濫用する一人の人物や、一個人あるいは個人の集団の問題ではない。それは権力の濫用を開かれた場で生じさせ、それを標準化するような文化とシステムの問題なのだ。一緒に集まることで私たちがお互いに提供したのは、自分自身が大丈夫ではないと感じた物事は実際に大丈夫ではないと確認するためのスペースだった。お互いを聴き取り、それぞれにとってそれが何を意味するのか肯定するためのスペースを私たちは生み出した。私たちの共同作業は集合的な合意を取り上げ、私たちを聴き取りたくなかったり認識したり受け入れたくなかったりする人びとが、その合意を理解するよう主張することと関係していた。私たちが直面していた性的な形での権力の濫用を可能にし、永続させてきた社会的・組織的な状況に対する変化を求め、私たちはともに押《プッシュ》し続けたのだ。

責任は組織にあったため、研究環境について組織が公に認識することを私たちは求めた。かなり長いあいだ、大学はそこで起きている出来事を否定し無視することに投資してきたからだ。そして、この学科でしぶとく続いてきた暴力のまわりのナラティブを変化させるには、組織によるこの認識こそが必要だったかもしれないから。〔組織による〕認識は、学生に起きた出来事が大学にとっても重要だと合図したかもしれないから。

性的な形での権力の濫用が永続化することを止める責任は組織にあると説得を試みるあいだにも、私たちは学科の仲間内での対話や理解を変えようと努めた。私たちと組織との関わりと同じく、私たちの仕事《ワーク》は性的な形での権力の濫用が持続していること、そのような状況は容認できないと説明することだった。それは長いあいだ許容されてきた物事を可視化することだったのだ。さらに、性差別の再生産や組織化へと介入できるよう、私たちは性差別の組織的な性質を暴き出したかった。私たちに残された多大なコストのなかには、社会的な場の粉砕というものもあった。ともに研究し、友情を築いてきた仲間に語り掛けるというリスクを私たちは取った。彼／女らの多くは、学科を危険にさらし、組織における自分たちの不安定な道筋を邪魔したとして私たちを責め、私たちに背を向けた。権力の濫用を可能にしたまさに同じ構造によって多くの学生が支援に飢え、孤立させられていたというのに。こうした意味で、標準化のロジックや、特にセクシュアル・ハラスメントによって影響を受けた人を上回る数の人びとを取り込むことへの投資を通じて、組織の文化は旅をし続けるのだ。

当時起きていた物事を伝えるための別の方法を見つけ、苦情への道を開くことによって、ある意味で私たちは組織の沈黙に対抗した。性的な形での権力の濫用に応答するための方法や、そのような状況に直面したときの重要性に関する広範な議論に、私たちの学科内のメーリングリストは発展していった。容認できる、ポジティブな経験の主張を私たちの経験に対抗して積み上げることで、学科の仲間たちは〔私たちの経験は〕大した問題ではないと主張した。その他の人は私たちの説明を否定した。私たちが仕事や出版の機会と引き換えに自分のセクシュアリティを利用していると非難され、このような議論が個人攻撃に発展することもあった。

お互いが標的にされ攻撃されているのを目の当たりにしたことに触発され、私たちは集合的に介入することにした。お互いを保護したのだ。原文で「私たちのような経験をしたことのない学生がいるからといって、権力の濫用がリアルでなくなるわけではない」と記した点を学科の仲間に思い出してもらえるよう、一緒に公式声明を執筆した。[★1] 私たちの記憶では、この声明に小さく些細な効果があったとしても、学科における主流の環境にはほとんど影響はなかった。私たちは組織の力を教職員に対して使っていると見なされた。

協力して作業するうち、私たちの組織がこのような事態を可能にしているだけでなく、教職員による暴力は他の大学でも起きていることにより一層気づくようになった。学科内外で学生が直面している出来事に関する説明を集めることができるよう、外部の人びとに連絡するために私たちは『戦略的ミソジニー』というウェブサイトを立ち上げた。[★2] このプロジェクトに関わったのは、最初に集まった私たちよりも幅広い層の人たちだった。集合性は一瞬にして広がり、私たちがともに働き支援してきた人びとを取り込むことになったのだ。このスペースでは、つながりを生み出して暴力の不可視性に介入するため、性差別と性的な形での権力の濫用に関する一人称での報告を集めた。公式のチャンネルが私たちの物語を認識せず、私たちの経験が抹消されるのならば、私たち自身のチャンネルをつくろうとしたのだ。

これまでに生じた出来事が決して公には認められないということが明らかになると、高等教育におけるセクシュアル・ハラスメントに言及すべく、二〇一五年末に学会を開くため私たちの一部は味方《アライ》とともに尽力した。私たちは再び、自分たちの経験を——今回はアカデミアの言語へと——翻訳することに努めたのだ。またしても組織がそうすることを拒んだからだけれども。このイベントは学生が主導し、合計で一七五二ポンドの資金を大学から得た。六か月後、大学は私たちのイベントを、キャンパスにおけるセクシュアル・ハラスメントについて言及する大学のコミットメントの証拠だと主張した。[★3] イベント当日に教職員やスタッフがほとんど参加していなかったにもかかわらず。大学の持つ特定の歴史にとってのスペースを生み出すために私たちはこの学会を主催したけれども、当日はその特定の歴史というものを名指しはしなかった。名づけの結果にあまりにも不安を覚えていたのだ。出来事を名づけなかったために、このイベントを主催することでは何も変わらなかったように私たちは感じた。この失敗は痛烈に感じられた。イベント後、コレクティブの一人は大学図書館に向かい、名指しされなかった教授の著書すべてを棚から引っ張り出し、それぞれの本の内側にその筆者がセクシュアル・ハラスメントと権力の濫用の加害者であると書き込んだ。これは個人の行動ではない——私たちに起こった出来事に対して声を上げ、それらの経験を集めて苦情を言うための試みだったのだ。彼の言動の記録を残すため、私たちは彼自身の記録に彼の名前を記したのだ。

組織的な知に関するこのオルタナティブなアーカイヴを用い、それにつけ加える形で、私たちの行動に続き何年にもわたって異なる行動が生じた。そういった本は見つけ出され、写真を撮られ、組織の歴史を記録しそれに問いを投げかけるためのブログが開設された。質問を投げかけたときの組織の沈黙にいら立ち、学生たちは学会を組織した。そして、レンガの壁を描いた視覚的キャンペーンがキャンパスに現れた。

集合的な未来

もしも私たちの集合的なワークの代償が失われた関係性やひび割れた社会的な世界であったとしても、コレクティブはお互いの関係性をも変化させた。共働する前から築かれた私たちの友情は、起こった出来事について話すことや、お互いを保護するという必要から連帯することを可能にしてくれたのだ。けれども、私たちのなかにはまだお互いを知らない人もいた。一緒に作業することで友情を形づくった人たちもいたのだ。そして、友情が以前にあったとしても、一緒に作業することで完全に変化した友情というのもあった。私たちは親密性を築いた。信頼を築いたのだ。

コレクティブの境界は、つねに流動的だった。長いあいだ一貫していた人もいれば、私たちのコレクティブを出て行ったり戻ってきたりする人たちもたくさんいた。それぞれが自分のできるときに、自分のできることを貢献したのだ。いつでも集まることができるわけではないと認識し、お互いをサポートするための方法を見つけながら、他人が入ったり出て行ったりする余地をそれぞれが生み出した。私たちには異なる強みや能力、人生を形づくる異なる状況があったのだ。そして、このようなワークの代償は誰にとっても同じものではない。私たちが進み続けることができたのは、この集合的な流動性と柔軟性、そしてお互いのために一歩踏み出す能力のおかげなのだ。

また、私たちのコレクティブは、お互いの関係性という限界によって縛られたものではなかった。全員にとって、コレクティブ外部の人びとの労働やサポートも集合的なワークと生存を可能にしてくれた。私たちのストレスや涙を吸い取ってくれた人たち、傍らで動いてくれた人たち、博士論文の指導教員になってくれ、注意深く寛大なやり方で私たちの研究や私たち自身に気を配ってくれた人たち、夜や週末に訪ね、戻ってくるころには休息や食事を与えてくれた人たちが、私たちのおこなったワークを維持してくれたのだ。消耗し、苦情や研究というワークが不可能に感じられた瞬間も幾度もあった。すべてのリソースを使い果たし、お互いのソファで眠りにつくことも何度もあった。

さらに、私たちのコレクティブは、すでに知っている人や、これから知り合うだろう人という限界によって縛られたものでもなかった。私たちのワークがお互いの名前のもとに行われ、お互いの関係性によって可能になっていたとすれば、それはあとに訪れる人たちを指し示していることにもなる。ある意味でこの一章は、私たちの知らない人びとへのジェスチャー《ジェスチャー》だと考えている――私たちはここにいて、あなたがそこにいることを知っている。考えるための空間を共有することは、集合性を共有するためのひとつの方法なのだ。

苦情には結果が伴う。この文章を書きながら、私たちは都市や、場合によっては国、異なるキャリアや人生を越えて散らばっている。私たちはもはや学生ではないし、多くが学位を取得した。これは当たり前ではない。集合的な労働と、コレクティブが成長するにしたがって受け取った支援こそが、これらの学位を可能にしたのだ。やり遂げることが不可能であったかもしれないとき、苦情は私たちの多くが物事をなんとかやり通すための方法になったのだ。

けれども、人生の何年間をも費やした学位を全員が修了できたわけではない。そして、プログラムを修了した人びとにとっても、たいていの場合その学位は妨害され、修了するまでに何年も余分な年数がつけ足された。苦情という労働を担いながら、学科を特徴づけていた性的な形での権力の濫用と、苦情にかかる緩慢な組織の時間とともに研究を行うことには代償があった。私たちの学位は、しばしば長い空白期間のあとの指導教員の変更や、多くの場合学科の変更を必要とし、引き伸ばされた負債や終了間際の資金の締め切りに左右されていた。そして時には、これらのプログラムを修了するのは不可能となった。このような代償や複雑な状況のいくつかは、性的な形での権力の濫用にさかのぼることができる。そして、新たな指導教員へのアクセスや学科の移動などといった機会の開放のいくつかも、苦情の結果として可能となったものだ。けれども、苦情にもまたコストがかかる。苦情が必要とする労働――報告書を執筆し、ミーティングに参加し、私たちが共有する理解を明確にし、交渉するのに捧げられた多くの時間――は、研究や講義、認識されてはいないその他の作業のかたわらで生じていた。私たちのコレクティブにおけるこの具体的な反復は、〔苦情という〕ワークを行うのに何年も費やした。博士課程での指導の欠如や、私たちの経験による長引くトラウマ、苦情を訴えることによる消耗すべてが、特定の期間内で遂行されるようになっている研究に対して大きな影響を与えていたのだ。

学位を修了した人びとでさえ、未来の大部分が不確かなままだ。自分が教育を受けた領域において、アカデミックな仕事に就いている人は私たちのなかにほとんどいない。多数にとって、性的な形での権力の濫用を経験することなしに研究をおこなうことができなかったという怒りが今でも残っている。私たちの多くから奪われた物事を回復してくれる単純な治療薬などないのだ。アカデミアにおける危うい立場の物語は、緊縮財政や高等教育の国際的な収奪〔gutting。元々は「はらわたを抜くこと」〕の物語であり、物事がこうでなかったら異なったであろう事態について知るための方法がない一方で、苦情には効果も代価もあった。苦情もまた、危うい状況を生み出したのだ。

　性的な形での権力の濫用による取り囲みに関する物語は、喪失《ロス》の物語だ。私たちはずっとそう主張している。苦情を唱えるコレクティブとして出発したとき、多くの人たちの反応は、権力を濫用する人びとや学科、大学、そしてそれらの人びとや構造と関連して失われかねない物事に対して苦情がもたらす結果への懸念を全面に押し出すというものだった。それに対する私たちの懸念は、研究をすることができず、そこに留まることの犠牲が大きくなりすぎたために、声を聴き取られなかった何世代もの学生たちにとって暴力が構成する喪失に関するものだった。

　苦情は私たちをここに留めてくれたと同時に、引き受ける代償をさらに大きくした。苦情は生き延びる方法であると同時に、私たちのほとんどがもはや研究機関に属していない理由でもある。けれども、私たちの苦情がこの喪失におけるシフトを意味するかもしれない——私たちがあとに残した物事が、多くの人びとが失われ《ロスト》ずにすむことを意味するかもしれない、というのが私たちの希望なのだ。

　それ自体の限界をも超えて広がった、私たちの集合的《コレクティブ》なワークには結果が伴った。私たちの大学院で、状況は以前と同じではない。★4 集合的な労働の未来は、少なくとも私たちの占める片隅において、性的な形での権力の濫用が妨害されるということだ。
私たちは何かを動かしたのだ。

第8章　苦情のコレクティブ　COMPLAINT COLLECTIVES

この本で、私は苦情のコレクティブを組み立てた。この本が苦情のコレクティブそのものだ。最終章における私の役目は、苦情のコレクティブがどのように機能し、私たちが自分をどのように組み立てるのかについて振り返ること。自分がシェアしてもらえた物事のうち、できるかぎり多くをあなた（あなたたちのなかには実際に苦情を申し立てている人もいるんじゃないかと私は予想している）とシェアしながら、私は苦情に関する人びとの異なる経験を集めた。コレクティブとは、物語の、経験の、けれどもそれ以上の、コレクション以上の物事の集まりなのだ。

最初に苦情のコレクティブについて発表したときのことを考える。[★1] 私はステージに立っていて、ライトが消された。オーディエンスの声や音、うめき、時々は笑いが聞こえたけれども、誰の顔も見ることができなかった。言葉は非常に重い。その重さや、それらに込められた痛みに私は気づいていた、それらの言葉がテクストとして照らし出されて私の背後にあることを知りつつ、人びとがシェアしてくれた言葉を読み上げると、震え上がるような感情といった強い感覚を抱いた。まるで、それらの言葉を口に出して共有してくれた人がそこにいるかのような感覚。まるで、あなたがそれらの言葉をそっくりそのまま口に出して、そこにいるかのような感覚。なぜなら、あなたはそこにいたから。そして、あなたの言葉が何かをおこない、どこかに行けるように、あの苦痛に満ちた困難な場所（苦情は場所になりうる）にいるかもしれない誰かによってそれらの言葉が拾い上げられ、聴き取られるために最善を尽くさなければならないと私が感じたプレッシャーに耐えるのを助けてくれたから。このワークについての発表をおこなうときはいつも、あなたが私と一緒にそこにいるという感覚は同じだった。あなたが私と一緒にそこにいることこそ、そのワークをおこない、口に出し続けるために私が必要としていたものだったのだ。苦情のコレクティブは、私たちが経験してきた物事を理由に、私たちがお互いのために、そして一緒にそこにいるという感覚にもなる。自分たちが経験してきた物事をきっかけに、私たちはお互いを認識する——私たちはお互いを知ってさえいるのだ。どんなにその感覚が重要なのか、文章で伝えるのは難しいかもしれない。

　コレクティブは支援のシステム、つまり苦情を先へ進めるために私たちが必要とする物事や人びとでもある。ここ数年、組織による暴力の場面、つまり自分が愛していた職業と地位を去ることにつながったのと同じ場面の近くに留まるという選択のせいで、友達だけでなく赤の他人でさえ懸念や心配を示した。私も自分にこう尋ねたものだ——とても困難で、そう、とても苦痛に満ちた物事のすごく近くに、私はなぜ留まるのだろう？　苦痛が明白なこともある。このワークをおこなうことで支援されたという事実や、その方法は私にとっては明らかだ。粉々に打ち砕かれたアカデミックなキャリアの破片を拾い上げ（そう、自分の苦情への参加が直接の原因で、そのキャリアが終わったと私は十分に理解している）、私に起こった物事と他人に起こった物事のあいだのつながりを生み出し、理解することは、自分にふりかかった出来事と折り合いをつけるのを助けてくれた。そして、研究が私を支援してくれたという事実も、こう教えてくれた——私が苦情のコレクティブを組み立てたとすれば、苦情のコレクティブは学びの方法でもあるのだ。学んだという言葉がこの本のなかでもっとも使われた語のひとつであるのは理にかなっている。

あなたの言葉をシェアすることで、さらに多くの言葉が私とシェアされた。講義やセミナーのあと、非常に多くの人たちが私のところに来て、苦情の物語を話してくれたのだ。コレクティブとは、私たちが結びつく《コンバイン》ことであり、結びつく方法でもある。そのようなコンビネーションは、聴き取ることと関係している。私はそれぞれの説明に耳を傾け、記述し、振り返り、考え、感じながら再び聴き取った。イントロダクションで記した通り、あなたの声を聴き取るフェミニストの耳となることで、たいていは聴き取られないままにされている物事や、聴き取れなくされている人びとに耳を澄ませ、ほとんどが閉じたドアの向こうでおこなわれる会話を聴き取ろうとしながら、私は組織のドア（第三部で説明したように、ドアが立ち現れてくるのには多くの理由がある）に耳を押しつけもした。組織の機関がたてる、あのガチャン、ガチャンという音を、その機関が動くのを止めようとした人びとや、それがどのように、また誰のために動いているのか理解するようになった人びとの声から私は聴き取ることができたのだ。ここで組み立てられたコレクティブについて考えようとするとき、組織の知恵ということが思いつく。私たちの力やエネルギーを結びつけることで、どれほどの物事を知ることになったのか考える。通り抜けるための困難のせいで、どれほどの物事を知ることになったのかを。

通り抜けるための困難というのは、たとえ自分がやりたい仕事のために苦情を申し立てる（多くの人がそうしているように）のだとしても、自分がやりたい仕事からしばしばあなたを引き離す一連の行動へと自分自身や時間、エネルギー、そしてあなたの存在そのものをコミットすることを意味すると私たちは聴き取ってきた。組織の問題を表明するというのは、より一層組織の内部に住みつくという意味でもある。第一章で、あなたが結局は組織の薄暗い影にはまりこんでしまうと説明した。だから、そこに住みつくというのは再入場をも意味する。あなたは裏口から組織に再入場するのだ。あなたはドア、つまり秘密のドアや罠のドアを発見し、どのように締め出され、あるいは閉じ込められるのか理解する。あなたはプロセスや手順、ポリシーについて学習し、指を差して指摘しながらそれらの失敗について指し示す。あなたがより多くの書類《フォーム》に記入すると、書類は規範《ノーム》となり、ファイルは未来、つまりファイル棚や墓場となるのだ。

ファイルまたは墓場が共通の目的地であるときでさえも、そこにいたるには多くの異なるルートがある。苦情はプロセスによって葬られることもあるのだ。または、苦情を訴えることが私たちから多くを奪い去るのだとすれば、私たちが自分の苦情を埋葬することもあるかもしれない。ある大学院生は、彼女が苦情を申し立てると聴いて、彼女の同期が懸念を表し続けたと説明した。その懸念は「自分から複雑さを奪い去るものでした。あなたをひとつの物語やナラティヴ、そしてその件に関しては被害者へと矮小化するものだったんです」と彼女は言った。苦情の物語を語り続けるとき、それが支配される別の手口であるかのように感じてしまうこともある。あなたに起こった物事に関する物語が、結局は誰かがおこなったことに関する物語となってしまうかもしれない。「私は無理やりミュートにされたようでした。まるでそれが彼や彼らの物語となったかのように、私は自分自身の物語から排除されたんです」と彼女はつけ加えた。自分の物語から排除されないように、私たちは時にそれらの物語を埋葬する。

物語の埋葬が必要であるかもしれない。埋葬は物語の一部分だ。埋葬についての物語を語ることは、物語を掘り起こすことでもある。苦情が埋葬されたままではなかったから、私はこの本をまとめ上げて書くことができたのだ。この本が掘り起こしであると考えるとき、私はグリム童話の突き出され続ける腕についてまたもや考える。この本で私は、あの宙ぶらりんの瞬間に苦情を捕まえようとしてきた――いまだ地面から突き出し、突きあげられる腕のような、まだ終わっていない、まだ打ちのめされていない苦情。苦情についての物語を語るというのは、それが埋葬された場所から苦情は現れるということなのだ。この本がたてる音は、単なる組織の音――あのガチャン、ガチャンという音――だけでなく、私たちが何かや誰かを持ち出すときに、現れようとする労力がたてる音だ。消耗やうめき声、あえぎ声を通じて、あなたは物理的な労力を聴き取ることができる。ある研究者は、別々の機会に訴えた異なる苦情について私に語っているとき、自分のうめき声が聞こえたと語った。彼女によると、「私は今もうめいていて、(すすり泣くような音をたてながら) そのすすり泣きを自分の声に感じるんです」。私は「うめくべき物事は確かにたくさんありますよね」と答えた。私たちはそれを自分自身の声に聴き取ることも、お互いの声に聴き取ることもある。どれほど強く押《プッシュ》し続けなければならないかという音を感じるから、それを聴き取ることができるのだ。その一押《プッシュ》しはコレクティブ、つまり苦情のコレクティブだと私は思う。

私たちはより強く押さなければならない。これらの物語をシェアすることが困難だとすれば (困難な経験をシェアすることは難しい)、読者にとってこの本を読むことは困難で、あなたにとっては辛いことだったかもしれないと私は気づいている。自分自身の困難な経験や苦情を訴えるにいたった経験、苦情の経験のためにこの本を手に取った人もあなたたちのなかにはいるだろう。あのような証言に耳を傾けたときの私に生じたような、苦痛に満ちた深遠な認識の瞬間があなたにもあったかもしれない。苦痛に満ちた物事をシェアすることが助けになってくれるかもしれない。それがいつも、唯一の方法ではないけれど。私との対話の終わりに、「あなたに話して本当によかったです。私は一人じゃないって思わせてくれるから」とある研究者は言った。苦情のコレクティブとは、私たちは一人ではないとお互いに思い起こさせること。私たちにはリマインダが必要だ。

この本がひとつのリマインダ《リマインド》になってくれることが、私の希望だ。私たちは一人じゃない。私たちがともに聴き取られるとき、私たちの声はより大きく聞こえるし、より大きくなるのだ。この最終章では、苦情によってあなたが他の苦情も見えるようになる（そして、苦情を訴えている他の人を見つける）ことの重要性について振り返ってみよう。苦情は集合性そのものについて、古くて風化していると同時に新鮮なレンズを与えてくれるのだ。

集合的な《コレクティブ》苦情から苦情のコレクティブへ

苦情を通じて集合性に関する問いにアプローチするということは、どのように苦情を取りまとめるかという実用的な問いとして集合性にアプローチすることだ。第四章では有色人種の女性研究者が、彼女の学科の研究文化における性差別と人種差別の重大さについて集合的な苦情申し立てがおこなわれたと説明した。そのプロセスについて、「研究文化に関する経験について、私は彼／女らにメールで書いてもらいました――二〇ほどの報告を照合したでしょうか――そして、それらを当時の副学長に提出したんです」と彼女は私に語った。経験を照会するという労働は、ひとつの書類を生み出す。その書類は集合的な苦情だ。集合的な苦情とは、そこに問題があるという判断が共有されていることを示すための方法なのだ。そのプロセスは単純なものではなかった。それぞれの報告は匿名化されていたけれども、その一部にはなれないと感じている人も彼女の学科にはいた。「証言を集めるその過程では、将来の雇用に対する機会が影響されてしまうと感じたため、それに関わりたくないし、論争を招くようなことはしたくないと思う、少なくとも三人の女性が学科にいました……。彼女たちはみんな有期雇用か、博士課程を修了したばかりでした。その感情に同意してはいても、たとえそれが匿名だったとしても、それに参加することはできないと彼女たちは強く感じていたのです」と彼女はつけ加える。足がかりをつかもうとしている人にとって、たとえ匿名でも苦情のコレクティブの一員になるということは、あまりにも多くを危険にさらすことだと考えられているのかもしれない。

集合的な苦情、つまりコレクティブによってまとめられた書類は、「感情には同意する」人全てを含んでいるわけではない。コレクティブは、それ自体が与えられた形式を飛び越えてしまうものだ。その書類が集合的なものであったとしても、書類は一個人から始まったかのように受け取られてしまう。そう、彼女は唯一実名を出していたし、その書類を提出した張本人だったのだ。けれども書類においては、それが同じ学科に所属する異なる人びとによって書かれた声明の集合であることが明らかだった。苦情のプロセスのどんな箇所でも、個人化や細分化が確固たるものになることがある。コレクティブに対する返答が、コレクティブを個人として扱うこととも なりうるのだ。苦情の集合性は、コレしばしば苦情の受け取られ方によって抹消されてしまう。

集合的な苦情の記述は、経験を共有するための方法を何とかして見つけることを要求する。コレクティブとなることは、方法を見つけることなのだ。集合性とは、苦情を訴える方法だけでなく、苦情の訴えによる効果を求めることでもある。集合性は目的でもあり手段でもあるのだ。一人のポスドクの研究者が、ある研究計画におけるトランスフォビアと嫌がらせに対する苦情の訴えに協力した。彼女自身が組織を去ったあとに、苦情は先に押し進められた。ある問題のせいで組織を去るのだとすれば、私たちは問題をあとに残してしまうことになる。彼女はそのプロセスの本質についてこう語った。

> もっとも骨の折れた部分は、私たち個人の、そして集合的な経験を、組織にも意味を成すように、苦情として認識されるように翻訳しようとした点です。具体的にやったこととしては、私たちはスカイプでたくさん会話したし、たくさんメールをして、自分たちの物語をシェアしながら行きつ戻りつしました。こんなひどいことが起こって、あんなひどいことも起きたし、そんなひどいこともあったというように。そして作業に戻り、どうやって書類にまとめるか考えなければならなかったのです。

苦情として認識してもらえるような書類を書くことは骨折りだ——途方もない時間だけでなく労力をも必要とするのだから。あなたの経験を結びつけるだけでなく、あなた自身がつくったのではない形式において、その結びつきを解読可能にする必要がある。行きつ戻りつしながらお互いとコミュニケーションをとる必要もある。行きつ戻りつしながら揺れ動くことは、コミュニケーションの一形式としての苦情が動《モーション》きや運動《ムーブメント》であると私たちに教えてくれるのだと思う。行きつ戻りつしながら揺れ動くことで、他人に「起こったひどいこと」についてあなたは気づくのだ。彼／女らもまた、あなたに「起こったひどいこと」に気づく。

だから、集合的な苦情は意識掲揚《コンシャスネス・レイジング》の一形式にもなる。私は第四章で、苦情は構造に対する感情から始まることがあると示唆した。感情は共有されるのだと。意識掲揚について考えるとき、ひとつの部屋に他人と集まって、共有された経験について振り返るという場面が思い浮かぶかもしれない。集合的な苦情を意識掲揚として理解することは、実践的な課題を受け取るという行動において意識が獲得されることを示している。あなたのすべきことが多ければ多いほど、あなたはより多くの物事を認識するようになる。問題を矯正しようというプロセスのなかで、あなたはその問題に対する意識を掲げるのだ。ここでの意識掲揚とは、撤退や振り返りのための空間ではなく、行動が生じる場面のことだ。その課題を自ら進んで受け取る人が多くいるため、集合的な苦情が可能となり、書類としてのステータスを獲得する。組織の現象学として苦情を理解することができるとすれば、苦情とは実践的な現象学だ（Ahmed 2012, pp. 174–80）。組織の機能に対する苦情を訴えるという実践的な労力から、私たちは組織がどのように機能するのか知るようになる。

苦情のコレクティブは、現在進行形の出来事に対して私たちがより多くの情報を集める方法でもある。どれほど多くを知ることになったか、どれほど私たちが一緒に作業したか、という点のあいだには親密性がある。同学部の講師による性的不適切行為とセクシュアル・ハラスメントについて苦情を訴えた学生を支援した、ある教授と私は話をした。当の講師は彼の言動を「役得」だとして正当化していたけれども（第五章）。彼女はそのプロセスについてこう語った。「ある若い学生が私のもとにやって来て、こう言いました。この男はつまり彼女を誘惑したのだと。すると、別の女性との会話のなかで、その人にも彼は同じことをしていたとわかりました。それは雪だるま式にふくれあがり、十人もの女性がいたことがわかったんです。彼は次々と、まさに次から次へと女性を追いかけ回していました」。雪だるま式ということについて、苦情がより多くの苦情をもたらすということについて、私たちが突き進むのを見ていいなさい、拾い上げるものが多すぎるために苦情がはずみを獲得することについて私は考える。[★2] あなたは多くを見つける——より多くの物事がそこにあるということを（「次々と、まさに次から次へと」）。より多くの人がハラスメントを受けるほど、ハラスメントに対する苦情に参加する人は増える。ハラスメントを受けた誰もがハラスメントに対する苦情に参加できる、または参加するのではないと私たちは学んでいるけれども。

苦情のコレクティブは、より多くの情報が開示されるための方法にもなる。私が話をしたたくさんの人びとは、大学におけるセクシュアル・ハラスメントについての物語を新聞で読み、それに感化されて心を動かされたと語ってくれた。そのような物語は、それ自体が集合的な労働の産物だ。これらの物語は共有されるというだけではなく、他人が苦情のプロセスを進めるのを助けてくれる。ある講師は、『ガーディアン』紙の記事を読んだときのことをこう説明した。「少しだけ疲れがとれ、苦情を訴えることに対する不安が少し減りました」。少しだけしか感じないですむ——少し疲れがとれ、少し不安が減る——ことで、私たちが元気づけられることもある。

苦情のコレクティブはまた、情報開示の効果として生み出されるかもしれない。私は第五章で、三人の女性からなる集団が、彼女たちが学部生時代に経験したセクシュアル・ハラスメントに対する苦情を訴えたと記した。どうしてこのコレクティブは、何年もあとになって結成されることになったのだろうか？　この女性たちはフェイスブック上でつながり、連絡を取り合っていた。そして、彼女たちが学部生だった大学におけるセクシュアル・ハラスメントに関する記事が報じられたのだ。一人の女性は、その記事のリンクを「何も驚かない」というコメントとともに投稿した。また別の一人は「変わらないものもあるんだね」と返信した。現在のハラスメントに関する物語は、過去へのドアを開くかもしれない。そして、以前に生じたハラスメントをめぐる議論へとつながっていくのだ。フェイスブックの投稿に対するコメントは、さらなる会話へとつながった。「私たちはお互いに何が起こったか全てを打ち明けました」。彼女たちは対面で会うことにする。そのうちの一人が言うには、「そして、私たちは会う日程を取り決めました。いずれにしても会いたかったたし。大学を卒業してから彼女に会っていなかったんです。会ってみると、もう一人の友人が似たような経験をしていたと気づかされました」。私たちのあいだでは、ひとつの学部で五人の教職員からハラスメントと／あるいは暴行を受けたという直接の経験と知識が私たちのあいだにあると判明したんです」。より多くの物事が抑圧されていればいるほど、出てくるべき物事は多くなる。けれども、このプロセスを開始するには何かが起こらなくてはならない。現在におけるセクシュアル・ハラスメントの事例は、それがなければ生じなかっただろう一連の会話の引き金《トリガー》になるかもしれない。ムーブメントとしての #MeToo は、このように理解できる——ひとつの物語の開示がさらなる開示の引き金となる。この *too* というのはあなたに向いていて、その要点はあなたなのだ。時間の重要性についても覚えておこう。現在における苦情とは、それが起こった時点では苦情が訴えられなかった過去の経験がシェアされるということでもある。コミュニケーションのタイムリーな性質についてはいずれ戻ってこよう。

　これらの開示行動は、三人の女性によるコレクティブの創造につながった。もしかしたら、それは四人の女性によるコレクティブだったかもしれない。自らの命を絶ったある女性もコレクティブの、苦情の一部だった。たとえ彼女たちがそのとき苦情を訴えなかったとしても、たとえ、彼女がいなくなってから、今になって彼女たちがようやく苦情を訴えることができたとしても。彼女たちは大学に連絡をとり、正式な苦情を提出した。「それはとても消耗するものでした。感情的な重荷を共有し、お互いを支え合いながら、私たち三人でそれを集合的におこなったのですから。大量のメールや細々したことに対処して、私が少し弱ってしまうと［もう一人の女性］が引き継いでくれて、［三人目の女性］は後ろで元気づけ、支えてくれていました」。この本を通じて、私は苦情のプロセスにおける消耗について語ってきた。そのプロセスの要点が、そのなかに立ち入ろうとしている人びとを消耗させることであるかのように感じることもある。苦情のコレクティブは、この消耗を見越して形づくられる。なんて条件だろう。一緒に作業することで、あなたは重荷を共有する。お互いに支援をする。そして、それぞれが自分のスキルに見合った作業をおこない、何があなたに求められているのかに左右されつつ、前に出たり後ろにさがったりする。

　また別の例では、四人の女性大学院生が、この本でシェアした事件から始まった苦情についてともに取り組んでいた。そのなかの一人が大学院生向けの懇親会に参加したところ、性差別的なジョークが日常茶飯事となっていたのに気づいたのだ（第三章）。笑いが起きるにもかかわらず、それらのジョークに乗っからずにいると、彼女がターゲットにされた。彼女は非公式に苦情を訴えた。学科長と話をしたのだ。彼女は他の学生にも話をし始めた。「私たちが集団としてつながりはじめると、「その学生」が女性に対して不適切に振る舞ってきたという、看過できない歴史があることがわかりました」。記録をシェアするというのは、ある事件やイベント、その場かぎりの出来事により長い歴史があると認識すること。彼女たちが自分のリソースを結びつけたから、この歴史、つまり問題は出来事だけでなく構造でもあると気づくことができたのだ。けれども、この本の第二部で論じたように、あなたが構造に立ち向かえば立ち向かうほど、あなたは構造と衝突するようになる。このコレクティブの一員だった別の学生はこう説明した。「アカデミックな環境で苦情を訴えれば、誰もが好意的だという想定があるように思います。でも実際は、私たちに投げ返された発言が繰り返されるだけなんです。そしてあのような男性たちが、深刻な物理的かつ攻撃的な脅しをしかけてくるようになります。私たちの窓ガラスにレンガのブロックを投げつけてやるとか、私たちの手を鉄で打ちのめしてやるとか、そういったことを言われました」。苦情を訴える人に対する暴力が激化すると、その暴力は想定された好意か、極秘という閉じたドアによって隠蔽される。より多くの人が苦情に参加すればするほど、より多くの人がターゲットにされるのだ。単数形の私たち（「私たちの窓」「私たちの手」）に向けられた暴力による脅迫は、単数形の私たちにも「投げ返される」。暴力のターゲットになっているという状況をシェアすることは、苦情のコレクティブのワークの一部なのかもしれない。言い換えれば、暴力が他人にも目撃されるように、あなたはコレクティブを必要とするのかもしれない。その暴力に持ちこたえるためにコレクティブを必要とするのかもしれない。苦情を訴えるのを阻止するためにより大きな力がかけられると、その力を目撃し、持ちこたえるためには、より多くの人や苦情を唱える声を必要とするのだ。

苦情のコレクティブの一員だった私自身の経験は、立ち続けたり苦情を進め続けたりするのを困難にしたプロセスを通じて、お互いを支え合いながら協働し、持ちこたえるというものだった。この本のイントロダクションで記したように、私は学生によってつくられた苦情のコレクティブに参加した。第七章では、そのコレクティブに関わっていた人びとの一部から、彼女たちが何をしたのか、どのように作業し学んだのかを聴き取っただろう。ひとたび形づくられると、コレクティブはそれぞれを支えるる支援のシステムとなりうる。より重さが分散されれば、一個人の抱える重みは減るのだ。私がその苦情のコレクティブと関わり始めたのと同年度に、同じ学部の講師から受けたハラスメントと嫌がらせに対する苦情を訴えるためのコレクティブが、修士課程の学生によって立ち上げられた。ひとつの苦情のコレクティブが、他の苦情のコレクティブの結成につながることもある。最終的には、複数の苦情のコレクティブという集合体《コレクティブ》ができあがるのだ。これらのコレクティブによるワークは、私たちの新たな研究センターである「フェミニズム研究センター」のワークとなった。この研究センターは最初から苦情や苦情のワーク、その責任や感情によって満ちていた。そう、否認はとんでもない感覚にもなるのだ。この研究センターは、手元にある課題に関する危機感で満ちていた。

苦情が共有されるとき、おこなわれているアクティビティの幅を広げることもできる。私たちは一緒にカリキュラムに対する評価をおこない、性差別と人種差別が教材に組み込まれていることを分析した。二〇一四年に開催した、性差別（もちろん、この言葉にも苦情がつきまとうことがある）をトピックとして、センターの発足記念の学会を含む組織についての働きかけを課題とするような学会をいくつも私たちは組織した。私たちはフェミニズムの文献を一緒に読んだし、そういった本が拾い上げ《ピック・アップ》てくれる物事によって元気づけ《ピック・アップ》られた。苦情のコレクティブを抱えるこのセンターは、組織のなかにある、私たちが息のできるようなポケットのようにも感じられたのだ。組織と闘うため、そして組織から生き延びるために私たちはポケットを必要としていた。

　苦情を推し進めるために苦情のコレクティブが形づくられるのだとしたら、苦情のコレクティブは私たちみんなを前に進ませてくれるのかもしれない。集合的な苦情が提出されたあと、それに伴う出来事やあらゆる結果のあとで（その先に何が起きるか、私たちはいつも知っているわけではない）、あなたがお互いに築いた関係は、どこに行ってもあなたが持ち運ぶものになるかもしれない。苦情を通じて築かれた関係性が、苦痛の隘路や苦痛のリマインダ、そして引き金になるときもあるけれど。そのような粉々に打ち砕かれる経験を共有している人たちと親密になるというのは、時には重すぎる。ハラスメントと嫌がらせに対する苦情が、愛していた役職からの辞職へとつながった上級研究員について私は考える。その苦情に関わっていたまた別の女性から、彼女は会おうと誘われた。その決断そのものに悩まされながら、行くべきかどうか考えていたとき、彼女の夫はこう言った。「まるで退役軍人（veter-ans）の同窓会みたいだ」。彼女が説明するには、「会うときはいつも、過去がみんなにとり憑いているかのように、振り返りながら過去について話すんです。だから、自分自身の身を守るため、私には距離が必要でした。私たちは変わることなく過去に戻って、それが私を動揺させたから。不安定な気分にもなるし、私を引きずり戻すんです。あの人たちが破壊した全て——自尊心、自信、自分の価値といった——を立て直すために、私は全てのエネルギーを注ぐ必要がありました」。苦情によってとり憑かれることや、単数形の「私たち」がとり憑かれることについてはあとで戻ってこよう。人生やあなた自身を立て直すことは、以前のあなたの人生や自分自身をぶち壊したような経験を共有する人と会うことを困難にする。苦情を通じて私たちが築く関係性が重要ではないと言っているわけではない。会うことが重要であるのと同じく、会わないでいることも関係性が重要だという証拠なのかもしれない。

お互いに会うための異なる方法を考えてみる。ある意味で、フェミニストとして私たちがおこなっているワークは苦情のコレクティブのワークだ。それが私たちのおこなうワークの全てだと言っているわけではないけれど。ある有色人種の女性研究者は、蒐集《コレクション》の重要性について説明してくれた。「これを共有したほとんど全ての有色女性には、同じような物語がありました。事態がいかに蔓延しているか記録に残すこと、すなわちコレクションに追加することは、プロセスの重要な一部でした。官僚的な機械のなんて無駄なこと。人びとがその事態に気づかずにいることが、私をより一層激怒させました。少なくとも、〔今では〕より多くの人が知っているとわかります。アーカイヴをつくることから、とりわけ有色女性が利益を得られると、私は少なくとも知っているんです」。私たちの苦情を共有することや、苦情を訴えたことについての物語を共有することは、コレクティブだけでなくコレクションの一部になることだ。それは物事を記録し、知るだけではなく見せるための方法。また別の有色人種の女性研究者は、彼女の苦情を「かなりＤＩＹなモデル」として説明した。苦情のアーカイヴはＤＩＹのアーカイヴでもある。コレクションに私たちの物語をつけ加えることは、存在するための場所や向かうための場所を手に入れるべく、私たちが建物の一部となり、シェルターをつくり上げ、自ら行動するための方法なのだ。

苦情のアクティビズム

この本で私が集めた物語の多くは、遠くまで行きすぎないように苦心したことに関する物語であるかのように思える。失敗した物事から私たちは学習する。苦情を訴える人物は、物事が同じであるためにどれほどの労力が費やされているのか知っている。だから、苦情に携わることは、抗議行動《プロテスト》やデモに参加するのと同じく政治化のプロセスかもしれない。あなたをプロテストに向かわせるのは、例えば警察による暴力などの暴力行為かもしれない。けれども、暴力に対して抗議するにあたって、あなたは今まで以上にその暴力を目撃することになる。警察の暴力、警察の暴力が抗議者によって引き起こされたと誤って伝えるメディアの暴力、といった。暴力が向けられている人に対して、どのように暴力が向けられる羽目になるのかあなたは学習する。暴力に異議を唱える人に対する暴力が、構造を維持するやり方だと学ぶことになる。他の人よりも容易にターゲットにされる人たちがいると認識し始める。形式的な苦情は、プロテストと同じような方向にあなたを導くこともあるのだ。現状維持という暴力に異議を唱えるとき、その暴力をあなたは目撃する——誰かを苦情の起点と見なすポリティクスに気づくことになるのだ。オードリ・ロードの重要な論文のタイトルを借りて「主人の家を解体する」と言わずとも、苦情を訴えるときに自分がムーブメントの一部であるとか、組織の批判者であるとか考え始めることは必ずしもないだろう。けれども、苦情を訴える人たちの多くがここにたどり着く。この軌跡には希望があるのだ。

苦情を訴えることで、苦情のアクティビストになる人もいるかもしれない。学生のときに苦情を訴えたある障害者女性と話しているとき、私はこの苦情のアクティビズムという言葉に初めて思いいたった。作業をおこなうのに必要な時間を確保し、パートタイムで学ぶために彼女は形式的な苦情を訴える必要があったのだ。特に第四章では彼女の証言を参照した。障害を持った人物として正しい態度をとらなければ、苦情を訴えていると受け取られ、「目の上のたんこぶ」とならないために「へりくだった感謝」を示さなくてはならないと彼女は教えてくれたのだ。以前在籍していた大学で苦情を訴えた経験だけではなく、そこで学んだことを公共の場に持ち出したと彼女は語ってくれた。大学で苦情を訴える人物となることは、彼女をどこに行っても苦情を訴える人物へと変えた。「合理的配慮に関する障害のみに適用される法律、特に平等法（二〇一〇）の一部を用いて、私はこのアクティビズムを始めました」。それがどれほど限られたものであったとしても、組織をアクセス可能にし、既存の法制度に対応するようプレッシャーをかけるために、彼女は法律を利用したのだ。苦情が組織の仕組みや、組織がおこなったりおこなわなかったりする物事についてあなたに学ばせるのだとすれば、本当はその知識を持ち出すこともできる。苦情が履歴書に空欄を生じさせると第六章で記したけれど、本当は持ち運びできるスキルとして主張してもよいようなものだ。そういったスキルを主張することができないとしても、スキルを利用することはできる。

おそらく彼女のアクティビズムは、大学が彼女を「目の上のたんこぶ」として認識していたと彼女が語る点によく表れている。もちろん、彼女は地元メディアから小規模なビジネスを台無しにしようとする人物として描写されていた。なぜなら、車いすユーザーである彼女がアクセス可能となるように要求していたからだ——それは彼女がおこなわなくてもいいはずの要求なのだけれど。私は彼女から、組織に対する苦情が組織にプレッシャーをかけるために用いられることを学んだ。あなたは雑音《ノイズ》を立てている。あなたは彼/女らの時間を要求しているし、彼/女らが仕事（問題を隠蔽するという作業でさえも仕事だ）をおこない、リソースを使うことを要求しているのだ。苦情は、彼/女らの時間を占拠するための方法なのかもしれない。何度も何度も、アクセス不可能な部屋や建物についてあなたは苦情を訴える。そう、彼/女らが対処しようとしているからといって苦情を口に出す価値がないわけではないから、何度も何度もあなたは苦情を訴える。それを繰り返し言うだけではなくて、私たちはもっと多くの物事を口に出す必要があるのだ。たぶん、あなたが黙ることを彼/女らは願うだろう。彼/女らがそれをやめるという希望がそれほどなくても、あなたは言い続ける。あなたが黙ればいいという彼/女らの願いが自分を押しとどめることをあなたは望まない。苦情を訴える人物が苛立たしいのであれば、苦情のアクティビズムは喜んで刺激物、つまり組織内部のキルジョイになることを伴うのかもしれない。

組織内部のキルジョイ、つまり仕事中のキルジョイであるためには他人と協働する必要がある。苦情のアクティビズムは新たな種類のコレクティブの形成につながるかもしれない。組織が自称している程度にはアクセス可能であるように、組織にプレッシャーをかける方法として法令順守を用いるため、彼女はまず障害者のアクティビスト団体と行動し始めた。だから、苦情のアクティビストは苦情のサポーターとして理解できるかもしれない。一緒に作業するだけでなく、協働し、あなたのリソースを共有することで、苦情を訴える人びとにアドバイスや実践的なサポートを与えることがより一層可能となるのだ。

このような苦情のアクティビズムには長い歴史がある。ブラック・フェミニズムの古典的なテクスト『人種の中心（*The heart of the race*）』（［1985］2018）においてビヴァリー・ブライアン、ステラ・ダッジー、スザンナ・スケイフは、自分が所属するアクティビストのグループでおこなったことに関する一人の黒人女性の語りを引用した。ある黒人の母親が「警察に対して苦情を訴える」のをその集団が支援したと彼女は言及する（p. 158）。加えて「私たちは地元の警察署前にピケを張り、地元のメディアに連絡を取りました。そして、法廷や警察、居住状況や雇用、教育の実践――私たちの地区の黒人コミュニティに影響を与える全て――に関する証拠と情報を集め市民による取り調べに参加しました。地元警察にどのように扱われてきたかについて多くの黒人が証拠を提出するために集まり、私たちは報告書をまとめる手伝いをしました」（p. 159）。苦情を支援することは、ピケやメディアだけでなく、報告書をまとめるために必要な証拠を集める方法を利用しながら、苦情をより公に可視化することでもある。組織に対する苦情を訴えることは、組織の暴力に対するより多くの証拠を集めることなのだ。

組織の暴力に関する自分自身の経験を、他者のための共有されたリソースへと変えることもできる。苦情のアクティビズムは、組織のなかで苦情を訴えるという経験が外部、もしくはどこかへ向かいうるということを示すのかもしれない。調査について私が一緒に活動した学生が立ち上げた、1752

グループについても考えてみる。[★3]彼女たちは自らをロビイング団体と説明した。組織の変革のために、特に職員と生徒のあいだの性的不適切行為に対処するためのロビイングをしていたからだ。この特定の問題をめぐってロビイングをするというのは、多くの不平等に対してロビイングをおこなうことでもある。組織の内部で苦情を訴える人物が組織間のロビイストになりうるというのは、希望に満ちた軌跡だ。このグループの仕事を振り返り、ティファニー・ペイジ、アンナ・ブル、エマ・チャップマン（2019, p. 1318）は「苦情のワークは、それが機能しないと示されたとき、組織内部のプロセスを変えるためのアクティビズムへと拡大することもしばしばある」と説明する。失敗したプロセスを経験することは、「緩慢なアクティビズム（slow activism）」であるようなプロセスそのものを変更するアクティビズムにつながることもあるのだ。

グループとしての私たちのアプローチは、しばしば危なっかしく、早急な可視化の必要性と、解決策を提案し「問題の是正」を保証する喫緊性の速度を緩めることとのバランスをとることでした。この問題を訴えるのに十分な解決法は世界のどこにもないですし、差し迫った必要性があると同時に、変革への要求は組織のスピードだけでなく組織のプロセスの固定性に対する理解とともに調節されなければなりません。問題を訴える能力や解決策の適切さにかかわらず、一度解決策が定まると、それを修正したり変更したりするのはとても難しくなります。例えば、キャンパスにおける性暴力を訴える（しばしば断固とした態度を伴って打ち出される）特定のキャンペーンや解決策を適用した組織は、組織のプログラムに対する批判や、さらなる投資を拒絶するかもしれない。「組織の解決策」が存在するということは、議論をこのように閉ざしてしまうという影響を持ちうるのです。（p. 1317）

解決策が問題になってしまうという点を鑑みれば、ゆっくりと行動するのは重要だ。何かを成し遂げたと言うための方法が、何かをおこなわずにいる方法にもなるのだから。苦情のアクティビストになることは、困難な議論を閉ざすのではなく開く方法として、新たなポリシーや手順に取り組むことだ（第一章）。私たちの、私たち自身のワークを解決策として組織が利用するのに抵抗するためには、作業の速度を緩めなくてはならない。

組織的な変革へとプレッシャーをかけるにつれ、多くの人びとにとって苦情が「自由に利用できる道具」として理解されることもある（Page, Bull, and Chapman 2019, p. 1320）。変革のためにプレッシャーをかけることは、組織に逆らって押し進め《プレス》ること。プレスとプレッシャーについて考えるとき、私たちが苦情を訴えないようにとかけられているプレッシャーの重みを思い出すかもしれない（第二章）。苦情を訴えさせないために多くのプレッシャーがかけられているという事実は、苦情がなしうることや、少なくとも苦情がなしうるとみなされている物事について教えてくれる。苦情が内々に対処されているときでさえも、苦情が潜在的に損害をもたらすと組織に見なされているということは、苦情が組織を正す以上のことをなすかもしれないと教えてくれるのだ。私たちは、苦情が持っていると考えられているポテンシャルを発揮させることもできる。既存の取り決め、つまり物事をおこなうための方法を変更することが損害を与えると見なされているのだとすれば、苦情のアクティビストになるというのは損害を引き起こすのをいとわないということだ。苦情のアクティビストになることは、すり切れたプロセスに関する陳腐な物語によって警告され、苦情から遠ざかるのを拒むこと。苦情のアクティビストになることは、さまざまな動きのなかを通過し、必要なかぎり消耗のなかに存在するのをいとわないことでもある。

正式な苦情に携わる人の多くが、苦情を通じて私たちが政治化されうることについて考える別のやり方として、組織の権力に関する強力な批判を展開している。キャロリン・M・ウェスト（2010）は、同学科の教授から受けたセクシュアル・ハラスメントについて苦情を訴えた経験からどのように回復したかについて、重要な説明をした。彼女は「人種的偏見や性差別に対する武器として、教室でジャーナリズムとアクティビズムを用いた」アイダ・B・ウェルズといったブラック・フェミニストの先達を引用したことを語っている（p. 186）。苦情はブラック・フェミニズムの系譜なのかもしれない。ウェストは「さまざまな抑圧の形態の交差点に生きることが、黒人女性の人生における暴力の経験に影響を及ぼすと明らかにすることが私のライフワークだと思っている」と記した（p. 186）。地位によって与えられた特権を濫用する人びとに対する苦情を訴える方法が、アクティビズムへの旅の一部かもしれないとウェストは考えさせてくれる。苦情のワークは、あなたの「ライフワーク」を見つけさせてくれるかもしれないのだ。

また、第一章で説明したコミュニケーション労働、つまりＨＲの職員から労働組合にいたるまで組織内部のさまざまな人と語らなければならないことを含む、苦情を訴えるのに必要な複数の労働を通じて政治化が生じることもある。私は引退した研究者に彼女の苦情の歴史について聞いた。彼女は異なるチャプターに分けてその歴史を語ってくれたけれども、それぞれのチャプターは彼女が雇用されていた三つの大学にそれぞれ対応するものだった（第六章）。彼女にとって、苦情を訴えた人物や不満屋になることが重要だったと彼女は伝えてくれた。「苦情を訴え、闘い、彼／女らが私にしたことを受け入れないことで私は大きなリスクをとりました」。彼女は続ける。「私は彼／女らと闘うことを決めたけれど、そうしない人たちも多く見てきたし、労働組合や職場アクセスへと出向かなかったからいろいろなやり方で潰された人たちもたくさん見てきました。潰されてしまうほど、彼／女らは孤立していただけなんです。［…］彼／女らが同じことを私にさせるがままには絶対にしておけませんでした」★4。苦情は潰されないための方法のひとつだ。あなたは闘い、闘いに参加する人びとに語りかけている。闘いというのは、リソースを集めることと関係しているかもしれない。「できるかぎり多くのリソースを引き入れなければなりません」と彼女は示唆した。前にも示したように、苦情は権力の狭い廊下に沿ってあなたを組織の秘密の小部屋へと導くだけではない。苦情は組織内部と組織外部の両方における新たなパートナーシップへとあなたを導くこともあるのだ。

　組織と闘うために苦情が訴えられるとき、苦情は組織によって多大な犠牲《コストリー》を払うものとされる。確かに、この本は苦情のコストと関係している。権力の機能に異議を唱えるコストを高くすることで権力は機能するのだ。苦情のコレクティブは、それらのコストを私たちが共有するための方法でもある。例の引退した研究者の証言に戻ると、彼女の悲劇は組織と闘うことのコストというよりも、組織と闘わないことのコストにあった。「その闘いに身を投じるのを過剰に恐れるあまり、同僚の多くが屈するのを見ていたのが私にとっての悲劇でした。なぜ彼／女らが恐れていたのか、身にしみて理解できます」。その闘いに身を投じるのを阻むのは恐怖かもしれない。けれども、何が闘いに身を投じるのを阻むのだとしても、誰かが阻止されていることの効果は、その闘いを戦い抜く人が少なくなるという点だ。彼女はこうつけ加える。「みんな働きすぎていて、自分の身を守り、あらゆる物事に対してキャンペーンをおこなうための時間がなかったから、本当に難しかったんです」。苦情を訴えないでいることのコストを、私たちは苦情から学習する。もちろんそのようなコストには、問題を放置することのコストも含まれる。ハラスメントのような問題は、去る、つまり「屈する」人たちを生み出すかもしれない。たとえ彼女の苦情が彼女をそこから去らせたとしても、そこに留まるために必要だった物事のために闘った結果、彼女は去ったのだ。

苦情のアクティビズムはスタンスやスタイル、つまり切り抜けることができるかどうかにかかわらず、またそのコストにかかわらず、反撃し、より多くの物事のために闘うやる気（willingness）というものを表しているのかもしれない。切り抜けられないというのは、どこにもたどり着かないということを意味しない。これはつまり、どこかにたどり着くというのが切り抜けることとつねに関係しているわけではないという意味だ。苦情のアクティビズムは、たとえ切り抜けられないときでも、苦情から得られるものについて考えるための方法でもあるのだ。苦情を訴えることは、記録を生み出すこと。覚えておいてほしい——再生産したくない物事をあなたは記録しなければならない。再生産したくない物事を記録するとき、いまだに再生産が続くとしてもその記録は存在する。そう、結局のところ記録はファイルに収められるのだ。けれども、記録こそあなたが保持するものでもある。どこへ行くにもそれを持っていけるのだから。苦情は仲間、つまり騒がしい仲間になる。以前の組織での嫌がらせに対する苦情を訴えたある講師はこう語ってくれた。

苦情の結果がよくなかったとしても、出来事の記録をつくるという苦情の力を私は信じています。私にとって記録が存在していて、どんな質問が投げかけられたとしても私には記録があるというのは喜ばしいことです。私は確かに不平を訴え、試してもみました。記録については――私にとっては重要なんです。プロセスは正義をもたらさないと疑っていたために正義を求めたからではなくて、組織の変革を願うなかで説明責任を保つために記録は重要だったんです。思うに、それこそが私が最終的に求めていたことでした。

記録は、それを組み立てる人物にとって重要なのかもしれない。努力が組織の変化につながらなかったとしても、記録は努力し挑戦したというリマインダになりうる。

苦情のアクティビストになることは、あるプロセスが正義などの結果をもたらすと信じながら、そのプロセスに参入することでは必ずしもない。苦情のアクティビズムは法や苦情の手順に対する楽観主義から発生するわけではないし、どちらかといえば、苦情のアクティビズムは苦情を訴えるという点から生じる組織の暴力に関する知識から生まれるものだ。苦情のアクティビストになる軌跡には希望があると私はすでに記した。この軌跡における希望は成功と結びついているわけではない。苦情のアクティビズムは組織のさまざまな失敗を経験することから生じるからだ。ある学生は「プロセスそのものが壊れているけれど、それでもプロセスに則って行動しなければならないんです。でなければ、さらに多くの物事が途中で脱落してしまうから。だから、それは苦痛に満ちた反復のサイクルのようです。自分が正しいことをしていると知りつつ、その時点では何も変化を生み出さないだろうとわかっていながら、それでも、そうすれば何かのために道を拓くことになるんじゃないかという希望がいつもあるから」と言った。たとえ「プロセスが壊れている」と、そして自分が（すでに経験したために認識できる）「苦痛に満ちた反復のサイクル」に入り込みかねないと知っていたとしても、苦情のアクティビズムは苦情の手順を進んで利用したいという意思を伴う。苦情がその時点で何の変化ももたらさないとしても、「何かのために道を拓く」かもしれないからあなたは希望を抱くのだ。道を拓くことが舗道をつくる、つまり可能性が地ならしをするかもしれないと私は考える。苦情における希望は、主体的で輝かしく、前向きで後押ししてくれるものではなく、すり切れた希望、つまり地面に近く、地面の下にあるかもしれない、ゆっくりで《スロウ》、低く《ロウ》、下にある《ビロウ》、すり切れた物事から生まれる希望かもしれないのだ。

消耗させるようなプロセスを経験することにも創造的なポテンシャルがあるかもしれない。もちろん、そのプロセスのせいで疲労困憊に陥ることもある。けれども、形式的な苦情や、遅々とした、冗長で長引かされた苦情でさえも創造的になりうる。フェミニストの芸術家たちが苦情を利用したことや、フェミニズム・アートが苦情となることについて考えてほしい。例えばゲリラ・ガールズは、個人や組織に「芸術、文化、政治、環境、あるいは自分が気にかけるあらゆる問題について」投稿するように呼びかける『苦情処理機関（Complaints Department）』という展示をおこなった。さらに、彼女たちは「対面で」苦情をシェアできるようなオフィスアワーを設けた。[★5] 日常的な管理の実践だと考えられているものを、あなたはアート・プロジェクトに変えられる。その旅は双方向的だ。苦情を訴える人びとやその「苦情処理機関」(言うまでもなく、しばしば正式な苦情を訴えることは多くの部署に入室することを意味するのだけれど)に参加する人びとは、自分の行動——つまらなく、長ったらしく、書類だらけに見えるかもしれない——をアートに変えることができるのだ。あるいは、変えることすら関係ないのかもしれない。日常のなかにアートがあり、アートは日常に付随しているのかもしれないのだから。

この本の冒頭で、何かを表現することはそれを押し出すことでもあると述べた。苦情のアクティビズムの大部分が、苦情を表現するための別の方法を探すことと関連している。あなたは空間を苦情で満たし、空間を苦情へと変えることもできるのだ。ある学生グループは不平のフェスティバルを開催し、そこで参加者は他者と苦情をシェアするように招かれた。[★6] 身体を苦情へと変えることもできる。二〇一二年に他の学生からレイプされた自身の経験を含むキャンパスにおける性暴力へと注意を向けさせるため、キャンパス中でマットレスを運んだエマ・スルコウィッツによる『マットレス・パフォーマンス(その重さを運ぶ)』について考える。[★7] 苦情は重さ、つまり自分とともにそれを抱えなければならない人もいるような重みとしても表されるのだ。

学生主導の苦情のアクティビズムが持つ創造性から私は多くを学んだ。一人のフェミニストでクィアな学生は、自分のアクティビズムについての証言の記述を共有してくれた。その人は、暴力の可視性を高める自身のワークを苦情のワークだと説明する。「私はジェンダーに基づく差別が存在するとポスターを通じて苦情を訴えました。詩の朗読会によって苦情を演じたんです」。苦情はポスターやパフォーマンス、リサイタルにもなる。苦情を取り扱う内部委員会において、その人は学生代表としての役割を担った。苦情を扱う委員会に参加するということは、誰の苦情が取り上げられ、誰の苦情が却下されるか知ることでもある。苦情を取り扱うシステムは「力を持った人びとが訴える苦情のためにつくられた組織的メカニズム」だとその人は説明した。そのようなメカニズムに支援されていない人びとを支援するためその人は動いたのだ。

苦情委員会はあなたが苦情のワークをおこなう場所にもなりうる。教室というのもまた別の場所だ。ある教授が、「太った女性」と「出産することのできない人びと」について問題のある発言をした。その教授に異議を唱えると教室から出ていくように言われたけれど、その人はそこに居座った。この学生には訴えるべき苦情があったけれども、苦情を訴える前にその教授がその人に関する苦情を訴えた。「私が苦情を訴える前に、彼が苦情を訴えたんです。その苦情は他の教授らのいる閉じたドアの向こうで表明されました」。私たちはドアに耳を傾けることを学んできた。ドアには私たちに言うべきことがあるのだ。教授のうちの一人は「この学科は私の家族だ」と言い、学生は謝罪させられた。そう、苦情を唱える人物は言うことを聞かない子ども、つまり組織や組織を具現化する人びとを愛することを拒絶したり、正しい方法で愛さなかったりする人物となりうる。その人の言葉によると、その学生は「管理《アドミン》にとっての厄介者」となったのだ。苦情――その否定性はなんて厄介なんだろう――を表に出すことは、苦情のマグネットになることだ。自ら進んで、わがままにも、あなたはそれが自分に返ってくることを知りながら苦情を訴える。他人とコミュニケーションをとりながら非公式に苦情を訴え続けてはいたけれども、最終学年になるころには、彼／女に「自分が苦情の的になり続けるエネルギーはもうなかった」。そして、彼／女は自分の苦情を学位論文のプロジェクトにしたのだ。

たくさんの紆余曲折、たくさんの苦情、たくさんのプロジェクト。苦情のアクティビズムは、組織に対してプレッシャーをかけるために公式の苦情の手順を使うことだけではない。もちろんそれも含まれているけれども。それは、苦情を表に出し、異なる場——壁、委員会、教室、学位論文——に苦情を散らばらせることでもあるのだ。あらゆる場所に苦情が現れるような、クィアなやり方で苦情が表現されることもある。苦情は漏れ出しやすい《リーキー》と同時に、こっそりおこなわれる《スニーキー》のかもしれない。

蓋を持ち上げる

苦情を訴えることは、書類や政策、手紙といった材料を組み立てることだ。苦情を訴える人びとによって書かれた手紙や、苦情を訴える人びとに宛てられた手紙を含む、多くの手紙がこの本のなかで参照されてきた。そういった材料が葬り去られ、ファイルとなり、キャビネットに収められるときでも、誰かが問題を指摘したという証拠をそれらは与えてくれる。最終的にどこにたどり着いたとしても、これらの材料は重要なのだ。苦情のアクティビズムは、書類キャビネットを飛びぬけて優れた政治的な物体に変えてくれる。書類キャビネットは苦情のためのもうひとつの場でもあるのだ。

書類キャビネットは組織のクローゼットだと考えることもできるかもしれない。苦情が暴き出すかもしれない物事のせいで、苦情がここに葬り去られることもあるのだ。クィアな歴史を喚起するため、私はクローゼットという言葉を使っている。クローゼットのなかにいるというのは、例えばゲイであることや、あのスティグマ、あの恥の根源といった何かを秘密にしておくことだ。けれども、クローゼットによって喚起されるその他の歴史もある。多くの骸骨がここには埋められているのだ。苦情を訴えることで大騒ぎになるかもしれない。第三章では、苦情を訴えることは現れ出る《カム・アウト》ことであり、暴力と向き合えるように暴力をさらけだすことでもあると考察した。書類キャビネットは物体でもあり機能でもある——何かが現れ出たときに、同じく出てくる物事のためにあなたはそれをファイルしなければならないのだ。ファイルされ、しまいこまれた物事を暴き出すには労力が必要なこともある。私はこのワークを苦情のアクティビズムと呼んでいる。

　書類キャビネット、つまり組織のクローゼットには多くの歴史がしまいこまれている。実際にインドで自分の目や耳を使うより、「イングランドにおける自分のクローゼット」から、イギリスの植民地だったインドについてより多くを発見することができると、ある功利主義者の哲学者が語ったことを思い出す。[★8] 彼がそこに入れている物事や、そこに閉じ込められているその他の歴史から「自分のクローゼット」の利便性について思いをめぐらすこともできるだろう。植民地下のアーカイヴや、保管された全ての書類について考えてみてほしい。植民地時代のアーカイヴにおける、もっとも雄弁な（revealing）——雄弁なという言葉で、私は植民地における暴力を暴き

8-1　政治的なオブジェクトである組織のクローゼット。

出す（revealing）ことを意味している――書類の一部は植民者によって破壊された★9。どの書類が保管されないのかということが、何かを物語っているのかもしれない。大学も植民地時代のアーカイヴだ。大学は、エドワード・サイード（1978）がオリエンタリズムとして巧みに描写したように、研究者にとって役立つと見なされている書類やその他の資料を保管しているだけではない。大学の多くが、帝国によって出資された帝国の戦利品《スポイルズ》なのだ。贈り物としての帝国や帝国という概念を増長させる《スポイル》物事は、秘密のままにされるか破壊される。

書類が破壊されたために語るのが難しい歴史があるとすれば、破壊の歴史を提示することもできる。破壊は命令にもなるのだ。第一章では、廃棄するように言われた書類を含む苦情のファイルをシェアしてくれた一人の女性について説明した。そこで記したように、私たちは命令を拒むこともできる。書類が破壊されるとき、書類とともに現れ出るための別のやり方、つまりそれらの書類が保存することができたかもしれない歴史について語るための別の方法を私たちは見つける。現在における苦情を止めようとする労力は、歴史に蓋をする試みなのかもしれない。ある大学院生はこう報告した。「私たちが訴えた苦情と比べると、ある意味で反応の規模は過激とも言えるものでした。今振り返って考えると、蓋を持ち上げたくなかったために押し隠してきた、何百もの苦情があったからだと思います」。苦情を訴えることは、蓋を持ち上げること。押し隠される（押し隠すというのは秘密にするということだけではなく、自制して制限することでもある）苦情が多ければ多いほど、より多くの物事が漏れ出す。そこから現れ出る物事は爆発的なものかもしれない。廃棄され埋葬された物事や人物さえも、生を獲得しうるのだ。生の獲得はつねに即時的ではないし、明らかでさえない。

苦情がファイルに行き着くとき、そこにたどり着くまでに苦情がどこに行ったのか私たちはいつでも知っているわけではない。講師による性暴力に対して苦情を訴えた件について連絡をくれたある学生（彼女の物語は第五章におけるドアの物語の二つ目だ）は、彼女の苦情に起きた出来事は謎《ミステリー》だと説明した。

私の書類がどこに行き、誰がそれを考慮してくれたのか、知る由もありません。まったく連絡してもらえなかったので、それはまだ謎なんです。そのあいだ、組織によるハラスメントやレイプ、暴力に関する多くの異なる物語を聞いていた私は「オーケー、あなたの場合はうまくいかなかったとすでに知っているんだし、やるべきことはやった」と自分を慰めていました。私の事例が聴き取られた直後、私が在籍していた学科がその科目の講師を変えたと、母校のリサーチ・アシスタント二名が教えてくれるまで、私は数年間そう考えつづけていました。私の苦情が教職員の多くに影響を与え、議論と居心地の悪さを引き起こしたと彼／女らは告げたんです。それから少しして、その人物にハラスメントを受けた人びとによって新しい正式な苦情が提出されだしたと、また別の研究者が教えてくれました。それがどれほど正しいのかは知りません。正直に言うと、それを確認するために官僚的なシステムを経由する気にはまったくなれなかったんです。でも、そう聞くだけで私に希望が生まれました。

あなたの書類がどこに行ったか知らなかったとしても、それらがどこかに行ったとあなたは聴き取る。あなたの苦情に対してドアが閉ざされるときや、ドアの後ろを示されるときも、その苦情はのちにトラブルを引き起こし、物事や議論を引っかき回し、状況を居心地悪く困難にさせるかもしれないのだ。

苦情は物事を引っかき回し、その他の苦情も引っかき回すかもしれない。苦情のアクティビストという言葉にインスピレーションを与えてくれた、障害を持つ学生に戻ってみよう。彼女は、大学の合理的配慮の不十分さに対する自身の苦情の行きどころがなかった。とりわけ困難な会議を彼女は経験した。あの壁が下ろされる場のように会議が感じられることもある。ある会議のあとで、突然ファイルが現れた。「学生自治会のファックスに、大量の書類が現れたんです。それらがどこからやって来たのか私たちにはわかりませんでした。それらは退学せざるをえなかった学生たちに関する歴史的な書類でした」。書類には、ガンになったために大学に学位をパートタイムで修了させてもらうことを望んだ以前の学生による、人権に関するチャリティーへの手書きの手紙も含まれていた。

このファイルはどのように現れたのだろう？　なぜ現れたのだろうか？　「大学のどこかからやって来たのでしょう。どこから現れたのかはわかりません。もっともありえそうな理屈としては、何らかの個人的な理由で事務の誰かがその件について心配していたからだと思います。例えば自分や子どもが障害を持っていて、自分ができる直接行動《ダイレクト・アクション》をおこなおうと決意したというように」。ファイルの流出は直接行動になりうる。事務の誰かがそこにファイルを提出したとして、その人物はファイルにまつわる歴史を学生に知ってもらいたかったけれども、そのファイルを学生に渡す権限はなかったということだ。彼女が事務職員から受け取った支援は、しばしば攪乱的な行為を必要とした。「障害支援サービスにおける多くの人はダイバーシティ・ワーカーでした。その多くが障害を持っていて、個人的にはとても協力的でしたが、公には協力的であることを許されていなかったんです。彼／女らは「この件についてアドバイスはあげられないけど、この弁護士を雇った人は知ってる」とか、「この件についてアドバイスはあげられないけど、教育に関する法定規則はチェックしてみた？」とか言ってくれたものでした」。アドバイスを与えることは許されていないと告げることで、事務職員は彼女にアドバイスをくれたのだった。新たなポリシーに賛同したりコミットしたりして、公には協力的に見える人びとが、閉ざされたドアの背後で支援を撤回することについては第五章で説明した。その逆もまた然りだ。組織の取り決めと歩調を合わせる必要があるため、公には協力的でない人のなかにも、閉ざされたドアの背後で秘密裏に支援してくれる人たちもいる。

　秘密という語から派生した秘書という言葉、つまり秘密を守る人物としての秘書について考える。秘書がサボタージュをおこなう人物となるのは驚くべきことではない。秘書とは事務作業や組織の家事をおこない、物事や物事の所在、そして物事を表に出すにはどうすればいいかよく知っている人物なのだから。苦情のアクティビズムは、物事が表に出るために生じるべきさまざまな行動や、何が必要なのか考えるための方法でもあるのだ。苦情はそれを訴えた人びとだけでなく、苦情を取り扱う人びとにとっても政治化した問題となりうる。苦情をしまい込む人びとでさえ、予期しなかった形で影響を受けることもある。

　その手紙を流出させた手は手紙を書いた手に触れた。その手紙を手書きした学生について考える。何が彼女に起こったのか、私たちには知る由もないし今後も知りえないだろう。それでも、彼女がその手紙を書いたという事実が重要だった。私たちはその手紙を重要なものとすることができるし、苦情は過去から延ばされた手になるのかもしれない。私が話した学生が苦情を訴えなかったとしたら、そのファイルも手紙も、埃にまみれてひっそりとしまい込まれたままだっただろう。それでも誰かがそのファイルを引っ張り出し、彼女がそれを見つけ出せる場所に資料を置かなければならなかった。おそらくそれはあの困難な会議に同席していた秘書だったかもしれない。何かを引っ張り出し、何かをやってのけるには多くの人びとが出会わなければならないのだ。

対面で会うわけではなくても、行動のなかで出会うこともある。だから、あるコレクティブは対面で会うことなしに生み出された。長い時間にわたって、間に合うように、苦情が訴えられたかどうか、ファイルされたかどうかにかかわらず、苦情は待ち合わせの場となるのかもしれない。ある大学院生は、彼女の指導教員たちによる嫌がらせとハラスメントに関する苦情を訴えた。彼女は郵便受けに手紙を受け取る。「私が［指導教官たち］と難しい関係性にあったと聞いたと、そして彼/女らによって嫌がらせされた結果、学科を去ることになった女性たちの歴史があると告げる、秘密の手紙が私の郵便受けに入っていました。二つの個人メールアドレスが書いてあったので、私は両方に連絡してみたんです」。彼女が苦情を訴えていなかったら、それ以前に苦情を訴えた他者について知ることはなかっただろう。誰かが経験した物事のせいで、その人物について知ることができないというケースもある。彼/女らが彼女について気づいたのは、彼女の苦情のおかげだとわかった。秘密の手紙は、私たちが現在経験している物事を過去に経験した人びとと連絡を取れるようになるための方法なのかもしれない。

嫌がらせとジェンダーに基づくハラスメントについて苦情を訴えたもう一人の学生についても考える。彼女の前に苦情を訴えた女性について、彼女は私にこう語ってくれた。「以前にも苦情を提出した女性がいたんですが、彼女はのけ者でした……誰も彼女に近寄らなかったんです」。苦情を訴える人物がのけ者にされ、当人の不幸の源泉とされるという物語を、私たちはたくさん耳にしてきた。苦情を訴えるということは、苦情を訴える人物に関する物語、つまり当人の視点からはほとんど語られることのない物語に対する懐疑を向けられるということなのかもしれない。彼女はこう言った。「みんなが私にその物語を語ってくれました。そのとき、私はそのまま進んでやろうと思っていたので、〔その物語を〕理解するのは難しかったんです。今や私は同じ地点にいます。つまり私が前に進んでいたとしたら、彼女と同じような事態を経験していたと認識しています」。「今や同じ地点にいる」――以前に苦情を訴え、「苦情を提出し」、「誰も近寄らなかった」女性について語られた物語、つまり彼女がそれに従ってやろうと思っていた物語を彼女は見通せるようになったのだ。苦情を経由するということは、のけ者となった女性と同じ物事を経験することだと認識したため、彼女はその物語を見通せるようになった。物語が距離（「誰も彼女に近寄らなかった」）として引き継がれるのならば、苦情はあなたに近接性、つまりのけ者となった人びととの望まない近接性を与えるのだ。

過去に戻り、入念に調べ、前に進むための、世代を超えた近接性を苦情が与えてくれることもある。それが「私たちの一部をほとんど引き裂いてしまうシステム」だと彼女は気づいている。このほとんどには希望がある――私たちが一緒に団結することもあるのだから。団結することはリスキーでもある。「彼女と関連づけられるということは、深みにはまることでした」と彼女は認める。時々、私たちはそのリスクをとる。システムによって引き裂かれたくはないから。私たちは跳んで、「深みにはまる」。これこそ、苦情のコレクティブの形成がなしうることだ。のけ者になった人びとは団結し、見知らぬ世界へ飛び込むこともできるのだ。

跳躍《リープ》は流出《リーク》にもなる。この本の前半で、しばしばフェミニズムが感染、つまり苦情を広げる原因として扱われると記した。閉ざされたドアの背後で苦情が生じるとき、ドアは苦情が広がるのを防ぐために用いられる。だから苦情を表に出すというワークには、閉じ込められていた物事が広がるのを可能にする方法を見つけることが必要なのだ。有機的なプロセスとして表されている物事は、しばしば政治的な作業に依存している。第七章で言及した行動のひとつを考えてみよう。多くが言われないままとなった、セクシュアル・ハラスメントに関する公開イベントのあと、コレクティブの一人のメンバーは図書館に行き、調査対象となっていた研究者の一人によって書かれた本に彼/女らの苦情を書き込んだ。のちに、また別の学生が図書館でそれらの本を見つけ、書き込みの写真を撮ってブログ上に共有した。（ハラスメントをおこなった）教授の何人かが名指しされるためにはそういった行動が必要だったのだ。時間的にも空間的にも距離がある学生間のコミュニケーションは、グラフィティとして本のなかに表現された苦情を通じて生じた。公的な苦情が埋葬へとつながるとき、あのグラフィティは解読可能となった。その他のコミュニケーションの導線が手渡され、引き継がれることが苦情には必要なのだ。

声を上げることやある人物の実名を苦情に記載することがよりリスキーであるほど、私たちはさらに独創的になる必要がある。公式の道筋に従うことによって妨害されるとき、私たちは自分たちの道筋やコミュニケーションの方法を生み出し、ある道筋に沿って情報を伝達するためのネットワークや非公式で古臭いやり方をささやき合う。★10 適切な苦情の手続きを経たあと、自分たちに嫌がらせをした教授が罰せられないで済んだのを目の当たりにした別の学生の集団についても考える。彼／女らは自分が知っていることを書きとめ、その手紙をリーフレットにして他の学生と共有した。決められたプロセスに則っていなかったため、その学科の教職員は学生による行動を「自警行為」であり有害だとした。★11 けれども、決められたプロセスそのものの欠陥のために、この直接行動は必要だったのだ。自分たちが経験してきた物事を理由に正式に苦情を訴え、レシートや手紙といった資料を持っていたのだから、彼／女らは問題を自分たちの手に取り戻すことができたのだ。正式なプロセスの欠陥のせいでしばしば直接行動が必要なのだとすれば、直接行動はそのプロセスによって可能になるとも言える。これが、正式な苦情が直接行動とは別々の領域にある存在だと私が理解できない理由だ。

苦情が封じ込められたために苦情を表に出す方法を探し出さなければならないとすれば、その容れ物もまた物語の一部だ。私たちも容れ物になることがある。けれども、どれほどうまく苦情を閉じ込めたとしても、もはやそれを封じ込められないような地点にたどり着くかもしれない。会議の途中で、あの「あああああ」のように苦情があふれ出し表に出てくるかもしれない。または、情報を表に出すために私たちが外に出るかもしれない。辞表も物語の一部だ。それはファイル棚や私たちの身体、あるいは両方の容れ物から苦情を流出させることなのだから。辞職理由を公にしたとき、私は——それほど多くはなかったけれど、それでも十分な——あれらの調査がおこなわれたという情報を共有した。私自身が、ぽたぽたと漏れる流出物となったのだ。第四章では、情報を滅茶苦茶なものとして扱うことで、損害を制限する形で組織が応答すると記した。あなたが多くを共有すればするほど、組織はモップをかけるのだ。モップと出会うという経験は、苛立たしいという以上に腹立たしいものだったけれども、それ以上というのが問題ではないというのはわかっている。辞表を投稿したことは、より一層重要な何かをもたらした。それは苦情を訴えている人びとが私を見つける手助けをしたのだから。組織と面と向かって立ち向かい、結局はそれが辞職につながったような、組織の内部で苦情を訴えた人びとである私たちは、大した軍隊なのだ。[★12]

　モップは、何かがそこにあるという手がかりとしてのドアのようにもなりうる。ここには希望がある——何かをモップでふき取るということは、ふき取られるべき何かがあるということを暴き出すのだ。ここにも希望がある——全てをモップでふき取ることはできないから。跳躍《リープ》は流出《リーク》にもなるし、主導権《リード》にもなる。流出物となることで、私は見つけやすくなった。人びとは苦情とともに私のところに来た。苦情を通じて私たちがお互いを見つけ出すというのは、大した発見だ。それは研究による発見というより、研究へと私を導いた発見だった。それが私にできるやり方だったのだ。この本のイントロダクションで書いたように、少なくとも私が公に共有した辞表は、私が話をした人びとが私を見つけてくれた方法だった。辞表の投稿は、私が苦情のコレクティブの一員となるということだった。私たちはあなたの前に集合している。

　辞職するというのは、手紙を表に出すことでもある。どこにも行かないように見える苦情が私たちをお互いに導いてくれるのかもしれない。苦情がどこにもたどり着かなかったあと、アカデミアを去った一人の講師（彼女は苦情を何かをつつき取ろうとしている小鳥になぞらえた）は、彼女の辞表をパフォーマンスに変えた。「私は二ページの辞表を書きました。紙の上に残されるように、自分が感じたこと全てを書き留めることは私にとって本当に重要だったんです。そして学部長との面談を要求しました。それがイベントであるかのように、ある意味パフォーマティブな感じで私は辞表を読み上げました」。自分の手紙が重要な意味を持つようなやり方を私たちは見つける。その部屋で自分の苦情を表現した、彼女の行動について考える。医者は、その講師が伝えたことを書き変えた書面にサインさせようとした。そこで、医者が自分の苦情を表現するのを拒んだという彼女の経験について考えてみる（第四章）。彼女の苦情を演じ、表現することは、その表現を否定されるという歴史に抵抗することだったのだ。

多くのことができたとしても、あなたはさらに多くのことをやりたくなる。より多くの場所や、あらゆるところで自分自身を表現するため、彼女はより多くを表現したかったのだ。彼女はあの辞表を壁に張り出したかった。「私は辞表を壁に張り出すような人物ではないけれど、ふとこう思ったんです。内面では自分はそのような人間なのに、何が私に自分はそういう人物ではないと感じさせているのだろうかと。それを表にうまく出すことはできなかったけれど」。おそらく、これが苦情というものなのだろう——それを表に出すのをお互い助け合うということ。あなたがそこに置き、紙の上に記した、そこにある全てを他人は拾い上げることができる。そのやり方をいつも知っているわけではないけれど。

たぶんこれが、彼/女らが開けてくれるかもしれないドアのおかげで手紙が重要であり続ける理由なのだ。私が非公式に連絡を取ったまた別の講師は、彼女の辞表を書くにあたってわかったことをこう説明する。「誰宛でもない（「〜へ」や「〜さんへ」がないということ）、苦情に関する最後の辞表を書き、

（「あなた」を使うのではなく）全員を名指すことはとても強力だとわかりました。その辞表がどこにでも行きうるという事実は、管理職に危機感を抱かせたんだと思います。さらに、その最後の手紙がどれだけカタルシスに満ちたものであったか！　疑念を持ったときはいつでも、私はそれを読み返して、何が起きて自分が辞職したのか自分に言い聞かせることができます」。辞表を書くことは、辞職する理由をシェアすることでもある。何が起こったのか自分自身にリマインドするために記述した物事を、私たちは読み返す。私たち自身がリマインダとなるのだ。彼女の辞表には情報が含まれていた。つまり、特定の名前を挙げたということだ。その辞表は誰を隠蔽するためのあなたを使わなかったし、誰かを名指すことで受け取り手を狭めることもなかった。誰かに向けられたものではないということで、その辞表は誰にでも受け取られたのだ。私たちが置き去りにする物事は警戒心を引き起こすかもしれない。その辞表は、「どこにでも着地しえた」のだ。

　実際の出来事の記録をつくるとき、何が起こりうるか私たちは知らない。その記録に将来起こるかもしれないことはわからないのだ。記録は「どこにでも着地しうる」。これは希望であり、約束であり、たぶん脅威でもある。私たちの苦情が結局はファイル棚に行き着くとしても、私たちは苦情を自分とともに引き連れるとすでに示した。ファイルされる前にどこに苦情が行くのか、私たちがいつも知っているわけではないとも。けれども、たとえ苦情が結局はファイル棚に収められるのだとしても、苦情が出てくることもありうる。私たちは苦情を持ち出せるのだ。ファイル棚は一時的なシェルターだ。書かれる手紙の数が多ければ多いほど、より多くの手紙が流出する。これが、苦情がクィアな方法になるということだ。第一章では、苦情がどのように感じられるかを示す図表を共有した（図表8

-2）。

多くの手紙、多くの文章や道筋——とんだ混沌状態で、もつれ合いだ。この混沌状態を、組織のクィアな地図として考えたらどうだろう？　クィアな場所、つまり見え隠れしては一時的なシェルター（ゲイバーが私たちの巣になることもある）を提供してくれる場所や、私たちが箱に収められた手紙によって決して立ち退かされたりなどはしない場所がどこで見つかるか教えてくれるので、クィアな地図は役に立つ。クィアな地図が役立つのだとすれば、それは使用によっても生み出される。ああいった道筋がドアを開けてくれたり全身を楽にさせたりしてくれるだろうと、教えられた公式の道筋をたどらず、それ以外の道を示すことで、私たちがこれまでにいた地点や、私たちが見つけた物事や人びとについて教えてくれる。それがどれほど些細なものだとしても、苦情が道筋を残すことがある。その他のクィアな地図についても考えてみる。例えば、ポール・ハーフリートは彼が経験した同性愛嫌悪的な暴力を、暴力行為が起きた場所にパンジーを植えることでアート・プロジェクトへと変えた。★13 たぶん、苦情は私たちが植える物事であり、暴力の場を印づけるある種の新しい芽生えなのだ。暴力の場は、その暴力に抗議し「ノー」と言うための場だ。苦情が訴えられるということは、

8-2　クィアな地図

何かがそこで起こったと知るということだ。物語や道筋としてのノー。

道筋としてのノー、物語としてのノー——あなたがノーと表明したから、またはノーが出てくる必要があったところで、あなたがそれを表に出したからといって、あなたが誰に見つけてもらえるのかは知る由がない。道筋を残すことは時に恣意的な行動だ。そうではないときもあるけれど。第四章では、教室における白人至上主義について非公式な苦情を訴えた先住民族の学生による証言を共有した。彼女が苦情を言ったまさにその教室で、白人教授が彼女の苦情を読み上げた。彼女の苦情は教室で終わってしまったようだ。教室がまた別の容れ物であるようなファイル棚になってしまうこともある。どれほど彼女の苦情が封じ込まれたとしても、苦情は彼女にくっついたままだった。彼女の言葉を使えば、彼女は「怪物《モンスター》」、つまり「先住民族でフェミニストの怪物」となり、今ではキャンパス外で博士課程を修了しようとしている。「予期しなかった小さな贈り物」は、他の学生が彼女のもとにやって来られたことだと彼女は語る。「彼/女らは、私がそこにいて連絡を取ることができると知っていました」。彼女は二度、「予期しなかった小さな贈り物」という表現を用いた。あなたに連絡を取ることができるという理由で、苦情はあなたに何かを贈り返してくれる。私たちの苦情が辞職につながるときでさえ、苦情を訴えることで私たちは自分自身の一部を残すのだ。過去を振り返ることによる苦情は、それ以降にやって来て、あなたが試みた物事のおかげで何かを受け取ることができる人びとの方向を指示している。たとえ、あなたがやり切ることができず、自分がしたのが表面を削り取る《スクラッチ》ことだけに思えたとしても。

そう、私たちはあれらの引っかき跡《スクラッチ》に戻ってきた。

ああいった跡は、初めは私たちが達成しうる物事の限界を示しているように見えた（第一章）けれども、私たちがあとに残すものともなる。壁への落書きとしての、それらの文字を壁に残すための方法としての苦情。引っかき跡や落書き——あの文字のごちゃまぜや、あの「ああああ」という音を思い出そう——は、証言にもなりうるのだ。ごちゃまぜのなかにも、発言としてこぼれたノーを聞くことができる。ノーと言うことで、私たちは歴史を生かしておくのだ。このような文字は物語を語ることができる。ノー、私たちは手放さなかったし、諦めることもしなかったという物語を。しがみつくことは、時に苦情を手渡すことでもあるのだ。

8-3　壁への落書きとしての苦情〔writing on the wall には「不吉な前兆」という慣用句的な意味もある〕

生存と亡霊

苦情が歴史を生かしておく方法だとしたら、苦情は歴史から生き延びるための方法でもある。私はオードリ・ロード（1978, p. 31）の言葉について考える。「私たちのなかには、決して生き延びるはずではない人々もいる」。私たちの一部にとって、生存が政治的な大望となる人たちもいるのだ。そのためには独創的になることも必要かもしれない。あれらの壁がどれほど私たちを苛立たせようとも、壁を削りとることを要求するかもしれない。また、「私たちのなかで、社会が定義する「容認できる女性」のサークルの外側に立っている人々」は、生存が「アカデミックなスキルではない」と知っているとオードリ・ロード（1984, p. 112）は示唆している。そのサークルの外側にいるけれどもアカデミアの内部にいる私たちの一部は、アカデミアで生き延びることも「アカデミックなスキルではない」と知っているのかもしれない。

組織から生き延びたければ、組織の変革が必要不可欠なこともある。それでも、私たちは自分が変革しようとしている組織から生き延びなければならないのだ。第六章では、先住民族の女性研究者による証言の一部をシェアした。彼女のテニュアだけでなく他の先住民族の研究者のテニュアを妨害しようとする、ある上級管理職が主導したまとまった動きを含む、白人職員による嫌がらせとハラスメントのキャンペーンが続いたあと、キャンパスに行くことさえ難しくなったと彼女は教えてくれた。ハラスメントを受けたり嫌がらせされたりするときや、ドアが閉じられる、いや、ドアがバタンと閉められ、どこへ行くにも困難になるとき、あなたが投げつけられ、立ち向かっているのは歴史だ。もちろん彼女は正式な苦情を訴えようとしたけれど、結局は白紙になった（第二章）。白紙化は、特定の苦情が結局は消え、人びとさえもが消し去られるというあの暴力的な歴史と私たちが立ち向かうということかもしれない。たぶん、あの歴史を拒絶するために、時にあなたは苦情を訴えるのを拒むかもしれないし、苦情を訴える人という人物像から抜け出すために組織を素通りしようとするかもしれない（第四章）。「自分の仕事を保持して安定した収入を得るために――ああいった組織の職を得られるなんて、とても幸運で恵まれたことです――口を閉じ、あれらの〔暴力的な〕出会いを避けて自分の身を守り、黙っておく方法を学んだ方がいいと、私がとても早いうちに学んでいたというのはありえます」と彼女は示唆した。組織から生き延びるには、「あれらの出会い」に対して沈黙するか口をつぐんでおくことで「あれらの出会い」を避けることが必要だと多くの人びとが理解している。沈黙しないことで、再び自分がターゲットになるように感じるかもしれない。沈黙を拒むことを拒否する人たちがいるのも不思議ではない。あなたの家族や仲間がターゲットにされていたとすれば、あなたは生き延びるために自分ができることをして、身を低くし、静かにしているだろうから。

生き延びるために自分ができることをする——特定の歴史から生き延びるには、いつもの場所で苦情を表明しないことや、書類に記入しないこと、ある状況について自分が考えたり感じたりしていることを公にシェアしないことが必要かもしれない。ノーと言い、ノーをおこなうための異なる方法もある。苦情が抗議や大きな叫びの原因を意味することもあると思い出してほしい。生存はノーの言い方や、あなたの存在の消失を想定したり要求したりする世界に抗議するための方法にもなる。生存は苦情なのかもしれない。「苦情を唱えない」ことのように見える行動の一部も間接的な苦情、つまり上手に、または完全に表現されていない苦情や、水面下の苦情、静かな苦情、アンダーグラウンドな苦情、クィアな苦情になることがあるのだ。

苦情は、あなたが前に進むためにおこなわなければならないものかもしれない。それでもまだ、自分が何を引き受けられるのか理解する必要がある。彼女は苦情を引き受けることで前に進んだ。

私は自分のポスターやアクティビズム、パンフレットといったあらゆるものをドアから引きはがしました。〔大学の〕建物の周りの全てを汚したんです。自分が戦争に向かっているのは知っていました。私たちの伝統における戦争の儀式をおこなったのですから。私はカーテンを引きはがし、仮面を着けました。私の民族には仮面があるんです——そして、一年間ドアを決して開けませんでした。ドアが裂け目になるようにまかせて、自分の学生だけをなかに入れました。一年間、自分からオフィスに招いた人物以外は、ただ一人さえもオフィスに入れることを許さなかったんです。

ドアを閉めることは生存戦略になりうる。自分自身や自分のコミットメント、組織から身を引くことで、彼女は組織へのドアを閉ざしたのだ。彼女は今でも自分の仕事をしているし、学生の指導をしている。物事や人物を自分ができるかぎり締め出すために、彼女はドアを使ったのだ。彼女は自分自身をドアから引きはがして、ドアを脱個人化した。そしてブラインドを下ろすと、彼女の闘いをそれ以前に生じた闘いと結びつける、自分の民族の仮面を身に着けた。なぜなら、彼女にとって正直なところ、これは戦争だったからだ。

苦情に対してドアが閉ざされるとき、閉じたドアが苦情になることもある。閉じたドアは、私たちが組織に対して働きかけるやり方になりうるのだ。ドアの後ろで私たちが何を企んでいるか、誰が知ることができるだろう。あるいは、閉じたドアは組織に対してノーと言うための方法、つまり私たちの労働だけでなく私たち自身をも組織から撤退させる方法なのかもしれない。何かから撤退するというのも、何かに対して働きかける方法となりうるのだ。アクセスへの要求や、その要求が誰にのしかかるか、そして他人のために自分を利用可能としなければならない人々のことを考えれば、撤退は政治的行動になる。アンジェラ・メイ・クペンダ（2007）は、黒人女性として、自分のドアを開けたままにしておくことが想定されていると振り返った。白人の管理職は、彼女が自分のことについてあまり明かさないと苛立ちを交えてメールした。彼は「ここで成功したいなら、私たちをもっと信用しなくてはなりません。あのドアの後ろにお化けがいるわけではないのですから！」と言ったのだ（p. 20）。[★14] 開かれたドアは警告として用いられるゆえに、脅威にもなる——彼／女らをもっと信用している証拠としてドアを開かなければ成功しないだろうと彼女は言われているのだ。彼女は指示されるのを拒否した。彼女は真実を語っている。彼女はドアを開けないし、ドアの後ろには亡霊がいたのだ。「本当のことを言うと、亡霊はずっと私にとり憑いていたんです。奴隷制の小鬼のような、白人が前提としている優位性みたいなジム・クロウの亡霊が。それで、性差別や人種差別、家父長制の悪鬼は私を決して一人にしてくれません」（Kupenda 2007, p. 20）。歴史にとり憑かれるには、歴史を締め出すためにドアを用いることが必要なときもある。

そこから身動きしない物事のせいであなたはドアを閉めるかもしれないし、そのせいでドアを開けるかもしれない。先住民族の研究者による苦情の証言に立ち戻らせてほしい。彼女の証言の最初に、まだ十分には開け放ってはいないまた別のドアを彼女は喚起した。「大学に行くための能力をはるかに超えて、現時点であまりにもトラウマ化されている経験の系譜、つまり私の身体における意識の系譜があります。遺産や系譜といったものがあるけれども、ここ七年ものあいだ自分の経験に集中していたので、そのドアを広く開け放つことはなかったんです」。トラウマを受けるというのは、身体のなかに歴史を抱えるということだ。あなたはたやすく粉々に打ち砕かれるかもしれない。あなたが受け入れられる物事は限られているので、あなたが引き受けられる物事にも限りがある。第三章では、おそらく自分が集中してうまく機能するため、暴力に対処することや、私たちが失うのを恐れている物事にしがみつくことが難しいという理由で、時に私たちが暴力を閉め出すことを「意識のドア」という表現を使って説明した。私たちが閉じたドアを継承することもある。言い換えれば、アクセス不可能とされることで、トラウマや、共有しさらけ出すにはあまりにも困難で苦痛に満ちた出来事全てが引き継がれかねない。脱植民地主義的フェミニズムのワークやブラック・フェミニズムのワーク、有色人種のフェミニストたちのワークは、しばしばドアを開くことでもある。それは、過去に起きた出来事や、家父長的であるだけでなく植民地下の歴史、あの歴史が凝固した結果としてのハラスメント、つまり誰が何をできて何者になれるか、そして誰に対する権利を所有していると見なされているかに関する歴史へとつながるドアだ。過去に起きた出来事へのドアを開けることは、身動きしない物事を説明すること。苦情が私たちを連れ戻してくれるとき、苦情は私たちをまだ（still）遠くへ連れて行ってくれる。クリスティーナ・シャープ（2016, pp. 18–20）は、*still*という語に注意を払っている。身動きしない物事から対話をつくり出した、ディオン・ブランドとノービース・フィリップといった黒人の詩人とともに、彼女は*still*について考えたのだ。奴隷制の「轍を踏んで」生きることは、身動きしない物事と生きることだとシャープは示した。

　過去に起こった出来事へのドアを開けるとき、私たちはさらに多くのドアを開ける。となると、ドアは身動きしない物事を思い出すための方法なのかもしれない。ディオン・ブランド（2001）は、大西洋の奴隷貿易に関する博物館の「奴隷小屋における帰れざる扉（Door of No Return）」の地図を提示した。帰れざる扉は記憶のドア、つまり何百万人ものアフリカ人にとっての終着点を記憶しているドアだ。ブランドにとって、このドアは「リアルかつ暗喩的」だった（p. 18）。「私は「帰れざる扉」を訪れたことはないが、歴史のランダムな破片や、私自身を含む、それを経験した人びとの子孫による口伝の回顧録に頼ることで、私はその地域の地図を組み立てている。人びとの顔や知りえない物事、戻ろうという意図されなかった行動や、戸口《ドアウェイ》が与える印象に注意しながら」（p. 19）。帰ることができなかった人びとの子孫は、あのドアに戻ってくる。帰れざる扉は「何百万もの出立が増幅したかのようなドアだ。私たちの多くが存在を決して望まなかったドア。それはドアという言葉を不可能で危険、かつ狡猾で不快なものとする」（p. 19）。ドアが歴史に満たされていることもある。ドアという言葉を聴き取るとき、あなたが聴き取れるのは歴史だ。ブランドは意識や亡霊的なものとして「帰れざる扉」に近づいた。「南北アメリカにおけるどんな近代都市や町においても、黒人の経験は亡霊的だ。部屋に入ると歴史が着いて来るし、歴史が先導してもいる」（p. 25）。

戸口は、現在にとり憑く歴史を説明するためにあなたが訪れる場所となる。戸口は印象を残したり生み出したりする（「戸口の印象」）。ジョーン・アニム＝アド（1998）は、どのように黒人女性が異なるやり方で歴史博物館を訪ねるのか問いを立てるにあたって、そこに収められた全てを異なるやり方で見、心を通わせながら、ここに現れない人物や、ここに黒人女性が現れないということに気づき、「また別の戸口」を喚起した。★15 アニム＝アドの手によって「また別の戸口」は詩になった。彼女の「また別の戸口」には「ここでは私たち女性も歓迎」という「欠けた標識《サイン》」、つまり女性たちもそこにいて、忙しく働き、穀物を粉にし、漬物を仕込み、料理をしていた女性たちがいたというサインがあったのだ。彼女の「また別の戸口」には、旅人のために食事という贈り物を用意し、旅人の遺体を埋葬した女性たちがそこにいたという「オルタナティブな標識」もあった。「また別の戸口」という彼女の詩は「身体はどこ？」と問いかけ、そこにいない身体や奪われ、盗まれた身体に「ついて行く」ことを約束している（p. 95)。

行方不明の多くの人びとについて行くことは、多くの戸口を見つけることだ。彼女の詩「生存への連禱」において、オードリ・ロードもまた戸口を喚起している。

海岸線沿いに住むわたしたちにとって
いつも決断の崖っぷちに立つことは
重大で孤独
選び放題のつかの間の夢に
ひたることのできないわたしたち
夜明けと夜明けのあいだに
出入口を行き来しながら愛し合うわたしたち（1978, p. 31)

ロードは「私たち」、つまり戸口や影のなかで社会的経験の片隅で生き、愛し、影が落ちるように倒れ、完全に姿を現すことが危険であるような落伍者に言及している。完全に姿を現さないというのが、生存の手段である人もいるのかもしれない。生き残るというのもまた別の景色で、行き来するための方法だ。黒人の少女たちのひねくれた愛や生の親密な歴史を記述するにあたって、サイディヤ・ハートマン（2019, p. 18, 22）もロードを参照している。彼女は黒人の少女たちが「出入口で愛し合い」、「出入口から一緒に出て行く」と記した。

戸口が展望台や、待ち合わせの場となることもある。出入口で生き、愛し合うこと——小走りに通り抜けるのではなく立ち止まり、境界線上で、影のなかに、崖っぷちで居座る人もいるのだ。戸口はドアの周りの空間や、ドアがあるかもしれない空っぽの場所なのかもしれない。ロードがドアを叩き、何かが起きていると私たちに告げているのを私は聴き取る。アドリエンヌ・リッチとの対談のなかで、ロード（1981）はウォルター・デ・ラ・メアの詩「聴き入る人々（The Listeners）」に魅了されたことを語っている。ハーレムの図書館で、古書や中古本、「最悪の状態の」本を見つけたことについての物語を彼女は語ってきた。そのような本を彼女が見つけたという事実が、私は大好きだった！　それだけではなくて、そこで「聴き入る人びと」のような詩、つまり明らかに空き家のドアに馬で乗りつける旅人についての詩を彼女は見つけたのだ。ロードはその詩についてこう語っている。

彼はドアを叩いたけれど、誰も応答しません。「「誰かそこにいるのか？」と彼は言った」。その詩は私に刻みつけられました。最終的に、彼はドアを叩き壊して誰も応じてくれなかったけれど、本当はそこに誰かいると感じます。そして乗ってきた馬の向きを変えると、「「俺が来たが、誰も応じなかったと伝えてくれ。俺は約束を守ったと」と言います。私はいつも、この詩を自分に復唱するんです。私のお気に入りの詩のひとつですから。それが何についての詩なのか聞かれても、答えることはできないでしょう。でも、これが私の執筆の最初の理由で、ぴったりくる他の詩を見つけられないとき、他に言うべき方法がない物事を語るために必要だったんです。」(p. 715)

ロードに、そして彼女が向かう場所について行くのは重要だ。私たちが何かに魅了されるとき、その理由がいつもわかるわけではない。あなたの注意を引いて何かを書かせ、自分を表現させる物事は、その所在についての明瞭さや輪郭を持っていないかもしれない。ロードはその詩を復唱し続けた。それが彼女に「焼きついた(imprinted)」ことについて考える。印象《インプリント》とは、詩や人物の押印《プリント》のことだ。あの詩にもドアがあり、それもまた押印を残す。ドアをノックすることが印象の音なのかもしれない。応答、つまり誰かが応えるかどうかではなく、ノックこそが重要だ。ノックとは行動なのだ。対面で会うことがなくても、行動のなかでお互いに出会うことができると覚えておいてほしい。約束を守ることは、現れ続け、新しい表現、つまりそれ以外では言うことができない方法を見つけることなのだ。

別の言い方というのは、別の聴き取り方だ。あなたは意識のドアを叩いているのかもしれない。ドアが遺産、つまり何かを聴き取り、閉め出された物事を聴き取る労力や、アクセス不可能となることで引き継がれる暴力になりうると覚えておいてほしい。あるいは、その家が亡霊にとり憑かれていると知っているから、あなたは主人の家のドアを叩いているのかもしれない。ノックするのは難しい。なぜなら、それは意識のドアや暴力が閉め出されているという事実が、暴力を招き入れるために組織によって閉じられるドアと同じだと学ぶ方法かもしれないからだ。だから、苦情のデータや、私たちのデータと真実は錠前と鍵に行き着いてしまう。あのドアを叩き、あの音を立てること――「コンコン、そこに誰がいる？」ではなく「コンコン、ここに私がいる」——は、あなたがその家にとり憑かれているということだ。それはあなたの所有物ではなく、あなたはそれにとり憑かれているということ。

あなたはそれにとり憑かれている。誰かがそこにいるとあなたは感じる。誰かがいる。苦情を唱えることは、印象を残して混乱を引き起こし、そこにいる誰か——暴力のせいで向き合われたことのない、そこに居座る亡霊——を妨害することを願いながら、あのドアを叩き続けることなのだ。エイヴリー・ゴードン（[1997] 2008, p. xvi）は、亡霊を「抑圧された、あるいは未解決の暴力が、時に非常に直接に、時にはより抽象的に自らを知らしめる活気に富んだ状態」と説明した。ルイサ・バレンスエラとトニ・モリスンの作品を参照しながら、ゴードンは亡霊が「家が不気味なものとなり、世界に対するあなたの認識が方向性を失い、終わって始末がついたはずの物事がよみがえり、あなたの死角にあった物事が見えてくるような、単発の、しかし反復的な出来事」を表すために用いられうると示唆する。苦情の墓場とは、終わって始末がつき、地面の下に埋葬されたように見える苦情がよみがえり、戻って来るということだ。苦情を訴える人びとはブラインドを上げる——一度は埋められた物事が現れる。私たちは、組織の視界から外されてきた物事を目にするのだ。

過ぎ去ってはいない物事や人々のせいで亡霊は存在する。苦情を受け取ることは、自分自身の苦情の歴史を持つということ。たぶん、パキスタンやイングランド、オーストラリアといった帝国の子どもとして、植民地の歴史としての家族の歴史とともに苦情を受け取ったという理由で、私は亡霊の声を聴き取ることができたのだ。私たちは部屋のなかに亡霊を招き入れる。彼／女らが私たちと一緒にやって来るから、その声を聴き取ることができる。第六章では、植民者の直系の子孫である白人女性が主導する、多様性プロジェクトから締め出された有色人種の女性研究者の証言を共有した。その物語には墓石があったので、もう一度シェアさせてほしい。「彼女は植民地高官を務めたイギリス支配層の家系で……彼女の祖母の墓はコルカタにあるそうです。それは珍しいことで、支配層のなかでも特に高い地位になければありえないことです」。

墓石はヒエラルキーのリマインダであり、歴史の実演にもなる。私たちがその歴史だ――歴史は私たちとともに、私たちを通じて生きている。

今起きている物事や英国の植民地の歴史、そして私たちがいまだに南アジアや東アジアの歴史についての対話を拒絶していることを理解するためには、過去に戻らなくてはなりません。なぜなら彼／女らの親類も子孫もまだ存命で、そのような人たちにとって和解というのは禁句だからです。和解とは、彼／女らの富、つまり汚い手段で得た富や、何百万人ものインド人の虐殺やそこから得た利益について直面しなければならないことを意味しているから。

私たちは過去に戻らなければならないし、戻り続けなければならない。彼／女らは戻ることを拒絶し、あの規模の暴力や、あんなにも多くの死者や死そのものと向き合い、過去に戻ることが富を手放すことを意味するような子孫の富を通じて、植民地の歴史は生き続ける。

これらの証言のなかに亡霊――亡霊や墓場の存在――がいないはずがない。なぜなら、今まで向き合われてこなかった物事に私たちは向き合っているからだ。おそらく、白人的な組織のなかの黒人や褐色の肌をした人物であり、入植者による植民地の組織における先住民族であり、彼／女らが手放すのを拒んだ歴史のリマインダである私たちが亡霊なのだ。過ぎ去っていない、今でも続く物事に私たち自身もとり憑かれている。あの歴史やその暴力は、組織や大学の構造そのものに埋め込まれている。あの壁や狭い廊下、ブラインドの下ろされた窓、鍵のかかるドアといった。あの歴史やその暴力は態度にも表れる。物質的な関係性や、誰が何をおこなうよう要求されているのかにしばしば具現化される奉仕（service）や隷属（servitude）の想定において、誰が偉くて誰の立場が低いのか、誰がより重視されて誰が軽んじられるのかが表されるのだ。

　第六章では、教授になる過程にあった黒人の女性研究者による証言の断片をシェアした。現在彼女は教授だ。ある白人女性によってどのように扱われたか、彼女はこう説明する。「彼女がボスに、私は召使のような何物かにならなければいけなかったんです」。ボスや主人——歴史は隷属の想定によって生かされ続けるのかもしれない。黒人女性である彼女にとって、教授になることは召使のように扱われることを止めさせはしなかった。仕事量は歴史の教訓だ。それは、その重荷をより多く負うよう要求された人びとのおかげで自由になった人びとの歴史。苦情を訴えることは、この歴史を拒絶し、この歴史に奉仕したり提供したりすることや、仕えてもらうのを拒むことなのかもしれない。あなたは用心深く見張る必要がある。また、彼女はこう語った。「あのように敵対的で有害な環境、つまりあなたが悪意を持った以上の存在となるような環境を生き延びるためには、つねに組織の分析をおこなわなくてはなりません。彼／女らはああするだろうから、私はこうしなければいけない、そして私がこうすると彼／女らはああする、といったように。わかるでしょう？　深刻に打ちのめされることから自分自身を守るための警戒心というものは、絶え間なく続くんです」。あなたはドアを叩き《ノック》、ドアに打ちのめされる《ノックド》かもしれない。「深刻に打ちのめされる」ことから自分自身を守り、何が次に起こるのかつま先立ちで見張って、警戒することは、組織の分析というワークであり理論のワークなのだ。これは生存のためのワークであり、苦情のワークだ。

　嘲られ、とり憑かれるのは困難かもしれない。私たちは自分が聴き取る物事によってもとり憑かれうる。それを聴き取った部屋でとり憑かれるように。アンジェラ・メイ・クペンダ（2007, p. 17）の「ドアの後ろのお化け」に関する考察に戻ってみることもできる。お化けはすでに部屋にいたので、ドアの後ろから部屋のなかへと彼女のあとをついて来たと彼女は示す。「お化けは、私たちの人生や構造、組織のなかに、そして人種差別や性差別、その他全ての主義《イズム》が存在しないかのように装う社会のなかに存在し住んでいる」。亡霊たちは向き合われたとき初めて「消えるだろう」とクペンダは指摘したのだ。「人種差別は完全に私にとり憑いていた。それが居間（the front room）にあったからだと思うが、階級による傷跡もまた私にとり憑いていた」という、ゲイル・ルイス（2019, p. 419）による所見にも戻ってみよう。人種差別、階級、ある歴史の暴力を私たちがどのように具現化することになったのか、部屋としての身体、居間にいる身体、あの歴史と向き合うためにその部屋にいること。部屋や家、空気でさえも歴史によって占領されうる。アイリーン・モートン＝ロビンソン（2015, p. 81）は、先住民族の主権が「彼／女らやその土地に存在し続け、ジャックが建てた家にとり憑き、その土台を揺るがし、ピケット柵をガタガタさせる」と論じた。ガタガタいう音は、ジャックが建てた家、つまり白人性という家であり主人の家の周縁を妨害するのだ。先住民族の人びとが消え去るのを拒むことが土台を揺るがすかもしれない。イヴ・タックとC・リー（2013, p. 647）は、「脱植民地化は、亡霊に注意を払い、彼／女らに振るわれた暴力に対する蔓延した否定を阻止するものでなくてはならない」と示唆した。何かを否定することは、その真実を認めるのを拒絶すること。苦情を訴えることは、暴力の真実を認め、亡霊たちをなかに入れることなのだ。

とり憑かれるというのは、遺産とぶつかるということでもある。ドアがこれほど重要なのは不思議ではない。苦情がしばしば見つかるような閉じたドアの向こう、つまりあなたが私たちを見つける場所でもあるのだけれど、そこには家が自分のために建てられていない人びとや、私たちが一緒に連れてくる人びと、私たちの一部がいなかったとしたらここにはないはずの多様な世界が存在する。さらに、私たちが抱えるデータや私たちの身体、そして記憶も。私たちから零れ落ちるものが多ければ多いほど、そのつながりは強固になるのだ。ドアの後ろから私たちはドアを叩く。歴史のドアを叩く手段としての苦情。歴史のドアを叩くことは、より濃密なやり方で現在に存在し、それを吸い込んで取り込むことだ。どんなドアも壁も、亡霊の入場を拒むほど堅固ではない。墓場における苦情が戻ってきて、組織にとり憑くかもしれない。私たちは戻ってきて組織にとり憑くこともできる。これは約束だ。

ある人がシェアしてくれた苦情の墓場というイメージを、私はまた別の人と共有した。物語を集め、足跡を残すとき、対話は可能になる。

これをおこなう影響を考えなければなりません。また別の苦情を訴えるというのは、あなたのあとにやって来る人物にさらなる信頼を預けるということですから。亡霊について語るとき、あなたは墓場の大きさについて語っていることになります。これが重要だと思うんです。ひとつの墓石と孤独な幽霊しかいなければ、実際はそんなに効果がありません。あなたの窓の外に小さく素敵な墓場を持つこともできるけれど、巨大な墓場や共同墓地といったものを持ち始めるとき、それは何物かになります。管理するのがもっと難しくなるんです。

私たちは苦情のコレクティブを形づくれるし、もちろんそうする。より管理しづらいものになりうるし、実際にそうなるのだ。けれども、私たちはいつでも同じ時間あるいは同じ場所に集合するわけではない。自分が小さく孤独な亡霊のように感じるかもしれない。ふわふわと、上記のようにあなたの苦情が蒸発してしまったように見えるかもしれない。それでも、あなたの苦情は他人によって拾い上げられ、増幅されるかもしれないのだ。今それを聴き取ることはできないかもしれないし、そのような事態はまだ起こっていないかもしれない。あなたが訴えなかった苦情さえも拾い上げられることがある。結局のところ、自分が訴えなかった苦情を私たちは貯めておくのだ。その貯蔵庫もまた、苦情のコレクティブだ。訴えられなかった苦情は苦情の墓場に行き着くかもしれない。小さな亡霊はそこにたどり着いて、そこにいることで少しは孤独でなくなる。小さな亡霊について考えるとき、私は小鳥、つまり「何かを削りとろうとしている小鳥」の声を聴き取る。

小さな亡霊、小鳥、共同墓地、クィアな巣。苦情が死、すなわち組織的な死につながるとき、苦情を訴えることは生を支援することだ。ノーと言うことで、あなたはそのなかに新たな芽生えの紆余曲折を植える。巣を可能にし、巣づくりを可能にするためには、いつも生じる物事を阻止する必要がある。手紙が投函され、積み重なり、場所をとるのを阻止しなければならないのだ。何かを可能にするという作業は、苦情のワークだ。苦情が何を可能にするのか、あなたはいつも知って理解しているわけではない。けれども、可能性が薄い空気のなかから引き抜かれるのではないと、私たちは苦情から学習する。

時が経つにつれ分厚くなった物事との親密性とともに、可能性はやって来る。古い木のブロックやあれらの構造、あの壁やバリアをあなたは少しずつ削りとろうとしているかもしれないけれども、表面に傷をつけただけに見えるかもしれない。傷をつけるということの行動が学びなのだ。正当化されることで構造が留まるあり方を私たちは学習する。私たちが苦情を訴えれば訴えるほど、彼／女らが正当化する物事は増えると覚えておいてほしい（第三章）。そして、物事のあり方に異議を唱えるほど、私たちはそれを知るようになる——組織の運命論や遺産としての歴史など。読

8-4 「何かを削りとろうとしている小鳥」（郵便受けの上に「小鳥が巣をつくっています。この郵便受けを使わないでください。どうもありがとう。」）

者よ、私は彼を継承した。[★16] あなたは知っているでしょう――私たちも知っている。議論が機能しないこともある。正当化も使い古されることがある。必要不可欠な物事が、結局は回避できると判明するのだ。

構造が崩壊するまでは、その弱体化をいつでも知覚できるわけではない。構造が崩壊し始めるときに過去の労力の影響が知覚可能になる。その影響が知覚可能にならずとも、苦情が構造の弱まりに貢献することもある。影響というのは緩慢な遺産なのだ。この本はあの遺産、つまり苦情の遺産についての本だ。ノー、ノー、ノー、ノー、や「あああああ」といった拒絶の音やはずみを集めるのに、どれほどゆっくりで長い時間がかかったとしても、ひとつひとつの苦情は多くを集める。ノーと言い、手紙をひっかき回す――手紙は積み上がらないし、意味不明だ――ことは、強固で狭い何かと闘うことで、誰かや何かのために余地を生み出すことだ。弱体化とは緩めること。緩めることは開くこと。残された物事やばらまかれた物事から巣をつくり、余地を生もうとしながら、何かを削りとろうとしている小鳥や小さな亡霊、自分のするべきことをしているあなたがいる。

苦情は、以前にそこを訪れた人たちにもドアを開けられるのだ。

訳者あとがき

本書は Sara Ahmed, *Complaint!*（Duke University Press, 2021）の全訳である。冒頭から第6章までの翻訳を竹内が担当し、第7章以降と原註の翻訳を共訳・監訳者である飯田麻結さんにご担当いただいた。

著者サラ・アーメッドや本書の位置づけについては、フェミニズムの専門家である飯田さんの解説を読んでいただくとして、ここでは翻訳者として長期にわたってアーメッドの言葉に耳をそばだて、考え、日本語にしてきたなかで感じた「言葉の手触り」について述べてみたい。

アーメッドは学問の世界で研鑽を積み、大学で教鞭をとってきた研究者である。しかし、本書をお読みになればわかる通り、その言葉はさまざまなイメージにあふれ、ときに韻を踏み、詩的言語の特徴を示しながら著者の主張をユニークにそして効果的に伝え、読者の心に独特な印象を残す。アーメッドの言葉を訳すとは、イメージを追いかけることであり、言葉の響きの奔流に身を投じることであり、そしてそのイメージや響きを殺さぬように、たとえるならば鳥の巣のなかに卵をそっと戻してやるような、そんな繊細な作業の連続だった。果たして原文の豊かさを的確に伝えられているのか心配になりながら、ルビ等を駆使しつつも原文と翻訳のあわいでどうしても消えてしまうものたちを残念に思いながらも、なんとか苦心して担当箇所を訳した次第である。前著『フェミニスト・キルジョイ――フェミニズムを生きるということ』（飯田麻結訳、人文書院）でアーメッド本人はこう書いている。

フェミニズムは詩だとわたしは考えている。わたしたちは言葉の中に複数の歴史を聞きとり、言葉にすることで複数の歴史を再び組み立てる。（中略）わたしが今までやってきたように、回るたびに異なる光をとらえる物体みたいに、言葉をくるくる回しながら（中略）言葉を追いかけ回している。（二四頁）

アーメッドにとってフェミニズムとは「生きるもの」であり、それは「詩」でもあるのだ。くるくると回り、さまざまな光を放つ万華鏡的ともいえるアーメッドの詩的言語を楽しみながら読者のみなさんに本書をお読みいただけるのであれば翻訳者としては本望である。

また、「フェミニストの耳」になったアーメッドが粘り強くさまざまな人びとの話を聴き取って紡いだ文章を翻訳しながら感じたのは、彼女の優しさや誠実さ、そして強さだ。さまざまな人の言葉が引用され、ひとつひとつは個別の体験のはずなのに、読んでいると集合的な「苦情」の声のうねり、奔流となるように感じられる。それは、まさにアーメッドがひとつひとつの苦情の言葉に丹念に耳を傾けた成果といえるのだが、訳していると訳者自身の過去の経験も思い出されたりして（今から振り返ると、あれはハラスメントだったのではとはっとすることもしばしばだった）、辛くなり、思わず耳をふさいでしまいたくなる瞬間も少なからずあった。ひとつひとつの苦情に粘り強く耳を傾けつづけたアーメッドのプロ意識、そしてこの研究を世に届けるという強い思いがひしひしと文章から伝わってきた。

アーメッドの前著『フェミニズム・キルジョイ』を読んだときに個人的にとても印象的だったのが、

グリム童話の「わがままな子ども」が引かれていたことだ。死してもなお土のなかから突き出され、わがままだとして懲罰のために鞭を振るわれる「腕」。フェミニストの主体性の象徴ともなっているこの腕はアーメッドにより多義的に解釈されている（本書でもパッシングのたとえとして再登場しているし、苦情を訴える者は自分も「わがままな腕」だと非難されていると、「腕」は自分であると共感を寄せる）。耳や腕などの身体部位のメタファーの効果的な利用はアーメッドの詩的フェミニズム表現の特徴といえるのかもしれない。耳をふさぐことなく、非難されても腕を突き上げつづける――そんな姿勢はアクティビズムに必要だ。そして、耳をふさぐ必要はなく、腕をずっと突き上げていなくてもいい――そんな世界がいつか訪れたらと、本書の翻訳に関わり、最後の見直しをしている今この瞬間訳者はそう思っている。

本書の原題は *Complain!* であるが、〝Complain it.〟（苦情を訴えなさい）と動詞にして命令文とするのでなく（おそらくその意味もかけられているだろう）、ただ名詞の〝complaint〟に感嘆符がついていて、短い表現のなかにさまざまなことが凝縮されているようだ。本書に頻出するこの〝complaint〟という言葉には、文句、愚痴、不平不満、さらには病気や告訴まで幅広い語義を含む言葉である。おもに「苦情」という訳語を当てたけれども、「苦情がいつも聴かれない」という病理に徹底して迫る本書中さまざまな意味合いを持つということはご承知おきいただきたい。

ここまで長い時間をかけ、大切に訳してきたけれども、『苦情はいつも聴かれない』というタイトルを冠する本書が近いうちに時代遅れとなることを訳者は願ってやまない。本書が必要な人のもとに届きますように。

さて、翻訳に着手したものの、つぎつぎと疑問点が噴出して訳しても訳しても終わりの見えない、一筋縄ではいかない本書の翻訳作業の最初から最後まで粘り強く伴走してくださった筑摩書房の編集者の守屋佳奈子さん、ありがとうございました。本書の内容を読者にわかりやすく伝えるにはどうしたらいいか一緒に知恵を絞っていただきました。そして、専門家である飯田麻結さんに共訳・監訳者としてご協力いただけることになり、どれほど心強かったことでしょう。専門的見地からの貴重なアドバイスをありがとうございました。校閲ご担当者の数々の指摘により訳文が読みやすいものになったのはまちがいありません。本書の制作にかかわったすべての人にお礼申し上げます。

二〇二四年九月

竹内要江

訳者解説

本書の著者、サラ・アーメッドはフェミニズム／クィア理論を専門とする独立研究者である。現在アーメッドが独立研究者として活動しているのは、本書で詳しく取り上げられているように苦情としての辞職がきっかけだ。大学側が性暴力やセクシュアル・ハラスメントに対して苦情を訴えた人びとの声を封じ込め、同時に利用してきた（大学のコミットメントの証拠としてハラスメントに抗議した集団の活動を大学の手柄にするなど）ことへの抗議として、彼女は教授職を辞した。本書の第七章は、大学に蔓延《はびこ》っていたハラスメントの文化に声を上げた学生たちと築きあげたコレクティブから生じたものだ。アーメッドの辞職はメディアで大きく取り上げられた。大学が秘密保持契約（ＮＤＡ）を盾に学生に口封じをおこない、ハラスメント加害者が大学を去ったあとでさえもその人物が新たなキャリアを問題なく得られる環境を提供していたと明るみになったことで、全国の高等教育機関がハラスメント対策を見直すきっかけとなったのだ。

この本で挙げられる事例は主に大学におけるものだが、苦情を訴える際にあなたが遭遇する物事と共通する点も多いと考えられる。聴き取りや対話に基づく数々の証言が章をまたいで登場することもあり、どの経験が誰のものだったか混乱する向きもあるかもしれない。おそらくそれは、いずれの苦情の訴えも根底にある差別や不正義に対する「何かが間違っている」という感覚、そして怒りや苦痛に基づくものであるから。だから、それぞれのケースにおいて苦情を訴えることは切り離しうる個別の事例ではない。「暗黙の文化」としてアカデミアにおいて常態化された性差別も人種差別も、より広い社会的構造の一部であり、特定の人びとにまとわりつく歴史を持っているからだ。時間や空間を超えた苦情が出会うとき、私たちはそこに堅固な壁を見出す。積もり積もって私たちを阻もうとするのは、自分以外の誰かが経験した出来事が解決されないまま蓄積された痕跡であり、苦情がまっすぐ《ストレート》ではなくクィアな時間性を持つのは当然なのかもしれない。

それでは、あなたが苦情を訴えたいと感じたとき、まず何をすべきだろう？　とりわけ、苦情の対象がより大きな権力を持っていたり、あなたがその内部に存在しているような、あるいはそれなしでは生活することさえ難しい組織の一部であったりしたときに。

苦情を隠蔽しうる「耳ざわりのいい」ポリシーはいたるところに存在している。それが多様性やインクルージョンであれ、ＳＤＧｓであれ、キャッチーな言葉に組織のコミットメントを代弁させるという戦略は政策の場や組織のステートメントに頻繁に現れる。美々しいポリシーは確かに効果的だ（主に資金獲得において）。しかし、そのようなポリシーを作成することは大して難しくないというのもまた事実なのだ。そこで、本書で繰り返し用いられる「ノンパフォーマティビティ」という語の重要性が浮かび上がってくる。フェミニズムやクィア理論に親しい人びとであれば「パフォーマティビティ」という言葉、つまり「物質的効果をもたらす言説の力」（Butler, 1993）について見聞きしたことがあるだろう。ノンパフォーマティビティは反対に、ある発話が提示する物事をおこなわないことで成立する。つまり、発話に効果をもたらせないという効果を引き起こす仕組みがノンパフォーマティビティなのである。「わが大学はセクシュアル・ハラスメントを深刻な問題だと考えています」「わが大学は多様性を尊重します」といった声明は、（実際はそうでないのに）問題解決に取り組んでいる組織の姿勢を喧伝するには非常に有効なのだ。言葉を無効化させるこのような仕組みをアーメッドは痛烈に批判する。組織が想定している人物とは異なる存在であること、差異を持っていること自体が組織にとって都合のいい多様性要員として扱われてしまうとすれば、耳ざわりのいいスローガンは容易に「主人の道具」（Lorde, 1984）と化す。無効化のテクニックとしての収奪（appropriation）について、アーメッドは近著 *The Feminist Killjoy Handbook*（2023）で次のように述べている。

> 私たちの言葉――インターセクショナリティから脱植民地化、奴隷制廃止、そしてフェミニスト・キルジョイそのものにいたるまで――は、まったく自分の行動を変えずに、または行動を正当化する手段としてさえも、抵抗的なスタンスを主張することを可能にするような暴力を隠蔽する手段になりうる。（Ahmed, 2023: 242）

この引用で批判されているのは表層的な組織の言葉だけでなく、精査なしには私たち自身の言葉さえも空洞化されうるという点だ。その歴史を含めて言葉を取り戻すことは、ノンパフォーマティブなポリシーに抗うやり方の一つでもある。

しかし、組織はあの手この手であなたの苦情を阻止しようとする。自己中心的だ、要求が多すぎる、組織の信用を落とすのはやめろ、と脅迫や懸念の表明といった形で妨害されることもあれば、正式な手続きとやらを複雑にすることで苦情の正当性が否定されることもある。言い換えれば、苦情を訴えることはキルジョイと見なされる格好の機会なのだ。アーメッドが長年にわたって用いてきた「キルジョイ」という形象は、生存することそのものが苦情として聴き取られうる人びとを指す（具体的な「キルジョイ」の例は『フェミニスト・キルジョイ』（二〇二二）を参照のこと）。そこに「問題を暴き出す＝問題を持ち出す」という等式がしばしば登場する。苦情を訴えれば「私たち＝問題そのもの」という等式が課せられてしまうのだ。ひとたび問題と見なされてしまえば、声を上げるコストはさらに大きくなる。そのコストは、自分がその一部であると信じていたコミュニティからの排除を伴うこともある。苦情を通じて私たちが立ち向かっている物事がいかに強大な構造であるのか、本書で描かれている数々の例から思いいたるはずだ。同時に、苦情が暴き出した綻びが隠し通せないほど大きくなることもある。それらの痕跡に耳を傾けることは、漏れ出す《リーク》苦情を跳躍《リープ》へと変える実践であり、私たちの世界そのものの変革へとつながる認識の獲得と結びついている。だからキルジョイとして苦情を訴える人物は、組織における喜び《ジョイ》さえも裏切ってみせる危険で予測のつかない存在なのである。

ここで、アーメッドが辞職したあと私が出会った苦情の痕跡について触れたい。それはゴールドスミス・カレッジでアート専攻の学生の作品展示が毎年行われる、Laurie Grove Bath でのことだった。その名の通り、この建物は市民プール兼公衆浴場として長らく使われていた。もちろん、ここにとり憑く亡霊――性差別や階級差別、戦争の亡霊を含む――の話はたくさんある。そのトイレの個室のひとつに、真っ赤な文字で「サラ・アーメッドはどこ？（WHERE IS SARA AHMED?）」と書かれていた。その理由を私は想像する。これはアーメッドがゴールドスミスを辞職した直後のことで、この問いかけを書いた誰かは彼女の辞職を知っていたはずだ。「どうしてここにいないの？」という問いかけは、苦情の一形式として辞職したアーメッドに対する連帯と、彼女の不在を引き起こした大学側の対応における不正義について、見る者に直接訴えかけていた。本書でも挙げられていたように、ハラスメント加害者のおこないをその人物が執筆した図書館の本に書き込むような、いずれ消されてしまうけれども確かに存在した声を、血の色をした文字は示していたのだ。おそらくこの「落書き」はすでに物理的に消されているだろう。けれども、私はこれを憶えている。そして、私がメンバーであったフェミニズム研究センターやフェミニスト院生フォーラムにおいて、フェミニストの仲間たちがお互いの声を聴き取ることでオルタナティブな居場所を生み出していたことも。

　このような経験は、苦情を訴えるという実践を決してあなた一人のものにしない。「キルジョイの格言」のひとつとして、アーメッドは「他の人びともあとに続けるように、「ノー」の声を上げろ！」という一文を掲げている。

> ノーと言うことで、わたしたちは過去のノーを解き放ち、そうすることではずみがわたしたちの後ろに生まれるかもしれない。（Ahmed, 2023: 249)

風穴を開ける「ノー」は、過去だけでなく未来へのドアを開け放つ。苦情がいつも聴き取られなかったとしても、集合的《コレクティブ》な生存はいつでも政治的なプロジェクトだ。三つの大学で異なるハラスメントの経験をした研究者のことを思い出してほしい。自分が赴くあらゆる場所で苦情を訴えなければならないというのは、どれほど困難な経験だろう。けれども、彼女はそうした。そうせずにはいられなかった。輝かしい希望ではなく、すり切れた希望という引っかき跡《スクラッチ》を残しながら。あなたがすでに彼女を身近に感じているのであれば、そして本書に描かれている苦情の数々とあなたの経験が共鳴しているのであれば、苦情という集合的なワークの一歩を踏み出したも同然だ。本書の原題 *Complaint!* に含まれているエクスクラメーション・マーク（exclaim という語はラテン語の ex＝外へ と clamare＝叫ぶ を語源としている）は、たとえあなたが同じ場所にいなくても、異なる闘いのただなかにいたとしても、きっと届くに違いない呼びかけを表しているのだから。

最後になりますが、翻訳にあたって辛抱強く支えてくださった守屋佳奈子さんに心からのお礼を。原稿が遅れたときもいつも励ましてくださったことには感謝してもしきれません。また、翻訳家である竹内要江さんからのアドバイスやご指摘は、ともすれば非常に重複的で冗長になりうるアーメッドの言葉を、そのエネルギーを維持したまま訳すための大切な指標となりました。原著のイメージをより鋭く目を引くものにしてくださったデザイナーの名久井直子さんにもお礼申し上げます。

二〇二四年　十月九日

飯田麻結

ショップを開催した。アニム＝アドが彼女の著作で慎重に引用した、カナダ人作家であり詩人であるM・ヌールベセ・フィリップによってワークショップのひとつはおこなわれた。これらの戸口は、ディアスポラ的なつながりであるような、時空を超えたブラック・フェミニストのつながりとなったのだ。アニム＝アドは戸口というモチーフの使用を次のように説明している。「元々の思考の流れは、たとえ蒐集者や展示者、キュレーターがその存在を可視化するのを拒んだとしても、女性たちが見つかる場である家庭を象徴する出入口の柱を認識していた」(94)。この詩はナイジェリア南東部の、「ヤク族の長老か首長からもたらされたと思われる」木彫りの戸板によってインスピレーションを受けたと彼女は説明する（104)。いかにこの戸板が博物館にやって来たかという物語は、（博物館の展示品に関する多数の物語と同じく）帝国主義の物語だ。英国人の人類学者でアフリカ研究者である人物とその妻によって、これらは蒐集され寄贈された。この詩はアニム＝アドが編纂した『別の戸口（*Another Doorway*)』(1999）と題されたアンソロジーに掲載されている。インスピレーションを与えてくれた彼女の著作と、英国のアカデミア内外にブラック・フェミニズムの空間をつくる手助けをしてくれたことに対して、ジョーン・アニム＝アドに感謝を。

(16)「読者よ、私は彼を継承した」というのは、『ジェーン・エア』の著名な一文「読者よ、私は彼と結婚した」の言葉遊びであり、「私の唯一の弁護は、私は彼を継承しているということだ」と言いながら、建物に優生学者の名前をつけたままにするのを正当化した副学長への当てつけでもある。後者の発話行為に関する議論は Ahmed（2019, ch. 4）を参照のこと。

幅広い組織的なポリティクスに関連した自分たちの苦情や不平を理解するのを助けてくれたという理由で、組合とのポジティブな経験をした人たちもいた。一方で、組合がマネジメントとあまりにも結託していて、組合の代表者たちがハラスメントや嫌がらせの加害者と友人や同僚であったために時には彼／女たちを守り、組合内部の文化が苦情が対象としている文化と同じもの（ある参加者は彼女の組合には「マッチョ文化」があると語った）のように見えたため、組合は支援的でなかったと説明した人々もいる。大学で訴えられた苦情に対処するにあたっての組合の役割に関しては、私がこの研究で提供することができた以上に完全な解明が必要だ。

(5)「ゲリラ・ガールズによる苦情処理課」を見よ。Tate, https://www.tate.org.uk/whats-on/tate-modern/tate-exchange/workshop/complaints-department（2020 年 7 月 2 日にアクセス）

(6) 不平フェスのフェイスブックは、https://www.facebook.com/events/uc-davis-memorial-union-quad/grievance-fest/2210672555867283/。

(7) ローレン・ガンビーノ「コロンビア大学の学生がレイプに対する抗議のためマットレスを持ち歩く」*Guardian*, May 19, 2015：https://www.theguardian.com/us-news/2015/may/19/columbia-university-emma-sulkowicz-mattress-graduation

(8) 功利主義と帝国に関するより詳細な議論は、Ahmed（2019）を参照のこと。これは、インドを訪れることなくインドについて多数の著書のある James Mill（[1818] 1997, 74）からの引用だ。

(9) 英国の植民地のアーカイヴにおける書類の破棄についての報告は、イアン・コバーン、オーウェン・ボウコット、リチャード・ノートン＝テイラーによる「英国は植民地下の犯罪の記録を破壊した」を参照のこと。*Guardian*, April 17, 2012, https://www.theguardian.com/uk/2012/apr/18/britain-destroyed-records-colonial-crimes

(10) ささやきのネットワークというのは、ハラスメントやハラスメント加害者についての情報を、女性たちが内密にお互いに共有してきたことを伝えるために用いられる語だ。たとえ情報共有が私的な場で（プライバシーは安全と関わりうる）おこなわれたとしても、ささやきのネットワークは、フェミニズム的な公共圏を生み出すこととしても理解できる。情報が公になりうる方法の違いによって、新たなテクノロジーはこれらのネットワークが異なるあり方で公になるのを可能にしてきた（異なるセクターにおけるハラスメント加害者のリストなどという形で）。ささやきのネットワークと、正式な苦情の手続きを展開するために #MeToo 運動のなかで用いられたその他の非公式な情報路の含意については、Turkheimer（2019）を参照のこと。#MeToo 運動の内部でささやきのネットワークが公になったという議論は、Brunner and Partlow-Lefevre（2020）を参考にしてほしい。

(11) 彼／女たちの行動がリンチとして描写されたことについて論じた第 5 章でも、この事例を参照している。

(12) 辞職やアカデミアを去るという経験が私たちにアカデミアについて教えてくれる物事に関する重要な議論としては、De La Cruz, Hayes, and Sapra（2020）や Dutt-Ballerstadt（2020）を参照のこと。

(13) パンジー・プロジェクトのウェブサイトは、http://www.thepansyproject.com。また、クィアリング・ザ・マップ・プロジェクトも参照のこと。https://www.queeringthemap.com/（2020 年 6 月 8 日）。創造的なインスピレーションを与えてくれた、Paul Harfleet と Lucas LaRochelle に感謝を。

(14) この記事に関する優れた議論としては、Bilge（2020a）を参照のこと。彼女の研究とインスピレーションに対して、Sirma Bilge に感謝を捧げたい。

(15) Joan Anim-Addo（1998）はこの「別の戸口」というモチーフを、カリブ女性作家同盟（CWWA）のメンバーである黒人女性たちが「今まで大部分は空白だった黒人女性の存在を博物館の文脈に挿入するため、博物館での経験の書き直しをおこなった」ことに関する記事のなかで用いている（93）。彼女たちはグループとして、地元ロンドン南東の博物館であるホーニマン博物館でワーク上記の注と関連して、性的不適切行為や学術的な不適切行為への調査についての暴露が解雇の根拠となりうるとつけ加えられるかもしれない。だから、性的不適切行為に関する情報を開示した人物を解雇し、性的不適切行為を犯したと判明した人物を解雇しないというのは規則上可能になる。規則上の可能性は、イデオロギーと説明することもできるかもしれない。性的不適切行為の暴露によって生じた損害は、しばしば性的不適切行為によって生じた被害よりも真剣に取り上げられることがあるのだ（損害の最小化については第5章も参照のこと）。英国の大学の一部は告発者、つまり不適切行為に関する情報を公にする人びとを保護しているが、多くはそうではない。振り返ると、以前の私の組織で起きたことについての情報を暴露するという私自身の行動は、性的不適切行為で非難されている教授や講師たちのおこないよりも、より「恥ずべき不名誉な」ものだと以前の同僚の一部に考えられていたのだと、今では理解できる。

(15) 実際のところ、二人の学生だけが苦情を訴えていたのだと判明した（苦情のうちのひとつは、黒人の女性教授として彼女の扱われ方に関するものだった）。けれども、この二つの苦情への返答として、大学はすべての学生に連絡し、それは成績が広く知られることになる点についての論争へとつながった。言い換えれば、彼女がスキャンダルを生じさせた結果として大学がのちに用いることになった漏洩を、大学自体が生み出したのだ。

第7章　集合的な結論

(1) Goldsmiths Feminist Voices, February 11, 2014より。ウェブサイトはまだ存在しているものの、この投稿自体にはアクセスできない。

(2) Strategic Misogyny：https://strategicmisogyny.wordpress.com/（2020年12月6日にアクセス）

(3) Sexual Harassment in Higher Education, December 2, 2015：https://shhegoldsmiths.wordpress.com/statement/

(4) 私たちの苦情には多くの結果が伴った。物事が以前と同じではなくなるとすれば、その一部は私たちの大学院課程を解体することで生じた。前に進むために大学を含む組織によって適用されたひとつの方法、つまり組織の歴史を削除するための方法は、暴力が起きた場を抹消することだった。またしても私たちは、苦情が閉鎖につながり、閉鎖が喪失の一形式にもなることを理解する。コレクティブの境界を通じ、そして越えて広がった私たちの集合的なワークは、記録を残すことを目的にしていた——生じた出来事は重要だと言うことを。

第8章　苦情のコレクティブ

(1) ここでは、私が2018年10月28日にメルボルンのウィーラー・センターでおこなった講義「苦情について」を指している。このプロジェクトに関する題材について発表したことは以前もあったけれども、完全に自分が集めた証言に基づいた講義はこれが初めてだった。『それが何になる？』(Ahmed 2019）に関するプロジェクトに基づいた足場からこの題材を扱ったことはあった。苦情を苦情として提示するのには意義があった——足場がないと、さらに苦情がさらけ出されたのだ。

(2)「私たちが突き進むのを見ていなさい」というのは、私の本『フェミニスト・キルジョイ』(2017［2022］）の最後の一文だ。ここでは、その一文によって私が拾い上げようとしたものを示している。

(3) The 1752 Groupのウェブサイトはhttps://1752group.com/。

(4) この研究者は、彼女が組織と闘うことを可能にした主要なリソースを組合が与えてくれたと説明した。彼女の説明は、マネジメントと近すぎ、マネジメントを支持しているものとして組合を経験した研究者の説明と対照的だ（第2章を参照のこと）。苦情を取り扱ううえでの組合の役割については、さらに多くの対照的な証言を受け取った。組合から受け取った支援のためだけでなく、より

(8) 彼女が自分の学科における大学院課程の責任者となったときに何が起こったか、ある上級講師は非公式に語ってくれた。彼女は、同じ学科の教授によるセクシュアル・ハラスメントに対する集団での苦情を提出した学生を支援することになった。これらの「傷つきやすい女性たち」がオフィスに来始めたと彼女は説明する。例の教授が彼女たちのファイルにアクセスできていたことに気づいたと、彼女は私に語ってくれた。彼はメンタル・ヘルスの問題を記録していた学生だけでなく、労働者階級のバックグラウンドや経済的な困難を抱えていた学生を選り分けていたのだった。傷つきやすさがファイルに記録されるとき、それらのファイルは利用されうるのだ。

(9) 残虐行為を防ぐための彼女の戦略の一部を議論するため、彼女の証言には結論部で戻ってこよう。彼女の戦略には、組織を閉め出すために組織のドアを用いるというものもある。

(10) リソースと関連づけて組織のドアについて考察するというのは、特定の人々が指揮者になるという点について考えるためのまた別の方法だ。言い換えれば、誰がドアを開けることができるのか知ることは、情報やエネルギー、リソースが旅をするやり方を学ぶことなのだ(第5章を参照)。

(11) ヨーロッパの国々によって植民地化された人びとの経験を何らかの形で言及するプロジェクトへの資金の多くは、植民地的なシステムに利益をもたらす。これらのプロジェクトは、以下のようなカテゴリーのもとに名称が与えられる――ポスト植民地主義、人種、民族、多様性、ディアスポラ、移民、多文化主義など。「植民者が多様性アワードを獲得する」というのは、重要な問題を認識するのを助けてくれる。私の研究は、マイノリティ化された人びとに対する暴力を表明するはずだったプロジェクトにおける、マイノリティ化された人びとへの暴力の多くの事例を暴き出した。また別の事例は、責任者が日常的にトランス嫌悪的であるような、トランスの人びとの生に関する多大な資金提供を受けたプロジェクトだ。このプロジェクトに参加した研究者の一人はこう説明する。「そのPI[主任調査員]は、何人かの研究参加者のHIV感染状況を公表したんです。彼女は意図的にこのプロジェクトに関わった研究者をミスジェンダリングしましたし、人びとのジェンダー表現を笑いものにもしました」。この問題を控えめに言わせてほしい。資金を得る人びとは、知識や専門性によって資金を得るべき人びとではなく、資金を得るのがうまい人びと(しかるべき用語を用い、適切なやり方で書類に記入し、適当な人物を知っていたりする人びと)なのだ。私たちはそれくらい知りすぎている。多様性に関連したプロジェクトのための資金を得るのがうまい人びとというのは、植民地主義的・人種差別的・性差別的・シスジェンダー中心主義的・異性愛中心主義的な体制を再生産するだけでなく、それらの再生産から利益を得る人びとなのだ。これが多様性のドアだ――目の前でバタンと閉められる。さらに、多様性に資金が提供されるとき、その研究は特定の方向に向けられる必要がある。(申請書類のメリットを評価しリソースを割り振る人びと、つまり典型的に白人研究者によれば)多様性を正しくおこなっていないという理由で黒人研究者が資金を得られないと、私は非公式に知らされたことがある。

(12) 英国の大学で黒人女性や有色人種の女性が経験した、人種差別的なハラスメントに関する重要な議論についてはBhopal (2015) とRollack (2019) を参照のこと。

(13) 不適切行為に関するこの定義は、英国の多くの大学の憲章や法規に現れる――「職務や雇用における義務と相容れない、非倫理的で恥ずべきあるいは不名誉な性質のおこない」。研究者の解雇において、不適切行為に関するこの定義のもっともよく知られた用法は、性的不適切行為による事例だ。事務的なプロセスをめぐる論争に介入した黒人女性の学部長の解雇に同様の定義が用いられうるということは、抗議の原因になるべきだ。

(14) 自分の大学でセクシュアル・ハラスメントに関する調査があったという事実を公にしたことで、私もスキャンダルを引き起こした。私は辞表という形でそうしたのだ。辞職せず、それでもその情報を公にしていたとしたら、たぶん大学は私を解雇しただろうし、解雇することができたはずだ。

（誰が組織内で権力を持っているかということでもある）というのは、他人に対する権力だ。強制とは、何かを抑圧し阻止する（恐怖や脅威、警告の利用）だけでなく、生産や何かを可能にすること（幸福や約束、報償の利用）と関係している。

(5) 私が協働していた学生の何人かは、私への懸念を伝えてくれた。この懸念は、彼／女たちの苦情を支援することが私のキャリアの昇進に与える影響と同じくらい、私の心身の健康に関するものだった。「あなたのオフィスが、いろいろな危機的状況に置かれた女性たちにとっての緊急立ち寄り所みたいなものになってしまったんじゃないかと、みんな心配しています。あなたが大丈夫だといいんですが」とある学生は書いてくれた。私はまだ、彼女の希望に感激している。多くの苦情のコレクティブはお互いへの心配から活動し、みんなが大丈夫であることを祈っているのだと、私は最終的に考えている。苦情のコレクティブに関する議論は第8章を参照のこと。

(6) 権力が「ドアを押さえている」と考えることは、権力が意志に逆らって作用しているというよりもむしろ意志を通じて作用しうると示すのを助けてくれる。権力の非対称性があるとき、自発的であることやイエスと言うことが要求のように感じられるかもしれない。例えば、リソースへのアクセスがその人物に依存させられているとすれば、講師とセックスするのを自ら望まない余裕がないかのようにあなたは感じるかもしれない。これが、性的不適切行為とセクシュアル・ハラスメントの線引きが曖昧になる理由なのだ。実際に、「自発的である」ことは強制を意味しないという想定によって、多くのセクシュアル・ハラスメントがセクシュアル・ハラスメントのようには見えない。ある事例では、一人の研究者が多くの学生たちによって性的不適切行為を糾弾された。このケースについて、私はある管理職の人物と非公式に連絡をとった。彼が「自分から望んだ学生とそうしただけだ」と告げたと、彼女は語ってくれた。苦情の訴えを進めた学生の一人とも私は連絡をとった。彼女は彼の言動を次のように説明する。「あのとき私は、そうでもなければ嫌がっていた女性たちをベッドに誘い出すためのアルコールや薬物の使用を含む、彼による頻繁な権力の濫用の対象であり目撃者でもあったんです」。地位のおかげで自らに与えられた権力を濫用する人びとは、自分の行いを目にすることから守られうるのだ。学生たちが自ら望んでいたという認識は、おこないが正当化され、あるいは正当化されうるものとなる手段だった。

(7) 開かれたドアや、私たちをなかに入れてくれる物事については気づかない傾向があることを考えれば、これは私のデータにはない物事への手がかりだ。特権は、物語に現れないものでもある。苦情を訴えた多くの人びとが「特権を持っている」として切り捨てられる（第4章）ことを踏まえれば、そのような認識は慎重に取り扱う必要がある。苦情を訴える多くの人びとがそう踏み切ったのは、彼／女たち自身が阻止されているか、苦情を訴えていることを理由に多くの人びとが阻止されているからだと認識することにも価値がある。私が話した人びとの多くは、彼／女たち自身の特権（ジェンダー、セクシュアリティ、障害の有無、人種、階級、市民権のステータスに関する特権を含む）についても語ってくれた。苦情が苦情に対する苦情へとつながり、資金や地位を失うリスクにさらされたトランス学生のことを考える。（その学生の置かれた状況に関する議論は第4章の最終節を参照のこと。）「ある意味、その声明を書くのに関わったその他の人たちではなくて、彼／女たちが私を攻撃対象にしたのはよかったんだと思います。TERFS［トランス排除的ラディカル・フェミニスト］は男性的なトランスの人びとについて実際には何とも思っていたわけではないから。私は英国の市民権を取得しているので、うまくいかなかったからといって強制送還されることもないですし。失うものはほとんどなかったんです」とその学生は語った。それでも、この学生には失いかねないものがたくさんあった――役職や地位、資金、そして言うまでもなく肉体的・精神的な健康と心身の安定――けれども、もし自分のジェンダー表現や市民権の状態が違っていたら、より多くのものを失い、より多くの物事が危険にさらされただろうと彼／女は自覚していたのだ。

かのように位置づけ（彼は非－黒人の、有色人種の人物だ）、苦情そのものが過激な暴力行為で、殺人であるかのように位置づけたのだ。セクシュアル・ハラスメントに関する主張が黒人男性に対して訴えられるとき、リンチという言葉も非常に問題のあるやり方で用いられうるとつけ加えなければならない。セクシュアル・ハラスメントに対するアニタ・ヒルの苦情に応答し、クラレンス・トーマスが公聴会を「ハイテクなリンチ」という言葉を用いて描写したことに対する、Kimberle Crenshaw（1993）の重要な批判を参照のこと。「黒人男性への抑圧の歴史を纏おうとしたトーマスの一手は、全員が白人男性であるような議会では特に効果的だった。なぜならその一員はトーマスの扇動的な特徴づけに異議を唱えるほどの倫理的な権威を奮い起こすことはできなかったからだ」（416）。「黒人男性に対する性的な糾弾を伴う事例は、人種的不正義の太鼓判として立ちはだかった」ため、リンチの暗喩〔メタファー〕が力強く機能しているとクレンショーは指摘した（417）。対照的に、「同じく人種的抑圧による傷跡が残った身体を持つ、黒人女性の名前や顔は歴史のかなたに失われている」（418）。黒人男性によるハラスメントに対する黒人女性による糾弾は、人種的抑圧の兆候に組み込まれることもあると私たちは学ぶ必要がある。

(24) 発話行為としての謝罪に関するパフォーマティビティ（およびノンパフォーマティビティ）をめぐる議論としては、『感情の文化政治』（Ahmed 2004）における「他者の前での恥」という章を参照のこと。

(25) 組織による統治戦略としての和解の利用は、入植による植民地化をおこなってきた国家による和解の利用と無関係ではない。和解は、先住民族の人びとが植民者だけでなく占領という状況と和解することをも要求しうるのだ（Nicoll 2004b を参照）。入植植民地主義の文脈における和解の利用は、Glen Sean Coulthard（2004）が記したように、土着の人びとの課題は調和の促進によって「否定的な感情」を乗り越えることだという含意を持つことがある。「そのような関係性を回復するために、リアルな、または認識された不正義によって傷つけられ危害を加えられるなかでしばしば継続する、個人や集団が無力化されるほどの痛みや苦痛、恨みを個人や集団が乗り越えることが要求されると、政治的和解の賛同者は時にほのめかしている」と彼は記している（107）。

(26) たぶん、オードリ・ロードの教訓を私が心にしっかり留めていたなら、組織とフェミニズムの関係性を違った形で考えていただろう。第 4 章の冒頭で指摘したように、解体のワークは「いまだに主人の家を唯一の支援のリソースとして定義している女性たちにとってのみ脅威になる」とロードは説明している（1984, 112）。

(27) 閉じたドアの向こうで支援を続けることが、組織における個人の地位を考えると時には必要不可欠だと示しながら、秘密裏の支援については第 8 章で再び取り上げる。

第 6 章　ドアを押さえる

(1) この本の第 2 部では、この学生の証言の詳細を記している。自分の「ノー」を表に出すのに時間がかかり（第 3 章）、ジェンダーや人種に関する問いに興味を持っていると言ったときに言葉で嫌がらせを受けた（第 4 章）のは彼女だ。その教授との出会いのなかで「侮辱され、傷つけられ、脅迫された」というその他の多くの経験が彼女にはある。

(2) この節におけるデータは、博士課程の学生や修士課程の学生から集めたものだ。

(3) これをひっくり返してみると、約束と報償の物語になる。苦情を訴えないほど、あなたはより多くの機会を受け取ることになるのだ。

(4) 苦情に耳を傾けることは、権力が分散されているように見えるときでさえ、または分散されているように見えることで、権力が保持され集中する仕組みに関する理論を組み立てることだ。苦情はドアについて私たちに教えてくれるし、ドアは私たちに権力について教えてくれる。組織的な権力による編著や Taylor and Lahad（2018）も参考にしてほしい。新自由主義の問題を軍事化と怒りや抗議の監視と結びつけた「帝国主義的な大学」に対する批判としては Chatterjee and Maira（2014）による編著を、パフォーマティヴな大学に対するフェミニズム批評としては Pereira（2017）、大学における性暴力の問題を表明することが、市場や名声に関する新自由主義的な懸念によって形づくられているという議論についてはPhipps（2018）を参照のこと。

(17) フェミニズムの新自由主義的なバージョンがあることを否定しているわけではない（新自由主義的なフェミニズムが、苦情や苦情を訴える人物との近接性を避ける方法として大学内で作用しているという説明を次節でおこなう）。むしろ、フェミニズムが新自由主義的なものとして扱われるとき、セクシュアル・ハラスメントやジェンダー平等に対するフェミニズム的な苦情が、ラディカルまたは急進的なポリティクスという見せかけのもとに切り捨てられうると私は示唆しているのだ。

(18) 権力というのは通常の手続きを引き延ばす権力でもあると第2章で記した。手続きの引き延ばしは、抵抗の一形式やマネジメントの要求に従うことへの拒絶としても正当化されることがある。記録の保持や学生の進捗を監視するシステムといったこれらの手続きの一部は、問題が日常的に認識される場でもあるのだ。ハラスメントや嫌がらせに対する苦情を訴えた人びとの多くは、正式の手続きに対する懸念の欠如や決定が下される「非公式性」によって苛立たされる。非公式性が武器として用いられうる例については、第6章の「多様性のドア」という節を参照のこと。

(19) ハラスメントに対する苦情を訴えたことで「監獄フェミニスト」と呼ばれたと何人かの学生が伝えてくれた。正式な苦情のプロセスを支援する、または開始する人物を表すための監獄フェミニストという語の誤用は、正式に苦情を訴えることは監視するだけでなく罰を与える刑務官になることだとほのめかしている。ある事例では、複数の学生からセクシュアル・ハラスメントの苦情を訴えられたあと、常習的なハラスメント加害者が役職を去った。彼の支援者は苦情を訴えた人びとを監獄フェミニストと表しただけでなく、その学生たちは代わりに修復的司法を用いるべきだったと示唆した。学生たちはただ彼と対話し、そのように振る舞うのを止めさせるべきだったとほのめかしたのだ。もちろん、学生たちは非公式にも問題を提示しようとしてきた。ある理由で、正式な苦情はたいてい最後の砦なのだ。該当の教授は、それでも（そしていまだに）彼の言動の何が間違っていたのか認識しなかった。与えられた解決策は時に、問題の本質を認識することに対する失敗を暴き出す。啓発的（そしてとても困難）なのは、与えられた解決策が批判的なフェミニズムの言語に包み込まれうるという点だ。

(20) 私は性差別的な発話の深刻さを切り捨てているわけではない。第3章では、性差別的な発話が空間を占領する方法となり、従順ではない人びとに向けられた暴力的な脅迫になりうると論じた。むしろ、性差別的な発話が些細な、しばしば自由と結びつけられた（表現の自由としての性差別的な発言）と見なされるというのが要点だ。ハラスメントや不適切な言動に対する苦情は、そのような苦情を軽視し、表現の自由に対する制限として位置づけるために、性差別的な発話に対する苦情へと変えられるのだ。

(21) 労働組合に所属する労働者階級の女性たちが、敵対的な環境という意味を含むようにセクシュアル・ハラスメントの意味を変えたというすぐれた説明に関しては、Baker（2008, 67-81）を参照のこと。

(22) 情報共有というのは、彼／女たちが新入生にリーフレットを配布したという意味だ。その情報は、この教授の言動に対する新入生への警告という形をとった。のちにこの事例は再調査され、それ以降教授は役職を去った。苦情を訴えている人びとの一部が「問題を自分の手に取り戻す」よう訓練されることについては第8章で戻ってこよう。

(23) 言い換えれば、歴史に満ちたその語を用いることで、彼／女たちはこの教授を黒人男性であるかれたドア」（他人にドアを開けてあげる人物という意味で）として表象していることを示す。言い換えれば、他者に対する権力は負債という印象を生み出すことで成立するのだ。

(10) 苦情がそれ以前の苦情を見つけ出させてくれるという点の重要性については、第 8 章で戻ってこよう。

(11) 3 番目のドアの物語から、（ハラスメントや嫌がらせによる苦情を阻止することで）人種差別に対する苦情を阻止することが、PR の実践ともなりうる場合があると私たちは学んだ。

(12) 苦情がもたらす苦情の対象である人物や人びとへの効果を懸念することは、人びとが苦情を訴えない、またはしぶしぶ苦情を訴えるというまた別の理由だとここでつけ加えなければならない。第 4 章で記したように、ハラスメントや嫌がらせに対して苦情を訴える人のほとんどは、そのような言動が止まってほしいからそうするのだ。彼／女たちは必ずしもその人物に懲罰が与えられたり、職や地位、身分を失ったりしてほしいわけではない。苦情が私たちに教えてくれるのは、特定の行動の形式を止めるために何が必要かということだ。特定の行動の形式を阻止するのは時に不可能だ。人びとや地位、プログラムさえも排除することなしに、それが可能となった歴史や壁としての歴史にあなたはぶち当たる。けれども、そのような排除というのはほとんどない。たいていは長く続いた闘いのあとで人びとが職位から外されるとき、それは閉じたドアの背後で起こりがちで、別のプログラムに問題を再配置することにつながる。ハラスメントや嫌がらせに対する自分たちの非公式の苦情がどのように取り扱われるのか（苦情の対象である人物によるものも含む）目撃した多くの人びとは、システムが機能するあり方や誰がシステムから利益を得ているのかを完全に理解することになる。私が非公式に会話したある女性教授は「しまいには、すべてに火をつけたくなりました」と語った。苦情のプロセスが政治化するものとなりうる点については第 8 章を参照のこと。

(13) 身体的で性的なハラスメントが表現の一形式として特徴づけられることもある（例えば、無遠慮な発話やマネジメントの直接的な形式として）ことを覚えておく必要がある。これが、誰かが他人に対して力を用いたり身体的な攻撃を加えたりするときに、それでも当人が「意図なんてなかった」「意味なんてなかった」と言うことができる理由だ。

(14) 苦情の手続きが「主人の道具」であるという第 I 章での私の指摘に立ち戻ることもできる。そうした手続きが「内々に（in house）」で展開されるとすれば、それらは家の秩序を保つように設計されているのだ。手続きがおこなう物事に対する批判が、手続きに従わないことを正当化するために用いられることもある。

(15) 第 4 章で論じたように、学生や研究者、マネジメントのいずれがおこなうにしろ、少数派の見解や地位を持っているという理由で研究者を罰するために苦情が用いられることもある。通過〔パッシング〕は成功する可能性への近接性に左右されるのだ。私が示唆しているのは、苦情の手続きが悪用されるという可能性そのものが悪用されうるということだ。私の研究においては「苦情の悪用」と同じくらい多くの「苦情が悪用されるという事実の悪用」の例を明らかにしてきた。より幅広いプロセスの説明だけでなく、それらのプロセスに対する批判としても新自由主義という言葉が説得力を持つという理由で、新自由主義は苦情の悪用をほのめかすのに使われている。

(16) 新自由主義に対する批判の一部は、権力の濫用を隠蔽し覆い隠すのに用いられることがあり、それゆえ事実上は保守的な体制の一部となるとここで私は示唆している。新自由主義に対する批判の一部が、非伝統的な主体や学生に対して大学が開かれることへの反応という形式をとるという関連した議論については、『それが何になる？』（Ahmed 2019）における「効用と政策」という節も参照のこと。大学内外における新自由主義に対する批判が必要ではないと言っているわけではないと覚えておいてほしい。私たちがダイバーシティ・ワークや平等に関するワークをおこなう背景としての新自由主義を示すフェミニズム批評はとりわけ役に立つ。Palko, Wagman, and Sapra（2020）

が隠蔽するものを引きずり出そうとしている。ドアに耳を傾けることは行き来や、入口や出口、死や生について聴き取ることなのだ。

第5章　閉ざされたドアの向こう側で

(1) 彼女の証言のなかにはドアに関する7回の言及がある。その一つには、組織の本質に関する何かを伝える実際のドアに関する言及、つまり閉ざされたドアの向こう側でという表現の使用や、プロセスや手続きの本質を表す閉じたドアへの言及があった。彼女自身が気づいた物事のためにドアがそこにあったとつけ加えるのは重要だ。それは書き手や研究者としての私が、集めた証言に含まれた物事に気づいているということだけではない。むしろ、苦情の経験について私に語ってくれた人びとが物事に気づき、気づいた物事を振り返っているのだ。気づくというのは苦情の経験の一部だ。私たちが気づいた物事を私はシェアしている。

(2) この章で私がシェアするデータは、特にハラスメントと嫌がらせに対する苦情と関係している。

(3)（シスで異性愛者の）男性研究者によるセクシュアル・ハラスメントの経験の多くは、レズビアンやクィアな女性たちによって共有されたものだ。男性との親密な性的関係から身を引いていると理解されているという事実が、セクシュアル・ハラスメントや性的暴行への脆弱性を高めることもある。LGBTの学生はキャンパスでの性的暴行を受けるリスクがより高いと示す、Green and Wong (2015) の報告書を参照のこと。

(4) 一部の人だけが保護されている理由は、時に不透明だ。また別の事例では、ある女性教授が同学科長からの嫌がらせに対する苦情を訴えた。この苦情は集合的なものだった。同学科の職員の多くが苦情に賛同したのだ。けれども、大学は彼を守った。彼女はその理由を理解できなかったし、彼は人気教授でもなかった。「それは組織によかれと思っての行動でさえありませんでした。まともな戦略的マネジメントですらなかったんです。その目的がわかっていれば、そして彼／女たちがなぜそんなことをしたのかわかっていれば、その利点が理解できたかもしれませんが……でも、彼／女たちはREF［Research Excellence Framework］のためのすべての講師や教授を失ったんです……だから、持っていたものを失ったことになりますね。その要点がまったくわかりません」と彼女は語った。複数の物語に耳を傾けてきた私自身の感覚はというと、たいていは名声や地位に保護が伴うというものだけれども、いつもそうだというわけではない。それは自分の重みをより利用する人物（例えば、誹謗中傷で訴えると脅迫したり、元の苦情へのカウンターとして苦情を訴えると脅迫したり、といった）によって形づくられることもあるのだ。

(5) だから、保護というのはダメージの制限でもある。この章の最後の節を参照のこと。

(6) 英国では、大学における「大流行」レベルでのハラスメントについて主流メディアによる多くの記事が出されている。そのような物語の一例には、デイヴィッド・バティ、サリー・ウィール、キャロライン・バンノックによる「英国の大学における『大流行』レベルのセクシュアル・ハラスメント」(*Guardian*, March 5, 2017, https://www.theguardian.com/education/2017/mar/05/students-staff-uk-universities-sexual-harassment-epidemic) がある。大学におけるセクシュアル・ハラスメントに関する研究としては、Bacchi (1998)、Brant and Too (1994)、Dziech and Hawkins (2011)、Paludi (1990)、Whitley and Page (2015) を参照のこと。

(7) 私は2本のインタビューをおこなった。ひとつめはこの章の初めに記した証言をした女性と、二つめは2人の女性と。

(8) Century Dictionary, cited by Online Etymology Dictionary, https://www.etymonline.com/word/conduct#etymonline_v17339 (2020年11月19日にアクセス)

(9) 第6章では、地位を理由に自らに与えられた権力を濫用する人びとが、しばしば自分たちを「開どというものがあった。この含意は、苦情を訴えるのは他人が持っているものを欲しがっているからで、苦情は権力への意志だということだ。この議論の発展については、第５章の「苦情を訴える人は管理者になる」という節を参照のこと。

(26) 彼女が書類を生み出すために何をしなければならなかったか具体的に参照し、苦情のコレクティブの重要性については第８章で戻ってくる。

(27) 学生アクティビストによる「社会的・組織的変革へのビジョン」が「個人的な不平の表明」へと還元されてしまうことについての重要な分析としては、Roderick Ferguson（2017, 26）を参照のこと。また、政治的運動の要求が組織によって収奪され無力化されるという点に対する Ferguson（2012）の以前の批判も参考にしてほしい。

(28) ドアと前進に関する第６章での私の議論を参照のこと。ここでは、特定の苦情に対して開かれるドアは特定の人物に対して開かれるドアと同じだと示唆している。

(29) 先住民族研究や先住民族の人びとの収奪を含む、アカデミアに関するチェルシー・ボンドの力強い説明を参照のこと。「植民地的プロジェクトの装置としてのアカデミアは、知の生産を通じて収奪というタスクにつねにコミットしてきた。先住民族化するというカリキュラムのアジェンダによる近年の暴力を目撃してきたため、それが私たち自身が自らを知る手段さえも奪うように機能するということを私は知りすぎている。収奪が土地に関する物事だけでないと知られているように」(in Mukandi and Bond 2019, 262)。

(30) 白人の涙に関する重要な議論としては、Hamad（2019）を参照のこと。

第３部　このドアが話せたら

(1) 私の著書『幸福の約束』(2010) では、幸福な／不幸なクィアな人びとに関する議論においてこの映画の続編「この壁が話せたら２（If These Walls Could Talk 2)」(2000, directed by Jane Anderson, Martha Coolidge, and Anne Heche) を論じている。この続編に対する私自身の読みにおいては、Radclyffe Hall's（[1928] 1982）の『さびしさの泉（*The Well of Loneliness*)』における壁の描写に立ち戻りながら、壁を具体的に参照した。そこで私は「もし壁が話せるのなら、物語を語るだろう。もちろん、『さびしさの泉』に立ち戻ることで、モチーフとしての「壁」の重要性に気づくかもしれない。壁は空間を生み出し、何が内部／外部にあるのかという境界を印づける。そこに立っていることで、壁は物事を閉じ込める。壁はなかに存在するものの重さに耐えているのだ。『さびしさの泉』において、壁はみじめさを閉じ込め、結末の革新性は壁を打ち倒すことと関係している。この映画において、壁は閉じ込める装置だけれども、それが閉じ込める「もの」は時間の経過に左右され、異なる身体の行き来に形づくられているのだ。家のなかで私たちは手一杯だ。そして物事が起こる」(Ahmed 2010, 107)。

(2) この本の表紙にある『二つのドア』という作品を提供してくれた芸術家、レイチェル・ホワイトリードと、〔原著の〕表紙のデザインをおこなったエイミー・ハリソンに感謝を。『二つのドア』は次のように説明されている。「注意深く見てみよう――この作品は見た目よりも複雑だ。これらはドアではない。むしろ、これらはドアによってつくられた空間を捕えている。ホワイトリードは二つのドアの両側を石膏で型をとり、型を裏合わせに組み立てた。完成作品は一つの堅固な形に入口と出口を融合させ、境界の両側の空間をつなぎ合わせている。真っ白なドアは遺体安置所や、あるいはつかの間の人生に似るかたちで、行き来に付随する曖昧な感情を示唆している」(Museum of Fine Arts, Boston、2021 年２月 12 日にアクセス、https://collections.mfa.org/objects/516136)。苦情について書くという私自身の実践は、ホワイトリードの技法に共鳴している。私もまたドアの周りで作業し（ドアの周りにあるものを時間的または空間的な言葉のいずれかで考えるとしても）、ドア

(19) ラティーシャ・キングの殺害という事件を参考に、トランスの人びとが自らに向けられた暴力を扇動していると判断される点を解説した、Gayle Salamon (2018) のトランスフォビアに関する批判的現象学を参考のこと。

(20) また別の人種差別の物語、また別のバスの物語。ある有色人種の女性研究者による、大学が彼女の顔と研究を「強制的多様性」として用いたという証言について私は考える。上級教員に人種差別の経験を共有したときに何が起きたのか、彼女は説明してくれた。「キャンパスから家への帰り道で、私は極端に人種差別的な口論を経験したんです(私は「スカンクみたいに臭いヒンドゥー」「スキンドゥー」、「クソヒンドゥー」などとバスに乗っていた白人カップルに呼ばれました)。私はこの出来事を大学院長に共有しました。この事件によって私はかなり影響を受けていて、対処するのが難しいということを学科に知ってもらいたかったんです。1970年代に自分が人種差別的な口論を止めたという「白人の救済者」のナラティヴを持ち出した彼以外に、私は完全に無視されました」。彼女は苦情を訴えたわけではなく、彼女に降りかかった出来事が彼女自身や彼女の健康に影響したということを大学院長に伝えただけなのだ。そんなときでさえも、あなたは壁、つまり白人性の壁に遭遇する。自分たちが問題に対する解決法(「白人の救済者というナラティヴ」)であるかのように自身に多くを投資しているため、人種差別の問題を聴き取ることができない人びともいるのだ。

(21)「一人でもやっていける」「一人ではやっていけない」という表現は、私の証言のなかに何度か現れた。ある大学院生は、彼女の指導教員の振る舞いに対して苦情を訴えた。「たくさんの人たちが――なぜそんなことをやっているの? あなたは危うい立場にあるか、それとも道徳的に優位に立ちたいのか? ドラマチックに聞こえるかもしれませんが、「一人ではやっていけない」というのは単なる事実なんです」。この否定形に注意してほしい――苦情を訴えないということは、「一人でやっていく」ことができないということでもあるのだ。苦情を訴えるかどうかという決断は、何とならやっていけるのかという判断でもある。それは単にあなたの価値観やコミットメントだけでなく、自分を諦めることで手放すことができそうにない価値観やコミットメントを表明する方法になるのだ。

(22) 再生産の手段としての性差別に関するFranklin (2015) の論文は、苦情についての具体的な教訓だ。ドゥルクハイムに対してフェミニズム批評をおこなった、学部時代のレポートを彼女は振り返る。そのレポートは、P教授によって苦情として読まれた。その読みは、レポート上に赤いインクで書き散らし、それを「ひどい〔ブラッディ〕書類」へと変えた採点者の怒りによって実演された。苦情は血まみれの〔ブラッディ〕書類だと考えることもできる。血としての赤いインクと、肉体としてのテクスト。フェミニズム研究センター (the Centre for Feminist Research) で2015年に開催された性差別に関する学会で、フランクリンのレポートはまず読み上げられた――表現されたとさえ言えるかもしれない。この「ひどい書類」を私たちの目の前にし、その機構がどのように機能するのか見、聴き取るというのはカタルシスに満ちていた。

(23) これは苦情、または苦情を訴えていると受け取られることが、その苦情が対象としている暴力の激化につながるという明らかな例のひとつだ。

(24) Mary Daly (1978, 5) は、老婆〔ハグ〕を「手に負えない人物、特に言い寄りに屈したがらない女性」と定義している。性的な歩み寄りやその他の歩み寄りに対して屈しないことで、あなたは老婆になる。この学生は修士課程を修了したあと、正式な苦情を訴えた。そこで何が起きたか、彼女の苦情が博士課程に進むという「ドアを閉ざした」ことをめぐる議論は第6章を参照のこと。

(25) 調査のあいだ私について広まった噂には、調査対象の男性たちの職務を私が欲しがったとか、彼らのセンターを自分のものにしたがっただとか、そのセンターの学生と私が関係を持っていたなミクロな次元とマクロな次元の交錯を示した、日常的な人種差別についての Essed（1991）の古典的な説明も参照のこと。

(15) 多様性を象徴するために用いられるということは、大学によって消化されるか、あなたの身体や研究から抽出されて彼／女たちが使うことができるものを持っているということだ。「新自由主義的な白人の大学」が「抽出可能なリソースとして一連のマイノリティに関する思考プロジェクトを望ましいものとする」という Sirma Bilge（2020b, 319）の議論を参照のこと。Bilge に従えば、「食卓にはあるが、メニューにはない」ものとして多様性を考察することができる。

(16) 脱植民地化が（多様性と同じく）チェックボックスとなることのリスクについては Adebisi（2020）を、また（多様性とは異なり）脱植民地化が「主人の家を解体するためのコミットメント」を要求する点については Qureshi（2019, 213）を参照のこと。また、脱植民地化がメタファーとして扱われることのリスクについては Tuck and Yang（2012）を参考にしてほしい。脱植民地的な物事が植民地化のツールになりうると批判することは、異なる方向を指示することだ。例えば Zoe Todd（2016）は、白人の理論家が先住民族の研究者を引用もせずに先住民族のアイデアを取り上げたり、そのような理論家が件のアイデアの発想者として取り上げられたりすることに対する強力な批判をおこなっている。分野や理論の脱植民地化が、今まで通りのやり方で、今まで通りの主体によっておこなわれるのだとすれば、また別の植民地化のメソッドとして作用するという側面を考察するためのツールをトッドの研究は私たちに与えてくれる。これらのツールは脱植民地化というワークを異なるやり方でおこなわせてくれる。それは先住民族や黒人、反植民地主義の複数の知を抹消するのではなく、それらからもたらされるやり方だ。さらに多くのツールについては、Linda Tuhiawi Smith が彼女の「もっとも引用された」一文――「「研究」という語そのものが、先住民族の世界における語彙ではおそらくもっとも汚れた言葉の一つだ」――を振り返った画期的な著『脱植民地化の方法論（*Decolonizing Methodologies*）』の第 2 版を参照のこと（2012［1999], ix)。また、Sylvia Tamale の重要な著作『脱植民地化とアフロ＝フェミニズム（*Decolonization and Afro-Feminism*）』(2020）も。「帝国の機関は世界や知の生産・分配に対する締めつけを決して和らげたりはしない」とタマルは論じた。また、タマルは脱植民地化が意味しうるオルタナティブなビジョンを提示している。「植民地化された人びとにとって、精神の脱植民地化はまさに自分を探し、自分たちの文化的な知のシステムと馴染み、批判的意識を培い、人間性〔ヒューマニティ〕を取り戻すために史料へと戻ることである」(2)。「高等教育において人種を解体する」ことに関する論文集としては Arday and Mirza（2018）を、「大学を脱植民地化する」ことについては Bhambra, Gebrial, and Nişancıoğlu（2018）を参照のこと。

(17) bell hooks（2000, 56）の描写を考えてみよう。「お互いをよく知らない白人のフェミニスト活動家の集団が、フェミニズム理論について議論するためにミーティングの場に現れるかもしれない。共有された女性性に基づき、彼女たちは絆で結ばれていると感じるかもしれない。けれども、有色人種の女性がその部屋に入ると、雰囲気はあからさまに変わるだろう。白人女性たちはこわばり、もはやリラックスした状態でも祝福の雰囲気でもない」。空間の占拠を邪魔するのに、有色人種の女性はただ到着するだけでいいのだ。邪魔者となる人物から、白人性が占有的であることを私たちは学ぶ。到着が苦情として認識されることもある。だから、そう、苦情を訴える人物と見なされた人々から、私たちは場所の占拠について学ぶのだ。

(18) 大学におけるトランス嫌悪的で同性愛嫌悪的な嫌がらせに関する議論は、Rivers（2016）を参照のこと。トランスの大学生の経験を集めたものとしては Beemyn（2019）を、トランスの学生が大学をなんとかやり抜ける方法に関する一連の力強い省察としては Nicolazzo（2016）を参考にしてほしい。キルジョイの連帯を与えてくれた Z. ニコラッツォに感謝を込めて。

ていたことを理由に自身に向けられた苦情のいくつかの事例を挙げた Patricia Williams（1991, 32）を参照のこと。また、敵対的な苦情の議論はこの章の最終節も参照してほしい。

（12）この非還元性を鑑みるに、誰が苦情を訴える人物となるのか見極めるのはトリッキーだ。苦情を訴える人物は、多くまたはほとんどの人びとが求めないものを要求している人のように見える。つまり、誰が苦情を訴える人物になるのかと何がヘゲモニーに対抗するのかという点のあいだには関連性があるのだ。けれども、苦情を訴えるヘゲモニックな人物というのはいないのだろうか？　今では特権を持った白人女性を苦情を訴える人物として喚起するのに用いられる、カレンというミーム／形象を取り上げてみよう。カレンが苦情を訴えているのだとすれば、彼女の苦情はより聴き取られやすいということにならないだろうか？　もしそうだとすればカレンは、苦情が聴き取られるかどうかというのは誰が苦情を訴えているのかという単純な指標の証拠にもならないだろうか？　私の個人的見解では、そう、カレンは聴き取られやすい。でも、それは彼女が名指している人びとによって彼女が苦情を訴えていると受け取られないから聴き取られやすいのだ。地元の公園で有色人種の人びとが楽しい時間を過ごしていることを理由に、カレンが警察を呼んだとしよう。彼女の通報が苦情を訴えているものとして受け取られないというだけでなく、責任感のある一市民による行動として受け取られるため、カレンが（警察によって）真剣に聴き取られるというのがここの要点だ。彼女は（警察によって）その通報をおこなうよう呼び出されている。結局のところ、これはネイバーフッド・ウォッチが機能するあり方だ――よき市民は警察に何か（誰か）不審なものを通報するものなのだ。実際、カレンが形象、つまり苦情を訴えるヘゲモニックな人物として名づけうる形象となるという事実そのものが、反ヘゲモニーの運動に依拠している。特定の行動形式を苦情と見なすことなく、ヘゲモニーが機能するあり方を示すために私たちは彼女を使う。反ヘゲモニーの戦略の一部分として（これは私が選んだやり方ではないけれど、そうすることはできる）、苦情を訴えるヘゲモニックな人物の形象として彼女を用いるときも、この形象が他の目的のために使われうることを心に留めておく必要がある。苦情を訴える人物が管理者として扱われるという第5章の議論を参考にしてほしい。また、英国でジェンダー・クリティカルな研究者が、トランスフォビアに対する苦情を訴えた学生を、自分たちの表現の自由を圧迫する苦情を訴えるヘゲモニックな人物として表したという別の事例もある。トランスの学生には苦情を訴える正当な根拠があり、そうすることが実際はしばしばシステムに支援されていないと私の研究は教えてくれた。苦情を訴えるヘゲモニックな人物という形象は、ヘゲモニーがそれに対抗する人びとの権力を膨れ上がらせることで機能するという理由で、多くを隠蔽するために用いられうる。私がこの形象を本書のなかで使わないのは、苦情を訴えるヘゲモニックな人物という形象が日常的に使われることでおこなう物事が理由だ。

（13）もちろん、苦情を訴えるという行動のすべてがレガシーに対する不敬として受け取られるわけではない。特定の苦情が共有されうるという理由で、私たちは例えば天気といった物事に対して苦情を述べるように方向づけられているのかもしれない。苦情を訴えることは、時に社会的絆のささやかな形式を与えてくれることもある。その他の苦情を訴えることから逸れるように導かれるやり方として、特定の物事に対して苦情を訴えるように方向づけられているのかもしれないのだ。おそらくそれらの苦情は、レガシーに対して不敬で、絆を断ち切る〔スナップ〕ものだ。この本はハッピーではなく、スナッピーな苦情の考察なのだ。

（14）敵対的環境が移民に対する国家の政策になったという重要な批判に関しては、Gentleman（2019）と Goodfellow（2019）を参照のこと。敵対的な環境は、組織的な人種差別と日常的な人種差別を結びつける方法を与える。組織的な物事の日常性に着目し、人種的に有徴化された研究者へのインタビューに基づいた、大学における人種差別に関する議論としては Sian（2019）を参考にしてほしい。

関係についてのさらなる議論は第6章を参照のこと。

(6) 組織は公的に同性愛者やクィアな人びとに友好的だと提示するものの、それはレズビアンやその他のクィアな研究者と学生にとって組織が敵対的な環境として経験されないということを意味しない。この「意味しない」というのは多くを含んでいる。大学という「感情的な環境をくぐり抜ける」ことに関する重要な議論としては Yvette Taylor (2018) を参照のこと。労働者階級のレズビアンの研究者として馴染むことが難しい環境として大学を経験しつつ、幸福で歓迎的な多様性についての公式のお知らせを受け取ることの困難についてテイラーは説明している (66-67)。

(7) これは人種差別に対する苦情の大概に当てはまる。人種差別という言葉を使うと苦情を訴えていると受け取られるというだけではない。人種差別という言葉を使うことが、人種を問題にしていると聴き取られるのだ。人種差別という言葉を使うと、人種差別主義者だということを含む苦情を訴えられがちだ。「誰かを人種差別主義者だと呼ぶ」ことが人種差別とすり替える非難として扱われる点に関する Fiona Nicoll (2004a) の考察や、人種差別が人種差別の否定として演じられるという議論を扱った Alana Lentin (2020) の「人種差別ではない」という章を参照のこと。人種差別や性差別といったカテゴリーがよそ者として、つまり部外者による外部からの押しつけであり、内部の人々の言論の自由を制限するものとして扱われるという、第3章での「苦情とエスカレーション」という節も参照にしてほしい。

(8) フェミニスト（特に有色人種のフェミニスト）がリーダーになり、自分たちのアジェンダを押しつけようとしていると位置づけられるという数多くの事例を私は知っている（例えば、カリキュラムを脱植民地化しようという新たなコミットメントを開始する、といったような)。主流派や現状状態は維持されるための一押しを必要としない。あのアジェンダは、しばしばアイデンティティとして枠にはめられる。まるで、自分の存在ゆえにあなたがあれを押し進めるのだとすれば、あれを押し進めることは自分を前面に押し出すことであるかのように。誰がいじめっ子の枠にはめられるのか、私たちは懐疑的になることを学べる。けれども、第6章で考察するように、それはマイノリティが自ら手にしてしまった権力を濫用しないということを意味しない。今あるシステムは事実上、暴力的な振る舞いに報酬を与えるシステムなのだ。あれこれの事例でどのように権力が作用しているのか紐解くという試みは、私が苦情のリテラシーと呼ぶもの、つまり時には行間や事例のあいだや事例を読みローカルまたは状況に基づく知を読み解く能力を要求する。苦情の手続きや調査、評価、媒介性といった組織のリソースを用いることで嫌がらせが実行される点については、第5章で戻ってくる。

(9) 苦情の手続きがハラスメントや嫌がらせのツールとして悪用されるという事例について語るときには注意する必要がある。なぜなら多くの（ほとんどでさえある）人びとは、苦情の手続きが悪用されたと異議を唱えることで自分に対して訴えられた苦情に応答するからだ。確かに、私には苦情の手続きが悪用されたという証拠がある。けれども同時に、苦情を訴える人を権力への意志によって苦しんでいる人物として病理化することで、人びとが自分のおこなった権力の濫用から目を逸らさせようとするときに「苦情の悪用が悪用された」という証拠もある。

(10) 裁判をおこなったため、彼女はその裁判に勝訴した。大学は職場のコミットメントにおける平等と尊厳を達成するのに失敗したのだ。第1章で論じたように、ポリシーの欠陥に対する証拠を持っていることは行動の成功を保証するわけではない。彼女の代わりに裁判を起こす専門家を必要としたのには十分な理由があるのだ。

(11) このような非公式の苦情が調査された、つまり正式な苦情のプロセスが喚起された事例を私はもちろん知っている。けれども、正式な苦情のプロセスが喚起されなかったときでさえも、このような非公式の苦情は敵対的な環境を生み出しうるのだ。ブラック・フェミニストとして法律を教えきた（多くのトランス嫌悪的な発話には理論的な正当化が与えられている）。教室内外で、ミスジェンダリングはしばしば表現の自由として正当化されている。ジェンダー・クリティカルな研究者の一部が「無礼にも」自分の学生たちの人称を尊重すると述べるとき、そうするまたはそうしないことの自由が暗示されているのだ。実際、彼／女たちにそのような自由はない。既存の平等法のもとでは、それに従うことが要求されているからだ。平等人権委員会による2010年の平等法は、恣意的なミスジェンダリングを「保護すべき特性」としてのジェンダー・リアサインメントを経た個人に対するハラスメントの一例として挙げている。"Gender Reassignment Discrimination," Equality and Human Rights Commission, https://www.equalityhumanrights.com/en/advice-and-guidance/gender-reassignment-discrimination より（2020年11月19日にアクセス）。また、ミスジェンダリングを正当化するために理論を用いること（私の理論によればあなたを彼女と認識することはできないので、私はあなたを彼と呼ぶことができる）というのも、言語化された正当化なしにおこなわれるのと同様にハラスメントだ。あなたの理論は、あるやり方で行動しろという要求からあなたを免除してはくれない。「ジェンダー理論」に対する攻撃をめぐる政治的な危機感をここに感じ取る人もいるかもしれない。

(17) この本では、苦情を訴える方法と労働者階級であること、または労働者階級のバックグラウンドを持っていることを結びつけている多くの事例をシェアしている。けれども、第4章で示すように、苦情を訴える人物という形象はしばしば特権階級の一員として喚起される。そのような形象の生産において、誰が苦情から消え去るのか私たちは学んでいるのだ。以下の文献は、労働者階級出身の研究者や学生であるという経験について考察している。Benoit, Olson, and Johnson (2019)、Binns (2019)、Reay (2018)。特権を持つ者としての苦情を訴える人物という形象が機能するという第6章での議論も参照のこと。

第4章　使用中

(1) 健常な身体という想定のもとに大学が構築されているという議論に関しては、Jay Dolmage (2017) を参照のこと。また、障害を持つ大学院生による重要なブログ *PhDisabled* も参考にしてほしい。https://phdisabled.wordpress.com/（2020年7月28日にアクセス）

(2) Online Etymology Dictionary より。https://www.etymonline.com/word/harass#etymonlinev6153（2021年1月29日にアクセス）

(3) 定義は Lexico に記載。https://www.lexico.com/definition/complaint（2020年11月16日）

(4) 資格（entitlement）をめぐる問いを示した、労働者階級の主体性に関する Beverley Skeggs (1995, 1997, 2004) の基盤的な研究や、再配置（relocation）として階級が生きられることを議論した、労働者階級のフェミニズム研究者の立場を論じた Valerie Hey (2003) を参照のこと。

(5) 女性上級管理職が経験したハラスメントと嫌がらせについては、ここでシェアできるよりももっと多くのデータがある。女性上級管理職は、あるフェミニズム研究者が「息をのむほどの性差別」と描写したようなものに出会うのだ。レズビアンでクィアな女性としての私たちは、上級職に就くとしばしば恐怖に満ちた反応を受け取る。まるで、「あなたは何なんだ？　何様のつもり？」とでも言うような。黒人女性や有色人種の女性としての私たちは、上級職に就くとしばしば多くの暴力的な行動に対処しなければならなくなる。アジア系アメリカ人女性として学科長に任命されたときに何が起きたか省察した、Lynn Fujiwara (2020) による白人の脆弱性に関する組織についてのオートエスノグラフィを参照のこと。「大学の管理レベルで自分が経験した左遷や周縁化、そして共犯にならないでいることのコストを私は想定していなかった」と彼女は述べている (113)。「懲戒担当者（accusatory administrator）」から受け取ったいくつかの伝達に対する正式な苦情を彼女は訴えたけれど、「何も表明されることはなかった」のだ (114)。人種的なハラスメントとヒエラルキーのの方法を探さなくてはならなくなる。とりわけ他人が投資している人物や組織をある意味で苦情が示唆しているとき、苦情を開始または支援する人物を病理化するのは都合がいいのだ。

(10) 私のデータには、苦情のナラティヴを支配したという多くの事例が含まれている。また別の事例では、研究セミナーを開くために自分が修士号を取得した学科へと、ある教授は戻ってきた。その学科の講師に暴行されたという非公式の苦情を彼女は以前訴えていた（ここに第5章における最初の「ドア」の物語がある)。講演を終えたあと、自分に起きた出来事を彼女は説明した。「そのあとで、私は職員とおしゃべりしていたんです。彼は悪名高くて、みんな彼がどんな人物か知っていました。現在の学科長に、学生のころ私が彼に対する苦情を訴えたと気づいているでしょうと私は言ったんです。すると彼は、まさか、それは彼の言ったことと違うと言いました。私が彼を追いかけまわし、私をはねつけなければならなかったと言っていたと。[…] それはある意味、二度目の打撃でした。こんなことを、彼は他の誰に言っていたのだろうと私は思ったんです」。あなたに嫌がらせや暴行を加えていた人物が出来事を不正確に伝えていたという事実は、二度目の打撃、つまり暴力の反復として経験される。ナラティヴの支配は、誰もが知っている物事にかかわらずに達成されうるのだ（「彼は悪名高くて、みんな彼がどんな人物か知っていました」)。ナラティヴを支配するというその他の例については、第5章を参照のこと。

(11) 苦情からの距離は、苦情を訴える人物にならないための労力として理解されうる。苦情を訴える人物でなくなるという議論については第4章を参照のこと。組織の内部でより素早く前進するために苦情から距離をとる人もいるという点については、第6章の結論部における関連した議論を参照。

(12) 第5章では、苦情を訴える人物が自らをコレクティブから切り離しているという点に戻ってくる。

(13)「中立的である (not taking sides)」ことがハラスメント加害者の肩を持つことであるように、他の学生にハラスメントをした学生への支援には仲間うちの力学が働いているという点は第5章で再び扱う。

(14) 定義が組織のブラインドとして機能しうるさまざまな方法がある。同じ学科の多数の研究者が関わっていたセクシュアル・ハラスメントに関する調査について、私は一人の学生と非公式な会話をおこなった。セクシュアル・ハラスメントについては一件の苦情しか受け取っていないと、ある事務職員は彼女に語った。その事務職員がそんなことを言えたという点について、私は気がついた（正直に言えば、公的な言説として多くの嘘が流通しているということは疑いようがないけれど)。セクシュアル・ハラスメントを性的暴行と定義し、たった一人の学生しか性的暴行を報告していないというただそれだけの理由で、彼女はそう語ることができたのだ。実際のところ、敵対的環境と理解されるようなセクシュアル・ハラスメントに対する複数の苦情を大学は受け取っていた。セクシュアル・ハラスメントに対する苦情は、セクシュアル・ハラスメントという語の意味や定義の制限によって閉め出されるのだ。暴力を内部に閉じ込めるために使われる組織のドアに関する第5章での議論も参照のこと。また、ポリシーがブラインドとして作用することもあると憶えておいてほしい。意見の相違についてのポリシーが「教職員と学生との交渉を大学は阻害せず、関知しません。権力の濫用を起こさないためには双方の誠実さが重要となります。」という一文を含んでいたという第1章での議論に戻ることもできる。大学が見たくも知りたくもない物事を明白にすることで、このポリシーはブラインドを下ろしているのだ。

(15) 苦情を訴える人物がよそ者になることについては、第4章で戻ってこよう。

(16) トランスフォビアという語についてもこれは当てはまる。特定の人びとがあるやり方で行動するのを制限する試みとしてトランスフォビアという語の使用が認識される、多くの事例に出会っての平等性部門（equity office）から切り離したことについて考察した。第5章では、苦情をフェミニズムの陰謀として切り捨てるための反フェミニズムのレパートリーとして、フェミナチという形象が持ち出される点に戻ってくる。

(2) 非－再生産的な労働としての、シラバスが占領されていると指摘するという労働については第4章で戻ってくる。

(3) あたかも物事へのどんな関心も、実際より、または必要以上にそれらを大きく見せるかのように、物事を実際よりも小さく見せることがルーティンとなっている点を振り返りつつ、第5章では規模〔スケール〕に関する問いを異なるやり方で考える。

(4) 彼女の場合、まず正式な苦情のプロセスを開始した。指導教員と学科長、教育改正法第九編（Title IX）を扱うオフィスと話をしたのだ。教育改正法第九編を扱うオフィスから、運命論的な警告を彼女は受け取った（第2章を参照のこと）。彼女の苦情が「彼のファイル上の付記」となってほしくなかったため、彼女は正式な苦情のプロセスを完了しないことに決めた。

(5) スナップに関する議論としては、『フェミニスト・キルジョイ』（2017［2022］）における「フェミニスト・スナップ」という章や、『それが何になる？』（2019）の結論部「クィアな用法」を参照のこと。

(6) 第4章では、組織内を通過する一形式としての笑いを考察するとともに、苦情を訴える人物という形象がいつ、どのように現れるかについて分析を深めている。

(7) ハラスメント自体がハラスメントを認識するのを阻止するための労力でもあることを考えると、認識の欠如をハラスメントの欠如として想定しないことは重要だ。とりわけセクシュアル・ハラスメントに関するポリシーにとって、この主張の含意は広範囲に及ぶ。ほとんどのポリシーは、セクシュアル・ハラスメントを「歓迎されない」または「望まない」性的な歩み寄りだと定義している。ここで、すぐに問題を見て取ることができる。特定の振る舞いは、セクシュアル・ハラスメントの本質ゆえにセクシュアル・ハラスメントだと認識されることがないのだ。これが、誰かが問題だと見なしたからではなくて、それ自体が問題であるような幅広い振る舞いを指すために、「性的不適切行為」という語を導入することが政治的にも重要な理由だ。たとえこのように「性的不適切行為」という語を用いるとしても、セクシュアル・ハラスメントが認識されていなかったことを理由にそれが存在しないと想定しないことは重要であり続ける。そもそも、振る舞いを「歓迎されていない」「望まない」と認識するのを困難にすることで権力の濫用が生じるのだと、私たちは説明する必要がある。問題のある幅広い振る舞いを指すために性的不適切行為という言葉を用いるのだとすれば、歓迎されない、または望まない性的な歩み寄りへと矮小化することで、セクシュアル・ハラスメントに関する公的な定義を受け入れたり、想定したりしないことが重要だ。戦略的理由から性的不適切行為という語を使う必要があるのだとしても、今や性的不適切行為と呼ばれる言動の多くをセクシュアル・ハラスメントという言葉はより適切に描写しているというのが私の見解だ。セクシュアル・ハラスメントは振る舞いのかなり大部分に関する本質（ゆっくりと人々を疲弊させるという側面）だけでなく、権力関係やその言動を可能にするより広範な環境（敵対的な環境の生産としてのセクシュアル・ハラスメント）、その言動に対する苦情を阻止することがその言動の効果であること（ハラスメントは、ハラスメントに対する苦情を阻止する）を描写するのを助けてくれる。

(8) 多様性のポリシーと関連した、裏口についての議論は第6章も参照のこと。

(9) 私の経験のなかでもっとも辛かった部分のひとつは、辞職してからはより悪意に満ちたものとなった噂に対処することだった。噂が広まるのに必要な注目を与えないようにしながら、噂に異議を唱えるのは大変だった。噂がどこから来るのか理解することで、部分的には噂とともに生きるため達される方法だからだ。必ずしも実際に言われた内容ではなく、同情的だという印象を生み出すことが重要なのだということを、私はうなずきから学んだ。

(9) それ自体が感染的ではなくても、何かが感染するものとして扱われることがある。けれども、苦情が感染的なものとして扱われると、多くの物事がつられて起こる。不幸に関する同様の議論を、私は『幸福の約束（*The Promise of Happiness*）』(2010) でおこなった。あなたは他者から不幸に感染するという考えは、他者との距離が幸福の維持のためには必要だとして正当化されるということなのだ。

(10) もちろん、あまりにも自分を押し留めることが要求されるせいで、自分の苛立ちを発散するための空間を私たちが必要とすることも時々ある。簡潔に言えばするべき仕事があり、仕事をすると同時に爆発するのは困難なため、爆発しないためにも発散する必要があるのかもしれない。歩き回れるようになるため、私たちはそれを表に出すのだ。関連する議論としては、第 3 章の「姿を現す／カミング・アウト」を参照のこと。

(11) 当然、自分の苦情が初めてではないといわれることで誰もが勇気づけられるわけではないだろう。ある学生は彼女の指導員からのハラスメントに対する苦情を、彼女の学科長へと持って行った。学科長は、ほとんどあくび混じりの口調で「毎年このような苦情を多く聴き取っています」と返答した。まるで、それは前にも聞きました、そこにいたし、それもやったと言うかのように。当の学生は「毎年苦情を聞くのであれば、それが続いているのはなぜですか？」と聞き返した。質問は鋭く、論理の破綻を暴き出すものとなりうる。

(12) 形式的なプロセスを通じた苦情の削除または抹消は、その他の削除や抹消の形式と関連づけられるかもしれない。第 5 章における、同僚との関係性と苦情の抹消に関する議論を参照のこと。

(13) Leila Whitley (2020) は、例えば有期雇用であることが、苦情を訴えるのに必要な時間がないことを意味するかもしれないと考察した。時間性は苦情がアクセス不可能になること、つまり時間性が人びとをハラスメントに対してより脆弱にすることをも意味しうるのだ。

(14) 高等教育独立調停事務所 (the Office of the Independent Adjudicator for Higher Education) は、イングランドとウェールズの高等教育機関に対する学生の苦情を審査するために立ち上げられた独立組織だ。その権限はむしろ狭い。調停事務所は苦情の内容ではなく、むしろ学生の苦情が正当あるいは適切に扱われたのかに関心を持っている。ウェブサイトを参考のこと。https://www.oiahe.org.uk/

(15)「2016 年の夏に大学の職を辞任したサラ・アーメッド教授が告発して初めて、スキャンダルが現れた」と、ジャーナリストであるデイヴィッド・バティは書いている。デイヴィッド・バティによる「大学はハラスメントと嫌がらせに関する沈黙を破らなくてはならない」を参照のこと。*Guardian*, April 18, 2019, https://www.theguardian.com/commentisfree/2019/apr/18/uk-universities-silence-harassment-bullying-gagging-orders-staff

第 2 部　苦情の内在性

(1) 私は現象学的な意味で意図という語を用いている。「モノ／対象への指向性」に関するより詳細な議論については、『クィア現象学（*Queer Phenomenology*）』(Ahmed 2006) の第 1 章を参照のこと。

(2) クィアな時間／クィアな時間性に関する研究としては、Freeman (2010)、Halberstam (2005, 2011)、McCallum and Tuhkanen (2011) を参照のこと。

第 3 章　真っ只中で

(1) 私の著書『包摂されることについて』(2012) では、フェミニストを自認している多様性の実践者が、(まるで自分はそうではないと言うかのように) フェミナチという形象を用いて自分を以前

(2020)、Pierce and Tzanakou (2018) を参照のこと。

(19) Kalwant Bhopal and Holly Henderson (2019) は、英国の人種平等憲章がアテナ・スワンと同様に効果的であるためには賠償と結びつけられる必要があると示唆している。人種的平等よりもジェンダー平等がより真剣に取り上げられているという彼女たちの議論には賛同するものの、人種的平等がジェンダー平等と同じように扱われるとすれば、よりポジティブで商業的なたぐいの、人種に関する限られたワークもまた可能にすると記しておきたい。私が以前『包摂されることについて』(2012) の第5章でパフォーマンス・カルチャーと関連づけて平等を論じたように、平等に関する新たな政策が不平等をもたらすという Bhopal and Pitkin (2020) の重要な議論も参照のこと。

(20) これは馴染み深い立場だ。有色人種のフェミニストとして、フェミニスト・キルジョイであるという私の経験の多くはフェミニストの喜びを殺す〔キルジョイ〕というものだった。例えば、かなりのフェミニスト・ポリティクス内部の人種差別について指摘したり、多くのフェミニスト・スペースにおける白人性を見出したり、といった。第4章の冒頭部分も参照のこと。

第2章　止められることについて

(1) 第6章では、苦情を訴えるなという警告が「キャリア支援」と私たちが呼ぶ一連の行動の一部と考えられうる点について考察する。

(2) べたべたするデータ (sticky data) とは、オンライン上のコミュニケーションがバーチャルな指紋を残すことを表すマーケティング用語だ。例えば、消費者が同じメールアドレスを使うとき、彼／女たちは消費者の興味関心を予測するための情報を与えていることになる。べたべたするデータが持つ商業的な価値についての解説は、フィル・デイヴィスによる「べたべたするデータとは何か、そしてなぜそれが必要なのか (What Is Sticky Data and Why Do I Need It?)」(Towerdata, July 9, 2015, https://www.towerdata.com/blog/what-is-sticky-data-and-why-do-i-need-it) を参照のこと。苦情に対する警告は、もし苦情を訴えればそれは自分自身にくっつき (stick)、苦情がくっつくとすれば身動きが取れなくなる (get stuck) ということを告げている。特定の人びとが苦情を訴える人物となるという物語として、苦情が特定の人びとに「くっつく」(これは誰かが苦情を訴えているかどうかという問題には還元できない変化だ) という点については、第4章の「苦情を訴える人になる／ならない」という節と、第6章の結論部で戻ってこよう。

(3)『フェミニスト・キルジョイ』(2017 [2022]) では、同じような文脈でジェンダーの運命論について語っている。「男の子はいつまでたっても男の子」という声明は、予測や想定として機能しうるのだ。

(4) 私には自分が「条件つきの支援」と呼ぶような多くの経験がある。あるとき、ひとりのフェミニストの同僚が、このような調査があったと私が公に開示するのを支援したけれども、大学の評判に対する影響を懸念していると告げた。その支援の条件とは、懸念だけでなく警告 (大学の評判を貶めるような行動をしないこと) を明確に表すことだったのだ。

(5) 組織内を通過することと関連した、「ことを荒立てる」(rocking the boat) という表現の重要性については第4章で戻ってくる。

(6) 大学が自分を除籍で脅したという事実を開示したために、除籍という脅迫を受けたあるトランスジェンダー学生の例を挙げた、第4章の「非再生産労働」という節を参照のこと。

(7) 苦情の手続きについて。https://www.york.ac.uk/about/departments/support-and-admin/sas/complaints/ より (2020年11月23日)。

(8) 私が話をしたなかで、苦情に対する最初の応答に勇気づけられたと感じた人たちの全員がうなずきについて語ったわけではない。この節を「うなずき」と題したのは、うなずきは「イエス」が伝

なく）多様性という言語の使用に対するRinaldo Walcott（2019）による批判も参照してほしい。第4章の「敵対的環境」と第6章の「多様性のドア」において、私は多様性への批判を展開している。

（11）第8章では、政策のワークが「苦情のアクティビズム」と私が呼ぶものの一部になりうると議論する。私は、特にThe 1752 Groupがおこなった仕事について考える。もし公の場で集合的におこなわれるとすれば、ポリシーや手続きを変えるよう組織にプレッシャーをかけることは、苦情の周りに異なる文化を生み出すことなのかもしれない。

（12）彼女に送られてきた書類に含まれていたのは、組織がその計画をあくまで「固持し」、調査が「［組織の］規律上のポリシーと手続きに則った」形で彼女の事例を取り上げたという弁明だった。その書類を読んだ私は、組織の自己評価に賛同できない。けれども、組織がその事例を扱った方法における不正義は、手続きに従うのに失敗したということだけではない。不正義が手続きに則ることもあるのだ。手続きに従っていてさえも不正義な決定が下されることもある。なぜなら、苦情を訴える人物が批判しようとしている規範や価値観を実行するかもしれない判断〔ジャッジメント〕にそれらの決断が依拠しているからだ。例えば、ハラスメントをおこなった人物との同情的な同一化を中立的な報告が含みうるという点については第5章を参照のこと。

（13）このポリシーの問題点に関する議論については、私の投稿「辞職はフェミニズム的な問題だ」を参照のこと。*Feminist Killjoys*, August 27, 2016, https://feministkilljoys.com/2016/08/27/resignation-is-a-feminist-issue/

（14）この一文は標準的で、英国の大学ポリシーの多くに見受けられた。この一文がほとんどポリシーから消えたのは、The 1752 Groupのような集団から多大なプレッシャーを受けたあとだ（この注釈を書いている時点で、まだこの一文をオンライン上のポリシーに含めている大学やカレッジを二つ見つけた）。かなり頻繁に学生や立場の脆弱な職員によって先導される、ポリシーの修正へとつながるようなアクティビズムのワークは、ポリシーが修正された時点で消えてしまう傾向にあるとつけ加えなければならない。すると、ポリシーは即座に組織からの贈り物に変えられ、組織のコミットメントの表明となるのだ。

（15）問題含みなやり方でポリシーが価値観を表明しているかのように扱われることもあるので、私はあえて注意深い言葉遣いをしている。「私たちは多様性を尊重している」と言うことで組織が人種差別に対する苦情に応答するとき、価値観の表明は人種差別に関する生きられた経験に対抗するために用いられている。セクシュアル・ハラスメントを容認しないと言うことで組織がセクシュアル・ハラスメントに対する苦情に応答するとき、その声明はセクシュアル・ハラスメントに関する生きられた経験に対抗するために用いられているのだ。

（16）これはとても重要だ。明確な手順があり正当な手続きに従うことが、あたかも正義やフェアネスを保障するかのように、手順や正当な手続きへの多くのアピールがおこなわれている。もっとも重要な苦情のアクティビズムは、手順に従った結果その手順が苦情を葬るために用いられると学んだ人びとからやって来る。より良い手続きのために戦うことは、手続きが中立的または解決策になるというどんな確信も手放すことを要求するのかもしれない。正式な苦情の手続きを用いることが直接行動の一形式となるという点についての、苦情のアクティビズムに関する第8章の節も参照のこと。

（17）アテナ・スワンは、高等教育におけるジェンダー平等を支援し変革するための枠組みだ。この節におけるデータは英国の大学の研究者からもたらされているものの、アテナ・スワンの枠組みは多くの国々で使用されている。より詳しい情報は、"Athena Swan Charter," Advance he, https://www.advance-he.ac.uk/equality-charters/athena-swan-charter を参照のこと（2020年11月7日にアクセス）。

（18）質的研究を参照した、アテナ・スワンに対する優れたフェミニズム批評としてはNash et al.

ジ・フロイドの殺害に対する抗議運動以降に執筆され、シェアされたこれらの声明は、ブラック・ライブズ・マターへのコミットメントの形式をとっている。ノンパフォーマティビティに関する私の要点は、組織がそのような声明を出すのを止めるために呼びかけることへとつながらないだろう（コミットメントの声明を出した多くの組織が黒人に対して敵対的な環境であり続けていることを考えれば、そのような呼びかけをおこなう人びともいると理解してはいるけれど）。私の議論はむしろ、そのような声明が自ら語っていることをおこなわないという点に対する説明なのだ。例えば、内容に従っていないと指摘することで、物事をおこなうためにこれらの声明を利用することはできるかもしれない。

(2) 第3章では、苦情のファイル、つまり自分が訴えなかったあらゆる苦情をしまっておく場所の異なるバージョンについて考察する。

(3) 第4章の「不適合と苦情」と題された節で、彼女が苦情を訴えるにいたった経験についてより詳細に議論する。

(4) 第3章の最終節で、彼女の証言とスキャンダルという言葉を使うことの重要性に戻ってこよう。

(5) また別の研究者は、彼女の場合は仕事量や合理的配慮の欠如に関する苦情を訴えることが、取引がおこなわれる方法について気づかせてくれたと説明した。「会話をするとき、それがみんな同じではないと気づくんです。閉じたドアの向こうで取引がおこなわれていると」。

(6) 苦情の手続きが「主人の道具」だと理解されうる点についてはのちほど戻ってくる。この表現は本書で何回か出てくるけれども、これは私が苦情にアプローチする主要なやり方ではない。第4章では Audre Lorde（1984）の論文と関連づけて、苦情が「主人の家」について教えてくれる点に戻ってこよう。第5章では、「主人の道具」として苦情を理解することそのものが、人びとに苦情を訴えないようにさせる手段（それゆえ、問題のある行動様式を再生産しうる方法）として用いられうると考察する。第8章では、苦情のアクティビストが苦情の手続きを利用し、組織の時間を占領することで組織に抵抗することについて議論する。主人の道具が再目的化されるとき、それらはクィアな道具になるのかもしれない。苦情が主人の道具になりうることに対するもっとも強力な説明のひとつとしては、人種差別に関する彼女の苦情のあとにおこなわれた調査が、調査そのものがおこなわれたのかどうか彼女にも知りえないようなやり方で扱われたと詳細に述べた、Julia H. Chang（2020）の文献が挙げられる。「これが、主人の道具で主人の家を解体しようとすると起こることなのだ！」(265)。

(7) 彼の苦情に関するより詳しい議論としては、第6章における「昇進しない」という節を参照のこと。

(8) 同声明に対するアンナ・ブル、ティファニー・ペイジ、レイラ・ウィットリーによる重要な批判に関しては、"Statement," Sexual Harassment in Higher Education, December 2, 2015, https://shhegoldsmiths.wordpress.com/statement/ を参照のこと。

(9) 人種的平等に関するポリシーを執筆した私自身の経験が思い起こされた。例えば組織の問題として白人性を名指すといったような、批判的な語彙を用いたポリシーを私たちは作成したのだ。平等性チャレンジ・ユニット（The Equality Challenge Unit）はそのポリシーを「完璧」だとランクづけた。大学の教員と、その手紙を手にした副学長とのミーティングでは、大学が人種的平等を完璧に達成していると副学長は祝辞を述べた。人種差別を記録した書類は、よきパフォーマンスの指標として利用可能となったのだ。

(10) 多様性の利用と苦情の手続きとのつながりに関するより完全な議論については、『それが何になる？（*What's the Use? On the Uses of Use*）』における「利用と大学」という章を参照のこと。「ジェスチャーの政治」としての多様性に関する Nicola Rollock（2018）の議論や、（公平や反人種差別だけで

て執筆するとき、私は彼女の主張をいつも心に留めておこうとしてきた。苦情が世界を変容させるための労力の一部であるとき、苦情を訴える人びとは世界を異なるやり方で知ることになるのだ。

(38) その重要な研究に対して、キンバリー・クレンショーに感謝を。インターセクショナリティは、ブラック・フェミニズムによるきわめて重要な多くの貢献のうちのひとつだ。ブラック・フェミニズムをインターセクショナリティに還元しないことの重要性については、Holland (2012) と Nash (2018) を参照のこと。インターセクショナリティ概念がヨーロッパのジェンダー・スタディーズへと旅をするとき、同概念に何が起こるかに関してとりわけ説得力のある分析をおこなった、インターセクショナリティが「白人化」されうることに対する批判については Bilge (2013) を参照のこと。ある社会的なカテゴリーとの人びとの関係性が、その他の社会的カテゴリーとの関係性に左右されると表すことを可能にしてくれるという理由で、インターセクショナリティは社会的経験の複雑さを理解するための非常に役立つ方法だと私は思っている。「加算のモデル」に異議を唱えるため、どのようにインターセクショナリティが用いられうるのかに関する詳細で役立つ議論を Brewer (1993) は提供している。インターセクショナリティに対する地図的なアプローチについては Brah (1996) を参照のこと。インターセクショナリティがあるひとりの理論家の研究から発生したのではなく、「ボトム・アップ的な方法」として理解されうるという考察は Phoenix and Bauer (2012) を参照。地に足の着いた理論を用いた質的研究のためのインターセクショナリティの重要性に関する議論としては、Cuádraz and Uttal (1999) を参照のこと。私はまず方法としてのインターセクショナリティにアプローチしているけれども、「インターセクショナリティは研究方法以上のもので、人びとをエンパワーするためのツールだ」という Collins and Bilge (2016, 37) の指摘に感謝する。社会的な世界を表し、理解するために私たちが用いるレンズは、研究方法であるとともにエンパワメントの道具になるのかもしれない。

(39) 第 6 章では、黒人女性や有色人種の女性が性差別や人種差別以外の問題を取り上げるとき（黒人女性も有色人種の女性も別の問題を抱えているのだ！）、それでも性差別や人種差別が出来事を形づくると考察する。「英国のアカデミアを生き延び、活躍している」黒人女性と有色人種の女性たちに関する素晴らしい論文集としては、Gabriel and Tate (2017) を参照のこと。

第 1 章　隙間にご注意を！

(1) 何年にもわたって、私はノンパフォーマティビティという概念を異なるやり方で用いてきた。その言葉が最初に思い浮かんだのは、2002 年におこなわれた人種差別と大学に関するイベントのディスカッション中だ。法制度の変化による結果として、大学が人種的平等に関するポリシーや声明を執筆していたときのこと。ノンパフォーマティブという言葉が、何かを言うことがその何かをおこなわないことと同義だと捉えているかのように思えたのだ。まず私は、宣誓的な発話行為が批判的白人性研究において使われていることを理解するため、この言葉を出版物で用いた (Ahmed 2004)。『包摂されることについて』では、それ自体が名指す物事を無効にするような発話行為として同語をより精確に定義した (Ahmed 2012, 113; Ahmed 2017 も見よ)。この定義は、言説が「それ自体が名指す効果」を生産するという Judith Butler (1993, 2) によるパフォーマティビティの定義を借りている。もっとも最近では、私はノンパフォーマティビティを利用と関連づけて定義している。ノンパフォーマティブな政策は、使われるようにならないことで存在するにいたるのだ (Ahmed 2019)。私は 2020 年の夏にこの本を書き終えようとしているけれども、大学だけでなくその他の組織においてもノンパフォーマティブと呼びうる声明が急増してきた。実際のところ、これらの声明は典型的にパフォーマティブと呼ばれるものだ（パフォーマティビティが空虚なパフォーマンスを暗示するものとして用いられるのならば）。2020 年 5 月 25 日に生じた警官によるジョー

がまるで教育の質や科目の指標と関連するかのように扱われることで、管理されてふるいにかけられると示したい（第5章)。試験などの事務的なプロセスに関する苦情も私は取り上げていない。なので、この本には試験に関する規則への意見の相違が懲戒処分につながったという事例が含まれている（第1章)。大学内で訴えられた苦情と、構造的な不平等と権力関係のもつれを解きほぐすことは難しいのかもしれない。これを考慮すると、この本は大学に対して訴えられた苦情、それゆえ大学に関しての苦情についての本であり、批判的大学研究という分野との関連性のもとに位置づけることができるだろう。この分野に私自身の研究を位置づけてはいないものの、両者のつながりについて Tseen Khoo, James Burford, Emily Henderson, Helena Liu, and Z. Nicolazzo（2020）から学んだことをとてもありがたく思う。

(32) 以下のブラック・フェミニストや有色人種のフェミニストによる文献が、組織に抵抗するための仲間を与えてくれると私は思っている——Alexander（2006)、Bilge（2020b)、Essed（1996)、Hampton（2020)、Kamaloni（2019)、Mirza（2017)、Mohanty（2003)、Sian（2019)、Smith（2010)、Tate（2017)、Wekker（2016)。

(33) ダイバーシティ・ワークとは、何かをおこなわないために多様性が用いられるのでなされるワークのことだ。『フェミニスト・キルジョイ（2017［2022］)』では、二つの意味で私はダイバーシティ・ワークを使った。排除されてきた人びとのために組織を開くことで、組織を変革しようと私たちがおこなうワーク。そして、ある組織の規範の内部に私たちが存在していないときにおこなうワーク。この二つの意味は、しばしばひとつの身体のなかで出会う。組織の規範の内部に存在しているとはいえない人びとは、時にそのような規範を変革するという課題を与えられるのだ。この本の第4章では、ダイバーシティ・ワークとしての苦情、つまり私たちに居場所が与えられていないときにおこなうワークや、居場所を得るためにおこなうワークについて考察する。このようにダイバーシティ・ワークにアプローチする方法は、障害のある研究者や学生が合理的配慮を確保し、健常主義やアクセスの難しさに対して苦情を訴えるというワークについて語るのを聴き取ることで形づくられてきた。

(34) 米国の文脈における性暴力をめぐる学生運動に対するキプニスの批判に、マクリントックは異議を唱えている。批判に対する彼女の批判は、米国やそれ以外での大学における性暴力に対する多くの学生主導のアクティビズムへの鋭い描写だ。インスピレーションを与えてくれたアン・マクリントックに感謝を。性暴力をめぐる学生運動の革新的な本質に関する議論としては、Rentschler（2018）を参照のこと。

(35) 5月25日に生じた警官によるジョージ・フロイドの殺害に伴うブラック・ライブズ・マター運動が大学の様相を変えることを約束したのちの、2020年6月に私はこの「はじめに」を書いている。学生主導の抗議運動や要求に対する何年もの抵抗のあと、比較的速いスピードで像を撤去したり建物の名前を変えたりする決断が下された。今現在起きている物事を可能にした要素として、それ以前の闘争について考えることは重要だ。緩慢な遺産としての苦情に関する議論については、第8章の最後の数段落を参照のこと。

(36) エリート大学における黒人女性や有色人種の女性の経験に関する力強い論文集としては、Olufemi et al.（2019）を参照のこと。この論文集そのものを苦情のアクティビズムの一形式として読むこともできるだろう。ラディカル・ブラック・フェミニズムの重要かつ新たな再分節化については、Olufemi（2020）も参照。

(37) また、Davis（2016, 19）は「インターセクショナリティという概念の背後には、闘争の豊かな歴史がある」と示唆している。概念がアクティビズムから派生してアカデミアに紹介される（その逆ではない）と認識することを教えてくれた、アンジェラ・Y・デイヴィスに感謝を。苦情につい

(28) 苦情のプロセスの初期かつ非公式な段階におけるたぐいの会話、つまり苦情のプロセスにおいて公的な立場にある人びととの会話であり私が「組織的な」会話と表現するものについて第2章では論じる。第3章では、苦情を訴えるべきかどうかに関して友人や仲間とおこなう会話を考察する。これらの異なる会話を一緒に聴き取ることで、私は多くを学んだ。

(29) 苦情を正式な苦情に還元しないための方法として私は苦情の経歴という概念を用いるけれども、この本におけるデータのほとんどは正式な苦情を訴えた人びとや、正式な苦情を訴えることを考えた人びとから生じている。正式な苦情に関する学術研究はさまざまな分野に散らばっている。苦情のシステムに関する研究でもっともよく知られたもののひとつは、警察に対する苦情だ（Maguire and Corbett 1991）。その他のセクターよりも、（苦情という視点から考えると）健康と医療においては苦情の経験についてのより幅広い質的研究の文献がある。例えばMulcahy（2003）を参照のこと。英国の医療専門職協議会（Health and Care Professions Council）によって資金提供された、苦情に関する既存の研究についての選定（scoping）プロジェクトは、医療に関する多くの資料を提供していて､それらは以下のウェブサイトからダウンロードできる。https://www.hcpc-uk.org/resources/（2020年7月21日にアクセス）。一人称による苦情を訴えた事例はたくさんあるけれども、大学で苦情を訴えるという人びとの経験に対する質的研究は十分ではない。Anna Bull と Rachel Rye（2018）は学生とのインタビューに基づき、英国における職員の性的不適切行為に対する学生からの苦情に関する研究をおこなった。Valerie Sulfaro と Rebecca Gill（2020）はアカデミアにおける自身のセクシュアル・ハラスメントの経験に則り、米国の教育改正法第九編（Title IX）を用いてセクシュアル・ハラスメントに対する正式に苦情を訴えるための実践的な手引きをいくつか提供している。Carolyn West（2010）はセクシュアル・ハラスメントを受けた自身の経験について力強い記述をおこなった。黒人女性が人種化されたセクシュアル・ハラスメントを経験することについて具体的に省察したのだ。Jennifer Doyle（2015）は、彼女の大学における教育改正法第九編を扱う部署を通じてある学生に対して苦情を訴えた自身の経験から始まる、苦情がおこなう物事（そして、苦情が苦情に対する苦情につながりうるということ）についてのフェミニズム的な分析をおこなった。Julia H. Chang（2020）は、人種差別に対する苦情を訴えたときに何が起きたか（そして何が起こらなかったか）に関してとても力強い説明をしていて、「注意しておくべき物事」について役立つアドバイスをくれる。また、その一部は不平や苦情を取り扱う責任を負っている反人種差別の実践者とのインタビューに基づく、カナダの大学における反人種差別のポリシーに関するEnakshi Dua（2009）の重要な研究も参照のこと。ポリシーのレベルにおける人種的平等へのコミットメントにかかわらず、人種差別に対する苦情が前に進まない理由を彼女は議論している。

(30) 引用はアンドレア・ガルシア・ギリベットによる「タラナ・バーク——Me Too舞台裏の女性」より（Amnesty International, August 21, 2018, https://www.amnesty.org/en/latest/education/2018/08/tarana-burke-me-too/）。エンターテイメント産業におけるセクシュアル・ハラスメントに関して、一人の白人女性により一般化したことで#MeTooが拡散したという事実は､誰の苦情が「取り上げられる」のかという点について示唆的だ。「取り上げる」ことをめぐる議論と、TooよりもMeを強調する形で主流のホワイト・フェミニズムが#MeTooというハッシュタグを取り上げたことを批判するAlison Phipps（2020）の文献については第4章を参照のこと。#MeTooを参照点としたアカデミアにおける性暴力の省察としては、Karuna Chandrashekar, Kimberly Lacroix and Sabah Siddiqui（2018）やLaura A. Gray-Rosendale（2020）を参照。

(31) この本は全てのあるいはどんな苦情でも取り扱うものではないとすでに記した。また、この本は大学において訴えられた全てのあるいはどんな苦情でも取り扱うものでもない。私は教育の質や科目の指標に関連した苦情は考察していない。ここまで述べたうえで、ハラスメントに関する苦情

(18) これらの証言の聴き取りが、第8章の冒頭に影響を与えたことについてはあとで戻ってくる。「影響を受ける」ということについて考えるとき、私は学習を思い浮かべる。私がこの研究から学んだ物事を、自分がシェアした物語によって影響されたという事実から切り離すのは不可能なのだ。

(19) 苦情が現在に存在しているという感覚は、これらの物語を語るにあたってとても重要だ。これを理由に、私と共有してもらえた経験について書く際には主に現在形を用いることを選択した。たとえそれらが過去の経験だったとしても。語られた経験の性質を伝えるため、時々私は時制を切り替えている。読者にとってこれが落ち着かない経験かもしれないとは気づいているけれども。

(20) 苦情のアクティビズムがファイル棚に、そして政治的な物体へと変化するという議論に関しては、第8章を参照のこと。

(21) 私が話した人びとに仮名を与え、それぞれの物語をより完全な形で提示することも考えたけれど、資料を示すのに相応しいやり方だとは思えなかった。私の目的は集合的に苦情を振り返ることであって、それぞれの引用は個人の物語であるのと同じくらい集合的な物語の断片だと考えたのだ。特定の事例において、断片をつなぎ合わせることがそれ以外の方法ではできない物事を見せてくれたとき、同一人物による物語の異なる断片を私はつなぎ合わせた。苦情が集合性に関する「古く、風化したレンズ」を与えてくれることについては第8章を参照のこと。

(22) ほとんどのインタビューは90分ほどかかった。最も長い個人的におこなったインタビューは3時間ほど。

(23) 苦情の情動的な本質に関する私の着目は、Lauren Berlant (2008) による女性の苦情の考察と結びついている。バラントは、苦情を「経験をアーカイヴし、経験を証拠に、証拠を議論に、議論を慣習に、慣習をクリシェに、つまり個人を一生にわたって捕らえうるほど強力なクリシェに変えるための方法」と説明する (227)。私の議論は、女性の苦情というよりフェミニズム的な苦情に関するものだ（この研究をおこなうと決めるさらに前、私は2014年のブログに「フェミニズム的な苦情」という記事を投稿した)。おそらくそれほど慣習やクリシェを通じてではなくとも、フェミニズム的な苦情も「個人を一生にわたって捕らえ」ることがある。このインスピレーションを与えてくれたバラントの研究に感謝を。女性の苦情に対するバラントのアプローチを参照した、Green (2017) と Washick (2020) の文献も参照のこと。この本を苦情という文学的なジャンルに関する学術研究と関連づけ位置づけるわけではないけれども、感情をめぐる問いはより文学的な問いについての私の関心と結びついている。文学的ジャンルとしての苦情に関する次の説明を考えてみてほしい。「苦情とは、終わりのない嘆きのように見えるものに基づく文学的ジャンルだ（悲しみを明らかにしたあとで、それをあるべき場所に戻し、哀悼し、前に進むことを目的とする哀歌〔エレジー〕とは対照的に)」。詩人が苦情を描写するとき、喪失を形づくりそれを俯瞰する哀歌詩人とは異なり、彼／女は喪失の経験を長引かせるために詩を用いるのだ (Mikics 2010, 67)。喪失の克服や、喪失にしがみつくことに対する失敗、つまり特定の人々が否定性に離れがたくくっついていると見なされることとしてしばしば苦情は捉えられるのだ。

(24)『それが何になる？(*What's the Use? On the Uses of Use*)』(2019) では感嘆符〔エクスクラメーション・マーク〕について、まずそれらが多用されること、次いで警告になること、最後にはダイバーシティ・ワーカーが感嘆〔エクスクラメーション〕の地点となることを振り返りながら論じた。

(25) 語源は「攻撃 (strike)」を意味する印欧語の plak だ。

(26) Definition from Online Etymology Dictionary, https://www.etymonline.com/word/express#etymonlinev14105 (2020年11月16日にアクセス)。

(27) 苦情を訴える人物でなくなることが、苦情によって疲弊した人々にとってはプロジェクトになると第4章では論じる。

る異なる位置を占めたことから得られる貴重な視座を共有してくれた。そのうちの一人は、事務担当者として苦情を受け取るという実践のもっとも優れた説明をしてくれたのだ。「そのプロセスを通じて彼／女たちを導いたやり方というのは、もちろん私の視点からのバージョンですが、あなたがそうしているようにとても共感的な聞き手となることでした。まず初めに物語を聞いて、決定を下すんです。何人かは正式な苦情を提出し、そうしない人たちもいました。私はいつも当人に選ばせたんです。特に苦情をファイルし、そのあとに起こる出来事の影響について知っていたので、これが私の場所だとは思わなかったし、人びとが何かをしたりしなかったりするのを押しつけたくはありませんでした」。

(10) これは社会科学の方法を用いて私がおこなった二番目の大規模な研究だ。私は人文学の研究者としての訓練を受けているので、私のデータの使い方——言葉や音、形象やイメージへの詳細な着目——が現れているのは疑いようがない。英国のブラック・フェミニズムとカルチュラル・スタディーズの交点で研究している人びとが私の方法論に影響を与えた。特に、Avtar Brah (1996)、Yasmin Gunaratnam (2003)、Gail Lewis (2000) といった研究者だ。この研究は、グナラトナムの言葉を引用すると「社会的言説は、個人や集団に感情的で物理的、かつ身体化された影響をもたらす組織的・社会的な権力関係と生きられた経験と絡み合っている」点を認識している。また、私のアプローチは人文学だけでなく社会科学の知見を形づくった現象学的な伝統にも影響されたものだ。

(11) 引用が非公式なコミュニケーション（例えば私に送られたEメールや会話）に基づくとき、私はつねにそう明示している。そうではない場合、引用は口頭あるいは記述された証言に基づいている。

(12) 高等教育機関における多様性に関する私の以前の実証研究には資金が提供されていた。結局は、資金提供者がこの研究に求めた物事によって制限されることになってしまった。彼／女たちは、そのセクターが人種的平等の促進をうまくやっているという物語をこの研究に語ってほしかったのだ。それは私たちの発見とは異なるので、私たちはその物語を語るのを拒否した。私たちの報告書はあまりにも苦情に満ちたものだった。人種に重点を置き「すぎ」だとさえ言われたのだ。今や非公式に出回っているその報告書を、彼／女たちは出版しなかった。だから、組織の批判や組織に対する苦情というワークをおこなうことは、そのワークの資源が組織によって与えられているときに制限されうるし、制限されるだろうという点を明確に意識しつつ、私はこのプロジェクトにたどり着いたのだ。

(13) インタビューをおこなう前に、このプロジェクトの説明とともにそれぞれの参加者に送るための同意書を私は自作した。録音や彼／女たちがシェアしたくれた物語をどのように使うかについてもそれぞれに語った。

(14) ここでは第5章における最初のドアの物語に言及している。

(15) 学科長によるハラスメントに苦情を訴えた、第1章のある女性教授による力強い説明を参照のこと。苦情を訴えるときにあなたの恐怖がドアを通ってやってくるだろうと彼女は語っている。

(16) ランカスター大学で女性学を教えていた私のアカデミックなキャリアの初期に、文化的な記述としての証言に興味を持った。2000年に女性学部門で開催された「証言文化とフェミニズムのアジェンダ」という学会に基づき、私がジャッキー・ステイシーと一緒に編集した「証言文化（Ahmed and Stacey 2001)」という特別号を参照してほしい。この本では、誰の証言が信用されないと見なされるのかについて私は興味を持っている。さらに、「判断〔ジャッジメント〕が証言者としての女性に不均衡にのしかかる」ことを考察した、Leigh Gilmour (2016, 1) による重要な解説も参照のこと。

(17) この定式化については、サラ・フランクリンに感謝を捧げる。

原注

はじめに　苦情を聴き取る

(1) この論文は「口答えするのはアジア人の淑女らしくない」と題され、『黒人の英国について書くこと――分野横断的アンソロジー（*Writing Black Britain: An Interdisciplinary Anthology*）』（2020）に収められている。Wilson（[1978] 2018）も参照のこと。

(2) この短い説明のなかには、秘書がサボタージュをする人物になりうるという手がかりがある。その議論については第8章を参照のこと。

(3) この定義はメリアム・ウェブスター辞書によるもの（2020年12月2日に確認）。https://www.merriam-webster.com/dictionary/complaint

(4) ウィットリーなどによる本書の第7章を参照のこと。個人の苦情を提出したとき、彼女たちは集合的に行動したと説明している。特定のやり方で現れているかのように見せかけることで、特定のやり方で現れろという組織の要求に抵抗することができるのだ。

(5) #フェミニズムの教授法としての苦情（#Complaintasfeministpedagogy）は、このプロジェクトのための私のツイッター上でのハッシュタグになった。あなたの苦情をシェアするのに、これを自由に使ってほしい！

(6) 2015年の12月11日に辞職するその6か月前に、私は苦情について研究しようと決めた。フェイスブックの投稿にこう書いたのだ。「Uses of the Useに関するプロジェクトのあとに、苦情（Complaint）という本を書きたくなった。苦情、たったその一言。職場でのハラスメントや嫌がらせについて苦情を訴えた人たちに話を聞いて、より経験に基づいた研究をしたいと。苦情を訴えた人びとや苦情に対してや起こる出来事から学べることはとても多いので」。

(7) 私が話をした人びとのほとんどは英国を拠点にしている。政策の枠組みや苦情の手続きに関する私の議論はこの文脈でおこなわれたものだ。私が交流した人びとは主に私に連絡を取ってきてくれて、場所によって私が研究を制限することはなかったので、国外の人とも連絡を取ってきた。トルコ、ポルトガル、インド、オーストラリア、リトアニア、米国、カナダの学生や研究者からも私は（記述や口頭での）証言を受け取った。けれども、これは比較研究ではない。国の場所についてのデータに関する言及を削除することはなかったけれども、データを位置づけないと私は決めた。その国の文脈や国内において苦情が取り扱われるやり方にはさまざまな違いがある。また、多くの特定要素をつけ加えることでテクストを乱雑にしたり滞らせたりしたくなかった。私はまず初めに、その人物が苦情を訴えたときのアカデミックな地位（つまり、学生や若手研究者であろうとなかろうと）とともに、苦情を紹介するやり方をとったのだ。そして、私は人びとの自己認識にしたがった（例えば、ある人物が有色人種の女性あるいはレズビアンの女性としての経験を語っている場合、私はその人を有色人種の女性あるいはレズビアンの女性として紹介する、というように）。

(8) 私のウェブサイトにはこのプロジェクトのページだけでなくメールアドレス（complaintstudy@gmail.com）も掲載されていた。そのページとメールアドレスは私が生きているかぎりそこに存在し続ける。

(9) 多様性に関するプロジェクトのために事務職の人びとにインタビューをしたことはあったけれど、苦情を訴えた人びととの経験に着目したかったので、最初は彼／女たちにインタビューをするつもりではなかった。けれども、英国を拠点としているある事務担当者が私と話をしたいと言ってくれたとき、彼女の証言はとても示唆に富んで貴重だった（第1章を参照）。私は多くの非公式の会話を事務担当者とおこなってきた。そのいくつかは続く各章に示してある。さらに、私が会話をしたうちの二人は事務の経験だけでなく苦情を訴えるという経験もしていて、苦情のプロセスにおけ

Whitley, Leila, and Tiffany Page. 2015. "Sexism at the Centre: Locating the Problem of Sexual Harassment." *New Formations* 86: 34–53.

Williams, Patricia. 1991. *The Alchemy of Race and Rights.* Cambridge, MA: Harvard University Press.

Wilson, Amrit. (1976) 2000. "It Is Not like Asian Ladies to Answer Back." In *Writing Black Britain, 1948–88: An Interdisciplinary Anthology*, edited by James Proctor, 184–92. Manchester: Manchester University Press.

Wilson, Amrit. (1978) 2018. *Finding a Voice: Asian Women in Britain.* Cantley, Québec: Daraja.

Yergeau, Melanie. 2017. *Authoring Autism: On Rhetoric and Neurological Queerness.* Durham, NC: Duke University Press.

Sian, Katy. 2019. *Navigating Institutional Racism in British Universities*. London: Palgrave Macmillan.

Skeggs, Beverley. 1995. "Women's Studies in Britain in the 1990s: Entitlement Cultures and Institutional Constraints." *Women's Studies International Forum* 18, no. 4: 475–85.

Skeggs, Beverley. 1997. *Formations of Class and Gender: Becoming Respectable*. London: Sage.

Skeggs, Beverley. 2004. *Class, Self, Culture*. London: Routledge.

Smith, Linda Tuhiwai. (1999) 2012. *Decolonizing Methodologies: Research and Indigenous Peoples*. London: Zed.

Smith, Malinda. 2010. "Gender, Whiteness, and 'Other Others' in the Academy." In *States of Race: Critical Race Feminism for the 21st Century*, edited by Sherene Razack, Malinda Smith, and Sunera Thobani, 23–35. Toronto: Between the Lines.

Sulfaro, Valerie A., and Rebecca Gill. 2020. "Title IX: Help or Hindrance?" In *Me Too, Political Science*, edited by Nadia Brown, 204–27. Oxford: Routledge.

Swan, Elaine. 2010. "Commodity Diversity: Smiling Faces as a Strategy of Containment." *Organization* 17, no. 1: 77–100.

Tamale, Sylvia. 2020. *Decolonization and Afro-Feminism*. Ottawa: Daraju.

Tate, Shirley Anne. 2017. "How Do You Feel? 'Well-Being' as a Deracinated Strategic Goal in UK Universities." In *Inside the Ivory Tower: Narratives of Women of Colour Surviving and Thriving in British Academia*, edited by Deborah Gabriel and Shirley Anne Tate, 54–66. London: IOE Press.

Taylor, Yvette. 2018. "Navigating the Emotional Landscapes of Academia: Queer Encounters." In *Feeling Academic in the Neoliberal University*, edited by Yvette Taylor and Kinneret Lahad, 61–86. London: Palgrave Macmillan.

Taylor, Yvette, and Kinneret Lahad, eds. 2018. *Feeling Academic in the Neoliberal University*. London: Palgrave Macmillan.

Thompson, Meaghan. 2019. "Digital Activism and storytelling: Exploring the Radical Potential of the #MeToo Movement." In *Resistance in Pop Culture and Contemporary Culture*, edited by Leisa Clark, Amanda Firestone, and Mary Pharr, 21–32. Jefferson, NC: McFarland.

Todd, Zoe. 2016. "An Indigenous Feminist's Take on the Ontological Turn: 'Ontology' Is Just Another Word for Colonialism." *Journal of Historical Sociology* 29, no. 1: 4–22.

Tuck, Eve, and C. Ree. 2013. "A Glossary of Haunting." In *A Handbook of Auto-Ethnography*, edited by Stacey Holman Jones, Tony E. Adams, and Carolyn Ellis, 639–58. Walnut Creek, CA: Left Coast.

Tuck, Eve, and K. Wayne Yang. 2012. "Decolonization Is Not a Metaphor." *Decolonization: Indigeneity, Education and Society* 1, no. 1: 1–40.

Turkheimer, Deborah. 2019. "Unofficial Reporting in the #MeToo Era." *University of Chicago Legal Forum*, article 10. https://chicagounbound.uchicago.edu/uclf/vol2019/iss1/10

Walcott, Rinaldo. 2019. "The End of Diversity." *Public Culture* 31, no. 2: 393–408.

Washick, Bonnie. 2020. "Complaint and the World-Building Politics of Feminist Moderation." *Signs* 45, no. 3: 555–80.

Wekker, Gloria. 2016. *White Innocence: Paradoxes of Colonialism and Race*. Durham, NC: Duke University Press.

West, Carolyn M. 2010. "Resistance as Recovery: Winning a Sexual Harassment Complaint." In *African Americans Doing Feminism: Putting Theory into Everyday Practice*, edited by Aaronette M. White, 175–88. New York: State University of New York Press.

Whitley, Leila. 2020. "How Contingent Faculty Contracts Contribute to Sexual Violence on Campus." Gender Policy Report, University of Minnesota, June 16. https://genderpolicyreport.umn.edu/how-contingent-faculty-contracts-contribute-to-sexual-violence-on-campus/

Whitley, Leila. 2022. "The Displacement of Harm." *Signs*.

Moreton-Robinson, 17-31. Canberra: Aboriginal Studies Press.
Olufemi, Lola. 2020. *Feminism, Interrupted: Disrupting Power.* London: Pluto.
Olufemi, Lola, Odelia Younge, Waithera Sebatindira, and Suhaiymah Manzoor-Khan, eds. 2019. *A Fly Girl's Guide to University: Being a Woman of Colour at Cambridge and Other Institutions of Power and Elitism.* Birmingham, UK: Verve Poetry Press.
Page, Tiffany, Anna Bull, and Emma Chapman. 2019. "Making Power Visible: 'Slow Activism' to Address Staff sexual Misconduct in Higher Education." *Violence against Women* 25, no. 11: 1309–30.
Palko, Abby, Jamie Wagman, and Sonalini Sapra, eds. 2020. *Feminist Responses to the Neoliberalization of the University: From Surviving to Thriving.* London: Lexington Books.
Paludi, Michele Antoinette, ed. 1990. *Sexual Harassment on College Campuses: Abusing the Ivory Power.* Albany: State University of New York Press.
Pearce, Ruth, and Charikleia Tzanakou. 2018. "Moderate Feminism within or against the Neoliberal University? The Example of Athena SWAN." *Gender, Work and Organization* 26, no. 8: 1190–211.
Pereira, Maria Do Mar. 2017. *Power, Knowledge and Feminist Scholarship: An Ethnography of Academia.* London: Routledge.
Phipps, Alison. 2018. "Reckoning Up: Sexual Harassment and Violence in the Neoliberal University." *Gender and Education,* June 6. https://www.tandfonline.com/doi/full/10.1080/09540253.2018.1482413
Phipps, Alison. 2020. *Me, Not You: The Trouble with Mainstream Feminism.* Manchester: Manchester University Press.
Phoenix, Ann, and Elaine Bauer. 2012. "Psychosocial Intersections: Contextualising the Accounts of Adults Who Grew Up in Visibly Ethnically Different Households." *European Journal of Women's Studies,* November 30. https://journals.sagepub.com/doi/10.1177/1350506812455994
Price, Margaret. 2011. *Mad at School: Rhetorics of Mental Disability and Academic Life.* Ann Arbor: University of Michigan Press.
Puwar, Nirmal. 2004. *Space Invaders: Race, Gender and Bodies Out of Place.* Oxford: Berg.
Qureshi, Sadiah. 2019. "A Manifesto for Survival." In *To Exist Is to Resist: Black Feminism in Europe,* edited by Akwugo Emejulu and Francesca Sobande, 205–18. London: Pluto.
Reay, Diane. 2018. "Working-Class Educational Transitions to University: The Limits of Success." *European Journal of Education,* September 24. https://onlinelibrary.wiley.com/doi/abs/10.1111/ejed.12298
Rentschler, Carrie. 2018. "#Metoo and Student Activism against Sexual Violence." *Communication, Culture and Critique* 11, no. 3: 503–7.
Rivers, Ian. 2016. "Homophobic and Transphobic Bullying at Universities." In *Bullying among University Students: Cross-National Perspectives,* edited by Helen Cowie and Carrie Anne Myers, 48–60. Oxford: Routledge.
Rollock, Nicola. 2018. "The Heart of Whiteness: Racial Gesture Politics, Equity, Higher Education." In *Dismantling Race in Higher Education,* edited by Jason Arday and Heidi Mirza, 313–30. London: Palgrave Macmillan.
Rollock, Nicola. 2019. *Staying Power: The Career Experiences and Strategies of UK Black Female Professors.* UCU Report. https://nicolarollock.com/black-female-profs
Said, Edward. 1978. *Orientalism.* London: Routledge.〔『オリエンタリズム』今沢紀子訳、1986 年、平凡社〕
Salamon, Gayle. 2018. *The Life and Death of Latisha King: A Critical Phenomenology of Transphobia.* New York: New York University Press.
Sedgwick, Eve Kosofsky. 1985. *Between Men: English Literature and Male Homosocial Desire.* New York: Columbia University Press.〔『男同士の絆――イギリス文学とホモソーシャルな欲望』上原早苗・亀澤美由紀訳、2001 年、名古屋大学出版会〕
Sharpe, Christina. 2016. *In the Wake: On Blackness and Being.* Durham, NC: Duke University Press.

Kupenda, Angela Mae. 2007. "Facing Down the Spooks." In *Presumed Incompetent: The Intersections of Race and Class for Women in Academia*, edited by Gabriella Gutiérrez y Muhs, Yolanda Flores Niemann, Camren G. González, and Angela P. Harris, 20–28. Boulder: University Press of Colorado.

Lentin, Alana 2020. *Why Race Still Matters*. Cambridge: Polity.

Lewis, Gail. 2000. *'Race,' Gender, Social Welfare: Encounters in a Postcolonial Society*. Cambridge: Polity.

Lewis, Gail. 2019. "Where Might We Go If We Dare': Moving beyond the 'Thick, Suffocating Fog of Whiteness' in Feminism." Interview with Clare Hemmings. *Feminist Theory* 20, no. 4: 405–21.

Lorde, Audre. 1978. *The Black Unicorn*. New York: Norton.

Lorde, Audre. 1981. "An Interview with Ander Lorde By Adrienne Rich." *Signs* 6, no. 4: 713–36.

Lorde, Audre. 1984. *Sister Outsider: Essays and Speeches*. Trumansburg, NY: Crossing.

Lorde, Audre. 1988. *A Burst of Light: Essays*. Ithaca, NY: Firebrand Books.

Love, Heather. 2007. *Feeling Backward: Loss and the Politics of Queer History*. Cambridge, MA: Harvard University Press.

Maguire, Mike, and Claire Corbett. 1991. *A Study of the Police Complaints System*. London: HMSO.

McCallum, E. L., and Mikko Tuhkanen, eds. 2011. *Queer Times, Queer Becomings*. Albany: State University of New York Press.

McClintock, Anne. 2017. "Who's Afraid of Title IX?" *Jacobin*, October 24. https://www.jacobinmag.com/2017/10/title-ix-betsy-devos-doe-colleges-assault-dear-colleague

Mikics, David. 2010. *A New Handbook of Literary Terms*. New Haven, CT: Yale University Press.

Mill, James. (1818) 1997. *History of British India*. London: Routledge.

Mirza, Heidi. 2017. "'One in a Million': A Journey of a Post-Colonial Woman of Colour in the White Academy." In *Inside the Ivory Tower: Narratives of Women of Colour Surviving and Thriving in British Academia*, edited by Deborah Gabriel and Shirley Anne Tate, 39–53. London: IOE Press.

Mohanty, Chandra Talpade. 2003. *Feminism without Borders: Decolonizing Theory, Practicing Solidarity*. Durham, NC: Duke University Press.〔『境界なきフェミニズム』菊地恵子・吉原令子・我妻もえ子訳、2012 年、法政大学出版局〕

Moreton-Robinson, Aileen. 2015. *The White Possessive: Property, Power, and Indigenous Sovereignty*. Minneapolis: University of Minnesota Press.

Mukandi, Bryan, and Chelsea Bond. 2019. "'Good in the Hood' or 'Burn It Down'? Reconciling Black Presence in the Academy." *Journal of Intercultural Studies* 40, no. 2: 254–68.

Mulcahy, Linda. 2003. *Disputing Doctors: The Socio-Legal Dynamics of Complaints About Medical Care*. Maidenhead, UK: Open University Press.

Nash, Jennifer C. 2018. *Black Feminism Reimagined: After Intersectionality*. Durham, NC: Duke University Press.

Nash, Meredith, Ruby Grant, Li-Min Lee, Ariadna Martinez-Marrades, and Tania Winzenberg. 2020. "An Exploration of Perceptions of Gender Equity among SAGE Athena SWAN Self-Assessment Team Members in a Regional Australian University." *Higher Education and Development*, March 23. https://www.tandfonline.com/doi/full/10.1080/07294360.2020.1737657

Nicolazzo, Z. 2016. *Trans* in College: Transgender Students' Strategies for Navigating Campus Life and the Institatinal Politics of Inclusion*. Sterling, VA: Stylus.

Nicoll, Fiona. 2004a. "'Are You Calling Me a Racist?': Teaching Critical Whiteness Theory in Indigenous Sovereignty." *borderlands* 3, no. 2: n.p.

Nicoll, Fiona. 2004b. "Reconciliation in and out of Perspective: White Knowing, Seeing, Curating and Being at Home in and against Indigenous Sovereignty." In *Whitening Race: Essays in Social and Cultural Criticism*, edited by Aileen

Gilmour, Leigh. 2016. *Tainted Witness: Why We Doubt What Women Say about Their Lives.* New York: Columbia University Press.

Goodfellow, Maya. 2019. *The Hostile Environment: How Immigrants Became Scapegoats.* London: Verso.

Gordon, Avery.（1997）2008. *Ghostly Matters: Haunting and the Sociological Imagination.* 2nd edition. Minneapolis: University of Minnesota Press.

Gray-Rosendale, Laura A., ed. 2020. *Me Too, Feminist Theory and Surviving Sexual Violence in the Academy.* London: Lexington Books.

Green, Adrienne, and Alia Wong. 2015. "LGBT Students and Campus Sexual Assault." *Atlantic,* September 22. https://www.theatlantic.com/education/archive/2015/09/campus-sexual-assault-lgbt-students/406684/

Green, Barbara. 2017. *Feminist Periodicals and Daily Life: Women and Modernity in British Culture.* London: Macmillan.

Grimm, Jacob, and Wilhelm Grimm. 1884. *Household Tales,* vol. 2. Translated by Margaret Hunt. London: George Bell.〔『グリム童話集』〕

Grogan, Erin. 2020. "Chronology." In *Cambridge Companion to Queer Studies,* edited by Siobhan Somerville, xiv–xxiv. Cambridge: Cambridge University Press.

Gumbs, Alexis Pauline. 2016. *Spill: Scenes of Black Feminist Fugitivity.* Durham, NC: Duke University Press.

Gunaratnam, Yasmin. 2003. *Researching "Race" and Ethnicity: Methods, Knowledge and Power.* London: Sage.

Halberstam, Jack. 2005. *In a Queer Time and Place.* NY: New York University Press.

Halberstam, Jack. 2011. *The Queer Art of Failure.* Durham, NC: Duke University Press.〔『失敗のクィアアート――反乱するアニメーション』藤本一勇訳、2024 年、岩波書店〕

Hall, Radclyffe.（1928）1982. *The Well of Loneliness.* London: Virago.〔『さびしさの泉』大久保康雄訳、1952 年、新潮社〕

Hamad, Ruby. 2019. *White Tears, Brown Scars: How White Feminism Betrays Women of Colour.* Melbourne: Melbourne University Publishing.

Hampton, Rosalind. 2020. *Black Racialization and Resistance at an Elite University.* Toronto: University of Toronto Press.

Hamraie, Aimi. 2017. *Building Access: Universal Design and the Politics of Disability.* Minneapolis: University of Minnesota Press.

Hartman, Saidiya. 2019. *Wayward Lives, Beautiful Experiments: Intimate Histories of Riotous Black Girls, Troublesome Women and Queen.* London: Serpent's Tail.

Hey, Valerie. 2003. "Joining the Club? Academia and Working-Class Femininities." *Gender and Education* 15, no. 3. https://www.tandfonline.com/doi/abs/10.1080/09540250303863

Holland, Sharon Patricia. 2012. *The Erotic Life of Racism.* Durham, NC: Duke University Press.

hooks, bell. 2000. *Feminist Theory: From Margin to Center.* London: Pluto.〔『ベル・フックスの「フェミニズム理論」――周辺から中心へ』野﨑佐和・毛塚翠訳、2017 年、あけび書房〕

Inckle, Kay. 2018. "Unreasonable Adjustments: The Additional Unpaid Labour of Academics with Disabilities." *Disability and Society* 33, no. 8: 1372–76.

Joseph-Salisbury, Remi. 2019. "Institutionalised Whiteness, Racial Microaggressions and Black Bodies out of Place in Higher Education." *Whiteness and Education* 4, no. 1. https://www.tandfonline.com/doi/full/10.1080/23793406.2019.1620629.

Kamaloni, Sunshine. 2019. *Understanding Racism in a Post-Racial World: Visible Invisibilities.* London: Palgrave Macmillan.

Khoo, Tseen, James Burford, Emily Henderson, Helena Liu, and Z. Nicolazzo. 2020. "Not Getting Over It: The Impact of Sara Ahmed's Work in the Field of Critical University Studies." *Journal of Intercultural Studies* (December). https://www.tandfonline.com/doi/full/10.1080/07256868.2020.1859209

De La Cruz, Sonia, Nini Hayes, and Sonalini Sapra. 2020. "Labouring in Line with Our Values: Lessons Learned in the Struggle to Unionize." In *Feminist Responses to the Neoliberalization of the University: From Surviving to Thriving*, edited by Abby Palko, Jamie Wagman, and Sonalini Sapra, 85–110. London: Lexington Books.

Dolmage, Jay. 2017. *Academic Ableism: Disability and Higher Education*. Ann Arbor: University of Michigan Press.

Douglas, Mary. (1966) 1994. *Purity and Danger: An Analysis of the Concepts of Pollution and Taboo*. London: Routledge. 〔『汚穢と禁忌』塚本利明訳、2009 年、筑摩書房〕

Doyle, Jennifer. 2015. *Campus Sex, Campus Security*. Cambridge, MA: MIT Press.

Dua, Enakshi. 2009. "On the Effectiveness of Anti-Racist Policies at Canadian Universities." In *Racism in the Canadian University: Demanding Social Justice, Inclusion and Equity*, edited by Frances Henry and Carol Tatlor, 160–96. Toronto: University of Toronto Press.

Dutt-Ballerstadt, Reshmi. 2020. "In Our Own Words: Institutional Betrayals." *Inside Higher Ed*, March 6. https://www.insidehighered.com/advice/2020/03/06/underrepresented-faculty-members-share-real-reasons-they-have-left-various

Dziech, Billie Wright, and Michael W. Hawkins, eds. 2011. *Sexual Harassment and Higher Education: Reflections and New Perspectives*. New York: Routledge.

Essed, Philomena. 1991. *Understanding Everyday Racism: An Interdisciplinary Theory*. London: Sage.

Essed, Philomena. 1996. *Diversity: Gender, Color, and Culture*. Translated by Rita Gircour. Amherst: University of Massachusetts Press.

Felman, Shoshana. 1992. "Education and Crisis, or the Vicissitudes of Teaching." In Shoshana Felman and Dori Laub, *Testimony: Crises of Witnessing in Literature, Psychoanalysis, and History*, 1–26. New York: Routledge.

Ferguson, Roderick A. 2012. *The Reorder of Things: The University and Its Pedagogies of Minority Difference*. Minneapolis: University of Minnesota Press.

Ferguson, Roderick A. 2017. *We Demand: The University and Student Protests*. Oakland: University of California Press.

Fleming, Crystal. 2018. *How to Be Less Stupid about Race*. Boston: Beacon.

Frankenberg, Ruth, and Lata Mani. 1993. "Crosscurrents, Crosstalk: Race, 'Post-Coloniality' and the Politics of Location." *Cultural Studies* 7, no. 2: 292–310.

Franklin, Sarah. 2015. "Sexism as a Means of Reproduction." *New Formations* 86: 14–33.

Freeman, Elizabeth. 2010. *Time Binds: Queer Temporalities, Queer Histories*. Durham, NC: Duke University Press.

Freire, Paulo. (1970) 2000. *Pedagogy of the Oppressed*. Translated by Myra Bergman Ramos. New York: Continuum. 〔『被抑圧者の教育学』三砂ちづる訳、2018 年、亜紀書房〕

Frye, Marilyn. 1983. *The Politics of Reality: Essays in Feminist Theory*. Trumansburg, NY: Crossing.

Fujiwara, Lynn. 2020. "Racial Harm in a Predominantly White "Liberal" University: An Institutional Autoethnography of White Fragility." In *Presumed Incompetent II: Race, Class, Power, and Resistance of Women in Academia*, edited by Yolande Flores Niemann, Gabriella Gutiérrez y Muhs, and Carmen G. González, 106–16. Logan: Utah State University Press.

Gabriel, Deborah, and Shirley Anne Tate, eds. 2017. *Inside the Ivory Tower: Narratives of Women of Colour Surviving and Thriving in British Academia*. London: IOE Press.

Garland-Thomson, Rosemarie. 2011. "Misfits: A Feminist Materialist Disability Concept." *Hypatia: A Journal of Feminist Philosophy* 26, no. 3: 591–609.

Garland-Thomson, Rosemarie. 2014. "The Story of My Work: How I Became Disabled." *Disability Studies Quarterly* 34, no. 2: n.p.

Gentleman, Amelia. 2019. *The Windrush Betrayal: Exposing the Hostile Environment*. London: Guardian Faber.

In *Routledge Handbook of Contemporary Racisms*, edited by John Solomos, 317–31. London: Routledge.
Binns, Carole. 2019. *Experiences of Academics from a Working-Class Heritage*. Cambridge: Cambridge Scholars Publishing.
Brah, Avtar. 1996. *Cartographies of Diaspora: Contesting Identities*. London: Routledge.
Brand, Dionne. 2001. *The Map to the Door of No Return*. Toronto: Vintage Canada.
Brant, Clare, and Yun Lee Too, eds. 1994. *Rethinking Sexual Harassment*. London: Pluto.
Brewer, Rose M. 1993. "Theorizing Race, Class and Gender: The New Scholarship of Black Feminist Intellectuals and Black Women's Labor." In *Theorizing Black Feminisms: The Visionary Pragmatism of Black Women*, edited by Stanlie Myrise James and Abena P. A. Busia, 13–30. London: Routledge.
Brunner, Elizabeth, and Sarah Partlow-Lefevre. 2020. "#Metoo as Networked Collective: Examining Consciousness-Raising on Wild Public Networks." *Communication and Critical/Cultural Studies* 17, no. 2. https://doi.org/10.1080/14791420.2020.1750043
Bryan, Beverley, Stella Dadzie, and Suzanne Scafe.（1985）2018. *Heart of the Race: Black Women's Lives in Britain*. 2nd edition. London: Verso.
Bull, Anna, and Rachel Rye. 2018. "Silencing Students: Institutional Responses to Staff Sexual Misconduct in Higher Education." *1752*, September. https://1752group.com/sexualmisconduct-research-silencing-students/
Butler, Judith. 1993. *Bodies That Matter: On the Discursive Limits of "Sex."* London: Routledge.〔『問題＝物質となる身体――「セックス」の言説的境界について』佐藤嘉幸監訳、竹村和子・越智博美訳、2021 年、以文社〕
Cary, Lorene. 1991. *Black Ice*. New York: Random House.
Chandrashekar, Karuna, Kimberly Lacroix, and Sabah Siddiqui, eds. 2018. "Sex and Power in the University." Special issue, *Annual Review of Critical Psychology* 15.
Chang, Julia H. 2020. "Spectacular Bodies: Racism, Pregnancy, and the Code of Silence in Academe." In *Presumed Incompetent II: Race, Class, Power, and Resistance of Women in Academia*, edited by Yolanda Flores Niemann, Gabriella Gutiérrez y Muhs, and Carmen G. González, 259–68. Logan: Utah State University Press.
Chatterjee, Piya, and Sunaina Maira, eds. 2014. *The Imperial University: Academic Repression and Scholarly Dissent*. Minneapolis: University of Minnesota Press.
Collins, Patricia Hill.（1990）2000. *Black Feminist Thought: Knowledge, Consciousness and the Politics of Empowerment*. London: Routledge.
Collins, Patricia Hill, and Sirma Bilge. 2016. *Intersectionality: Key Concepts*. Cambridge: Polity.〔『インターセクショナリティ』下地ローレンス吉孝監訳、小原理乃訳、2021 年、人文書院〕
Coulthard, Glen Sean. 2004. *Red Skins, White Masks: Rejecting the Colonial Politics of Recognition*. Minneapolis: University of Minnesota Press.
Crenshaw, Kimberlé. 1989. "Demarginalizing the Intersection of Race and Sex: A Black Feminist Critique of Antidiscrimination Doctrine, Feminist Theory and Anti-Racist Politics." *University of Chicago Legal Forum*, 139–67.
Crenshaw, Kimberlé. 1993. "Whose Story Is It Anyway? Feminist and Anti-Racist Appropriations of Anita Hill." In *Race-ing Justice, En-gendering Power: Essays on Anita Hill, Clarence Thomas and the Construction of Social Reality*, edited by Toni Morrison, 402–40. London: Chatto and Windus.
Cuádraz, Gloria Holguín, and Lynet Uttal. 1999. "Intersectionality and In-Depth Interviews: Methodological Strategies for Analyzing Race, Class and Gender." *Race, Gender and Class Journal* 6, no. 3: 156–58.
Daly, Mary. 1978. *Gyn/Ecology: The Metaethics of Radical Feminism*. Boston: Beacon.
Davis, Angela Y. 2016. *Freedom Is a Constant Struggle*. Chicago: Haymarket Books.〔『アンジェラ・デイヴィスの教え――自由とはたゆみなき闘い』浅沼優子訳、2021 年、河出書房新社〕

参考文献

Adebisi, Foluke. 2020. "Decolonization Is Not about Ticking a Box: It Must Disrupt." *Critical Legal Thinking*, March12. https://criticallegalthinking.com/2020/03/12/decolonisation-is-not-about-ticking-a-box/

Ahmed, Sara. 2000. *Strange Encounters: Embodied Others in Post-Coloniality*. London: Routledge.

Ahmed, Sara. 2004. "Declarations of Whiteness: The Non-Performativity of Anti-Racism." *borderlands* 3, no. 2: n.p.

Ahmed, Sara. 2006. *Queer Phenomenology: Orientations, Objects, Others*. Durham, NC: Duke University Press.

Ahmed, Sara. 2010. *The Promise of Happiness*. Durham, NC: Duke University Press.

Ahmed, Sara. 2012. *On Being Included: Racism and Diversity in Institutional Life*. Durham, NC: Duke University Press.

Ahmed, Sara. 2014. *Willful Subjects*. Durham, NC: Duke University Press.

Ahmed, Sara. 2017. *Living a Feminist Life*. Durham, NC: Duke University Press.〔『フェミニスト・キルジョイ――フェミニズムを生きるということ』飯田麻結訳、2022年、人文書院〕

Ahmed, Sara. 2019. *What's the Use? On the Uses of Use*. Durham, NC: Duke University Press.

Ahmed, Sara, and Jackie Stacey. 2001. "Testimonial Cultures." *Cultural Values* 5, no. 1. https://doi.org/10.1080/14797580109367217

Alexander, M. Jacqui. 2006. *Pedagogies of Crossing: Meditations on Feminism, Sexual Politics, Memory, and the Sacred*. Durham, NC: Duke University Press.

Anim-Addo, Joan. 1998. "Another Doorway? Black Women Writing the Museum Experience." *Journal of Museum Ethnography*, no. 10: 94–104.

Anim-Addo, Joan, ed. 1999. *Another Doorway: Visible inside the Museum*. London: Mango.

Arday, Jason, and Heidi Mirza, eds. 2018. *Dismantling Race in Higher Education: Racism, Whiteness and Decolonising the Academy*. London: Palgrave.

Bacchi, Carol. 1998. "Changing the Sexual Harassment Agenda." In *Gender and Institutions: Welfare, Work and Citizenship*, edited by Moira Gatens and Alison Mackinnon, 75–89. Cambridge: Cambridge University Press.

Baker, Carrie N. 2008. *The Women's Movement against Sexual Harassment*. Cambridge: Cambridge University Press.

Beemyn, Genny, ed. 2019. *Trans People in Higher Education*. Albany: State University of New York Press.

Benoit, Anne C., Joann S. Olson, and Carrie Johnson, eds. 2019. *Leaps of Faith: Stories from Working-Class Scholars*. Charlotte, NC: Information Age.

Berlant, Lauren. 2008. *The Female Complaint: The Unfinished Business of Sentimentality in American Culture*. Durham, NC: Duke University Press.

Bhambra, Gurminder K., Dalia Gebrial, and Kerem Nişancıoğlu, eds. 2018. *Decolonizing the University*. London: Pluto.

Bhopal, Kalwant. 2015. *The Experience of Black and Minority Ethnic Academics*. London: Routledge.

Bhopal, Kalwant, and Holly Henderson. 2019. "Competing Inequalities: Gender versus Race in Higher Education in the UK." *Educational Review*, August 1. https://www.tandfonline.com/doi/full/10.1080/00131911.2019.1642305

Bhopal, Kalwant, and Clare Pitkin. 2020. "'Same Old Story, Just a Different Policy': Race and Policy Making in Higher Education in the UK." *Race, Ethnicity and Education* 23, no. 4: n.p.

Bilge, Sirma. 2013. "Intersectionality Undone: Saving Intersectionality from Feminist Intersectionality Studies." *Du Bois Review: Social Science Research on Race* 10, no. 2: 405–24.

Bilge, Sirma. 2020a. "The Fungibility of Intersectionality: An Afropessimist Reading." *Ethnic and Racial Studies*, March 23. https://www.tandfonline.com/doi/abs/10.1080/01419870.2020.1740289

Bilge, Sirma. 2020b. "We've Joined the Table but We're Still on the Menu: Clickbaiting Diversity in Today's University."

サラ・アーメッド
Sara Ahmed

1969年、イギリス生まれ。フェミニズム理論、クィア理論、人種理論などを専門とする独立研究者、ライター、アクティビスト。パキスタン人の父とイギリス人の母を持つ。アデレード大学で学士号を取得後、カーディフ大学批評文化理論センター博士課程修了。ロンドン大学ゴールドスミス校の教授を務めていたが、学内でのハラスメント対応に抗議して2016年に辞任。著書に『フェミニスト・キルジョイ』（邦訳2022）、*Queer Phenomenology: Orientations, Objects, Others*（2006）, *What's the Use? On the Uses of Use*（2019）, *The Feminist Killjoy Handbook: The Radical Potential of Getting in the Way*（2023）などがある。

竹内要江

たけうち・としえ

翻訳家。東京大学大学院総合文化研究科比較文学比較文化分野修士課程修了。訳書にメアリ・ノリス『GREEK TO ME』、ジェニー・オデル『何もしない』、ナオミ・イシグロ『逃げ道』、コーリー・スタンパー『ウェブスター辞書あるいは英語をめぐる冒険』（共訳）などがある。

飯田麻結

いいだ・まゆ

東京大学教養学部附属教養教育高度化機構 Diversity & Inclusion 部門特任講師。ロンドン大学ゴールドスミス校メディア・コミュニケーション学科博士後期課程修了。専門はフェミニズム理論、メディア論。論文に、「フェミニズムと科学技術　理論的背景とその展望」（『思想』2020年3月）、「感情／情動のポリティクス」（『現代思想』2020年3月）など。訳書にサラ・アーメッド『フェミニスト・キルジョイ』がある。

装丁
名久井直子

装画
Front: Rachel Whiteread, *Double-Doors II* (*A* + *B*), 2006/2007
Back: Rachel Whiteread, *IN OUT-XI*, 2004

苦情《くじょう》はいつも聴《き》かれない

2024年11月20日 初版第1刷発行

著者 サラ・アーメッド
訳者 竹内要江（たけうち・としえ）
飯田麻結（いいだ・まゆ）

発行者 増田健史
発行所 株式会社筑摩書房
東京都台東区蔵前2-5-3 〒111-8755
電話番号 03-5687-2601（代表）
印刷 三松堂印刷株式会社
製本 牧製本印刷株式会社

 ISBN978-4-480-83727-1 C0036